군무원 정보직 FINAL 실전 봉투모의고사

제

KB085062

정보직

제1과목	국어	제2과목	국가정보학
제3과목	정보사회론	제4과목	

응시번호		성 명	

〈 안 내 사 항 〉

1. 답안지의 모든 기재 및 표기사항은 반드시 『컴퓨터용 흑색사인펜』으로만 작성하여야 합니다.
   (사인펜에 "컴퓨터용"으로 표시되어 있음) (사인펜 본인 지참)
   * 매년 지정된 펜을 사용하지 않아 답안지가 무효처리 되는 상황이 빈발하고 있으므로, 답안지
     는 반드시 『컴퓨터용 흑색사인펜』으로만 표기하시기 바랍니다.

2. 답안은 매 문항마다 반드시 하나의 답만 골라 그 숫자에 "●"로 표기해야 하며, 표기한 내용은 수정
   테이프를 이용하여 정정할 수 있습니다. 단, 시험시행본부에서 수정테이프를 제공하지 않습니다.
   (표기한 부분을 긁는 경우 오답처리 될 수 있으며, 수정스티커 또는 수정액은 사용 불가)
   * 답안지는 훼손·오염되거나 구겨지지 않도록 주의해야 하며, 특히 답안지 상단의 타이밍마크
     (Ⅰ Ⅰ Ⅰ Ⅰ Ⅰ)를 절대로 훼손해서는 안 됩니다.

3. 필기시험 문제 관련 의견제시 기간 : 시험 당일을 포함한 5일간
   * 국방부 군무원채용관리홈페이지(http://recruit.mnd.go.kr) - 시험안내 - 시험묻고답하기

제1회 모의고사

제1과목: 국어

QR코드 접속을 통해 풀이시간 측정, 자동 채점
그리고 결과 분석까지!

01 안긴문장이 없는 것은?

① 영하는 부산에 살고 민주는 대전에 산다.
② 나는 형이 취직하기를 고대한다.
③ 예쁜 지혜는 자주 거울을 본다.
④ 어머니께서 나에게 다음 주에 가족 여행을 가자고 말씀하셨다.

02 다음 밑줄 친 부분의 예로 적절한 것은?

> 국어의 높임법에는 말하는 이가 듣는 이에 대하여 높이거나 낮추어 말하는 상대 높임법, 서술어의 주체를 높이는 주체 높임법, 서술어의 객체를 높이는 객체 높임법 등이 있다.

① 충무공은 훌륭한 장군이셨다.
② 선생님께서 숙제를 내 주셨다.
③ 철수는 선생님께 책을 드렸다.
④ 아버지께서는 진지를 잡수시고 계신다.

03 다음 중 문학 갈래의 예로 적절한 것은?

① 서정 양식: 향가, 몽유록, 고대 가요
② 서사 양식: 전설, 사설시조, 판소리
③ 극 양식: 탈춤, 인형극, 경기체가
④ 교술 양식: 수필, 편지, 기행문

04 다음 문장에 대한 설명으로 가장 적절한 것은?

> 눈이 녹으면 남은 발자국 자리마다 꽃이 피리니.

① 의존 형태소는 9개이다.
② 자립 형태소는 6개이다.
③ 7개의 어절, 16개의 음절로 이루어진 문장이다.
④ 실질 형태소는 8개이다.

[05~06] 다음 글을 읽고 물음에 답하시오.

> 손(客)이 주옹(舟翁)에게 묻기를,
> "그대가 배에서 사는데, 고기를 잡는다 하자니 낚시가 없고, 장사를 한다 하자니 돈이 없고, 진리(津吏) 노릇을 한다 하자니 물 가운데만 있어 왕래(往來)가 없구려. 변화불측(不測)한 물에 조각배 하나를 띄워 가없는 만경(萬頃)을 헤매다가, 바람 미치고 물결 놀라 돛대는 기울고 노까지 부러지면, 정신과 혼백(魂魄)이 흩어지고 두려움에 싸여 명(命)이 지척(咫尺)에 있게 될 것이로다. 이는 지극히 험한 데서 위태로움을 무릅쓰는 일이거늘, 그대는 도리어 이를 즐겨 오래오래 물에 떠가기만 하고 돌아오지 않으니 무슨 재미인가?"
> 하니, 주옹이 말하기를,
> "아아, 손은 생각하지 못하는가? 대개 사람의 마음이란 다잡기와 느슨해짐이 무상(無常)하니, 평탄한 땅을 디디면 태연하여 느긋해지고, 험한 지경에 처하면 두려워 서두르는 법이다. 두려워 서두르면 조심하여 든든하게 살지만, 태연하여 느긋하면 반드시 흐트러져 위태로이 죽나니, 내 차라리 위험을 딛고서 항상 조심할지언정, 편안한 데 살아 스스로 쓸모없게 되지 않으려 한다. 하물며 내 배는 정해진 꼴이 없이 떠도는 것이니, 혹시 무게가 한쪽으로 치우치면 그 모습이 반드시 기울어지지도 뒤집히지도 않아 내 배의 평온을 지키게 되나니,

비록 풍랑이 거세게 인다 한들 편안한 내 마음을 어찌 흔들 수 있겠는가? 또, 무릇 인간 세상이란 한 거대한 물결이요, 인심이란 한바탕 큰 바람이니, 하잘것없는 내 한 몸이 아득한 그 가운데 떴다 잠겼다 하는 것보다는, 오히려 한 잎 조각배로 만 리의 부슬비 속에 떠 있는 것이 낫지 않은가? 내가 배에서 사는 것으로 사람 한세상 사는 것을 보건대, 안전할 때는 후환(後患)을 생각지 못하고, 욕심을 부리느라 나중을 돌보지 못하다가, 마침내는 빠지고 뒤집혀 죽는 자가 많다. 손은 어찌 이로서 두려움을 삼지 않고 도리어 나를 위태하다 하는가?"

하고, 주옹은 뱃전을 두들기며 노래하기를,

[A] "아득한 강바다여, 유유하여라. 빈 배를 띄웠네, 물 한가운데. 밝은 달 실어라, 홀로 떠가리. 한가로이 지내다 세월 마치리."

하고는 손과 작별하고 간 뒤, 더는 말이 없었다.

– 권근, 「주옹설(舟翁說)」

05 다음 중 윗글에 대한 설명으로 적절하지 않은 것은?

① 역설적 발상을 통해 일반적인 삶의 태도를 비판하고 있다.
② 질문을 하고 답하는 형식을 취하고 있다.
③ 경전을 인용하여 주장을 강조하고 있다.
④ 노래를 통해 주장을 암시하고 있다.

06 다음 중 [A]와 유사한 삶의 태도를 보여 주고 있는 작품은?

① 秋江(추강)애 밤이 드니 물결이 초노미라.
  낙시 드리치니 고기 아니 무노미라.
  無心(무심)혼 둘빗만 싯고 뷘 비 저어 오노미라

② 어져 내 일이야 그릴 줄을 모로ᄃᆞ냐.
  이시라 ᄒᆞ더면 가랴마ᄂᆞ 제 구ᄐᆞ여
  보ᄂᆡ고 그리ᄂᆞ 정(情)은 나도 몰라 ᄒᆞ노라

③ 눈 마즈 휘여진 ᄃᆡ를 뉘라셔 굽다던고
  구블 節(절)이면 눈 속에 프를소냐
  아마도 歲寒孤節(세한고절)은 너ᄲᅮᆫ인가 ᄒᆞ노라

④ 靑山(청산)은 엇뎨ᄒᆞ야 萬古(만고)애 프르르며,
  流水(유수)ᄂᆞ 엇뎨ᄒᆞ야 晝夜(주야)애 긋디 아니ᄂᆞ고.
  우리도 그치디 마라 萬古常靑(만고상청)호리라

07 다음 시에 대한 감상으로 적절하지 않은 것은?

네 집에서 그 샘으로 가는 길은 한 길이었습니다. 그래서 새벽이면 물 길러 가는 인기척을 들을 수 있었지요. 서로 짠 일도 아닌데 새벽 제일 맑게 고인 물은 네 집이 돌아가며 길어 먹었지요. 순번이 된 집에서 물 길어 간 후에야 똬리끈 입에 물고 삽짝 들어서시는 어머니나 물지게 진 아버지 모습을 볼 수 있었지요. 집안에 일이 있으면 그 순번이 자연스럽게 양보되기도 했었구요. 넉넉하지 못한 물로 사람들 마음을 넉넉하게 만들던 그 샘가 미나리꽝에서는 미나리가 푸르고 앙금 내리는 감자는 잘도 썩어 구린내 혹 풍겼지요.

– 함민복, 「그 샘」

① '샘'을 매개로 공동체의 삶을 표현했다.
② 공감각적 이미지로 이웃 간의 배려를 표현했다.
③ 구어체로 이웃 간의 정감 어린 분위기를 표현했다.
④ 과거 시제로 회상의 분위기를 표현했다.

08 다음 〈보기〉는 어떤 자음에 대한 설명이다. 〈보기〉의 설명에 알맞은 단어는?

> ──────〈보 기〉──────
> • 예사소리이다.
> • 공기를 막았다가 터트리면서 내는 소리이다.
> • 여린입천장에서 나는 소리이다.

① 해장   ② 사탕
③ 낭만   ④ 국밥

09 밑줄 친 부분과 다의 관계에 있는 '쓰다'의 용례로 가장 알맞은 것은?

> 이런 증세에는 이 약을 <u>쓰면</u> 바로 효과를 볼 수 있다.

① 아이가 자신이 좋아하는 반찬만 먹겠다고 생떼를 쓴다.
② 선산에 자신의 묘를 써 달라는 것이 그의 유언이었다.
③ 아이는 추운지 이불을 머리끝까지 쓰고 누웠다.
④ 그가 말하는 것을 들어보니 아예 소설을 쓰고 있었다.

10 다음 중 밑줄 친 단어의 표준 발음이 옳은 것으로만 묶인 것은?

> ㉠ 동원령[동월령]이 선포되었다.
> ㉡ 오늘 떠나는 직원의 송별연[송벼련]이 있다.
> ㉢ 남의 삯일[사길]을 해야 할 만큼 고생이 심했다.
> ㉣ 부모가 남긴 유산을 자식들은 야금야금[야그먀금] 까 먹었다.

① ㉠, ㉡
② ㉠, ㉢
③ ㉡, ㉣
④ ㉢, ㉣

11 〈보기〉에 대한 설명으로 가장 옳은 것은?

> ──────〈보 기〉──────
> 　화랑도(花郎道)란, 신라 때의 청소년들이 자신의 마음과 몸을 닦고 목숨을 바쳐 나라를 지키려는 우리 고유의 정신적 흐름을 말한다. 그리고 이를 실천하기 위하여 조직된 단체를 화랑도(花郎徒)라 한다. 그 사회의 중심인물이 되기 위하여 마음과 몸을 단련하고, 올바른 사회생활의 규범을 익히며, 나라가 어려운 시기에 처할 때 싸움터에서 목숨을 바치려는 기풍은 고구려나 백제에도 있었지만, 특히 신라에서 가장 활발하였다.
> 　　　　　　　　　　　　　　　　－ 변태섭, 『화랑도』

① 반론을 위한 전제를 제시하여 독자의 이해를 돕고 있다.
② 자신의 체험담을 제시하여 독자의 이해를 돕고 있다.
③ 용어 정의를 통해 독자의 이해를 돕고 있다.
④ 통계적 사실이나 사례 제시를 통해 독자의 이해를 돕고 있다.

12 다음 시조의 밑줄 친 ㉠에 대한 설명으로 적절한 것은?

> 梨花雨(이화우) 훗쑤릴 제 울며 잡고 離別(이별)흔 님
> 秋風落葉(추풍낙엽)에 저도 날 싱각는가
> 千里(천 리)에 외로운 ㉠꿈만 오락가락 흐노매.
> 　　　　　　　　　　　　　　　　－ 계량의 시조

① 임과의 재회에 대한 소망이 드러나 있다.
② 대립적인 상황을 해소하는 계기가 된다.
③ 인물의 과거 행적을 요약적으로 드러낸다.
④ 장면을 전환하여 긴박한 분위기를 이완하고 있다.

13 다음 중 제시된 글의 내용과 입장이 다른 하나는?

최근 교육과학기술부가 내놓은 '학교폭력 가해사실에 대한 학교생활기록부 기록 방침'은 환영할 만하다. 학생부에 가해사실을 기록하게 되면, 입시를 앞둔 학생들에게 경각심을 일으켜 자연스럽게 학교폭력을 예방할 수 있기 때문이다. 학부모들에게 학교폭력의 심각성을 알리는 데도 효과적이다.

그런데 일부 지방교육청에서 가해학생의 '인권'이 침해된다는 이유를 들어 이런 조치를 보류하고 있다는 사실에 통탄을 금할 길이 없다. 한 번의 실수로 남은 인생에 불이익을 받게 되는 것이 두렵다면, 평생을 학교폭력으로 고통받고, 학업까지 포기하며 살아야 하는 피해학생과 그 가족의 아픔은 무엇이란 말인가. 지속적인 폭력으로 몸과 마음에 상처를 입은 학생이 받은 고통을 생각한다면, 과연 학교폭력의 학교생활기록부 기재를 재고한다는 방침을 논할 수가 있는지 묻고 싶다.

더욱이 상급학교 진학 때 우려되는 불이익에서 가해학생을 보호하기 위하여 학생의 행동이나 태도에 긍정적인 변화가 있는 경우, 이를 학교생활기록부의 '행동특성 및 종합의견란'등에 구체적으로 기록하도록 하여 '낙인 효과'를 방지하도록 하고 있다. 이렇게 가해학생을 보호할 수 있는 안전판이 마련돼 있는데도 학생부 기재를 반대하는 것은 위험한 발상이 아닐 수 없다.

가해학생의 인권도 물론 중요하지만 피해자와 가해자의 인권이 대립했을 때는 약자의 권리가 우선돼야 한다. 그것이 인권의 본질적인 측면에 부합하는 것이다. 예컨대 성범죄자의 인권을 제한하거나, 가정폭력의 경우 남성에게 '접근 제한' 명령 등을 내리는 것은 이런 이유에서다. 학교폭력 학생부 기재로 가해학생이 받는 불이익보다, 학교폭력으로 고통 받고 괴로워하는 피해학생의 인권 보호가 더 중요하다.

학교폭력에 관해 우리 사회는 가해자에게 온정적이다. 피해자가 평생 시달릴 고통에 대해서는 전혀 배려가 없다. 피해자와 그 가족의 고통은 외면한 채 가해자의 인권을 외치는 사람들은 과연 학교폭력의 시퍼런 서슬 앞에 자유로울 수 있단 말인가? 가해학생에겐, 죄를 지으면 반드시 처벌받는다는 것을 깨우쳐 주어야 한다. 또 진정한 반성의 기회를 통해 새로운 사회·도덕적 인간으로 거듭날 수 있게 해주는 것 역시 교육의 한 부분이다.

더 이상 가해자에게 변명과 발뺌의 기회를 주어서는 안 된다. 그로 인해 더욱 고통받는 피해자와 그 가족들이 있다는 것을 명심해야 할 것이다.

① 경각심을 일으켜 학교폭력을 예방할 수 있다.
② 한 번의 실수로 지나친 불이익을 받는 것을 방지해야 한다.
③ 피해자의 인권이 우선돼야 한다.
④ 새로운 사회·도덕적 인간으로 거듭날 수 있게 해준다.

14 다음 글의 내용과 가장 부합하는 것은?

세잔이, 사라졌다고 느낀 것은 균형과 질서의 감각이다. 인상주의자들은 순간순간의 감각에만 너무 사로잡힌 나머지 자연의 굳건하고 지속적인 형태는 소홀히 했다고 느꼈던 것이다. 반 고흐는 인상주의가 시각적 인상에만 집착하여 빛과 색의 광학적 성질만을 탐구한 나머지 미술의 강렬한 정열을 상실하게 될 위험에 처했다고 느꼈다. 마지막으로 고갱은 그가 본 인생과 예술 전부에 대해 철저하게 불만을 느꼈다. 그는 더 단순하고 더 솔직한 어떤 것을 열망했고 그것을 원시인들 속에서 발견할 수 있으리라고 기대했다. 이 세 사람의 화가가 모색했던 제각각의 해법은 세 가지 현대 미술 운동의 이념적 바탕이 되었다. 세잔의 해결 방법은 프랑스에 기원을 둔 입체주의(Cubism)를 일으켰고, 반 고흐의 방법은 독일 중심의 표현주의(Expressionism)를 일으켰다. 고갱의 해결 방법은 다양한 형태의 프리미티비즘(Primitivism)을 이끌어 냈다.

① 세잔은 인상주의가 균형과 질서의 감각을 너무 강조한다고 생각했다.
② 고흐는 인상주의가 빛과 색의 광학적 성질을 탐구하는 것을 간과하고 있다고 생각했다.
③ 고갱은 인상주의가 충분히 솔직하고 단순했다고 생각했다.
④ 세잔, 고흐, 고갱은 인상주의의 문제를 극복하고자 각자 새로운 해결 방법을 모색했다.

15 다음 작품과 같은 갈래에 대한 설명으로 옳지 않은 것은?

> 십 년(十年)을 경영하여 초려 삼간(草廬三間) 지어 내니
> 나 한 간 달 한 간에 청풍(淸風) 한 간 맡겨 두고
> 강산(江山)은 들일 데 없으니 둘러 두고 보리라.
>
> – 송순, 「십 년(十年)을 경영하여」

① 4음보의 규칙적인 율격을 지닌다.
② 초장, 중장, 종장으로 구성되었다.
③ 4구체, 8구체, 10구체로 분류할 수 있다.
④ 우리 민족이 만든 독특한 정형시라고 볼 수 있다.

16 밑줄 친 어휘의 쓰임이 적절하지 않은 것은?

① 푸른 연기가 <u>감실감실</u> 피어오른다.
② 날씨가 더워 모시로 만든 <u>핫옷</u>을 꺼내 입었다.
③ 강아지는 머뭇거리지 않고 <u>넝큼넝큼</u> 받아먹었다.
④ 아침 햇빛을 받아 반짝거리는 호수는 <u>다붓하기만</u> 했다.

17 다음 중 밑줄 친 ㉠과 어울리는 한자성어는?

> 초승달이나 보름달은 보는 이가 많지마는, 그믐달은 보는 이가 적어 그만큼 외로운 달이다. 객창한등(客窓寒燈)에 ㉠정든 님 그리워 잠 못 들어 하는 분이나, 못 견디게 쓰린 가슴을 움켜잡은 무슨 한(恨) 있는 사람 아니면, 그 달을 보아 주는 이가 별로 없는 것이다.

① 寤寐不忘
② 靑出於藍
③ 刻骨難忘
④ 不問曲直

18 다음 글의 ㉠~㉣에 대해 잘못 설명한 것은?

> 열무 삼십 단을 이고
> 시장에 간 우리 엄마
> 안 오시네, ㉠ 해는 시든 지 오래
> 나는 ㉡ 찬밥처럼 방에 담겨
> 아무리 천천히 숙제를 해도
> 엄마 안 오시네, ㉢ 배추잎 같은 발소리 타박타박
> 안 들리네. 어둡고 무서워
> ㉣ 금간 창 틈으로 고요한 빗소리
> 빈 방에 혼자 엎드려 훌쩍거리던
>
> 아주 먼 옛날
> 지금도 내 눈시울을 뜨겁게 하는
> 그 시절, 내 유년의 윗목
>
> – 기형도, 「엄마 걱정」

① ㉠: 시간의 경과가 나타나 있다.
② ㉡: 홀로 방치된 화자의 외로운 상황이 드러난다.
③ ㉢: '찬밥처럼 방에 담겨'와 같은 표현 방법이 사용되었다.
④ ㉣: 힘든 현실을 극복하고자 하는 의지가 드러나는 표현이다.

19 〈보기〉는 중세국어의 표기법에 대한 설명이다. 이에 따른 표기로 가장 옳지 않은 것은?

> ───〈보 기〉───
> 중세국어 표기법의 일반적 원칙은 표음적 표기법으로, 이는 음운의 기본 형태를 밝혀 적지 않고 소리 나는 대로 적는 표기를 말한다. 이어적기는 이러한 원리에 따른 것으로 받침이 있는 체언이나 받침이 있는 용언 어간에 모음으로 시작하는 조사나 어미가 붙을 때 소리 나는 대로 이어 적는 표기를 말한다.

① 불휘 기픈
② ᄇᆞᄅᆞ매 아니 뮐ᄊᆡ
③ 쟝긔판ᄂᆞᆯ 밍ᄀᆞᆯ어ᄂᆞᆯ
④ 바ᄅᆞ래 가ᄂᆞ니

20 다음 중 ㉠~㉣에 대한 수정 방안으로 옳지 않은 것은?

> 봄이면 어김없이 나타나 우리를 괴롭히는 황사가 본래 나쁘기만 한 것은 아니었다. ㉠ 황사의 이동 경로는 매우 다양하다. 황사는 탄산칼슘, 마그네슘, 칼륨 등을 포함하고 있어 봄철의 산성비를 중화시켜 토양의 산성화를 막는 역할을 했다. 또 황사는 무기물을 포함하고 있어 해양 생물에게도 도움을 줬다. ㉡ 그리고 지금의 황사는 생태계에 심각한 해를 끼치는 애물단지가 되어 버렸다. 이처럼 황사가 재앙의 주범이 된 것은 인간의 환경 파괴 ㉢ 덕분이다.
>
> 현대의 황사는 각종 중금속을 포함하고 있는 독성 황사이다. 황사에 포함된 독성 물질 중 대표적인 것으로 다이옥신을 들 수 있다. 다이옥신은 발암 물질이며 기형아 출산을 일으킬 수도 있는 것이다. 이러한 ㉣ 독성 물질이 다수 포함하고 있는 황사가 과거보다 자주 발생하고 정도도 훨씬 심해지고 있어 문제이다.

① ㉠은 글의 논리적인 흐름을 방해하고 있으므로 삭제한다.
② ㉡은 앞뒤 내용을 자연스럽게 연결해 주지 못하므로 '그래서'로 바꾼다.
③ ㉢은 어휘가 잘못 사용된 것이므로 '때문이다'로 고친다.
④ ㉣은 서술어와 호응하지 않으므로 '독성 물질을'로 고친다.

21 다음 시에 대한 설명으로 적절하지 않은 것은?

> 산이 날 에워싸고
> 씨나 뿌리며 살아라 한다.
> 밭이나 갈며 살아라 한다.
>
> 어느 짧은 산자락에 집을 모아
> 아들 낳고 딸을 낳고
> 흙담 안팎에 호박 심고
> 들찔레처럼 살아라 한다.
> 쑥대밭처럼 살아라 한다.
>
> 산이 날 에워싸고
> 그믐달처럼 사위어지는 목숨
> 그믐달처럼 살아라 한다.
> 그믐달처럼 살아라 한다.
>
> — 박목월, 「산이 날 에워싸고」

① 화자는 순수하고도 탈속적인 세계를 지향하고 있다.
② 유사한 통사 구조의 반복을 통해 주제를 강조하고 있다.
③ 화자는 자신의 소망을 '산'이 자신에게 말하는 것처럼 표현하고 있다.
④ 화자는 절제된 감정으로 '산'과의 일정한 거리를 유지하려 하고 있다.

22 다음 밑줄 친 부분의 표준어 표기가 옳은 것은?

① <u>온가지</u> 정성을 기울였다.
② <u>며루치</u> 한 마리 주는 것도 아깝다.
③ <u>천정</u>에서 쥐들이 달리는 소리가 요란하다.
④ 그는 나를 <u>꼭두각시</u>처럼 조종해 오고 있었다.

23 다음 글의 ㉠에 해당하는 작품이 아닌 것은?

역사적으로 볼 때 우리나라의 극 갈래는 가면극, 인형극, 판소리 등을 거쳐 신파극, 근대극, 현대극으로 발전해 왔다. 가면극은 신라의 오기, 검무, 처용무에서 시작하여 고려의 나례, 조선의 산대희와 탈춤으로 발전하였다. 인형극은 삼국 시대의 목우희에서 나무인형으로 노는 인형극, 고려 시대의 꼭두각시놀음과 그림자극인 망석중 놀이로 이어졌다. 조선 후기에 발생한 판소리는 신재효가 ㉠ 여섯 마당으로 정리하면서 전환기를 맞이하였다.

① 「만분가」
② 「적벽가」
③ 「심청가」
④ 「춘향가」

24 〈보기〉의 ㉠~㉢에 들어갈 알맞은 낱말끼리 짝 지은 것은?

〈보 기〉

물속에 잠긴 막대기는 굽어 보이지만 실제로 굽은 것은 아니다. 이때 나무가 굽어 보이는 것은 우리의 착각 때문도 아니고 눈에 이상이 있기 때문도 아니다. 나무는 정말 굽어 보이는 것이다. 분명히 굽어 보인다는 점과 사실은 굽지 않았다는 점 사이의 (㉠)은 빛의 굴절 이론을 통해서 해명된다.
굽어 보이는 나무도 우리의 직접적 경험을 통해서 주어지는 하나의 현실이고, 실제로는 굽지 않은 나무도 하나의 현실이다. 전자를 우리는 사물이나 사태의 보임새, 즉 (㉡)이라고 부르고, 후자를 사물이나 사태의 참모습, 즉 (㉢)이라고 부른다.

	㉠	㉡	㉢
①	葛藤	現象	本質
②	矛盾	現象	本質
③	矛盾	假象	根本
④	矛盾	現象	本質

25 글의 제목으로 가장 적절한 것은?

평화로운 시대에 시인의 존재는 문화의 비싼 장식일 수 있다. 그러나 시인의 조국이 비운에 빠졌거나 통일을 잃었을 때 시인은 장식의 의미를 떠나 민족의 예언가가 될 수 있고, 민족혼을 불러일으키는 선구자적 지위에 놓일 수도 있다. 예를 들면 스스로 군대를 가지지 못한 채 제정 러시아의 가혹한 탄압 아래 있던 폴란드 사람들은 시인의 존재를 민족의 재생을 예언하고 굴욕스러운 현실을 탈피하도록 격려하는 예언자로 여겼다. 또한 통일된 국가를 가지지 못하고 이산되어 있던 이탈리아 사람들은 시성 단테를 유일한 '이탈리아'로 숭앙했고, 제1차 세계대전 때 독일군의 잔혹한 압제하에 있었던 벨기에 사람들은 베르하렌을 조국을 상징하는 시인으로 추앙하였다.

① 시인의 운명
② 시인의 사명
③ 시인의 혁명
④ 시인의 생명

제2과목: 국가정보학

QR코드 접속을 통해 풀이시간 측정, 자동 채점
그리고 결과 분석까지!

01 다음 중 셔먼 켄트가 분류한 정보에 대한 설명으로 옳지 않은 것은?

① 현용정보는 동태적으로 변화하는 정보로, 국가일일정보(NID), 국방테러 정보요약(DITSUM) 등이 있다.

② 북한정보는 주로 방첩정보에 해당한다.

③ 국가정보판단(NIEs)은 판단정보에 속한다.

④ 판단정보는 평가정보 또는 예측정보로, 추론과 평가가 중요한 요소이다.

02 각국의 정보기관 중 국내정보수집을 담당하는 기관이 아닌 것은?

① 미국의 FBI

② 영국의 MI5

③ 프랑스의 DGSE

④ 독일의 BfV

03 다음 중 (   ) 안에 들어갈 말로 옳은 것은?

> 국가의 위기 시 고려해야 할 요소는 시급성, 파급성, (   ), 위협의 크기이다.

① 절박성

② 효율성

③ 기습성

④ 경제성

04 「보안업무규정」에 대한 설명으로 옳은 것은?

① 각급기관의 장은 국가안보에 관련된 중요 시설에 대한 보안측정을 실시할 수 있다.

② 국가정보원장은 필요에 따라 자체적으로 정기 및 수시 보안감사를 실시할 수 있다.

③ 중요시설에 대한 보안측정은 국가정보원장이 직권으로 하거나 각급기관의 장 또는 관리기관의 장의 요청에 의해 실시 가능하다.

④ 중앙행정기관의 장은 비밀의 누설, 분실 등에 관한 사고원인 규명 및 재발 방지 대책마련을 위하여 보안사고 조사를 한다.

05 다음 중 미국 정보기관(CIA)의 보고서 분류로 옳지 않은 것은?

① 현용정보 보고서 – 대통령일일브리핑
② 평가 및 분석정보 보고서 – 국방정보평가
③ 현용정보 보고서 – 특별국가정보판단
④ 평가 및 분석정보 보고서 – 정보메모

06 정보 순환체계의 순서로 옳은 것은?

① 정보 요구 → 자료 수집 → 분석 및 생산 → 자료 처리 → 배포 → 환류
② 자료 수집 → 분석 및 생산 → 배포 → 정보 요구 → 자료 처리 → 환류
③ 자료 수집 → 자료 처리 → 분석 및 생산 → 정보 요구 → 배포 → 환류
④ 정보 요구 → 자료 수집 → 자료 처리 → 분석 및 생산 → 배포 → 환류

07 국방정보본부에 대한 설명으로 옳은 것은?

① 국방정보본부는 2000년 대한민국의 정보보호 전문 연구기관으로 설립되었다.
② 국방정보본부의 군인·군무원 정원은 정보본부장이 정한다.
③ 국방정보본부는 국방정보정책 및 기획의 통합·조정뿐만 아니라 합동참모본부, 각 군 본부 및 작전사령부급 이하 부대의 특수 군사정보 예산의 편성 및 조정의 업무도 수행한다.
④ 국방정보본부의 예하 부대로서 군사 관련 지리공간정보의 수집·생산·지원·연구개발 및 전구(戰區)작전 지원 업무를 관장하기 위한 '국방지형정보단'이 있다.

08 제2차 세계대전 당시 독일이 구축한 노르웨이의 비밀 핵개발 시설 파괴를 위해 수행한 공작으로 옳은 것은?

① 거너사이드(Gunnerside) 작전
② 트램프(Tramp) 작전
③ 그리핀(Griffin) 작전
④ 유인원(Anthropoid) 작전

09 다음 중 테러에 있어 하드 타깃(Hard Target)이 아닌 것은?

① 군대　　　　　　② 국방부
③ 지하철역　　　　④ 교회

10 다음 중 국가정보원에 대한 설명으로 옳지 않은 것은?

① 국가정보원은 대통령 소속으로 두며 대통령의 지시와 감독을 받는다.

② 원장, 차장 및 기획조정실과 그 밖의 직원은 정당이나 정치단체에 가입하거나 정치활동에 관여하는 행위를 하여서는 아니 된다.

③ 원장의 임기가 정해져 있지 않아 정치적 중립성 확보가 어렵고 업무의 계속성을 유지하기 힘들다.

④ 「군형법」 중 내란·외환의 죄에 대한 정보의 수집·작성·배포의 직무도 수행한다.

11 국방정보 중 단기적이고 지엽적인 군사정보를 전술정보(Tactical Intelligence)라고 한다. 다음 중 전술정보에 해당하는 것은?

① 군사지리정보
② 경제정보
③ 과학기술정보
④ 군사능력정보

12 다음 중 대안분석 기법에 대한 설명으로 옳지 않은 것은?

① 대안분석 기법에서는 정보분석관에게 결론에 이르게 된 기본 전제들에 대해 철저히 의문을 제기하고, 기존의 고정관념에서 벗어날 것을 요구한다.

② 악마의 변론(Devil's Advocacy)에 의한 의견제시는 전통적 분석에 의한 결론보다 설득력이 높아 정책결정자에 의해 채택되기 쉽다.

③ Red Team은 분석대상인 개인 또는 그룹과 유사한 문화적, 조직적, 개인적 요소를 의식적으로 설정하고 유사한 환경 하에서 판단을 이끌어 내는 방법이다.

④ 대안분석 기법은 정보분석의 불확실성을 인식시켜 주고, 정보수집상의 미흡한 부분을 밝혀낼 수 있게 한다.

13 다음 중 「보안업무규정」 제34조(보호지역)에 해당하지 않는 것은?

① 보호지역을 관리하는 사람은 국가안전보장에 관련되는 인원·문서·자재·시설의 보호를 위하여 필요한 장소에 일정한 범위의 보호지역을 설정할 수 있다.

② 보호지역으로 설정된 곳은 그 중요도에 따라 제한지역, 제한구역 및 통제구역으로 나눈다.

③ 보호지역에 접근하거나 출입하려는 사람은 각급기관의 장 또는 관리기관 등의 장의 승인을 받아야 한다.

④ 보호지역을 관리하는 사람은 따른 승인을 받지 않은 사람의 보호지역 접근이나 출입을 제한하거나 금지할 수 있다.

14 다음 중 에셜론(ECHELON)에 대한 설명으로 옳지 않은 것은?

① 에셜론 시스템은 120여 개의 첩보위성을 기반으로 모든 종류의 통신을 감청한다.

② 세계에서 가장 큰 도청 시스템으로 1947년 미국과 영국이 소련과 동구권의 통신을 도청하기 위해 처음 만들어졌다.

③ 아직까지 무선통신은 감청되지 않고 있다.

④ 미국, 영국, 캐나다, 호주, 뉴질랜드 등 영미권 국가들로 이루어진 통신 감청 및 선호정보 수집·분석 네트워크이다.

15 다음 중 1992년 걸프전 때 겪었던 정보의 심각한 부족실태에 대한 문제를 보완하기 위해 발족한 기구는?

① 군사정보부
② 국내중앙정보국
③ 국토감시국
④ 해외안전총국

16 다음 중 이스라엘의 정보기관에 대한 설명으로 옳은 것은?

① 모사드(Mossad)는 미국의 CIA, 영국의 SIS, 러시아의 SVR 등과 유사한 이스라엘의 국내 담당 국가정보기관이다.

② 신베트(Shin Bet, Shabak)는 점령지의 테러세력에 대한 정보수집을 담당하며 인권에 대한 국민적 지지가 높은 이스라엘 국가정보기관이다.

③ 아만(Aman)은 군사정보를 담당하고 있으며 신호정보, 영상정보 등을 수집하는 업무도 수행하는 이스라엘 국가정보기관이다.

④ 라캄(Lakam)은 해외정보수집을 담당하고 있는 이스라엘 국가정보기관이다.

17 제임스 베리(미국 CIA)가 주장한 비밀공작의 정당성 요건 중 옳지 않은 것은?

① 행정부 관련부처 간의 필요한 심의를 거쳐야 한다.
② 의도와 목표가 정확히 나타나야 한다.
③ 목표달성을 위한 수단이 즉시 효과적이어야 한다.
④ 선택된 모든 방법들이 비밀공작의 목표에 부합해야 한다.

18 다음 중 첩보원이 포섭되는 동기로 잘못 연결된 것은?

① M – Money(돈)
② I – Ideology(사상)
③ C – Coercion(강제, 위압)
④ E – Ego(자존심)

19 다음 중 첨단보안시스템에 대한 설명으로 옳지 않은 것을 모두 고른 것은?

> ㉠ DRM: 비접촉 인식 시스템으로 소형칩에 정보를 저장하여 무선으로 데이터를 송신할 수 있게 하는 서비스이다.
> ㉡ 방화벽: 외부네트워크와 내부네트워크 사이에 설치되는 보안장치로써, 둘 사이의 직접적인 접근을 차단하여 보안 사고의 확산을 막는 역할을 한다.
> ㉢ 워터마킹: 디지털 저작물에 입력되는 저작권자의 로고이며, 시각적으로는 식별이 불가능한 것이 특징이다.
> ㉣ RFID: 디지털 콘텐츠의 불법 복제를 막기 위한 기술과 서비스를 말한다.

① ㉠, ㉡   ② ㉡, ㉢
③ ㉢, ㉣   ④ ㉠, ㉣

20 다음 중 비밀공작에 관련된 설명과 종류를 옳게 연결한 것은?

> ㉠ 특정 국가의 내부 정세를 자국에게 유리한 방향으로 바꾸기 위한 공작
> ㉡ 지지자나 동조자를 확보한다는 목적으로 사상이나 교리 등을 전파하기 위한 계획적이고 조직적인 공작
> ㉢ 경제의 혼란과 사회 불안을 야기하여 대상 국가의 경제기반을 붕괴시키려는 공작
> ㉣ 상대 정부를 직접 공격하기 위해 무력을 지원하거나 훈련된 무장요원을 보내는 공작

① ㉠ – 경제공작, ㉡ – 선전공작, ㉢ – 준군사공작,
    ㉣ – 기만공작
② ㉠ – 정치공작, ㉡ – 선전공작, ㉢ – 경제공작,
    ㉣ – 준군사공작
③ ㉠ – 준군사공작, ㉡ – 기만공작, ㉢ – 경제공작,
    ㉣ – 전복공작
④ ㉠ – 전복공작, ㉡ – 준군사공작, ㉢ – 정치공작,
    ㉣ – 기만공작

21 다음 중 방첩에 대한 설명으로 옳지 않은 것은?

① 방첩의 수집 활동에는 각국의 정보수집 활동과 능력 관련 정보수집·평가 등이 있다.
② 방어적 방첩 활동에는 각국의 공작원, 첩보원, 협조자 탐색 및 감시 등이 있다.
③ 공격 활동에는 각국의 공작원, 첩보원, 협조자 잡아서 역이용, 기만공작 등이 있다.
④ 인원 활동에는 보안교육, 동향조사, 신원조사 등이 있다.

22 다음 중 한국의 대테러에 대한 설명으로 옳지 않은 것은?

① 한국에서 시행한 최초의 대테러대응훈련은 1967년부터 시행한 태극훈련이다.

② 국가정보원은 국가대테러활동지침을 개정하여 2005년 테러정보통합센터를 설립하였다.

③ 2016년 제정된 한국의 「테러방지법」에는 사람을 살해하거나 사람의 신체를 상해하여 생명에 대한 위험을 발생하게 하는 행위를 테러로 규정하였다.

④ 국가테러대책위원회는 한국의 대테러 최고정책기구로 위원장은 대통령이다.

23 다음 중 정보분석의 대상으로 옳지 않은 것은?

① 미스테리
② 사실
③ 비밀
④ 거짓

24 〈보기〉 중 「보안업무규정 시행규칙」상 보호구역의 설정 대상을 모두 고른 것은?

┌─────〈보 기〉─────┐
│ ㉠ 암호실   ㉡ 무기고   │
│ ㉢ 전산실   ㉣ 종합상황실   │
│ ㉤ 통신실   │
└──────────────────┘

① ㉠, ㉡, ㉢, ㉣
② ㉡, ㉢, ㉣, ㉤
③ ㉠, ㉢, ㉣, ㉤
④ ㉠, ㉡, ㉢, ㉣, ㉤

25 사이버 무기 중 하드웨어 무기체계가 아닌 것은?

① 나노머신
② AMCW
③ EMP 폭탄
④ 치핑

01 다음 현대사회의 고용 관계의 특징 중 옳지 않은 것은?

① 탈조직 커리어
② 조직인의 죽음
③ 재택근무
④ 고용 안정화

02 정보사회와 관련한 용어에 대한 설명으로 옳지 않은 것은?

① 디지털 컨버전스: 디지털 기술이 발전함에 따라 각종 기술과 제품, 서비스가 하나로 융합·통합·복합되는 현상
② 메가트렌드: 사회가 첨단 기술사회로 진입할수록 발생하는 현대 사회의 시대적 조류를 뜻하는 말
③ 디지털 아카이브: 디지털 정보자원을 장기적으로 보존하기 위한 작업으로, 늘어나는 정보자원의 효율적인 관리와 이용을 위해 필요한 작업
④ 디버전스: 둘 이상의 가전, 정보, 통신기기를 하나의 기기로 통합하여 부가 기능을 창출하는 것

03 지식의 존재형태에 대한 설명으로 옳지 않은 것은?

① 주관적이고 형태화하기 어려운 지식을 암묵지라 한다.
② 인간의 기억으로 특정하게 표현될 수 있는 지식을 형식지라 한다.
③ 암묵지라는 개념을 처음으로 사용한 사람은 폴라니이다.
④ 암묵지는 비공식적이고, 형식지는 객관적이다.

04 다음 중 〈보기〉의 설명에 해당하는 기술로 가장 적절한 것은?

─〈보 기〉─
• 서비스 모델은 IaaS, PaaS, SaaS로 구분한다.
• 필요한 만큼 자원을 임대하여 사용할 수 있다.
• 가상화 기술, 서비스 프로비저닝(Provisioning) 기술, 과금체계 등을 필요로 한다.

① 빅데이터(Bigdata)
② 딥 러닝(Deep Learning)
③ 사물 인터넷(Internet of Things)
④ 클라우드 컴퓨팅(Cloud Computing)

05 다음 중 정보재에 대한 설명으로 옳은 것은?

① 경험재적 특성을 가지고 있지 않기 때문에 사용하기 전이라도 그 가치를 판단하기 쉽다.
② 고정비가 차지하는 비중이 적다.
③ 재생산 가능성으로 일단 한 번 생성되면 두 번째 이후의 단위를 생산하기가 매우 용이하다.
④ 한 사람의 소비가 다른 사람의 소비를 감소시키는 경합성을 가진다.

06 탈산업사회를 주장한 다니엘 벨(Daniel Bell)에 대한 옳은 내용으로만 묶인 것은?

> ㉠ 벨은 완전한 탈산업사회를 향해 끊임없이 진화론적 관점으로 사회변동을 설명하였다.
> ㉡ 벨은 지배적인 고용(Employment) 양식에 따라 사회 유형이 달라짐을 지적하였다.
> ㉢ 벨은 새로운 사회체계에 대한 정보와 지식의 중심적 역할을 강조하였다.
> ㉣ 벨은 물질과 에너지가 정보를 대체하고, 육체노동자가 지식노동자를 대신한다고 보았다.

① ㉠
② ㉠, ㉡
③ ㉠, ㉡, ㉢
④ ㉠, ㉡, ㉢, ㉣

07 다음 ㉠에 들어갈 내용으로 옳은 것은?

> (㉠)은/는 IT에 대한 투자가 증가함에도 불구하고 기업, 산업 및 국가 수준의 생산성이 비례해서 증가하지 않거나 오히려 감소하는 현상을 의미한다.

① 외부효과
② 파레토 법칙
③ 생산성의 역설
④ 파노플리 효과

08 유비쿼터스를 응용한 컴퓨팅 기술에 대한 설명으로 옳지 않은 것은?

① 엑조틱 컴퓨팅은 스스로 생각하여 현실세계와 가상세계를 연계해 주는 컴퓨팅 기술이다.
② 노매딕 컴퓨팅은 장소에 상관없이 다양한 정보기기가 편재되어 있어 사용자가 정보기기를 휴대할 필요가 없는 컴퓨팅 기술이다.
③ 디스포절 컴퓨팅은 컴퓨터가 센서 등을 통해 사용자의 상황을 인식하여 사용자가 필요로 하는 정보를 제공해 주는 컴퓨팅 기술이다.
④ 웨어러블 컴퓨팅은 컴퓨터를 옷이나 안경처럼 착용할 수 있게 해줌으로써 컴퓨터를 인간의 몸의 일부로 여길 수 있도록 하는 컴퓨팅 기술이다.

09 인터넷 경제의 3원칙 중 〈보기〉에 해당하는 원칙으로 옳은 것은?

> ─────〈보 기〉─────
> • 마이크로칩의 처리 능력이 18~24개월마다 2배씩(2년에 2배씩) 향상된다는 법칙이다.
> • 컴퓨터, 반도체의 발전 속도가 빠르기 때문에 오늘 최신 컴퓨터를 사도 내일이면 구형 모델이 되는 현실을 잘 나타내는 이론이다.

① 가치사슬 지배 법칙
② 메트칼프(Metcalfes)의 법칙
③ 리드(Reeds)의 법칙
④ 무어(Moore)의 법칙

10 한국의 국가정보화 정책에 대한 설명으로 옳은 것은?

① 한국 국가정보화 정책은 1990년대 행정안전부 중심으로 추진되었다.
② 2015년 박근혜 정부 시절 K-Pop 등 한류에 정보통신 기술을 접목시킨 K-ICT 사업을 추진하였다.
③ 국가기간망은 행정의 전산망을 구축사업으로부터 시작되었다.
④ 제2차 기간망 사업을 통해 주민등록·부동산·경제통계·고용·자동차·통관관리 등 6개 업무의 행정전산화가 이루어졌다.

11 기업의 정보시스템에 대한 설명으로 옳지 않은 것은?

① 지식관리시스템(KMS): 조직의 전문화 혹은 관리 활동을 대상으로 정보, 데이터를 창출·수집·조직화·공유하는 시스템이다.
② 전사적 자원관리(ERP): 기업 내 생산, 물류, 재무, 회계, 영업과 구매, 재고 등 경영 활동 프로세스들을 통합적으로 연계해 관리하는 시스템이다.
③ 거래처리시스템(TPS): 기업 활동의 가장 기본적인 업무인 거래를 처리하며 주로 하위 관리층에 의해 표준화된 운영절차에 따라 데이터 처리 업무를 수행한다.
④ 고객관계관리시스템(CRM): 고객과의 접촉점을 세심하게 관리하는 과정이며, 탁월한 고객가치와 고객만족을 제공함으로써 수익성 있는 고객관계를 구축·유지하는 전반적 과정이다.

12 실러가 정보의 발전과정을 중심으로 제시한 주장으로 옳지 않은 것은?

① 정보의 발전과정에는 시장기준이 철저하게 적용되는데, 이러한 시장원리는 정보의 상품화를 지향한다.
② 계급불평등은 정보의 분배, 정보에 대한 접근과 정보를 창출할 수 있는 능력을 결정하는 주요 요인이다.
③ 실러는 정보혁명의 주된 수혜자가 대중이라고 주장하였다.
④ 국가 간의 관계에 있어서 서구의 선진국들이 정보불평등을 양산한다는 비판이 가능하다.

13 카피레프트에 대한 설명으로 옳지 않은 것은?

① 정보에 있어서 자본주의의 시장원리에 입각하고 있다.
② 카피라이트에 반대되는 개념이다.
③ 1984년 미국의 리처드 스톨먼(Richard Stallman)에 의해 처음 주장되었다.
④ 카피레프트는 지적재산권의 보호를 고집하지 않고 이를 공유하고 널리 유통시키자는 입장이다.

14 IT 기술에 대한 설명으로 옳지 않은 것은?

① IoT는 각종 물체에 센서와 통신 기능을 내장해 인터넷에 연결하는 기술이다.
② ITS는 기존 교통체계의 구성 요소에 첨단 기술들을 적용시켜 보다 안전하고 편리한 통행과 전체 교통체계의 효율성을 높이는 시스템이다.
③ IPTV는 인터넷을 이용하여 방송 및 기타 콘텐츠를 TV로 제공하는 서비스 방식이다.
④ GIS는 라디오 주파수를 이용한 비접촉 인식 장치로, 태그와 리더기로 구성된 자동 인식 데이터 수집용 무선 통신시스템이다.

15 다음 중 빅테크 기업이 성장할 수 있었던 플랫폼 비즈니스 운영방식이 아닌 것은?

① 자동적인 품질관리
② 소비자 선호 즉각 반영
③ 불필요한 자원의 조기 차단
④ 자원의 소유

16 다음 중 맥루한의 미디어관에 대한 설명으로 옳지 않은 것은?

① 미디어는 인간의 확장이며, 미디어의 영향력의 원천은 미디어 자체에 있다.
② 정보량이 많고, 수용자 참여도가 낮은 미디어를 핫미디어로 분류한다.
③ 정보가 기계적이고 획일적이며 전문화, 세분화되어 있는 것을 쿨미디어로 분류한다.
④ 핫미디어와 쿨미디어는 상대적이며 연속적인 개념으로 명확한 구분이 아니다.

17 〈보기〉는 미디어 선택에 대한 4가지 이론 중 어떤 이론에 대한 설명인가?

─────〈보 기〉─────
• 미디어의 선택을 기술중심적인 시각에서 본다.
• 새 기술을 수용하는 속도에 따라 수용자를 분류한다.
──────────────────

① 이용과 충족 이론
② 계획된 행동 이론
③ 혁신 확산 모델
④ 사회 인지 이론

18 다음 중 가상화폐와 가장 관련이 적은 것은?

① 채굴(Mining)
② 소켓(Socket)
③ 비트코인(Bitcoin)
④ 거래(Transaction)

19 정보통신망의 종류 및 정의에 대한 내용으로 옳은 것은?

① LAN: 폭넓은 대역폭을 사용하여 종합적인 통신 서비스를 제공하는 정보통신망
② WAN: 구내 혹은 동일 건물 내에서 프로그램 파일 또는 주변장치를 공유할 수 있는 정보통신망
③ VAN: 회선을 보유하거나 기간 통신 사업자로부터 회선을 임차하여 정보의 축적과 같은 부가가치를 부여한 정보를 제공하는 서비스망
④ ISDN: 다국적 기업 또는 상호 유대관계가 깊은 동호 기관을 LAN으로 연결한 정보통신망

20 잊힐 권리에 대한 설명으로 옳지 않은 것은?

① 정보주체가 온라인상 자신과 관련된 모든 정보에 대해 가지는 자기결정권 및 통제권리를 뜻한다.
② 정보주체는 개인정보처리자를 대상으로 자신의 개인정보의 삭제 및 확산 방지를 청구할 수 있는 권리를 가진다.
③ 「개인정보 보호법」 제36조에서 정보주체는 개인정보처리자에게 개인정보의 삭제를 요구할 수 있도록 규정하고 있다. 따라서 검색엔진에서 검색되는 개인정보의 삭제도 요구할 수 있다.
④ 유럽연합의 '일반개인정보보호규정(GDPR)'은 잊힐 권리를 규정하여 불합리한 지체 없이 자신의 모든 데이터의 삭제를 요청할 수 있는데, 여기에서 '불합리한 지체 없이'의 의미는 수개월이 아니라 수일을 의미한다.

21 빅데이터에 대한 설명으로 옳지 않은 것은?

① 빅데이터를 다루는 처리 프로세스로서 병렬 처리의 핵심은 분할 점령(Divide and Conquer)이다.

② 빅데이터는 3V, 즉 데이터의 양(Volume), 데이터 생성 속도(Velocity), 형태의 다양성(Variety)으로 요약된다.

③ 소셜 미디어 등 비정형 데이터의 증가로 인해 분석기법 중에서 텍스트 마이닝, 오피니언 마이닝, 소셜네트워크 분석, 군집 분석 등이 주목받고 있다.

④ 대용량의 데이터를 수집, 저장, 관리하는 등의 분석을 일괄로 처리하는 방식을 주로 사용한다.

22 다음 중 5G에 대한 설명으로 옳지 않은 것은?

① 5G는 국제표준화기구인 ITU에서 제정한 공식 용어로 IMT-2020이라고 부른다.

② 5G 기술의 핵심은 28GHz에 있지만 현재는 3.5GHz로 서비스하고 있다.

③ 한 사람의 이용자에게 최대 10Gbps, 최소 100Mbps 속도 유지가 가능하다.

④ 미국 이동통신업체인 버라이즌이 세계 최초로 상용화에 성공하였다.

23 다음 중 크리에이티브 커먼즈 라이선스(CCL) 이용허락조건에 대한 설명으로 옳지 않은 것은?

① Attribution(저작자 표시): 저작자의 이름, 출처 등 저작자를 반드시 표시해야 한다는 것으로, 라이선스에 반드시 포함하는 필수조항이다.

② Noncommercial(비영리): 저작물을 영리 목적으로 이용할 수 없다. 영리목적의 이용을 위해서는 별도의 계약이 필요하다는 의미이다.

③ No Derivative Works(변경금지): 저작물을 변경하는 것은 금지된다. 그러나 2차적 저작물 제작이 금지된다는 의미는 아니다.

④ Share Alike(동일조건변경허락): 2차적 저작물 제작을 허용하되, 2차적 저작물에 원 저작물과 동일한 라이선스를 적용해야 한다는 의미이다.

24 다음 중 앨빈 토플러가 주장한 제3의 물결(정보사회) 시대의 조직원리에 해당하지 않는 것은?

① 관료제적 분업조직

② 분산화

③ 분권화

④ 소규모화

25 안드로이드에 대한 설명으로 옳지 않은 것은?

① 안드로이드는 구글이 중심이 되어 개발하는 휴대 단말기용 플랫폼이다.

② 일반적으로 안드로이드 애플리케이션의 네 가지 구성 요소는 액티비티, 방송 수신자, 서비스, 콘텐츠 제공자이다.

③ 보안, 메모리 관리, 프로세스 관리, 네트워크 관리 등 핵심 서비스는 리눅스에 기초하여 구현되었다.

④ 콘텐츠 제공자는 UI 컴포넌트를 화면에 표시하고, 시스템이나 사용자의 반응을 처리할 수 있다.

www.sdedu.co.kr

군무원 정보직 FINAL 실전 봉투모의고사
제2회 모의고사

정보직

제1과목	국어	제2과목	국가정보학
제3과목	정보사회론	제4과목	

응시번호		성 명	

〈 안내 사항 〉

1. 답안지의 모든 기재 및 표기사항은 반드시 『컴퓨터용 흑색사인펜』으로만 작성하여야 합니다.
   (사인펜에 "컴퓨터용"으로 표시되어 있음) (사인펜 본인 지참)
   * 매년 지정된 펜을 사용하지 않아 답안지가 무효처리 되는 상황이 빈발하고 있으므로, 답안지
     는 반드시 『컴퓨터용 흑색사인펜』으로만 표기하시기 바랍니다.

2. 답안은 매 문항마다 반드시 하나의 답만 골라 그 숫자에 "●"로 표기해야 하며, 표기한 내용은 수정
   테이프를 이용하여 정정할 수 있습니다. 단, 시험시행본부에서 수정테이프를 제공하지 않습니다.
   (표기한 부분을 긁는 경우 오답처리 될 수 있으며, 수정스티커 또는 수정액은 사용 불가)
   * 답안지는 훼손·오염되거나 구겨지지 않도록 주의해야 하며, 특히 답안지 상단의 타이밍마크
     (Ⅰ Ⅰ Ⅰ Ⅰ Ⅰ)를 절대로 훼손해서는 안 됩니다.

3. 필기시험 문제 관련 의견제시 기간 : 시험 당일을 포함한 5일간
   * 국방부 군무원채용관리홈페이지(http://recruit.mnd.go.kr) - 시험안내 - 시험문고답하기

제2회 모의고사

01 맞춤법에 맞는 것은?

① 희생을 치뤄야 대가를 얻을 수 있다.
② 내로라하는 선수들이 뒤쳐진 이유가 있겠지.
③ 방과 후 고모 댁에 들른 후 저녁에 갈 거여요.
④ 가스 밸브를 안 잠궈 화를 입으리라고는 전혀 생각지 못했다.

02 다음 글의 내용을 잘못 이해한 사람은 누구인가?

심리학에서는 동조(同調)가 일어나는 이유를 크게 두 가지로 설명한다. 첫째는, 사람들은 자기가 확실히 알지 못하는 일에 대해 남이 하는 대로 따라 하면 적어도 손해를 보지는 않는다고 생각한다는 것이다. 둘째는, 어떤 집단이 그 구성원들을 이끌어 나가는 질서나 규범 같은 힘을 가지고 있을 때, 그러한 집단의 압력 때문에 동조 현상이 일어난다는 것이다. 만약 어떤 개인이 그 힘을 인정하지 않는다면 그는 집단에서 배척당하기 쉽다. 이런 사정 때문에 사람들은 집단으로부터 소외되지 않기 위해서 동조를 하게 된다. 여기서 주목할 것은 자신이 믿지 않거나 옳지 않다고 생각하는 문제에 대해서도 동조의 입장을 취하게 된다는 것이다.

동조는 개인의 심리 작용에 영향을 미치는 요인이 무엇이냐에 따라 그 강도가 다르게 나타난다. 가지고 있는 정보가 부족하여 어떤 판단을 내리기 어려운 상황일수록, 자신의 판단에 대한 확신이 들지 않을수록 동조 현상은 강하게 나타난다. 또한 집단의 구성원 수가 많거나 그 결속력이 강할 때, 특정 정보를 제공하는 사람의 권위와 지위, 그에 대한 신뢰도가 높을 때도 동조 현상은 강하게 나타난다. 그리고 어떤 문제에 대한 집단 구성원들의 만장일치 여부도 동조에 큰 영향을 미치게 되는데, 만약 이때 단 한 명이라도 이탈자가 생기면 동조의 정도는 급격히 약화된다.

① 태영: 집단으로부터 배척당하는 것이 두려워 동조하는 사람이 생기기도 하는 것 같아.
② 수희: 동조 현상에 영향을 미치는 요인은 우매한 조직의 결속력보다 개인의 신념이라고 볼 수 있겠군.
③ 지석: 응집력이 강한 집단일수록 항거하는 것이 더 어려워지지. 이런 경우, 동조 압력은 더 강할 수밖에 없겠지.
④ 영지: 아침에 수많은 정류장 중 어디에서 공항버스를 타야 할지 몰랐는데 스튜어디스 차림의 여성이 향하는 정류장 쪽으로 따라갔었어. 이 경우, 그 스튜어디스 복장이 신뢰도를 높였다고 할 수 있겠네.

03 다음 밑줄 친 ⑤과 ⓒ에서 '-의'의 쓰임을 바르게 설명한 것은?

> 吾等(오등)은 玆(자)에 我(아) ⑤ 朝鮮(조선)의 獨立國(독립국)임과 ⓒ 朝鮮人(조선인)의 自主民(자주민)임을 宣言(선언)하노라. 此(차)로써 世界萬邦(세계만방)에 告(고)하야 人類平等(인류평등)의 大義(대의)를 克明(극명)하며 此(차)로써 子孫萬代(자손만대)에 誥(고)하야 民族自存(민족자존)의 正權(정권)을 永有(영유)케 하노라.

① ⑤에서 '-의'는 앞 체언이 뒤 체언에 대하여 비유의 대상임을 나타내고, ⓒ에서 '-의'는 앞 체언이 뒤 체언이 나타내는 행동이나 작용의 주체임을 나타낸다.

② ⑤에서 '-의'는 앞 체언이 뒤 체언이 나타내는 행동이나 작용의 주체임을 나타내고, ⓒ에서 '-의'는 앞 체언이 뒤 체언에 대하여 비유의 대상임을 나타낸다.

③ ⑤과 ⓒ에서 '-의'는 앞 체언이 뒤 체언에 대하여 비유의 대상임을 나타낸다.

④ ⑤과 ⓒ에서 '-의'는 앞 체언이 뒤 체언이 나타내는 행동이나 작용의 주체임을 나타낸다.

04 〈보기〉에서 설명한 시의 표현 방법이 적용된 시구로 가장 옳은 것은?

> ───〈보 기〉───
> 본래의 의미와 의도를 더욱 효과적으로 강조하기 위해 그것을 가장하거나 위장하는 것이다. 즉 본래의 의도를 숨기고 반대되는 말로 표현하는 것으로, 표면의미(표현)와 이면의미(의도) 사이에 괴리와 모순을 통해 시적 진실을 전달하는 표현 방법이다.

① 돌담에 속삭이는 햇발같이 / 풀 아래 웃음 짓는 샘물같이

– 김영랑, 「돌담에 속삭이는 햇발같이」

② 내가 그의 이름을 불러 주었을 때 / 그는 나에게로 와서 / 꽃이 되었다

– 김춘수, 「꽃」

③ 산은 나무를 기르는 법으로 / 벼랑에 오르지 못하는 법으로 / 사람을 다스린다

– 김광섭, 「산」

④ 나보기가 역겨워 / 가실 때에는 / 죽어도 아니 눈물 / 흘리오리다

– 김소월, 「진달래꽃」

05 다음 중 〈보기〉의 시에 대한 감상으로 가장 적절한 것은?

〈보 기〉

계절이 지나가는 하늘에는
가을로 가득 차 있습니다.

나는 아무 걱정도 없이
가을 속의 별들을 다 헤일 듯합니다.

가슴 속에 하나 둘 새겨지는 별을
이제 다 못 헤는 것은
쉬이 아침이 오는 까닭이요,
내일 밤이 남은 까닭이요,
아직 나의 청춘이 다하지 않은 까닭입니다.

별 하나에 추억과
별 하나에 사랑과
별 하나에 쓸쓸함과
별 하나에 동경과
별 하나에 시와
별 하나에 어머니, 어머니

① 화자의 내면과 갈등 관계에 있는 현실에 비판적 시각을 드러내고 있다.
② 화자는 어린 시절 친구들을 청자로 설정하여 내면을 고백하고 있다.
③ 별은 시적 화자가 지향하는 내적 세계를 나타낸다.
④ 별은 현실 상황의 변화를 바라는 화자의 현실적 욕망을 상징한다.

06 〈보기〉의 ㉠~㉣ 중 띄어쓰기가 옳은 것은?

〈보 기〉

㉠ 창 밖은 가을이다. 남쪽으로 난 창으로 햇빛은 하루하루 깊이 안을 넘본다. 창가에 놓인 우단 의자는 부드러운 잿빛이다. 그러나 손으로 ㉡ 우단천을 결과 반대 방향으로 쓸면 슬쩍 녹듯빛이 돈다. 처음엔 짙은 쑥색이었다. 그 의자는 아무짝에도 쓸모가 없다. ㉢ 30년 동안을 같은 자리에서 움직이지 않은 채 하는 일이라곤 햇볕에 자신의 몸을 잿빛으로 바래는 ㉣ 일 밖에 없다.

① ㉠   ② ㉡
③ ㉢   ④ ㉣

07 다음 중 〈보기〉와 관련된 언어의 특성은?

〈보 기〉

㉠ '줄기나 가지가 목질로 된 여러해살이 식물'을 한국어로는 '나무[namu]'라고 하지만 영어로는'tree[triː]', 중국어로는 '樹[shù]'라고 한다.
㉡ '배'는 소리는 같지만 문장에서 '가슴과 엉덩이 사이의 부위', '물 위로 떠다니도록 나무나 쇠 따위로 만든 물건', '배나무의 열매' 등의 다양한 의미로 쓰인다.
㉢ '어리다'는 중세국어에서는 '어리석다'의 의미로 쓰였지만, 현대국어에서는 '나이가 적다'의 의미로 쓰이고 있다.

① 내용과 형식의 결합에 필연적 관련성이 없다.
② 물리적으로 연속된 실체를 분절하여 표현한다.
③ 기본적인 어순이 정해져 있어 이를 어기면 비문이 된다.
④ 한정된 기호만으로 무수히 많은 문장을 만들어 사용할 수 있다.

08 다음 중 우리말 어법에 맞고 가장 자연스러운 문장은?

① 뜰에 핀 꽃이 여간 탐스러웠다.
② 안내서 및 과업 지시서 교부는 참가 신청자에게만 교부한다.
③ 졸업한 형도 못 푸는 문제인데, 하물며 네가 풀겠다고 덤비느냐.
④ 한국 정부는 독도 영유권 문제에 대하여 일본에게 강력히 항의하였다.

09 다음 표준어 규정 중 〈보기〉에 부합하는 단어들로 이루어진 것은?

― 〈보 기〉 ―
[제22항] 고유어 계열의 단어가 생명력을 잃고 그에 대응하는 한자어 계열의 단어가 널리 쓰이면, 한자어 계열의 단어를 표준어로 삼는다.

① 성냥, 겸상
② 어질병, 총각무
③ 개다리소반, 푼돈
④ 칫솔, 구들장

10 ㉠~㉢에 들어갈 적절한 접속어를 순서대로 나열한 것은?

역사의 연구는 개별성을 추구하는 것이라고 할 수가 있다. (㉠) 구체적인 과거의 사실 자체에 대해 구명(究明)을 꾀하는 것이 역사학인 것이다. (㉡) 고구려가 한족과 투쟁한 일을 고구려라든가 한족이라든가 하는 구체적인 요소들을 빼 버리고, 단지 "자주적 대제국이 침략자와 투쟁하였다."라고만 진술해 버리는 것은 한국사일 수가 없다. (㉢) 일정한 시대에 활약하던 특정한 인간 집단의 구체적인 활동을 서술하지 않는다면 그것을 역사라고 말할 수 없는 것이다.

	㉠	㉡	㉢
①	가령	한편	역시
②	다시 말해	만약	그런데
③	이를테면	역시	결국
④	즉	가령	요컨대

11 다음 중 국어 로마자 표기법 규정에 어긋나는 것은?

① 독도 – Docdo
② 선릉 – Seolleung
③ 한라산 – Hallasan
④ 학여울 – Hangnyeoul

12 다음 중 〈보기〉에 따라 ㉠~㉣에 들어갈 단어가 바르게 배열된 것은?

<보 기>

어휘의 의미는 몇 가지 의미 자질로 분석할 수 있다. 예컨대 '바지'의 의미는 [+옷], [-위]의 자질로 나눌 수 있다. 이에 반해 '저고리'의 의미 자질은 [+옷]이라는 점에서 '바지'와 같지만, [+위]라는 점에서 '바지'와 다르다.

구분	㉠	㉡	㉢	㉣
어른	+	-	+	-
남성	+	+	-	-

	㉠	㉡	㉢	㉣
①	아저씨	소년	아주머니	소녀
②	아저씨	아주머니	소녀	소년
③	아주머니	소년	아저씨	소녀
④	소년	소녀	아주머니	아저씨

13 다음에 제시된 의미와 가장 가까운 속담은?

가난한 사람이 남에게 업신여김을 당하기 싫어서 허세를 부리려는 심리를 비유적으로 이르는 말

① 가난할수록 기와집 짓는다
② 가난한 집 신주 굶듯
③ 가난한 집에 자식이 많다
④ 가난한 집 제사 돌아오듯

14 다음 중 나이와 한자어가 바르게 연결된 것은?

① 고희(古稀): 일흔 살
② 이순(耳順): 마흔 살
③ 미수(米壽): 여든 살
④ 백수(白壽): 아흔 살

[15~16] 다음 시를 읽고 물음에 답하시오.

(가) 나무토막으로 조그마한 당닭을 새겨
    젓가락으로 집어다가 벽에 앉히고
    이 닭이 꼬기오 하고 때를 알리면
    그제사 어머님 얼굴 늙으시옵소서.

(나) 삭삭기 셰몰애 별헤 나는
    삭삭기 셰몰애 별헤 나는
    구은 밤 닷 되를 심고이다
    그 바미 우미 도다 삭나거시아
    그 바미 우미 도다 삭나거시아
    유덕(有德)ᄒ신 니믈 여히ᄋ와지이다

(다) 三冬(삼동)에 뵈옷 닙고 巖穴(암혈)에 눈비 마자
    구름 낀 볏뉘도 쐰 적이 업건마난
    西山(서산)에 해지다 하니 눈물겨워 하노라.

(라) 四海(ᄉ히) 바닷 기픠는 닫줄로 자히리어니와
    님의 德澤(덕틱) 기픠는 어닉 줄로 자하리잇고
    享福無彊(향복무강)ᄒ샤 萬歲(만셰)를 누리쇼서
    享福無彊(향복무강)ᄒ샤 萬歲(만셰)를 누리쇼서
    一竿明月(일간명월)이 亦君恩(역군은)이샷다.

(마) 철령 노픈 봉에 쉬여 넘는 저 구름아
    고신원루를 비 삼아 띄여다가
    님 계신 구중심처에 뿌려본들 엇더리.

(바) 마음이 어린 後(후)ㅣ니 하는 일이 다 어리다.
    萬重雲山(만중운산)에 어내 님 오리마는
    지는 닙 부는 바람에 행여 건가 하노라.

15 위 작품의 밑줄 친 부분에서 서로 유사한 의미의 시어끼리 바르게 연결된 것은?

① 눈비 – 비
② 당닭 – 님
③ 볕뉘 – 덕틱
④ 구중심처 – 만중운산

16 위 작품 중 역설적 표현이 사용된 것으로만 묶인 것은?

① (가), (나)
② (가), (다)
③ (다), (라)
④ (마), (바)

17 다음 중 밑줄 친 부분이 주체가 제3의 대상에게 동작이나 행동을 하도록 시키는 표현인 것은?

① 철수가 옷을 <u>입었다.</u>
② 장난감이 그로부터 <u>잊혔다.</u>
③ 따스한 햇살이 고드름을 <u>녹였다.</u>
④ 내 책이 친구 책과 <u>섞여서</u> 찾느라 애를 썼다.

18 다음 시에 대한 감상으로 적절하지 않은 것은?

> 매운 계절(季節)의 챗죽에 갈겨
> 마츰내 북방(北方)으로 휩쓸려 오다
>
> 하늘도 그만 지쳐 끝난 고원(高原)
> 서리빨 칼날진 그우에 서다.
>
> 어데다 무릎을 꾸러야하나?
> 한발 재겨디딜 곳조차 없다
>
> 이러매 눈깜아 생각해볼밖에
> 겨울은 강철로된 무지갠가 보다
>
> – 이육사, 「절정」

① 1연과 2연은 화자가 처한 현실의 상황을 암시하고 있다.
② 1연의 극한적 상황이 2연에서 중첩되어 나타나 극한의 정도가 점층되고 있다.
③ 3연은 1연과 2연의 상황으로 인해 화자가 맞이한 절박함이 드러나 있다.
④ 3연과 4연은 화자의 심화된 내적 갈등을 단계적으로 보여 주고 있다.

19 다음 중 글의 전개 방식에 묘사를 사용한 것은?

① 지구와 화성은 비슷한 점이 많다. 둘은 태양계의 행성으로, 태양으로부터 거리가 비슷하고, 태양을 중심으로 공전(公轉), 자전(自轉)하고 있는 점이 같다. 그런데 지구에는 물과 공기가 있고, 생물이 있다. 그러므로 화성에도 물과 공기가 있고, 생물이 존재할 가능성이 있다.

② 거대한 기계에서 일부분만 분리되면 아무 쓸모없는 고철이 될 수도 있다. 기계의 일부분은 전체의 체계 속에서만 진정한 기능을 발휘하게 되는 것이다. 우리가 독서를 할 때에는, 이와 같이 어느 한 부분의 내용도 한 편의 글이라는 전체의 구조 속에서 파악하여야만 그 바른 의미를 이해할 수 있게 된다.

③ 이마에서 뒷머리까지는 갈색의 양털 모양 솜털이 있고, 눈앞과 뒤, 덮깃과 턱밑과 뺨에는 갈색을 띤 짧은 솜털과 어두운 갈색 털 모양의 깃털이 있다. 눈 주위에는 푸른색을 띤 흰색의 솜털과 어두운 갈색 털이 나 있다.

④ 이 사회의 경제는 모두가 제로섬 요소로 구성되어 있다. 제로섬(Zero-sum)이란 어떤 수를 합해서 제로가 된다는 뜻이다. 어떤 운동 경기를 한다고 할 때, 이기는 사람이 있으면 반드시 지는 사람이 있게 마련이다. 어느 한쪽 팀이 점수를 얻게 되면 다른 팀은 점수를 잃는다. 이 승리자와 패배자의 점수를 합치면 전체로서는 제로가 된다.

20 〈보기〉의 ㉠~㉣ 중 명사절이 동일한 문장 성분으로 사용된 것끼리 묶인 것은?

──〈보 기〉──
㉠ 농부들은 비가 오기를 기다린다.
㉡ 지금은 집에 가기에 이른 시간이다.
㉢ 그는 1년 후에 돌아오기로 결심했다.
㉣ 어린 아이들은 병원에 가기 싫어한다.

① ㉠, ㉡ / ㉢, ㉣
② ㉠, ㉢ / ㉡, ㉣
③ ㉠, ㉣ / ㉡, ㉢
④ ㉠ / ㉡, ㉢, ㉣

21 다음 중 ㉠~㉢의 예를 바르게 연결한 것은?

국어 단어는 그 형성 방식에 따라 크게 두 가지로 구성된다. 하나는 '바다, 겨우'처럼 단일한 요소가 곧 한 단어가 되는 경우이다. '바다, 겨우'와 같은 단어들은 더 이상 나눌 수 없는 단일한 구성을 보이는 예들로서 이들은 ㉠ 단일어라고 한다.
다른 하나는 다양한 요소들이 결합하여 한 단어가 되는 경우이다. 이들은 단일어와 구별하여 복합어라고 한다. 복합어는 다시 두 가지 종류로 나뉜다. '샛노랗다, 잠'은 어휘 형태소인 '노랗다, 자-'에 각각 '샛-, -ㅁ'과 같은 접사가 덧붙어서 파생된 단어들이다. 이처럼 어휘 형태소에 접사가 결합하여 형성된 단어들을 ㉡ 파생어라고 한다. '손목, 날짐승'과 같은 단어는 각각 '손-목, 날-짐승'으로 분석된다. 이들은 각각 어근인 어휘 형태소끼리 결합하여 한 단어가 된 경우로 이를 ㉢ 합성어라고 한다.

	㉠	㉡	㉢
①	구름	무덤	빛나다
②	지우개	헛웃음	덮밥
③	맑다	고무신	선생님
④	웃음	곁눈	시나브로

22 다음 밑줄 친 단어 중 '종성부용초성'에 의한 표기가 사용된 것은?

> 불휘 기픈 남곤 보로매 아니 뮐씨 곶 됴코 여름 하노니
> 시미 기픈 므른 고로래 아니 그츨씨 내히 이러 바로래 가노니
>
> — 「용비어천가」 제2장

① 곶
② 시미
③ 내히
④ 바로래

23 문맥상 ㉠에 들어갈 문장으로 가장 적절한 것은?

> 인간의 역사가 발전과 변화의 가능성을 내포하고 있는 반면, 자연사는 무한한 반복 속에서 반복을 반복할 뿐이다. 그런데 마르크스는 「1844년의 경제학 철학 수고」 말미에, "역사는 인간의 진정한 자연사이다"라고 적은 바 있다. 또한 인간의 활동에 대립과 통일이 있듯이, 자연의 내부에서도 대립과 통일은 존재한다. (㉠) 마르크스의 진의(眞意) 또한 인간의 역사와 자연사의 변증법적 지양과 일여(一如)한 합일을 지향했다는 것에 있을 것이다.

① 즉 인간과 자연은 상호 간에 필연적으로 경쟁할 수밖에 없다.
② 따라서 인간의 역사와 자연의 역사를 이분법적 대립구도로 파악하는 것은 위험하다.
③ 즉 자연이 인간의 세계에 흡수·통합됨으로써 인간의 역사가 시작된다.
④ 그러나 인간사를 연구하는 일은 자연사를 연구하는 일보다 많은 노력이 요구된다.

24 다음 중 밑줄 친 말의 기본형이 옳지 않은 것은?

① 시장에 들러 배추와 무를 샀다. (기본형: 들르다)
② 북어포가 물에 불어 부드러워졌다. (기본형: 붓다)
③ 지나가는 사람에게 길을 물어 본다. (기본형: 묻다)
④ 기계로 옥돌을 가니 반들반들해졌다. (기본형: 갈다)

미생물은 오늘날 흔히 질병과 연관된 것으로 여겨진다. 1762년 마르쿠스 플렌치즈는 미생물이 체내에서 증식함으로써 질병을 일으키고, 이는 공기를 통해 전염될 수 있다고 주장했으며, 모든 질병은 각자 고유의 미생물을 갖고 있다고 말했다. 그러나 유감스럽게도 그 주장에 대한 증거가 없었으므로 플렌치즈는 외견상 하찮아 보이는 미생물들도 사실은 중요하다는 점을 다른 사람들에게 납득시킬 수가 없었다. 심지어 한 비평가는 그처럼 어처구니없는 가설에 반박하느라 시간을 허비할 생각이 없다며 대꾸했다.

그런데 19세기 중반 들어 프랑스의 화학자 루이 파스퇴르에 의해 상황이 바뀌기 시작했다. 파스퇴르는 세균이 술을 식초로 만들고 고기를 썩게 한다는 사실을 연달아 증명한 뒤 만약 세균이 발효와 부패의 주범이라면 질병도 일으킬 수 있을 것이라고 주장했다. 이러한 배종설은 오랫동안 이어져 내려온 자연발생설에 반박하는 이론으로서 플렌치즈 등에 의해 옹호되었지만 아직 논란이 많았다. 사람들은 흔히 썩어가는 물질이 내뿜는 나쁜 공기, 즉 독기가 질병을 일으킨다고 생각했다. 1865년 파스퇴르는 이런 생각이 틀렸음을 증명했다. 그는 미생물이 누에게 두 가지 질병을 일으킨다는 사실을 입증한 뒤, 감염된 알을 분리하여 질병이 전염되는 것을 막음으로써 프랑스의 잠사업을 위기에서 구했다.

한편 독일에서는 로베르트 코흐라는 내과 의사가 지역농장의 사육동물을 휩쓸던 탄저병을 연구하고 있었다. 때마침 다른 과학자들이 동물의 시체에서 탄저균을 발견하자, 1876년 코흐는 이 미생물을 쥐에게 주입한 뒤 쥐가 죽은 것을 확인했다. 그는 이 암울한 과정을 스무 세대에 걸쳐 집요하게 반복하여 번번이 똑같은 현상이 반복되는 것을 확인했고, 마침내 세균이 탄저병을 일으킨다는 결론을 내렸다. 배종설이 옳았던 것이다.

파스퇴르와 코흐가 미생물을 효과적으로 재발견하자 미생물은 곧 죽음의 아바타로 캐스팅되어 전염병을 옮기는 주범으로 여겨지기 시작했다. 탄저병이 연구된 뒤 20년에 걸쳐 코흐를 비롯한 과학자들은 한센병, 임질, 장티푸스, 결핵 등의 질병 뒤에 도사리고 있는 세균들을 속속 발견했다. 이러한 발견을 견인한 것은 새로운 도구였다. 이전에 있었던 렌즈를 능가하는 렌즈가 나왔고, 젤리 비슷한 배양액이 깔린 접시에서 순수한 미생물을 배양하는 방법이 개발되었으며, 새로운 염색제가 등장하여 세균의 발견과 확인을 도왔다.

세균을 확인하자 과학자들은 거두절미하고 세균을 제거하는 작업에 착수했다. 조지프 리스터는 파스퇴르에게서 영감을 얻어 소독 기법을 실무에 도입했다. 그는 자신의 스태프들에게 손과 의료 장비와 수술실을 화학적으로 소독하라고 지시함으로써 수많은 환자들을 극심한 감염으로부터 구해냈다. 또, 다른 과학자들은 질병 치료, 위생 개선, 식품 보존이라는 명분으로 세균 차단 방법을 궁리했다. 그리고 세균학은 응용과학이 되어 미생물을 쫓아내거나 파괴하는 데 동원되었다. 과학자들은 미생물과의 전쟁을 선포하고, 병든 개인과 사회에서 미생물을 몰아내는 것을 목표로 삼은 것이다. 이렇게 미생물에 대한 인식이 형성되었으며 그 부정적 태도는 오늘날에도 지속되고 있다.

① 세균은 미생물의 일종이다.
② 세균은 화학적인 방법으로 제거할 수 있다.
③ 미생물과 질병의 연관성에 대한 인식은 통시적으로 변화해 왔다.
④ 코흐는 새로운 도구의 개발 이전에 질병을 유발하는 미생물들을 발견했다.

제2과목: 국가정보학

QR코드 접속을 통해 풀이시간 측정, 자동 채점
그리고 결과 분석까지!

01 다음 중 한국의 방첩기관으로 옳지 않은 것은?

① 국방부
② 경찰청
③ 관세청
④ 국가정보원

02 정보에 대하여 다음과 같이 정의한 학자는?

- CIA의 정보분석체계를 지휘하며 국가정보평가체계를 개발하였다.
- '정보는 국가정책 운용을 위한 지식이며 활동이고 조직이다.'라고 주장하였다.
- 정보를 분석형태에 따라 기본정보, 현용정보, 판단정보로 분류하였다.
- 미국 정보분석의 아버지라는 평가를 받는다.

① 케빈 스택
② 제프리 리첼슨
③ 마이클 워너
④ 셔먼 켄트

03 다음 중 『손자병법』 「용간편」에서 적지에서 정찰활동을 수행하고 살아 돌아와서 보고하는 첩자를 이르는 말로 옳은 것은?

① 반간
② 생간
③ 내간
④ 향간

04 다음 중 대한민국 정보기관의 역사에 대한 설명으로 옳은 것은?

① 대한제국의 제국익문사는 1902년 고종이 설립한 근대적 정보기관으로, 정보활동 지역을 대한제국 영토 내로 한정하지 않고 외국으로도 범위를 넓히며 활동하였다.
② 한인애국단은 1940년 중국 충칭에서 임시정부의 군대로 창설되어 항일 군사 활동의 일환으로 조직적인 비밀 정보활동을 전개하였다.
③ 중앙정보부는 5 · 16 군사쿠데타 이후 공산세력의 간접 침략과 혁명과업 수행의 장애를 제거하기 위해 미국이 설립을 제안하였다.
④ 중앙정보부는 1981년 제5공화국이 출범하면서 국가정보원으로 개칭되었다.

05 다음 중 제임스 올슨의 방첩 10계명에 해당하지 않는 것은?

① 자존심을 버려라
② 거리를 누벼라
③ 한곳에 오래 머무르지 마라
④ 절대로 포기하지 마라

06 〈보기〉에서 설명하는 일본의 정보기구는?

┌─────────〈보 기〉─────────┐
│ • 1952년 '파괴활동방지법'에 의해 설립되었다.
│ • 한국전쟁 중 일본 내 좌익단체의 활동을 방지하기 위
│   해 설치한 기관이다.
│ • 극우·극좌, 공산당의 위협을 감시하는 것을 주 임무
│   로 한다.
└──────────────────────────┘

① 경찰청 경비국
② 내각조사실
③ 정보본부
④ 공안조사청

07 다음 중 정보(Intelligence)에 대한 설명으로 옳은 것은?

① 개인 또는 단체의 특정한 목적을 위해 수집된 사실이다.
② 정책적 목적을 가지고 분석·평가되어 가공된 지식이다.
③ 정보는 본질적으로 양도하게 되면 소유권과 관리권이 사라진다.
④ 특정 목적에 의해 평가되거나 가공되지 않은 1차적인 입력활동이다.

08 다음 중 경보단계에 대한 설명 중 옳지 않은 것은?

① 데프콘은 5단계이고 전투준비태세이다.
② 인포콘은 5단계이고 정보작전 방호태세이다.
③ 사이버위기경보는 5단계이며 일부 네트워크에서 장애가 생기면 관심단계가 된다.
④ 진돗개는 3단계로 나뉘며 평시에는 3단계이다.

09 다음 중 비밀의 복제·복사 제한에 대한 설명으로 옳지 않은 것은?

① 각급기관의 장은 필요한 경우 해당 비밀의 보존기간 내에서 사본을 제작하여 보관할 수 있다.
② 비밀의 사본을 보관할 때에는 그 예고문이나 비밀등급을 임의로 발급받아야 한다.
③ 비밀을 복제·복사한 경우 그 원본과 동일한 비밀등급과 예고문을 기재한다.
④ 예고문에 재분류 구분이 '파기'로 되어 있는 경우 파기 시기를 원문의 보호기간보다 앞당길 수 있다.

10 정보의 가치에 따라 순위를 결정할 때 고려해야 할 원칙이 아닌 것은?

① 공통성의 원칙
② 복잡성의 원칙
③ 연관성의 원칙
④ 비밀성의 원칙

11 BC 500년경 스파르타에서 비밀 메시지를 전달하기 위해 개발한 도구로, 최초의 암호장비라고 할 수 있는 것은?

① 로마 시저의 암호체계
② 신성문자
③ 폴리비우스의 암호체계
④ 스카이테일

12 〈보기〉 중 작전이 성공한 사례를 모두 고른 것은?

―――――――〈보 기〉―――――――
㉠ 미국의 베트남 미군포로 구출작전
㉡ 이스라엘의 우간다 엔테베공항 항공기 구출작전
㉢ 주 이란 미국대사관 직원 구출작전
㉣ 프랑스 국립헌병대의 에어프랑스 구출작전

① ㉠, ㉣
② ㉡, ㉣
③ ㉠, ㉡
④ ㉠, ㉢

13 국가사이버안전센터의 업무가 아닌 것은?

① 사이버위협 관련 정보의 수집 · 분석 · 전파
② 국가정보통신망의 안전성 확인
③ 외국의 사이버 비밀공격 및 해킹
④ 국가사이버안전 매뉴얼의 작성 및 배포

14 다음 중 방첩에 대한 설명으로 옳지 않은 것은?

① 방첩은 능동적 방첩과 수동적 방첩으로 구분된다.
② 적대국가의 정보수집능력을 파악하는 것도 능동적 방첩활동이다.
③ 수동적 방첩은 전통적인 보안영역을 모두 포함한다.
④ 암호 개발, 도청 · 해킹 · 바이러스 방지 등의 통신보안은 대스파이 활동에 포함된다.

15 다음의 비밀공작 중 위장부인의 정도가 가장 낮은 수단은?

① 선전공작
② 정치공작
③ 전복공작
④ 준군사공작

16 ㉠~㉢에 각각 알맞은 용어를 찾아 바르게 나열한 것은?

㉠ 울타리 또는 경호원에 의하여 일반인의 출입의 감시가 요구되는 지역
㉡ 비인가자의 출입이 금지되는 보안상 극히 중요한 구역
㉢ 비인가자의 접근을 방해하기 위하여 그 출입의 안내가 요구되는 지역

	㉠	㉡	㉢
①	통제구역	제한구역	제한지역
②	제한지역	통제구역	제한구역
③	제한구역	통제구역	제한지역
④	제한지역	제한구역	통제구역

17 다음 중 미국의 정보기구의 역사에 대한 설명으로 옳지 않은 것은?

① 미국의 정보기관은 진주만 기습으로 시작되었다.
② 미국은 1947년 '국가안전보장법'에 의해 CIA와 DCI, NSA가 창설되었다.
③ 미국은 9·11 테러 이후 대테러예방활동을 강화하고 있으며, 스노든의 폭로로 인해 테러용의자들에 대한 교신내용 파악에 어려움을 겪었으나, 대체로 대테러 예방에 성공하고 있다.
④ 세계화와 미·중·러 신냉전 구도로 인하여 동맹이 약화되고 있는 추세이다.

18 다음 중 한국의 영상정보에 대한 설명으로 옳지 않은 것은?

① 아리랑 5호는 합성 영상 레이더가 탑재되어 있어 야간이나 구름 낀 날씨에도 관측이 가능하다.
② 아리랑 6호는 원래 2019년 발사 예정이었으나 합성 영상 레이더 제작이 지연되면서 2022년으로 연기되었다.
③ 정찰위성과 정찰항공기로 촬영한 사진을 통해 정보를 생산한다.
④ 아리랑 3호는 2012년에 발사했으며 55m급 지구관측 광학카메라를 탑재했다.

19 다음 중 「국가보안법」에서 반국가단체에 대한 설명으로 옳지 않은 것은?

① 반국가단체나 그 구성원 또는 그 지령을 받은 자를 지원할 목적으로 자진하여 규정된 행위를 한 자는 「형법」의 예에 의하여 처벌한다.
② 반국가단체를 구성하거나 이에 가입한 자는 처벌한다.
③ 반국가단체는 국가를 위태롭게 할 목적으로 하는 국내 단체를 말한다.
④ 타인에게 반국가단체에 가입할 것을 권유한 자는 2년 이상의 유기징역에 처한다.

20 정보생산자와 수요자에 대한 설명 중 옳은 것은?

① 국가정보의 생산자는 국가정보기구이다.
② 국가정보는 전술정보와 전략정보로 나뉜다.
③ 국가정보원장은 정보 생산자이다.
④ 정책결정자에는 판사와 검사도 포함된다.

21 다음 중 영국의 정보기관에 대한 설명으로 옳은 것은?

① 비밀정보부(SIS, MI6)는 내무부 소속으로 해외정보수집, 해외와 관련된 비밀공작활동을 수행한다.
② 정보통신본부(GCHQ)는 내무부 소속으로 미국 NSA와의 협약에 따라 국내외 통신감청 업무를 담당한다.
③ 보안부(SS, MI5) 내무부 소속으로 방첩, 대테러 등의 임무를 수행한다.
④ 합동정보위원회(JIC)는 영국 정보기관의 예산을 관리하고 일반적인 감독 기능을 수행하고 있다.

22 테러조직에 대한 설명으로 옳지 않은 것은?

① 헤즈볼라는 1980년 레바논에서 조직된 시아파 과격단체로 이스라엘 가자지구 등에서 팔레스타인 해방 무장 투쟁을 하고 있다.

② 알카에다는 1988년 아프가니스탄 출신의 오사마 빈 라덴이 조직한 이슬람 무장단체로 9 · 11 테러의 배후로 지목되었다.

③ 아부 니달은 1974년 팔레스타인해방기구(PLO)에서 분리되었으며, 하마스, 지하드와 함께 팔레스타인 3대 과격단체로 급부상했다.

④ 검은 9월단은 뮌헨올림픽에서 이스라엘 선수단을 상대로 테러를 일으켰던 이슬람 계열의 저항 단체이다.

23 다음 중 외교특권의 내용으로 옳지 않은 것은?

① 신체의 불가침에 따라 외교관은 어떠한 경우라도 체포나 구금을 당하지 않는다.

② 외교관에 대한 폭행 · 협박은 가중처벌 대상이다.

③ 문서의 불가침에 따라 외교관의 개인적 서류나 재산은 특권의 대상이다.

④ 관사의 불가침에 따라 화재나 지진 등이 발생할 시에도 외교관의 동의가 있어야 관사 출입이 가능하다.

24 다음 중 「통신비밀보호법」에 대한 내용으로 옳지 않은 것을 모두 고른 것은?

> ㉠ 불법감청에 의하여 지득 또는 채록된 전기통신의 내용은 재판 또는 징계절차에서 증거로 사용할 수 없다.
> ㉡ 우편물의 검열 또는 전기통신의 감청은 범죄수사 또는 국가안전보장을 위하여 주된 수단으로 이용할 수 있다.
> ㉢ 국가안보를 위한 통신제한조치의 기간은 기본적으로 6월을 초과하지 못한다.
> ㉣ 정보수사기관의 장은 국가안보를 위한 통신제한조치를 할 경우, 통신의 일방 또는 쌍방당사자가 내국인인 때에는 고등법원 수석판사의 허가를 받아야 한다.

① ㉠, ㉡

② ㉠, ㉢

③ ㉡, ㉢

④ ㉢, ㉣

25 각국의 정보기구에 대한 설명으로 옳은 것은?

① 미국의 FBI는 수사권이 없고, 조사권을 통해 미국 내 활동하는 외국 스파이 또는 외국정보기구를 위해 일하는 미국인을 조사한다.

② 이스라엘의 Mossad와 중국의 국가안전부는 업무가 비슷하다.

③ KGB는 현존하는 정보기구로 통합형 정보기구에 속한다.

④ 영국의 BND는 통신정보를 수집하는 기관이다.

01 다음 중 포털에 대한 설명으로 틀린 것은?

① 포털사이트의 뉴스 카테고리는 뉴스를 단순 게시 이상의 기능을 수행하지는 않는다.

② 포털사이트는 이용자가 찾고자 하는 정보의 유형과 성격에 따라 다양하게 존재할 수 있다.

③ 네이버와 같은 포털사이트가 판매하는 정보 상품과 서비스는 개인적 성격과 공공의 성격을 동시에 갖고 있기 때문에 포털 사업자는 사익을 극대화하려는 사업화 전략을 가지고 있다.

④ 포털은 이메일이나 블로그, 카페, 검색엔진과 같은 다양한 정보들을 일관된 방식으로 가져올 수 있게 설계된 웹사이트로 볼 수 있다.

02 프로세서의 수를 늘려도 속도를 개선하는 데 한계가 있다는 주장으로서, 병렬처리 프로세서의 성능 향상의 한계를 지적한 법칙은?

① 무어의 법칙(Moore's Law)

② 암달의 법칙(Amdahl's Law)

③ 구스타프슨의 법칙(Gustafson's Law)

④ 폰노이만 아키텍처(von Neumann Architecture)

03 스펜더의 지식 분류 중 〈보기〉의 내용에 해당하는 용어로 옳은 것은?

〈보 기〉

스펜더의 지식 분류 중 개인적 활용 부분에서 '습관화된 지식', 사회적 활용 부분에서 '집단화된 지식'을 모두 지칭한다.

① 형식적 지식

② 암묵적 지식

③ 사회적 지식

④ 개인적 지식

04 다음 〈보기〉 정보가 비대칭적으로 분포된 상황에서 발생하는 현상에 대한 설명이다. ㉠, ㉡에 들어갈 알맞은 말을 옳게 나열한 것은?

〈보 기〉

• (㉠)은/는 정보가 비대칭적으로 분포된 상황에서 정보를 갖지 못한 측의 입장에서 볼 때 바람직하지 못한 상대방과 거래를 할 가능성이 높아진 현상이다.

• (㉡)은/는 정보가 비대칭적으로 분포된 상황에서 정보를 가진 측은 정보를 갖지 못한 측에서 보면 바람직하지 않은 행동을 취할 가능성이 있는데 이와 같은 행동이 나타나는 현상이다.

	㉠	㉡
①	도덕적 해이	역선택
②	역선택	도덕적 해이
③	자기선택	감추어진 특성
④	감추어진 특성	자기선택

05 다니엘 벨의 이론 중 중추원리에 대한 설명으로 옳지 않은 것은?

① 반전체주의적 입장에서 사회구조의 변동을 설명하였다.

② 현대 사회를 경제, 정치 그리고 문화의 세 영역으로 구분한다.

③ 경제영역에서 변화는 양자택일적인데, 이들 사이에 어떤 단일한 영속성이 존재하지 않는 것을 말한다.

④ 정치영역에서의 중추원리는 평등이다.

06 다음 중 하이퍼링크에 대한 설명으로 옳지 않은 것은?

① 단순 링크, 임베디드 링크, 프레이밍 모두 하이퍼링크에 속한다.

② 월드와이드웹은 그 자체로 하이퍼링크 시스템이다.

③ 하이퍼텍스트는 문서 안에서 직접 텍스트 형식의 자료를 연결하고 가리킬 수 있는 참조 고리이다.

④ 하이퍼링크는 주소와 주소가 비선형적으로 엮인 인터페이스를 말한다.

07 〈보기〉와 같이 정보사회를 바라보는 관점으로 옳은 것은?

〈보 기〉
> 기술의 발달이 사회변동을 유발시킬 수는 있으나 기술 그 자체만으로는 사회적 관계나 제도를 변화시킬 수 없다. 사회결정론자들에게 있어서 사회변화란 미시적으로는 구성원들의 이해관계에 영향을 미치는 것이고, 거시적으로는 사회의 권력관계나 계급구조를 변화시키는 것이라고 판단하고 있다. 따라서 사회가 단순하게 수동적으로 기술발달의 결과를 받아들이거나 그에 적응하는 것이 아니라, 능동적으로 기술발달을 규정한다고 본다.

① 기술결정론

② 사회구조론

③ 정치경제론

④ 정보양식론

08 정보사회의 여러 가지 부정적인 측면과 이에 대한 대안을 바르게 나열한 것은?

	부작용	대안
①	개인정보의 유출	통신비밀보호법규 제정
②	컴퓨터 범죄	정보공개제도 도입
③	정보격차 심화	정보화 윤리교육 강화
④	불건전 정보유통	통신위성 활용

09 온라인에서 멀티미디어 콘텐츠의 불법 유통을 방지하기 위해 삽입된 워터마킹 기술의 특성으로 옳지 않은 것은?

① 부인 방지성

② 비가시성

③ 강인성

④ 권리정보 추출성

10 '가상공간'에 대해 다음과 같이 정의한 학자는?

> 가상공간이란 컴퓨터를 매개로 한 커뮤니케이션 기술을 사용하는 사람들을 통해 인간관계, 언어, 자료, 부와 권력 등이 현재화하는 개념으로서의 공간을 말한다.

① 리어리(Timothy Leary)
② 제이콥슨과 깁슨(Jacobson & Gibson)
③ 라인골드(Rheingold)
④ 위너(Nobert Wiener)

11 〈보기〉에서 설명하고 있는 개념으로 옳은 것은?

> ─────〈보 기〉─────
> • 의사결정의 유효성을 높이기 위하여 경영 내외의 관련 정보를 필요에 따라 즉각적이고 대량으로 수집·전달·처리·저장·이용할 수 있도록 편성한 인간과 컴퓨터와의 결합 시스템이다.
> • 시스템의 설계에 있어서는 발생 장소별·용도별·계층별·부문별·보존연한별로 필요한 정보의 종류와 내용을 확정하는 것이 우선이다.

① CAD ② BI
③ MIS ④ FMS

12 온톨로지에 대한 설명으로 옳지 않은 것은?

① 대표적 온톨로지 언어에는 WOL이 있다.
② 온톨로지는 클래스, 인스턴스, 관계, 속성으로 구성되어 있다.
③ 원래 사물의 존재 의미를 논의하는 철학적인 연구영역을 의미한다.
④ 단어의 개념, 특성, 연관관계를 컴퓨터가 처리할 수 있는 형태로 표현하는 것이다.

13 다음 중 「전자서명법」에 대한 설명으로 옳지 않은 것은?

① "전자문서"란 정보처리시스템에 의하여 전자적 형태로 작성되어 송신 또는 수신되거나 저장된 정보를 말한다.
② "전자서명"이란 서명자의 신원을 나타내는 데 이용하기 위하여 전자문서에 첨부되거나 논리적으로 결합된 전자적 형태의 정보만을 의미한다.
③ "인증서"란 전자서명생성정보가 가입자에게 유일하게 속한다는 사실 등을 확인하고 이를 증명하는 전자적 정보를 말한다.
④ "전자서명인증"이란 전자서명생성정보가 가입자에게 유일하게 속한다는 사실을 확인하고 이를 증명하는 행위를 말한다.

14 가상 기계(Virtual Machine)에 대한 설명으로 옳지 않은 것은?

① 가상 기계 모니터 또는 하이퍼바이저(Hypervisor)는 가상 기계를 지원하는 소프트웨어이다.
② 가상 기계 모니터는 호스트 운영체제 위에서만 실행된다.
③ 데스크톱 환경에서 Windows나 Linux와 같은 운영체제를 여러 개 실행하기 위해 사용되기도 한다.
④ 가상 기계가 호스트 운영체제 위에서 동작할 때, 이 기계 위에서 동작하는 응용 프로그램은 처리 속도가 느려질 수 있다.

15 한국의 전자정부 추진 방향에 대한 설명으로 옳지 않은 것은?

① 효율성·투명성 제고에서 복지·재난·생활안전·환경 등 사회 전 분야의 현안 해결을 통한 지속 가능한 발전을 견인한다.
② 정치·사회 분야까지 민관협력을 확대하여 공공서비스의 사회적 생산과 전달을 활성화한다.
③ 특정 이벤트 중심의 분절화된 맞춤형 서비스를 통해 국민들의 만족도를 증대시킨다.
④ PC·인터넷 중심의 정보기술 활용에서 지능정보기술 중심으로 확장한다.

16 다음 중 빅데이터의 세 가지 특성으로 옳지 않은 것은?

① 데이터 양
② 데이터 생성속도
③ 형태의 다양성
④ 데이터 복잡성

17 다음은 매스미디어 효과 이론 중 어떤 이론에 대한 설명인가?

> 자신의 입장이 여론에 부합되면 자신 있게 의견을 표명하는 반면, 소수의 입장에 속할 경우에는 사회적 고립이나 부정적 평가에 대한 염려로 침묵하게 되는 현상을 일컫는다.

① 중효과 이론 – 침묵의 나선 이론
② 강효과 이론 – 침묵의 나선 이론
③ 중효과 이론 – 탄환 이론
④ 강효과 이론 – 탄환 이론

18 다음 중 퍼트넘의 사회자본에 대한 설명으로 옳은 것은?

① 사회자본 보완론은 인터넷 사용이 사회자본을 증가시켜 오프라인 대인관계를 보완한다는 입장이다.
② 사회자본의 가장 큰 특징은 재화, 소득과 같이 형태가 있는 물적자본이 아니라 교육 수준과 같은 인간자본처럼 개인 내부에 체화된 자본이다.
③ 사회자본은 사람들의 사회참여나 사회연결망을 끌어낼 수 있는 자원을 말한다.
④ 퍼트넘은 사회자본을 무규범, 네트워크 및 신뢰의 세 가지 구성요소로 정의한다.

19 다음 중 정보 배포의 원칙에 대한 설명으로 옳지 않은 것은?

① 반드시 알아야 할 필요가 있는 대상자에게만 알려야 한다.
② 정보는 사용자의 기호에 따라 가공한 상태로 전달되어야 한다.
③ 배포된 정보와 관련성을 가진 새로운 정보를 계속적으로 배포해야 한다.
④ 정보는 사용자의 사용 시기에 맞추어 적절하게 배포되어야 한다.

20 해킹 방법에 대한 설명으로 옳지 않은 것은?

① 스푸핑(Spoofing): 네트워크상에서 남의 정보에 몰래 접근하여 불법으로 얻는 행위이다.
② 도스(DoS): 시스템을 악의적으로 공격해 해당 시스템의 자원을 부족하게 함으로써 원래의 용도로 사용하지 못하게 하는 공격이다.
③ 스니핑(Sniffing): 네트워크의 중간에서 남의 패킷 정보를 도청하는 해킹 수법이다.
④ 파밍(Pharming): 합법적인 사용자의 도메인을 탈취하여 변조함으로써 접속을 유도하는 해킹 수법이다.

21 (　　)에 공통으로 들어갈 용어로 옳은 것은?

> 마누엘 카스텔(Manuel Castells)은 현대 정보사회를 (　　)라고 불렀다. (　　)는 자본과 노동, 사람과 지식과 정보가 컴퓨터 네트워크를 통해서 서로 연결된 사회를 말한다.

① 가상공간의 사회
② 정보기술의 사회
③ 네트워크 사회
④ 정보와 지식의 사회

22 다음에서 설명하는 용어로 가장 옳은 것은?

> 프랭크 로젠블라트(Frank Rosenblatt)가 고안한 것으로 인공신경망 및 딥러닝의 기반이 되는 알고리즘이다.

① 빠른 정렬(Quick Sort)
② 맵 리듀스(Map Reduce)
③ 퍼셉트론(Perceptron)
④ 디지털 포렌식(Digital Forensics)

23 다음 중 보편적 설계에 대한 설명으로 옳지 않은 것은?

① 1997년 노스캐롤라이나 주립대학에서 보편적 설계를 위한 일곱 가지 원칙을 제시했다.
② 기능적 제약조건은 특수상황, 환경, 기기에 관한 문제를 말한다.
③ 상황적 제약조건은 장애인이 아닌 누구나 처할 수 있는 상황을 말한다.
④ 장애물 제거 설계 혹은 접근이 용이한 설계 개념에서 발전한 개념이다.

24 마셜 맥루한은 정보의 양과 선명도를 기준으로 미디어를 나누었다. ㉠과 ㉡에 들어갈 말을 옳게 나열한 것은?

> • (　㉠　): 정보의 양이 많고 논리적이지만 감정의 전달이 어렵고 수용자의 참여도가 낮다.
> • (　㉡　): 정보의 양이 적고 정밀도가 떨어지지만 수용자의 높은 참여를 요구한다.

	㉠	㉡
①	블루미디어	레드미디어
②	레드미디어	블루미디어
③	핫미디어	쿨미디어
④	쿨미디어	핫미디어

25 4차 산업혁명에 대한 〈보기〉의 설명 중 옳은 것을 모두 고른 것은?

> ─〈보 기〉─
> ㉠ 기존의 산업에 정보통신기술(ICT)을 융합시킨 것이 특징이다.
> ㉡ 독일에서는 인더스트리 4.0이라는 이름으로 추진하고 있다.
> ㉢ 정보화 및 자동화를 특징으로 한다.

① ㉠, ㉡
② ㉡, ㉢
③ ㉠, ㉢
④ ㉠, ㉡, ㉢

군무원 정보직 FINAL 실전 봉투모의고사
제3회 모의고사

정보직

제1과목	국어	제2과목	국가정보학
제3과목	정보사회론	제4과목	

응시번호		성 명	

〈 안 내 사 항 〉

1. 답안지의 모든 기재 및 표기사항은 반드시 『컴퓨터용 흑색사인펜』으로만 작성하여야 합니다.
   (사인펜에 "컴퓨터용"으로 표시되어 있음) (사인펜 본인 지참)
   * 매년 지정된 펜을 사용하지 않아 답안지가 무효처리 되는 상황이 빈발하고 있으므로, 답안지
   는 반드시 『컴퓨터용 흑색사인펜』으로만 표기하시기 바랍니다.

2. 답안은 매 문항마다 반드시 하나의 답만 골라 그 숫자에 "●"로 표기해야 하며, 표기한 내용은 수정
   테이프를 이용하여 정정할 수 있습니다. 단, 시험시행본부에서 수정테이프를 제공하지 않습니다.
   (표기한 부분을 긁는 경우 오답처리 될 수 있으며, 수정스티커 또는 수정액은 사용 불가)
   * 답안지는 훼손·오염되거나 구겨지지 않도록 주의해야 하며, 특히 답안지 상단의 타이밍마크
   (❙ ❙ ❙ ❙ ❙)를 절대로 훼손해서는 안 됩니다.

3. 필기시험 문제 관련 의견제시 기간 : 시험 당일을 포함한 5일간
   * 국방부 군무원채용관리홈페이지(http://recruit.mnd.go.kr) - 시험안내 - 시험묻고답하기

제3회 모의고사

QR코드 접속을 통해 풀이시간 측정, 자동 채점
그리고 결과 분석까지!

01 밑줄 친 한자어를 쉬운 표현으로 바꾼 것으로 적절하지 않은 것은?

① 재산 관리인을 개임하는 처분을 하다.
　→ 재산 관리인을 교체 임명하는 처분을 하다.
② 일반 회계와 구분하여 계리하였다.
　→ 일반 회계와 구분하여 회계처리하였다.
③ 변경 사항을 주말하였다.
　→ 변경 사항을 붉은 선으로 표시했다.
④ 목록에 게기된 서류를 붙인다.
　→ 목록에 기재된 서류를 붙인다.

02 밑줄 친 단어의 품사가 다른 것은?

① 네가 바로 말하면 용서해 주겠다.
② 혼자 내버려 둔 것이 후회가 된다.
③ 이것은 갖은 노력을 다한 결과이다.
④ 초등학교, 중학교, 고등학교 그리고 대학교

03 다음 글의 사례로 적절하지 않은 것은?

　　인간은 언어를 사용하며 언어는 인간의 사고, 사회, 문화를 반영한다. 인간의 지적 능력이 발달하게 된 것은 바로 언어를 사용하기 때문이다.
　　언어와 사고는 기본적으로 상호작용을 한다. 둘 중 어느 것이 먼저 발달하고 어떻게 영향을 주는지는 알 수 없다. 그러나 언어와 사고가 서로 깊은 관계를 맺고 있다는 사실은 여러 가지 근거를 통해서 뒷받침된다.

① 어떤 사람은 산도 파랗다고 하고, 물도 파랗다고 하고, 보행신호의 녹색등도 파랗다고 한다.
② 일상생활에서 어떠한 사물의 개념은 머릿속에서 맴도는데도 그 명칭을 떠올리지 못할 때가 있다.
③ 우리나라는 수박(watermelon)은 '박'의 일종으로 보지만 어떤 나라는 '멜론(melon)'에 가까운 것으로 파악한다.
④ 영어의 '쌀(rice)'에 해당하는 우리말에는 '모', '벼', '쌀', '밥' 등이 있다.

04 다음 중 불규칙 활용에 대한 예로 적절하지 않은 것은?

① (실을) 잇+어 → 이어
② (소리를) 듣+어 → 들어
③ (물이) 흐르+어 → 흘러
④ (대가를) 치르+어 → 치러

05 다음 중 밑줄 친 관용 표현의 쓰임이 적절하지 않은 것은?

① 버스 안은 발 디딜 틈이 없이 복잡했다.
② 갑작스러운 태풍으로 손님들이 발이 묶였다.
③ 폭력단에 한번 들어서면 발을 빼기 어렵다고 한다.
④ 늦은 밤이 되어도 아이가 돌아오지 않자 어머니는 동동 발을 끊었다.

06 다음 시의 특징에 대한 설명으로 가장 적절한 것은?

> 허공 속에 발이 푹푹 빠진다
> 허공에서 허우적 발을 빼며 걷지만
> 얼마나 힘 드는 일인가
> 기댈 무게가 없다는 것은
> 걸어온 만큼의 거리가 없다는 것은
>
> 그동안 나는 여러 번 넘어졌는지 모른다
> 지금은 쓰러져 있는지도 모른다
> 끊임없이 제자리만 맴돌고 있거나
> 인력(引力)에 끌려 어느 주위를 공전하고 있는지도 모른다
>
> 발자국 발자국이 보고 싶다
> 뒤꿈치에서 퉁겨 오르는
> 발걸음의 힘찬 울림을 듣고 싶다
> 내가 걸어온
> 길고 삐뚤삐뚤한 길이 보고 싶다

① 과거로 돌아가고 싶은 화자의 소망을 전하고 있다.
② 시적 화자의 옛 경험을 사실적으로 묘사하고 있다.
③ 시어의 반복을 통해 화자의 정서를 강조하고 있다.
④ 허구적 상상을 통해 현실의 고난을 극복하고 있다.

[07~08] 다음 글을 읽고 물음에 답하시오.

> (가) A: 너 보고서 다 했어?
> B: 무슨 보고서?
> A: 내일까지 과업 달성 보고서 해서 내야 되잖아.
> B: 맞다! 생각도 안 하고 있었네.
> A: 버스 온다. 나 먼저 갈게. 내일 보자.
>
> (나) A: 벌써 추석이네.
> B: 나도 고향에 내려가야 하는데 아직 기차표를 못 구했어.
> A: 그래? 그럼 버스 타고 가야겠다.
> B: 그건 그렇고 올해도 우리 할머니가 임진각에 가시려나?
> A: ㉠ 해마다 가셨지?
> B: 응.
> A: 너희 할머니는 실향민이시구나.

07 다음 중 (가)에 대한 설명으로 적절하지 않은 것은?

① 모두 5개의 발화로 이루어져 있다.
② 모두 2개의 담화로 이루어져 있다.
③ 마지막 A의 이야기로 볼 때 버스를 기다리고 있는 상황임을 알 수 있다.
④ 위 대화에서는 특별한 사회·문화적 맥락이 드러나 있다고 보기 어렵다.

08 다음 중 (나)의 밑줄 친 ㉠에 대한 설명으로 가장 적절한 것은?

① B의 할머니와 만난 적이 있음을 보여 주는 발화이다.
② 우리나라의 풍습에 대해 잘 알고 있음을 보여 주는 발화이다.
③ 우리나라 근현대사에 대한 지식이 없으면 이해하기 힘든 발화이다.
④ A의 할머니도 매년 추석마다 임진각에 간다.

09 다음 중 '피동 표현'에서 '능동 표현'으로 바꿀 수 없는 것은?

① 그 문제가 어떤 수학자에 의해 풀렸다.
② 지민이가 감기에 걸렸다.
③ 딸이 아버지에게 안겼다.
④ 그 수필은 많은 사람들에게 읽혔다.

10 다음은 어떤 사전에 제시된 '고르다'의 내용이다. 사전에 대한 설명으로 옳지 않은 것은?

> ■ 고르다¹ [고르다]. 골라[골라], 고르니[고르니].
> 「동사」【…에서 …을】 여럿 중에서 가려내거나 뽑다.
> ■ 고르다² [고르다]. 골라[골라], 고르니[고르니].
> 「동사」【…을】
> 　　「1」울퉁불퉁한 것을 평평하게 하거나 들쭉날
> 　　쭉한 것을 가지런하게 하다.
> 　　「2」붓이나 악기의 줄 따위가 제 기능을 발휘
> 　　하도록 다듬거나 손질하다.
> ■ 고르다³ [고르다]. 골라[골라], 고르니[고르니].
> 「형용사」「1」여럿이 다 높낮이, 크기, 양 따위의 차이
> 　　가 없이 한결같다.
> 　　「2」상태가 정상적으로 순조롭다.

① '고르다¹', '고르다²', '고르다³'은 서로 동음이의어이다.
② '고르다¹', '고르다²', '고르다³'은 모두 현재진행형으로 사용할 수 있다.
③ '고르다²'와 '고르다³'은 다의어이지만 '고르다¹'은 다의어가 아니다.
④ '고르다¹', '고르다²', '고르다³'은 모두 불규칙 활용을 한다.

11 다음은 어순 병렬의 원리에 대한 설명이다. 이와 가장 부합하지 않는 어순을 보이는 것은?

> 국어에는 언어 표현이 병렬될 때 일정한 규칙이 반영된다. 시간 용어가 병렬될 때 일반적으로는 자연 시간의 순서를 따르거나 화자가 말하는 때를 기준으로 가까운 쪽이 앞서고 멀어질수록 뒤로 간다. 공간 관련 용어들은 일반적으로 위쪽이나 앞쪽 그리고 왼쪽과 관련된 용어가 앞서고, 아래쪽이나 뒤쪽 그리고 오른쪽과 관련된 용어들이 나중에 온다.

① 꽃이 피고 지고 한다.
② 문 닫고 들어와라.
③ 수입과 지출을 맞추어 보다.
④ 머리끝부터 발끝까지 달라졌다.

12 다음 글을 요약한 것으로 가장 적절한 것은?

> 영어에서 위기를 뜻하는 단어 'crisis'의 어원은 '분리하다'라는 뜻의 그리스어 '크리네인(Krinein)'이다. 크리네인은 본래 회복과 죽음의 분기점이 되는 병세의 변화를 가리키는 의학 용어로 사용되었는데, 서양인들은 위기에 어떻게 대응하느냐에 따라 결과가 달라진다고 보았다. 상황에 위축되지 않고 침착하게 위기의 원인을 분석하여 사리에 맞는 해결 방안을 찾을 수 있다면 긍정적 결과가 나올 수 있다는 것이다. 한편, 동양에서는 위기(危機)를 '위험(危險)'과 '기회(機會)'가 합쳐진 것으로 해석하여, 위기를 통해 새로운 기회를 모색하라고 한다. 동양인들 또한 상황을 바라보는 관점에 따라 위기가 기회로 변모될 수도 있다고 본 것이다.

① 서양인과 동양인은 위기에 처한 상황을 바라보는 관점이 서로 다르다.
② 위기가 아예 다가오지 못하도록 미리 대처해야 새로운 기회가 많이 주어진다.
③ 위기 상황을 냉정하게 판단하고 긍정적으로 받아들여, 위기를 통해 새로운 기회를 모색한다.
④ 위기는 인간의 욕심에서 비롯된 경우가 많으므로, 자신을 반성하고 돌아보는 자세가 필요하다.

13 지명을 로마자로 표기한 것으로 옳은 것은?

① 가평군 – Gapyeong-goon

② 갈매봉 – Galmaibong

③ 마천령 – Macheollyeong

④ 백령도 – Baeknyeongdo

14 다음 〈보기〉의 밑줄 친 ㉠과 바꿔 쓰기에 가장 적절한 것은?

─〈보 기〉─

간접세는 조세 부담자와 납세자가 ㉠ 다르며, 주로 소비에 기준을 두고 세금을 징수하기 때문에 보통은 자신이 세금을 내고 있는지조차 모르는 경우가 많다. 부가가치세, 특별 소비세, 주세, 전화세 등이 여기에 속한다.

① 상관(相關)하며

② 상이(相異)하며

③ 상응(相應)하며

④ 상충(相衝)하며

15 다음 중 국어 순화가 옳지 않은 것은?

① 팝업 창(pop-up 窓) → 알림창

② 무빙워크(moving walk) → 안전길

③ 컨트롤타워(control tower) → 통제탑, 지휘 본부

④ 스카이 라운지(sky lounge) → 전망쉼터, 하늘쉼터

16 다음 중 ㉠과 의미가 가장 유사한 속담은 무엇인가?

그런데 문제는 정도에 지나친 생활을 하는 사람을 보면 이를 무시하거나 핀잔을 주어야 할 텐데, 오히려 없는 사람들까지도 있는 척하면서 그들을 부러워하고 모방하려고 애쓴다는 사실이다. 이러한 행동은 '모방 본능' 때문에 나타난다.

모방 본능은 필연적으로 '모방 소비'를 부추긴다. 모방 소비란 내게 꼭 필요하지도 않지만 남들이 하니까 나도 무작정 따라 하는 식의 소비이다. 이는 마치 ㉠ 남들이 시장에 가니까 나도 장바구니를 들고 덩달아 나서는 격이다. 이러한 모방 소비는 참여하는 사람들의 수가 대단히 많다는 점에서 과시 소비 못지않게 큰 경제 악이 된다.

① 친구 따라 강남 간다

② 계란으로 바위치기이다

③ 호랑이도 제 말하면 온다

④ 사공이 많으면 배가 산으로 간다

17 문맥에 따른 배열로 가장 적절한 것은?

(가) 그러나 사람들은 소유에서 오는 행복은 소중히 여기면서 정신적 창조와 인격적 성장에서 오는 행복은 모르고 사는 경우가 많다.

(나) 소유에서 오는 행복은 낮은 차원의 것이지만 성장과 창조적 활동에서 얻는 행복은 비교할 수 없이 고상한 것이다.

(다) 부자가 되어야 행복해진다고 생각하는 사람은 스스로 부자라고 만족할 때까지는 행복해지지 못한다.

(라) 하지만 최소한의 경제적 여건에 자족하면서 정신적 창조와 인격적 성장을 꾀하는 사람은 얼마든지 차원 높은 행복을 누릴 수 있다.

(마) 자기보다 더 큰 부자가 있다고 생각될 때는 여전히 불만과 불행에 사로잡히기 때문이다.

① (나) – (가) – (마) – (라) – (다)

② (나) – (라) – (가) – (다) – (마)

③ (다) – (마) – (라) – (나) – (가)

④ (다) – (라) – (마) – (가) – (나)

둘하 노피곰 도ᄃᆞ샤
어긔야 머리곰 비취오시라
어긔야 어강됴리
아으 다롱디리
져재 녀러신고요
어긔야 즌 ᄃᆡ를 드ᄃᆡ욜셰라
어긔야 어강됴리
어느이다 노코시라
어긔야 내 가논 ᄃᆡ 졈그롤셰라
어긔야 어강됴리
아으 다롱디리

– 작자 미상, 「정읍사」

18 다음 중 제시된 작품에 대한 설명으로 가장 적절한 것은?

① 후렴구를 반복하여 주제 의식을 부각하고 있다.
② 반어적 표현을 사용하여 긴장감을 높이고 있다.
③ 성찰적 어조를 통해 엄숙한 분위기를 조성하고 있다.
④ 말을 건네는 방식을 통해 화자의 정서를 드러내고 있다.

19 다음 중 밑줄 친 '둘'에 대한 이해로 적절하지 않은 것은?

① 시적 진술의 시점으로 보아, 시간적 배경을 알려 주는 소재이다.
② 화자가 처한 상황으로 보아, 화자가 겪는 마음의 동요를 완화할 수 있는 존재이다.
③ '둘'과 결합한 조사 '하'의 쓰임으로 보아, 존경의 의미를 함축하고 있는 대상이다.
④ '노피곰'이 상승 이미지를 환기하는 것으로 보아, 초월적 세계에 대한 화자의 동경을 표상하는 존재이다.

20 다음 시에 대한 설명으로 적절하지 않은 것은?

가문 섬진강을 따라가며 보라.
퍼 가도 퍼 가도 전라도 실핏줄 같은
개울물들이 끊기지 않고 모여 흐르며
해 저물면 저무는 강변에
쌀밥 같은 토끼풀꽃,
숯불 같은 자운영꽃 머리에 이어 주며
지도에도 없는 동네 강변
식물 도감에도 없는 풀에
어둠을 끌어다 죽이며
그을린 이마 훤하게
꽃등도 달아 준다.
흐르다 흐르다 목메이면
영산강으로 가는 물줄기를 불러
뼈 으스러지게 그리워 얼싸안고
지리산 뭉툭한 허리를 감고 돌아가는
섬진강을 따라가며 보라.
섬진강물이 어디 몇 놈이 달려들어
퍼낸다고 마를 강물이더냐고,
지리산이 저문 강물에 얼굴을 씻고
일어서서 껄껄 웃으며
무등산을 보며 그렇지 않느냐고 물어 보면
노을 띤 무등산이 그렇다고 훤한 이마 끄덕이는
고갯짓을 바라보며
저무는 섬진강을 따라가며 보라.
어디 몇몇 애비 없는 후레자식들이
퍼 간다고 마를 강물인가를.

– 김용택, 「섬진강 1」

① 반어적인 어조를 활용하여 현실을 풍자하고 있다.
② 직유를 활용하여 대상을 인상적으로 드러내고 있다.
③ 의인화를 통해 대상의 강한 생명력을 표현하고 있다.
④ 대상이 지닌 속성을 통해 주제 의식을 강화하고 있다.

21 다음 중 밑줄 친 오류의 예를 추가할 때 가장 적절한 것은?

논리학에서 비형식적 오류 유형에는 우연의 오류, 애매어의 오류, 결합의 오류, 분해의 오류 등이 있다.

우선 우연의 오류란 거의 대부분의 경우에 적용되는 일반적인 원리나 규칙을 우연적인 상황으로 인해 생긴 예외적인 특수한 경우에까지도 무차별적으로 적용할 때 생기는 오류이다. 그 예로 "인간은 이성적인 동물이다. 중증 정신 질환자는 인간이다. 그러므로 중증 정신 질환자는 이성적인 동물이다."를 들 수 있다.

애매어의 오류는 동일한 한 단어가 한 논증에서 맥락마다 서로 다른 의미를 지니는 것으로 사용될 때 생기는 오류를 말한다. "김 씨는 성격이 직선적이다. 직선적인 모든 것들은 길이를 지닌다. 고로 김 씨의 성격은 길이를 지닌다."가 그 예이다.

한편 각각의 원소들이 개별적으로 어떤 성질을 지니고 있다는 내용의 전제로부터 그 원소들을 결합한 집합 전체도 역시 그 성질을 지니고 있다는 결론을 도출하는 경우가 결합의 오류이고, 반대로 집합이 어떤 성질을 지니고 있다는 내용의 전제로부터 그 집합의 각각의 원소들 역시 개별적으로 그 성질을 지니고 있다는 결론을 도출하는 경우가 분해의 오류이다. 전자의 예로는 "그 연극단 단원들 하나하나가 다 훌륭하다. 고로 그 연극단은 훌륭하다."를, 후자의 예로는 "그 연극단은 일류급이다. 박 씨는 그 연극단 일원이다. 그러므로 박 씨는 일류급이다."를 들 수 있다.

① 모든 사람은 죽는다. 소크라테스는 사람이다. 그러므로 소크라테스는 죽는다.

② 그 학생의 논술 시험 답안은 탁월하다. 그의 답안에 있는 문장 하나하나가 탁월하기 때문이다.

③ 부패하기 쉬운 것들은 냉동 보관해야 한다. 세상은 부패하기 쉽다. 고로 세상은 냉동 보관해야 한다.

④ 미국 아이스하키 선수단이 이번 올림픽에서 금메달을 차지했다. 그러므로 미국 선수 각자는 세계 최고 기량을 갖고 있다.

22 ㉠~㉣에 대한 이해로 가장 적절한 것은?

막차는 좀처럼 오지 않았다
대합실 밖에는 밤새 송이눈이 쌓이고
㉠ 흰 보라 수수꽃 눈시린 유리창마다
톱밥난로가 지펴지고 있었다
그믐처럼 몇은 졸고
몇은 감기에 쿨럭이고
그리웠던 순간들을 생각하며 나는
한 줌의 톱밥을 불빛 속에 던져 주었다
내면 깊숙이 할 말들은 가득해도
㉡ 청색의 손바닥을 불빛 속에 적셔 두고
모두들 아무 말도 하지 않았다
산다는 것이 때론 술에 취한 듯
한 두릅의 굴비 한 광주리의 사과를
만지작거리며 귀향하는 기분으로
침묵해야 한다는 것을
모두들 알고 있었다
㉢ 오래 앓은 기침소리와
쓴 약 같은 입술담배 연기 속에서
싸륵싸륵 눈꽃은 쌓이고
그래 지금은 모두들
눈꽃의 화음에 귀를 적신다
자정 넘으면
낯설음도 뼈아픔도 다 설원인데
단풍잎 같은 몇 잎의 차창을 달고
밤열차는 또 어디로 흘러가는지
㉣ 그리웠던 순간들을 호명하며 나는
한 줌의 눈물을 불빛 속에 던져 주었다

– 곽재구, 「사평역에서」

① ㉠: 여러 개의 난로가 지펴져 안온한 대합실의 상황을 비유적으로 표현하였다.

② ㉡: 대조적 색채 이미지를 통해, 눈 오는 겨울 풍경의 서정적 정취를 강조하였다.

③ ㉢: 오랜 병마에 시달린 이들의 비관적 심리와 무례한 행동을 묘사하였다.

④ ㉣: 화자가 그리워하는 지난 때를 떠올리며 느끼는 정서를 화자의 행위에 투영하였다.

23 다음 글에 대한 이해로 적절하지 않은 것은?

> 희극의 발생 조건에 대하여 베르그송은 집단, 지성, 한 개인의 존재 등을 꼽았다. 즉 집단으로 모인 사람들이 자신들의 감성을 침묵하게 하고 지성만을 행사하는 가운데 그들 중 한 개인에게 그들의 모든 주의가 집중되도록 할 때 희극이 발생한다고 보았다. 그러나 그가 말하는 세 가지 사항은 웃음을 유발하는 것이 아니라 그러한 것을 가능케 하는 조건들이다. 웃음을 유발하는 단순한 형태의 직접적인 장치는 대상의 신체적인 결함이나 성격적인 결함을 들 수 있다. 관객은 이러한 결함을 지닌 인물을 통하여 스스로 자기 우월성을 인식하고 즐거워질 수 있게 된다. 이와 관련해 "한 인물이 우리에게 희극적으로 보이는 것은 우리 자신과 비교해서 그 인물이 육체의 활동에는 많은 힘을 소비하면서 정신의 활동에는 힘을 쓰지 않는 경우이다. 어느 경우에나 우리의 웃음이 그 인물에 대하여 우리가 지니는 기분 좋은 우월감을 나타내는 것임은 부정할 수 없다."라는 프로이트의 말은 시사적이다.

① 베르그송에 의하면 집단, 지성, 한 개인의 존재는 희극 발생의 조건이다.
② 베르그송에 의하면 희극은 관객의 감성이 집단적으로 표출된 결과이다.
③ 프로이트에 의하면 상대적으로 정신 활동보다 육체활동에 힘을 쓰는 상대가 희극적인 존재이다.
④ 한 개인의 신체적·성격적 결함은 집단의 웃음을 유발하는 직접적인 장치이다.

24 다음 제시문의 주된 설명 방식과 같은 설명 방식이 적용된 것은?

> 문학이 구축하는 세계는 실제 생활과 다르다. 즉 실제 생활은 허구의 세계를 구축하는 데 필요한 재료가 되지만 이 재료들이 일단 한 구조의 구성 분자가 되면 그 본래의 재료로서의 성질과 모습은 확연히 달라진다. 건축가가 집을 짓는 것을 떠올려 보자. 건축가는 어떤 완성된 구조를 생각하고 거기에 필요한 재료를 모아서 적절하게 집을 짓게 되는데, 이때 건물이라고 하는 하나의 구조를 완성하게 되면 이 완성된 구조의 구성 분자가 된 재료들은 본래의 재료와 전혀 다른 것이 된다.

① 국어 단어는 그 형성 방식에 따라 단일한 요소가 곧 한 단어가 되는 단일어와 다양한 요소들이 결합하여 한 단어가 되는 복합어로 구분할 수 있다.
② 르네상스 시대의 화가들은 원근법을 사용하여 세상을 향한 창과 같은 사실적인 그림을 그렸다. 현대 회화를 출발시켰다고 평가되는 인상주의자들이 의식적으로 추구한 것도 이러한 사실성이었다.
③ 여자는 생각하는 것이 남자와 다른 데가 있다. 남자는 미래를 생각하지만 여자는 현재의 상태를 더 소중하게 여긴다. 남자가 모험, 사업, 성 문제를 중심으로 생각한다면 여자는 가정, 사랑, 안정성에 비중을 두어 생각한다.
④ 목적을 지닌 인생은 의미 있다. 목적 없이 살아가는 사람은 험난한 인생의 노정을 완주하지 못한다. 목적을 갖고 뛰어야 마라톤에서 완주가 가능한 것처럼 우리의 인생에서도 목표를 가지고 꾸준히 노력하는 사람이 성공한다.

25 〈보기〉의 문장이 들어가기에 가장 적절한 곳은?

─〈보 기〉─

그동안 3 · 1 운동에 관한 학자들의 부단한 연구는 3 · 1 운동의 원인과 배경을 비롯하여, 운동의 형성과 전개 과정, 일제의 통치 · 지배 정책, 운동의 국내외의 반향, 운동의 검토와 평가 그리고 3 · 1 운동 이후의 국내외 민족운동 등 각 분야에 걸쳐 수많은 저작을 내놓고 있다.

(가) 일제의 식민지 통치 밑에서 천도교가 주도하여 일으킨 3 · 1 독립운동은 우리나라 민족사에서 가장 빛나는 위치를 차지하는 거족적인 해방 독립 투쟁이다.

(나) 그 뿐만 아니라 1918년 11월 제1차 세계 대전이 끝나자 미국 대통령 윌슨(Woodrow Wilson)이 전후 처리 방안인 14개조의 기본 원칙으로 민족자결주의를 이행한다고 발표한 후 최초이자 최대 규모로 일어난 제국주의에 대항한 비폭력 투쟁으로써 세계 여러 약소 민족 국가와 피압박 민족의 해방 운동에 끼친 영향은 실로 지대한 세계사적인 의의를 갖는다고 하겠다.

(다) 또한 '최후의 一人까지, 최후의 一刻까지'를 부르짖은 3 · 1 독립운동이 비록 민족 해방을 쟁취하는 투쟁으로서는 실패는 하였으나 평화적인 수단으로 지배자에게 청원(請願)을 하거나 외세에 의존하는 사대주의적 방법으로는 자주독립이 불가능하다는 교훈을 남겼다는 점에서도 그 의의는 크다고 할 것이다.

(라) 언론 분야는 3 · 1 운동이 일어나자 독립 선언서와 함께 천도교의 보성사에서 인쇄하여 발행한 지하신문인 「조선독립신문」이 나오자, 이를 계기로 국내에서는 다양한 신문이 쏟아져 나왔기 때문에 이들 자료를 통해 많은 연구가 이루어져 있다.

① (가)의 뒤
② (나)의 뒤
③ (다)의 뒤
④ (라)의 뒤

01 다음 수집활동 중 정책결정권자가 관심을 가지고 있는 목표를 중점적으로 수집하려는 정보의 오류는?

① TPED Issue
② Swarm Ball
③ Vacuum Cleaner Issue
④ Zero-sum Game

02 〈보기〉에서 설명하는 용어로 옳은 것은?

―――〈보 기〉―――
영상정보나 신호정보를 제외한 나머지 기술로 획득하는 정보로서 대량살상무기 감시에 적합하며 각종 국제범죄의 정보를 수집하고 있는 정보이다.

① 측정정보
② 인간정보
③ 신호정보
④ 사진정보

03 다음 중 비밀공작에 대한 사항이 아닌 것은?

① 정보기관이 목표에 대해 계획적으로 행동을 하되 자신의 조국이나 기관을 드러내지 않고 영향을 주는 활동을 말한다.
② 자국의 정치적 변화를 위하여 행동한다.
③ 첩보수집활동, 선전활동, 파괴공작활동 등의 임무를 수행한다.
④ 자국에게 유리한 방향으로 이끌어 올 수 있게 행동하는 방법이다.

04 다음 중 러시아 정보기구에 대한 설명으로 옳지 않은 것은?

① 연방보안부(FSB)는 독자적인 감옥체계를 운영하고 있지만, 특수부대를 보유하고 있지는 않다.
② 해외정보부(SVR)는 과거 KGB의 제1총국 기능을 계승하여 1990년대 초에 신설되었다.
③ 정보총국(GRU)은 해외 군사정보를 담당하며 러시아 내에서의 군 관련 정보활동도 수행한다.
④ 연방정보통신청(FAPSI)은 통신정보를 담당했지만 2003년 FSB에 흡수되었다.

05 다음 중 대통령에 의한 국가정보기관의 통제에 대한 설명으로 옳지 않은 것은?

① 대통령의 정부조직 개편권한은 정보기관에 대한 강력한 통제권한 중 하나이다.
② 대통령은 정부조직 개편할 수 있는 권한을 보유하고 있다.
③ 국정원장, 국정원차장은 대통령이 단독으로 직접 임명한다.
④ 김대중 정부에서는 「국가안전보장회의법」을 개정하여 실질적인 회의가 가능하도록 하였다.

06 다음 중 스마트전쟁에 대한 설명으로 옳지 않은 것은?

① 토마호크 미사일, 공중조기경보기(AWACS), 무인정찰기 등이 스마트전쟁의 축을 이룬다.

② 스마트전쟁은 목표물만을 선택적으로 공격하여 인명과 재산피해를 최소로 줄일 수 있다.

③ 스마트전쟁을 지휘하는 것은 결국 군이므로 지상군의 투입이 필수적이다.

④ 앨빈 토플러는 이를 두고 무기와 전쟁의 제3의 물결이라고 이름 붙였다.

07 다음 중 미국의 국가정보장(DNI)에 대한 설명으로 옳은 것은?

① DNI는 정보공동체를 이끌어 갈 수 있는 권한이 있으나, 해안경비대나 연방수사국(FBI)과 같이 다른 행정부처에 속한 정보기관의 경우 직접적인 통제권은 없다.

② DNI는 2001년 9 · 11 테러 사건 이후 미국의 정보공동체 소속 정보기관의 예산과 인력을 조정하기 위해 신설한 장관급 기구이다.

③ DNI는 정보공동체의 예산을 편성할 수 있는 권한이 없고, 이러한 권한은 정부에 있을 뿐이다.

④ DNI가 정보공동체를 이끄는 일을 보좌하고, 정보공동체의 중장기 전략정보 활동계획을 수립하는 미국의 정보기관은 국가안보국(NSA)이다.

08 다음 중 정보실패에 대한 설명으로 옳지 않은 것은?

① 정보기관은 독립된 조직이므로 정보기관 간의 흥정을 통한 정보왜곡 현상은 잘 발생하지 않는다.

② 정보실패 시 상대국으로부터 역으로 군사적 기습을 당할 수 있다.

③ 자신의 생각과 모순되는 결과를 잘 받아들이지 않으려는 정보분석관의 태도에서 오류가 발생한다.

④ 대표적인 정보실패의 사례에는 한국전쟁, 진주만 침공 등이 있다.

09 다음 중 방첩에 대한 설명으로 옳은 것은?

① 능동적 · 수동적 방첩이 있다.

② 방첩에는 기관 내부의 보안 유지도 포함된다.

③ 방첩활동 중 역용은 아군 스파이를 적국에 넘겨 허위 정보를 유포시키는 것을 말한다.

④ 방첩의 대상에는 적국만 해당된다.

10 「보안업무규정」상 비밀이 누설될 경우 대한민국과 외교관계 단절 및 전쟁을 유발할 수 있는 비밀은 다음 중 어디에 해당하는가?

① I급 비밀

② II급 비밀

③ III급 비밀

④ 대외비

11 다음은 마크 로웬탈(Mark Lowenthal)의 비밀공작 사다리 모형이다. ㉠에 알맞은 비밀공작은?

① 정치공작
② 전복공작
③ 준군사공작
④ 선전공작

12 다음은 UN 3대 마약 관련 협약 중 하나인 '향정신성물질에 관한 협약'에 대한 내용이다. 이 중 옳지 않은 것은?

> ㉠ 1971년 2월에 채택되어 1976년 8월에 발효되었고, 우리나라는 1978년에 가입하였다.
> ㉡ 부록표 Ⅳ에 언급된 물질은 누구든지 거래와 소지가 가능하다.
> ㉢ 필로폰, LSD, 바르비탈, 졸피뎀 등 향정신성물질이 통제 대상이다.
> ㉣ 향정신성물질의 남용과 불법거래의 방지를 위해 국제협력을 목적으로 한 조약이다.

① ㉠   ② ㉡
③ ㉢   ④ ㉣

13 국가정보학의 기능에 대한 설명으로 옳지 않은 것은?

① 선진국의 발전 사례의 연구를 통해 국가정보활동의 발전을 촉진시킨다.
② 국가정보활동의 비판기능을 억제해, 국가정보기관이 외부에 흔들리지 않도록 한다.
③ 국가정보활동을 체계적으로 구축하여 합리적인 역할 분담과 임무수행을 가능하게 한다.
④ 국가정보활동의 실패사례 연구로 반복적인 실패를 피할 수 있다.

14 다음 중 '박테리아, 바이러스, 독 등 생물학적 작용제를 고의적으로 살포하거나 보급해서 일으키는 테러'를 뜻하는 것은?

① 테크노테러리즘
② 바이오테러리즘
③ 메가테러리즘
④ 적색테러리즘

15 다음 중 국군방첩사령부에 대한 설명으로 옳지 않은 것은?

① 군사안보지원사령부에서 명칭만 변경되었으며 임무는 그대로 유지되었다.
② 국군방첩사령부는 국방정보본부 소속이다.
③ 국군방첩사령부의 간첩, 군사보안, 테러, 외국 스파이에 대한 신고 전화번호는 1337이다.
④ 군인 및 군무원, 장교·부사관 임용예정자 및 군무원 임용예정자에 관한 신원조사를 한다.

16 다음 중 중앙집중형 정보분석기구에 대한 설명으로 옳은 것은?

① 동일 사안에 대해 개별정보기구와 중앙정보기구를 동시에 운영한다.
② 조직업무에 중복이 있을 수 있어 능률성이 경쟁적 분산형에 비해 떨어진다.
③ 정보판단 오류 시 시정하기 어렵다.
④ 제2차 세계대전 이전의 미국 정보기관이 이에 해당된다.

17 다음 중 ㉠에 들어갈 인물로 옳은 것은?

> (㉠)은 이스라엘의 대표적인 정보원으로 제3차 중동전쟁인 '6일 전쟁'을 이스라엘에 승리로 이끈 인물이다. … 시리아 보안당국은 (㉠)을 체포하였고, 1965년 5월 18일 시리아 수도 중앙광장에서 공개적인 교수형에 처했다. 그의 처형 장면은 이스라엘에 생중계되었고, 후에 그의 활약을 담은 영화와 드라마까지 제작되었다.

① 로버트 한센
② 이츠하크 라빈
③ 슐라 코헨
④ 엘리 코헨

18 다음 중 정보통신보안에 대한 설명으로 옳지 않은 것은?

① 유선전화는 도청이 가능하므로 암호장비를 이용하여 통화하거나 주요 내용을 암호화한다.
② 여러 컴퓨터에 악성코드를 감염시키고 좀비 컴퓨터로 시스템을 마비시키는 방법은 디도스(DDos)이다.
③ 통신제한조치의 최대 허용 기간은 4개월이다.
④ 전시·사변 또는 이에 준하는 국가비상사태가 발생할 시에는 기간 연장에 대한 대통령의 승인을 받아야 한다.

19 인질이 인질범의 감정과 정신에 동화되는 현상으로, 인질이 인질범을 이해하고 옹호하며 오히려 풀려났을 때 인질범을 옹호하는 발언을 하는 등의 현상이 발생한 증후군은?

① 리마 증후군
② 런던 증후군
③ 스톡홀름 증후군
④ 베슬란 증후군

20 대한민국 국방부가 2021년 '국방중기계획 22~26'에서 발표한 계획과 관련이 없는 것은?

① 군 주도의 4차 산업 첨단기술 개발 및 산업화 추진
② 간호인력 증원, 의무수송 전용헬기 운용 등 감염병 대응 강화
③ 미사일·장사정포 위협 대비 한국형 미사일 방어능력 구축
④ 상비 병력과 부대 수를 늘린 병력집약형 구조

21 과거 소련 정부의 비밀정보기관인 KGB에서 산업정보 수집활동을 담당했던 부서는?

① S국
② T국
③ K국
④ E국

22 〈보기〉의 설명에 해당하는 것은?

〈보 기〉

본인의 업무가 아닌 무관한 프로젝트 등에 관심을 가지면서 연구활동보다 연구성과물에 관심을 가진다. 피해는 국제경제 손실까지 일으키는 화이트칼라형 범죄를 말한다.

① 경제스파이
② 컴퓨터스파이
③ 산업스파이
④ 군사스파이

23 다음 중 '메시지를 작성한 뒤 사진기로 찍은 다음에 편지의 마침표 모양으로 줄여 정보를 전달하는 방식'을 뜻하는 용어는?

① 드보크
② 스테가노그래피
③ 브러시 패스
④ 마이크로도트

24 다음 사례에 대한 설명으로 가장 옳은 것은?

방위사업청의 A 국군방첩부대에서 5급 군무원 甲이 같은 소속 초임 9급 군무원인 乙에게 민간인 B에 대한 사찰을 지시하였다. 乙은 위법한 지시라고 판단하여 적법한 절차에 따라 이의를 제기하였고, 위법한 지시가 시정될 때까지 B에 대한 사찰을 거부하였다. 한편, 甲은 국군방첩사령부 감찰실 조사관인 7급 군무원 D의 조사를 받게 되었고 같은 소속의 감찰실장인 대령 C는 입회관으로 조사에 참석하였다.

① 「국군방첩사령부령」상 업무상 필요성이 있으면, 민간인에 대한 정보수집 및 수사가 가능하므로, 甲의 민간인 B에 대한 사찰 지시는 적법하다.
② 甲의 지시에 대하여 乙은 관련 법령상 적법한 절차에 따라 이의제기는 할 수 있지만, 상명하복을 중요시하는 군의 특성상 이러한 지시에 의한 직무의 집행까지 거부할 수는 없다.
③ 방위사업청의 A 국군방첩부대는 국군방첩사령부의 소속 부대이다.
④ 국군방첩사령부감찰실장은 군의 전문적인 특수성을 감안하여 군인으로 운용하므로, C의 조직상편제는 적절하다.

25 다음 중 능동적 방첩이 아닌 것은?

① 정보수집
② 정보통신보안
③ 방어활동
④ 공격활동

제3과목: 정보사회론

QR코드 접속을 통해 풀이시간 측정, 자동 채점
그리고 결과 분석까지!

01 다음 〈보기〉에서 설명하는 이론으로 옳은 것은?

〈보 기〉

단순히 자문화를 우월하게만 보는 것을 넘어서 다른 나라에까지 적용시키는 것으로 과거에는 경제적으로 우위에 있는 선진국의 문화가 후진국의 문화에 지배적인 영향을 미쳐 문화 식민지를 확대하는 것을 의미했다면 요즘에는 문화를 상품으로 판매하는 것을 말한다.

① 문화장악
② 문화상대주의
③ 문화침투
④ 문화제국주의

02 다음 중 블루머(Blumer)의 집합행동에 대한 설명으로 옳지 않은 것은?

① 집합행동은 인간의 열망이 개인단위가 아니라 여러 사람이 함께 집단적으로 나타나는 사회현상을 통틀어 말한다.
② 블루머는 집합행동을 군중행동과 사회운동으로 분류한다.
③ 블루머는 집합행동에 참여하는 사람들을 군집으로 칭하고, 그것을 다시 군중과 대중, 공중으로 분류한다.
④ 블루머는 군중을 임시적, 소극적, 표출적 군중으로 구분하였다.

03 〈보기〉에서 ㉠에 해당하는 정보사회의 정의로 옳은 것은?

〈보 기〉

정보사회를 정보처리와 저장 및 전송기술의 획기적 발전으로 인하여 사회의 거의 모든 부문에 이러한 기술을 활용하게 되는 상태로 규정할 때 우리는 ㉠ 이러한 정의를 통해 무엇이 정보사회를 도래하게 했는가의 물음에 대한 답을 읽을 수 있다.

① 기술적 정의
② 경제적 정의
③ 직업적 정의
④ 문화적 정의

04 다음 IT 기업에 대한 설명 중 옳지 않은 것은?

① 애플은 상업적으로 성공한 최초의 개인용 컴퓨터를 개발하였다.
② IBM은 1981년 퍼스널 컴퓨터라는 모델명의 개인용 PC를 출시하여 상업적 큰 성공을 이뤘다.
③ IBM은 모든 아키텍처를 직접 설계하여 구축했던 기존의 방법론을 버리고 CPU, 메모리 등의 구성하드웨어와 운영 체제를 모두 시장에 있는 기성품을 사용하여 획기적으로 개인용 컴퓨터의 가격을 낮췄다.
④ 애플은 컴퓨터를 설계하는 데 핵심인 하드웨어 사양을 공개함으로써 다른 기업들의 기술 발전에 기여하였다.

05 다음에서 설명하는 이론으로 옳은 것은?

> • 마크 포스터(Mark Poster)에 의해 대표되는 관점
> • 정보기술의 발달로 새로운 언어적 경험 가능
> • 사회관계에 근본적인 변화가 일어남

① 정보경제론
② 산업경제론
③ 정보양식론
④ 정보사회론

06 다음 중 '마이크로칩의 밀도가 18~24개월마다 2배로 늘어난다'는 네트워크 성장 법칙은?

① 사르노프의 법칙
② 메트칼프의 법칙
③ 리드의 법칙
④ 무어의 법칙

07 〈보기〉의 설명과 가장 관계가 깊은 사람은?

> ─〈보 기〉─
> 사회구조의 기본적인 틀의 구성은 일종의 구심을 이루는 축의 원리에 따라 변화하며, 이러한 축의 원리와 구조는 사회변동의 인과관계를 규정하기에 앞서 구심체가 무엇인지를 먼저 구체화시키기 위한 일차적인 방법론적 틀이라고 간주한다.

① 다니엘 벨(Daniel Bell)
② 앨빈 토플러(Alvin Toffler)
③ 피터 드러커((Peter Drucker)
④ 존 나이스비트(John Naisbitt)

08 QR코드에 대한 설명으로 옳지 않은 것은?

① 'Quick Response' 코드의 약자로 일본에서 개발되었다.
② 가로와 세로를 활용하는 2차원 형태이다.
③ 기존 바코드보다 많은 양의 데이터를 넣을 수 있다.
④ 오류 정정(Error Correction) 기능이 없다.

09 (   )에 들어갈 내용으로 적절한 것은?

> (   )은/는 제품의 계획, 설계, 조달, 생산, 사후관리 등 전 과정에서 발생하는 모든 정보를 디지털화하여 관련 기업 간에 공유할 수 있도록 하는 정보시스템을 말한다.

① CALS
② CAD/CAM
③ FMS
④ CIM

10 다음에서 설명하는 내용에 해당하는 개념은?

> 자동화가 진행될수록 노동소외도 증가하지만, 자동화가 더욱 진행되어 그 수준이 높아지면 노동소외는 오히려 감소한다.

① 과학적 관리론
② 기술결정론
③ 포드시스템
④ 사회적 분업

11 IPv6 주소체계에 대한 설명으로 옳지 않은 것은?

① IPv6에서는 IPSec 기능을 기본 사항으로 제공한다.

② 128비트를 16비트씩 8부분으로 나누어 각 부분을 콜론(:)으로 구분한다.

③ IP 주소체계는 최대 약 43억 개의 서로 다른 주소를 부여할 수 있다.

④ 128비트의 IPv6 주소에서 앞의 64비트는 네트워크 주소를 의미하며, 뒤의 64비트는 네트워크에 연결된 통신장비 등에 할당되는 인터페이스 주소를 의미한다.

12 〈보기〉가 가리키는 개념으로 옳은 것은?

─〈보 기〉─

• 개개인이 네트워크로 연결되어 어떤 시점마다 자동으로 네트워크 집단을 형성한다.
• 노드는 네트워크 활동을 하는 개인(관계의 중심)을 말한다.
• 링크는 각 노드 간의 관계(선)를 말한다.
• 범주화 통계와 동일성의 원리로 이루어진다.

① 소셜 미디어
② 소셜 그래프
③ 소셜 커머스
④ 사이버 공동체

13 다음 중 인터넷 정보자원의 식별체계로 옳지 않은 것은?

① PURL
② URN
③ DOI
④ KMS

14 ㉠과 ㉡에 들어갈 용어를 옳게 나열한 것은?

(㉠)은/는 구글에서 개발해서 공개한 인공지능 응용프로그램 개발용 오픈소스 프레임워크이다. 이 프레임워크를 사용할 때 인공지능 소프트웨어가 이미지 및 음성을 인식하기 위해서는 신경망의 (㉡) 모델을 주로 사용한다.

	㉠	㉡
①	텐서플로우	논리곱 신경망
②	알파고	퍼셉트론
③	노드레드	인공 신경망
④	텐서플로우	합성곱 신경망

15 다음 중 복제권에 대한 설명으로 옳지 않은 것은?

① 저작재산권에 해당한다.

② 저작자가 자신이 만든 저작물을 복제할 수 있는 권리이다.

③ 타인이 허락 없이 복제하는 것을 금지할 수 있는 권리이다.

④ P2P 기술로 웹사이트상의 사진 등을 사용하는 것은 복제권 침해가 아니다.

16 다음 중 「개인정보 보호법」에 따라 개인정보처리자가 관련 법령에 따라 수집한 개인정보를 목적 범위에서 제3자에게 제공해야 할 경우 정보 주체에서 알려야 할 내용에 포함되지 않는 것은?

① 동의를 거부할 권리가 있다는 사실

② 개인정보를 제공받는 자의 개인정보 이용 목적

③ 제공하는 개인정보의 항목

④ 개인정보를 제공받는 자의 개인정보 보유 및 이용 기간

17 다음 중 디도스(DDoS) 공격에 대한 설명으로 옳지 않은 것은?

① 대상 서버, 서비스, 네트워크를 인터넷 트래픽 폭주를 유도하여 정상적인 작동을 방해하고자 하는 악의적인 시도를 말한다.

② 디도스 공격은 단일 장치(대부분의 경우 컴퓨터)에서 악의적 트래픽을 보냄으로써 이를 달성한다.

③ 특정 시점에 중요한 목적으로 이용되어야 할 때 디도스 공격이 생기면 큰 손실이 발생한다.

④ 디도스 공격을 방어하기 위해서 속도 제한, 웹 애플리케이션 방화벽, Anycast 네트워크 확산 등의 방법을 활용한다.

18 다음 중 노동시장의 유연성에 대한 설명으로 옳지 않은 것은?

① 임금의 유연성: 임금 차이가 클수록 유연성이 낮음

② 기능적 유연성: 근로자가 다양한 과업 생산 활동에 투입될 수 있는 정도

③ 외부적 수량적 유연성: 고용의 유연성

④ 내부적 수량적 유연성: 근로시간의 유연성

19 다음 내용에서 설명하고 있는 것은?

> 컴퓨터가 여러 데이터를 이용하여 마치 사람처럼 스스로 학습할 수 있도록 한 기계학습 기술로, 인간의 두뇌를 모델로 하는 인공신경망을 기반으로 한다.

① 인공지능　　　　② 인공신경망
③ 딥러닝　　　　　④ 머신러닝

20 다음 프로슈머에 대한 설명 중 옳지 않은 것은?

① 리서슈머는 소비분야에 대해 지속적으로 연구하고 탐색하는 전문가적 소비자를 가리킨다.

② 기존 제품을 자신에게 맞게 재창조하는 소비자를 플레이슈머라고 한다.

③ 앨빈 토플러가 1980년에 출간한 저서 『제3의 물결』에서 처음으로 소개한 개념이다.

④ 비슷한 취향이나 기호를 가진 사람들과 경험을 나누고 다른 사람의 경험을 창조해 물건을 구매하는 사람을 트윈슈머라고 한다.

21 IoT(Internet of Things)기기의 확산 등으로 예상되는 인터넷 주소의 고갈 문제를 해결하기 위한 것은?

① HTTPS
② IPv4
③ IPv6
④ Common Gateway Interface

22 〈보기〉의 ㉠과 ㉡에 들어갈 말을 옳게 나열한 것은?

─〈보 기〉─
- (㉠)은/는 새로운 패러다임과 새로운 통신 기술이 인간의 오감의 균형을 깨뜨려 편협되고 왜곡된 지각을 갖게 되는 (㉡)을/를 초래한다고 생각했다.
- (㉡)은/는 '빈번한 발작'이라는 의미로, 의식에 균열과 공백이 생긴 상태를 의미한다.

	㉠	㉡
①	폴 비릴리오	시뮬라시옹
②	폴 비릴리오	피크노렙시
③	장 보드리야르	피크노렙시
④	장 보드리야르	시뮬라시옹

23 〈보기〉는 네트워크 토폴로지(Topology)에 대한 설명이다. ㉠~㉢에 들어갈 내용을 옳게 나열한 것은?

─〈보 기〉─
- FDDI는 광케이블로 구성되며 (㉠) 토폴로지를 사용한다.
- 허브 장비가 필요한 (㉡) 토폴로지는 네트워크 관리가 용이하다.
- 터미네이터가 필요한 (㉢) 토폴로지는 전송회선이 단절되면 전체 네트워크가 중단된다.

	㉠	㉡	㉢
①	링형	버스형	트리형
②	링형	트리형	버스형
③	버스형	링형	트리형
④	버스형	트리형	링형

24 지적재산권에 대한 설명으로 옳은 것은?

① 지적재산권에는 공업소유권, 저작인접권, 저작자재산권 등이 있다.

② 경제적 가치가 있는 이익을 누리기 위한 것들을 내용으로 하는 권리이다.

③ 저작자가 자신의 저작물에 대하여 정신적, 인격적 이익을 추구할 수 있는 권리이다.

④ 지적활동으로 인하여 발생하는 모든 재산권으로 크게 산업발전을 목적으로 하는 공업소유권과 문화창달을 목적으로 하는 저작권으로 분류된다.

25 〈보기〉는 어떤 해킹 수법에 대한 설명인가?

─〈보 기〉─
한 사용자가 시스템의 리소스를 독점하거나 모두 사용함으로써 다른 사용자들이 이 시스템의 서비스를 올바른 용도로 사용할 수 없도록 하는 것이다.

① 도스(DoS)

② 파밍(Pharming)

③ 스누핑(Snooping)

④ 스니핑(Sniffing)

합격의공식
SD에듀

www.sdedu.co.kr

군무원 정보직 FINAL 실전 봉투모의고사
제4회 모의고사

정보직

제1과목	국어	제2과목	국가정보학
제3과목	정보사회론	제4과목	

응시번호		성 명	

〈 안내 사항 〉

1. 답안지의 모든 기재 및 표기사항은 반드시 『컴퓨터용 흑색사인펜』으로만 작성하여야 합니다.
   (사인펜에 "컴퓨터용"으로 표시되어 있음) (사인펜 본인 지참)
   * 매년 지정된 펜을 사용하지 않아 답안지가 무효처리 되는 상황이 빈발하고 있으므로, 답안지
   는 반드시 『컴퓨터용 흑색사인펜』으로만 표기하시기 바랍니다.

2. 답안은 매 문항마다 반드시 하나의 답만 골라 그 숫자에 "●"로 표기해야 하며, 표기한 내용은 수정
   테이프를 이용하여 정정할 수 있습니다. 단, 시험시행본부에서 수정테이프를 제공하지 않습니다.
   (표기한 부분을 긁는 경우 오답처리 될 수 있으며, 수정스티커 또는 수정액은 사용 불가)
   * 답안지는 훼손·오염되거나 구겨지지 않도록 주의해야 하며, 특히 답안지 상단의 타이밍마크
   (Ｉ Ｉ Ｉ Ｉ Ｉ)를 절대로 훼손해서는 안 됩니다.

3. 필기시험 문제 관련 의견제시 기간 : 시험 당일을 포함한 5일간
   * 국방부 군무원채용관리홈페이지(http://recruit.mnd.go.kr) - 시험안내 - 시험묻고답하기

제4회 모의고사

01 언어 예절에 가장 알맞게 발화한 것은?

① (아침에 출근해서 직급이 같은 동료에게) 좋은 아침!
② (집에서 손님을 보낼 때 손위 사람에게) 살펴 가십시오.
③ (윗사람의 생일을 축하하며) 건강하십시오.
④ (관공서에서 손님이 들어올 때) 무엇을 도와 드릴까요?

02 주장하는 말이 범하는 논리적 오류 유형이 다른 하나는?

① 식량을 주면, 옷을 달라고 할 것이고, 그 다음 집을 달라고 할 것이고, 결국 평생직장을 보장하라고 할 것이 틀림없어. 식량 배급은 당장 그만두어야 해.
② 네가 술 한 잔을 마시면, 다시 마시게 되고, 결국 알코올 중독자가 될 거야. 애초부터 술 마실 생각은 하지 마라.
③ 아이들에게 부드럽게 말하면, 아이들은 부모를 무서워하지 않게 되고, 그 부모는 아이들을 망치게 될 겁니다. 아이들에게 엄하게 말하는 것을 두려워하지 마세요.
④ 식이요법을 시작하면 영양 부족에 빠지고, 어설픈 식이요법이 알코올 중독에 이르게 한다는 것을 암시해. 식이요법을 시작하지 못 하게 막아야 해.

03 〈자료〉를 바탕으로 〈보기〉의 문장을 작성하였다. 다음 〈보기〉의 문장 중 띄어쓰기가 옳은 것끼리 묶인 것은?

〈자 료〉

한글 맞춤법
[제2항] 문장의 각 단어는 띄어 씀을 원칙으로 한다.
[제41항] 조사는 그 앞말에 붙여 쓴다.
[제42항] 의존 명사는 띄어 쓴다.
[제43항] 단위를 나타내는 명사는 띄어 쓴다.

〈보 기〉

㉠ 당신이 문득 나를 알아볼 때까지.
㉡ 한국인 만큼 부지런한 민족이 있을까?
㉢ 돈을 많이 모아서 멋진 집 한 채를 샀다.
㉣ 무궁화는 자랑스럽고 아름다운 꽃 입니다.

① ㉠, ㉡   ② ㉠, ㉢
③ ㉡, ㉣   ④ ㉢, ㉣

04 다음 중 복수 표준어가 아닌 것은?

① 자장면 – 짜장면
② 나부랭이 – 너부렁이
③ 멀찌가니 – 멀찌감찌
④ 허섭스레기 – 허접쓰레기

05 다음 중 문장의 구조가 다른 것은?

① 농부들은 비가 오기를 고대했다.
② 나는 지금이 중요한 때임을 알고 있다.
③ 형은 대학생이고, 누나는 고등학생이다.
④ 우리 집 앞마당에 드디어 장미꽃이 피었다.

06 다음 중 밑줄 친 단어의 의미 관계가 다른 것은?

① • 눈가에 잔주름이 <u>가다</u>.
　• 밥을 먹으러 식당에 <u>가다</u>.

② • <u>철</u>에 따라 피는 꽃이 다르다.
　• 아이들이 <u>철</u>이 너무 없다.

③ • 벽난로에서 장작이 활활 <u>타고</u> 있었다.
　• 서쪽으로 뻗은 주능선을 <u>타고</u> 산행을 계속했다.

④ • 밥을 식지 않게 아랫목에 <u>묻었다</u>.
　• 손에 기름이 <u>묻었다</u>.

07 다음의 〈사례〉와 〈보기〉의 언어 특성을 잘못 연결한 것은?

――――――〈사 례〉――――――
(가) '방송(放送)'은 '석방'에서 '보도'로 의미가 변하였다.
(나) '밥'이라는 의미의 말소리 [밥]을 내 마음대로 [법]으로 바꾸면 다른 사람들은 '밥'이라는 의미로 이해할 수 없다.
(다) '종이가 찢어졌어.'라는 말을 배운 아이는 '책이 찢어졌어.'라는 새로운 문장을 만들어 낸다.
(라) '오늘'이라는 의미를 가진 말을 한국어에서는 '오늘[오늘]', 영어에서는 'today(투데이)'라고 한다.

――――――〈보 기〉――――――
㉠ 자의성　　㉡ 규칙성　　㉢ 창조성　　㉣ 사회성

① (가) – ㉡　　　　　　② (나) – ㉣
③ (다) – ㉢　　　　　　④ (라) – ㉠

08 다음 중 높임법에 대한 설명으로 옳지 않은 것은?

㉠ 아버지께서 할머니를 모시고 댁에 들어가셨다.
㉡ 어머니께서 아주머니께 이 김치를 드리라고 하셨습니다.
㉢ 주민 여러분께서는 잠시만 제 이야기에 귀를 기울여 주시기 바랍니다.

① ㉠, ㉡, ㉢: 문장의 주체를 높이고 있다.
② ㉠, ㉡: 문장의 객체를 높이고 있다.
③ ㉡, ㉢: 듣는 이를 높이고 있다.
④ ㉠, ㉡: 특수한 어휘를 사용하여 높임을 표현하고 있다.

09 외래어 표기가 옳은 것만을 모두 고른 것은?

㉠ vision: 비전
㉡ cardigan: 카디건
㉢ container: 콘테이너
㉣ yellow: 옐로
㉤ lobster: 롭스터

① ㉠, ㉤
② ㉢, ㉣
③ ㉠, ㉡, ㉣
④ ㉡, ㉢, ㉤

10 다음 중 고유어의 뜻풀이가 옳지 않은 것은?

① 짜장: 과연 정말로
② 곰살맞다: 몹시 부드럽고 친절하다
③ 가리사니: 사물을 분간하여 판단할 수 있는 실마리
④ 비나리: 갑자기 내리는 비

11 다음 중 〈보기〉의 발음 과정에 적용되는 음운 변동 규칙이 아닌 것은?

〈보 기〉
홑이불 → [혼니불]

① 'ㄴ' 첨가
② 두음 법칙
③ 자음 동화
④ 음절의 끝소리 규칙

12 밑줄 친 부분의 함축적 의미로 가장 적절한 것은?

그는 피아노를 향하여 앉아서 머리를 기울였습니다. 몇 번 손으로 키를 두드려 보다가는 다시 머리를 기울이고 생각하고 하였습니다. 그러나 다섯 번 여섯 번을 다시 하여 보았으나 아무 효과도 없었습니다. 피아노에서 울려 나오는 음향은 규칙 없고 되지 않은 한낱 소음에 지나지 못하였습니다. 야성? 힘? 귀기? 그런 것은 없었습니다. 감정의 재뿐이 있었습니다.

"선생님, 잘 안 됩니다."

그는 부끄러운 듯이 연하여 고개를 기울이며 이렇게 말하였습니다.

"두 시간도 못 되어서 벌써 잊어버린담?"

나는 그를 밀어 놓고 내가 대신하여 피아노 앞에 앉아서 아까 베낀 그 음보를 펴 놓았습니다. 그리고 내가 베낀 곳부터 다시 시작하였습니다.

화염! 화염! 빈곤, 주림, 야성적 힘, 기괴한 감금당한 감정! 음보를 보면서 타던 나는 스스로 흥분이 되었습니다.

– 김동인, 「광염 소나타」

① 화려한 기교가 없는 연주
② 악보와 일치하지 않는 연주
③ 도저히 이해할 수 없는 연주
④ 기괴한 감정이 느껴지지 않는 연주

13 다음 글의 주제로 옳은 것은?

야생 동물이 건강에 좋은 먹을거리를 선택한다는 것은 이미 과학적으로 입증되었다. 그 수준도 '동물 따위가 뭘 알겠어.' 하고 치부하기에는 놀라울 정도로 높다. 예를 들면 동물은 기운을 북돋기 위해 흥분제 성분이 들어 있는 과일이나 환각 작용을 일으키는 버섯, 아편 성분이 들어 있는 양귀비 등 향정신성 먹을거리를 즐겨 섭취한다. 개중에는 흥분제에 중독 증상을 보이는 동물도 있다. 더욱 놀랄 만한 사실은 교미 시의 생산 능력을 높이기 위해 자연에 널려 있는 '최음제'를 먹는 경우마저 있다는 사실이다. 사막에 사는 거북은 칼슘을 찾아 사막을 몇십 킬로미터씩 여행한다. 칼슘은 거북의 껍질을 단단하게 만드는 데 필요한 성분이다. 원숭이와 곰 등은 신맛이 나는 기름과 고약한 냄새의 송진을 온몸에 즐겨 바른다. 이러한 냄새들은 벌레에 물리는 것을 막아줄 뿐만 아니라 세균 감염도 예방해 준다. 침팬지는 털이 난 나뭇잎을 독특한 방법으로 뭉쳐서 삼킨다. 잎에 난 털이 식도로 넘어가며 식도 주위의 기생충들을 청소해 준다. 개와 고양이가 가끔 풀을 뜯어먹는 것도 비슷한 이유다. 이 풀들은 기생충과 함께 소화되지 않고 몸 바깥으로 배설된다. 새들은 특정한 향이 나는 허브 잎을 모아 둥지를 둘러싼다. 잎의 향 때문에 진드기와 벼룩이 둥지로 접근하지 못한다. 코끼리는 나트륨 성분을 섭취하기 위해 소금을 먹는다. 만약 소금이 모자라면 새로운 소금 동굴을 찾기 위해 죽음을 무릅쓴 집단 이동도 마다하지 않는다. 붉은원숭이는 주식인 나뭇잎이 함유하는 독성 성분을 없애기 위해 숯을 먹는다. 보통 동물들은 모체로부터 이 같은 식습관을 배운다. 하지만 동물들이 먹을거리의 의학적 효능에 대해 정확하게 알고 있는 것은 아니다. 침팬지와 원숭이가 기생충을 제거하기 위해 먹는 나뭇잎의 종류는 30가지가 넘는다. 만약 침팬지가 나뭇잎을 먹는 이유를 정확하게 알고 있다면 털이 가장 부숭부숭한 나뭇잎을 골라 먹을 것이다.

① 동물은 질병을 치료하는 물을 알고 있다.
② 동물은 어느 자연환경에서나 잘 적응할 수 있다.
③ 동물은 각각 좋아하는 음식이 따로 있다.
④ 동물은 스스로를 자연적으로 치유하는 방법에 대해 선천적으로 알고 있다.

14 다음 〈보기〉를 참고하여 ㉠~㉢에 대해 설명한 내용으로 적절하지 않은 것은?

집의 옷밥을 언고 들먹는 져 고공(雇工)아,
우리 집 긔별을 아는다 모로는다.
비 오는 놀 일 업슬직 숫 꼬면서 니르리라.
㉠ 처음의 한어버이 사롬스리 흐려 홀 직,
인심(仁心)을 만히 쓰니 사롬이 절로 모다.
㉡ 풀 쎗고 터을 닷가 큰 집을 지어 내고,
셔리 보십 장기 쇼로 전답(田畓)을 긔경(起耕)ᄒ니,
㉢ 오려논 터밧치 여드레 フ리로다.
자손(子孫)에 전계(傳繼)ᄒ야 대대(代代)로 나려오니,
논밧도 죠커니와 고공도 근검(勤儉)터라.
저희마다 여름 지어 가옴여리 사던 것슬,
요ᄉ이 고공들은 혬이 어이 아조 업서,
밥사발 큰나 쟈그나 동옷시 죠코 즈나,
㉣ 무옴을 둣호는 둣 호슈(戶首)을 싀오는 둣,
무ᄉ 일 フ음드러 흘긧할긧 ᄒᄂᆞᆫ다.
너희너 일 아니코 시절(時節)) 좃츠 ᄉ오나와,
フ득의 늬 셰간이 플러지게 되야ᄂᆞ디,
엇그지 화강도(火强盜)에 가산(家産)이 탕진(蕩盡)ᄒ니,
집 ᄒ나 불타 붓고 먹을 껏시 전혀 업다.
크나큰 셰ᄉ(歲事)을 엇지ᄒᆞ여 니로려료.
김가(金哥) 이가(李哥) 고공들아 식 무음 먹어슬라.
　　　　　　　　　　　　　　– 허전, 「고공가(雇工歌)」

〈보 기〉
이 작품은 조선 왕조의 창업부터 임진왜란 직후의 역사를 농사일이나 집안 살림에 빗대는 방식을 활용하고 있다. 특히 제 역할을 하지 않고 서로 시기하고 반목하는 요즘 고공들의 행태를 질책하고 있다.

① ㉠: 태조 이성계가 조선 왕조를 창업한 사실과 관련지을 수 있다.
② ㉡: 나라의 기초를 닦은 조선 왕조의 모습과 관련지을 수 있다.
③ ㉢: 조선의 땅이 외침으로 인해 피폐해진 현실과 관련지을 수 있다.
④ ㉣: 신하들이 서로 다투고 시기하는 상황과 관련지을 수 있다.

15 다음 중 ㉠~㉣에 대한 설명으로 옳지 않은 것은?

㉠ 못난 놈들은 서로 얼굴만 봐도 흥겹다
이발소 앞에 서서 참외를 깎고
목로에 앉아 막걸리를 들이켜면
모두들 한결같이 친구 같은 얼굴들
㉡ 호남의 가뭄 얘기 조합 빚 얘기
약장수 기타 소리에 발장단을 치다 보면
왜 이렇게 자꾸만 서울이 그리워지나
어디를 들어가 섰다라도 벌일까
주머니를 털어 색싯집에라도 갈까
㉢ 학교 마당에들 모여 소주에 오징어를 찢다
어느새 긴 여름 해도 저물어
고무신 한 켤레 또는 조기 한 마리 들고
㉣ 달이 환한 마찻길을 절뚝이는 파장
　　　　　　　　　　　　　　– 신경림, 「파장」

① ㉠: 농민들이 서로에게 느끼는 유대감을 보여 준다.
② ㉡: 농민들이 겪는 여러 가지 어려움이 나타난다.
③ ㉢: 어려움을 극복한 농민들의 흥겨움이 드러난다.
④ ㉣: 농촌의 힘겨운 현실을 시적으로 형상화하고 있다.

도르래는 둥근 바퀴에 튼튼한 줄을 미끄러지지 않도록 감아 무거운 물체를 들어 올리는 데 사용하는 도구이다. 가장 기본이 되는 도르래는 고정도르래와 움직도르래이다. 그렇다면 두 도르래의 차이는 어떤 것이 있을까?

우선 고정도르래부터 살펴보도록 하자. 고정도르래는 힘의 방향만 바꾸어 주는 도르래로 줄을 감은 바퀴의 중심축이 고정되어 있다. 힘의 이득을 볼 수는 없지만, 힘의 작용 방향을 바꿀 수 있는 장점이 있다. 고정도르래를 사용할 때는 줄의 한쪽에 물체를 걸고 다른 쪽 줄을 잡아 당겨 물체를 원하는 높이까지 움직인다. 이때 물체를 들어 올리는 힘은 줄 하나가 지탱하고 있다. 따라서 직접 들어 올리는 것과 비교해 힘의 이득은 없으며 단지 고정도르래 때문에 줄을 당기는 힘의 방향만 바뀐다. 하지만 물체를 높은 곳으로 직접 들어 올리는 것보다는 줄을 아래로 잡아당김으로써 물체를 올리는 방법이 훨씬 편하다. 또한 물체를 1미터 들어 올리기 위해 잡아당기는 줄의 길이도 1미터면 된다.

한편 움직도르래는 힘의 이득을 보기 위해 사용한다. 움직도르래를 사용할 때는 도르래에 줄을 감고 물체를 들어 올린다. 움직도르래는 도르래 축에 직접 물체를 매달기 때문에 줄을 당기면 물체와 함께 도르래도 움직인다. 이때 물체를 지탱하는 줄은 두 가닥이 된다. 물체의 무게는 각 줄에 분산되어 두 사람이 각각의 줄을 잡고 동시에 들어 올리는 효과가 난다. 따라서 움직도르래 한 개를 사용하면 물체 무게의 2분의 1의 힘으로 물체를 움직일 수 있게 되는 것이다. 하지만 물체를 1미터 들어 올리기 위해 당겨야 하는 줄의 길이는 물체가 올라가는 높이의 두 배인 2미터이다. 왜냐하면 물체가 1미터 올라갈 때 물체를 지탱하는 두 줄도 동시에 1미터씩 움직여야 하는데, 줄을 당기는 쪽으로 줄이 감기게 되기 때문이다. 그래서 움직도르래를 이용하여 물체를 들어 올리면 줄의 길이는 물체가 움직여야 하는 높이의 두 배가 필요하게 된다.

16 다음 중 윗글의 내용과 일치하는 것은?

① 고정도르래는 도르래 축에 물체를 직접 매달아 사용한다.

② 움직도르래와 고정도르래를 함께 사용해야 물체의 무게가 분산된다.

③ 움직도르래로 물체를 들어 올릴 수 있는 높이는 줄의 길이에 영향을 받는다.

④ 고정도르래는 줄을 당기는 힘의 방향과 물체에 작용하는 힘의 방향이 일치한다.

17 다음 중 윗글의 내용 전개 방식으로 가장 적절한 것은?

① 구체적 사례를 통해 개념 이해를 돕고 있다.

② 대상의 차이점을 중심으로 특징을 설명하고 있다.

③ 대상의 인과 관계에 초점을 맞추어 설명하고 있다.

④ 특정 기술이 발달한 과정을 순서대로 제시하고 있다.

18 다음 글을 순서대로 바르게 나열한 것은?

(가) 제임스 러브록이 말하는 사이보그는 우리가 아는 것과 조금 다르다. 그는 사이보그를 오늘날 로봇과 인공지능(AI) 시스템의 후예로 자급자족하고 자각할 수 있는 존재라고 묘사했다. 이는 뇌를 제외한 팔다리나 장기를 기계로 바꾼 개조 인간을 뜻하는 사이보그보다 AI 로봇의 의미에 가깝다.

(나) 제임스 러브록은 "사이보그를 생물의 또 다른 계(king-dom)라고 생각한다."면서 "그들은 인간이 동물계로서 식물계 위에 선 것처럼 우리 위에 설 것"이라고 말했다. 러브록은 계속해서 자신을 개선할 수 있는 AI 시스템의 발명은 노바세의 결실에 다가가는 중요한 핵심 요소라고 말했다.

(다) 지구를 하나의 작은 생명체로 보는 '가이아 이론'의 창시자인 제임스 러브록은 인간은 인공지능(AI) 로봇에 의해 지구 최상위층 자리를 내줄 수도 있다고 경고하고 나섰다. 제임스 러브록은 가이아 이론을 '노바세(Novacene)'에서 이렇게 밝혔다. 러브록은 "인간의 우위가 급격히 약해지고 있다. 미래에는 인간이 아니라 스스로 설계하고 만드는 존재들이 우위에 설 것"이라면서 "난 그들을 쉽게 사이보그라고 부른다."고 말했다.

(라) 만일 지구가 멸망 위기에 직면하면 사이보그는 대규모 지구공학을 이용해 지구를 인간보다 자신들 환경에 맞게 바꿔놓으려 할 수도 있을 것이라고 그는 설명했다. 그러면 세계는 산소나 물을 필요하지 않는 사이보그에게 맞게 변해 인간의 생존에는 적합하지 않을 수도 있다는 것이다. 하지만 이보다 가능성이 높은 상황은 지능이 매우 높은 사이보그들은 지구에서 지내기 어려운 상황이 되기 전에 지구를 떠나는 길을 선택할 수도 있다.

① (가) − (나) − (다) − (라)
② (나) − (가) − (라) − (다)
③ (다) − (가) − (나) − (라)
④ (라) − (나) − (다) − (가)

19 밑줄 친 한자성어의 쓰임이 적절하지 않은 것은?

① 말이 너무 번드르르해 미덥지 않은 자들은 대부분 口蜜腹劍형의 사람이다.
② 그는 싸움다운 전쟁도 못하고 一敗塗地가 되어 고향으로 달아나고 말았다.
③ 그에게 마땅히 대응했어야 했는데, 그대는 어찌하여 首鼠兩端하다가 시기를 놓쳤소?
④ 요새 신입생들이 선배들에게 예의를 차릴 줄 모르는 걸 보면 참 後生可畏하다는 생각이다.

20 다음 작품에 대한 설명으로 적절하지 않은 것은?

기심 매러 갈 적에는 갈뽕을 따 가지고
기심 매고 올 적에는 올뽕을 따 가지고
삼간방에 누어 놓고 청실홍실 뽑아 내서
강릉 가서 날아다가 서울 가서 매어다가
하늘에다 베를 놓고 구름 속에 이매 걸어
함경나무 바디집에 오리나무 북게다가
짜궁짜궁 짜아 내어 가지잎과 몸거워라
배꽃같이 바래워서 참외같이 올 짓고
외씨 같은 보선 지어 오빠님께 드리고
겹옷 짓고 솜옷 지어 우리 부모 드리겠네

– 작자 미상, 「베틀 노래」

① 노동 현실에 대한 한과 비판이 드러나 있다.
② 대구법과 직유법 등의 표현 기법을 사용하고 있다.
③ 4 · 4조의 운율과 언어유희로 리듬감을 형성하고 있다.
④ 화자의 상상력을 바탕으로 과장되게 표현한 부분이 나타나 있다.

21 다음 중 ㉠~㉣의 지시 대상이 같은 것끼리 묶인 것은?

> 서은: 지난번 샀던 ㉠ <u>이</u> 과자는 별로 맛이 없어. ㉡ <u>그</u> 과자는 어때?
> 지희: 응. ㉢ <u>이</u> 과자는 꽤 맛있던데, 서은아 저 과자 먹어봤니?
> 서은: 아니, ㉣ <u>저</u> 과자는 안 먹어봤는데.

① ㉠, ㉢ 　　　　　② ㉠, ㉣
③ ㉡, ㉢ 　　　　　④ ㉡, ㉣

[22~23] 다음 글을 읽고 물음에 답하시오.

> 기업은 다른 기업들과의 경쟁에서 이기고, 자신이 설정한 경영 목표를 달성하기 위해서 기업의 사업 내용과 목표시장 범위를 결정하는데, 이를 기업전략이라고 한다. 즉, 기업전략은 다양한 사업의 포트폴리오*를 전사적(全社的) 차원에서 어떻게 구성하고 조정할 것인가를 결정하는, 즉 참여할 사업을 결정하는 것이라고 할 수 있다.
>
> 기업전략의 구체적 예로 기업 다각화 전략을 들 수 있다. 기업 다각화 전략은 한 기업이 복수의 산업 또는 시장에서 복수의 사업을 영위하기 위한 전략으로, 제품 다각화 전략, 지리적 시장 다각화 전략, 제품 시장 다각화 전략으로 크게 구분된다. 이는 다시 제품이나 판매 지역 측면에서 관련된 사업에 종사하는 관련 다각화와 관련이 없는 사업에 종사하는 비관련 다각화로 구분된다. 리처드 러멜트는 미국의 다각화 기업을 구분하며, 관련 사업에서 70% 이상의 매출을 올리는 기업을 관련 다각화 기업, 70% 미만의 매출을 올리는 기업을 비관련 다각화 기업으로 명명했다.
>
> 기업 다각화는 범위의 경제성을 창출함으로써 수익 증대에 기여한다. 범위의 경제성이란 하나의 기업이 동시에 복수의 사업 활동을 하는 것이, 복수의 기업이 단일의 사업 활동을 하는 것보다 총비용이 적고 효율적이라는 이론이다. 범위의 경제성은 한 기업이 여러 제품을 동시에 생산할 때, 투입되는 요소 중 공통적으로 투입되는 생산요소가 존재하기 때문에 투입 요소 비용이 적게

> 발생한다는 사실을 통해 설명된다.
>
> 또한 다각화된 기업은 기업 내부 시장을 활용함으로써 새로운 가치를 창출할 수 있다. 여러 사업부에서 나오는 자금을 통합하여 활용할 수 있는 내부 자본시장을 갖추었을 뿐 아니라 여러 사업부에서 훈련된 인력을 전출하여 활용할 수 있는 내부 노동시장도 갖추었기 때문이다. 새로운 인력을 채용하여 교육시키는 데 많은 시간과 비용이 들어감을 고려하면, 다각화된 기업은 신규 기업에 비해 훨씬 우월한 위치에서 경쟁할 수 있다.
>
> 한편 다각화를 함으로써 기업은 사업 부문들의 경기 순환에서 오는 위험을 줄일 수 있다. 예를 들어 기업의 주력 사업이 반도체, 철강, 조선과 같이 불경기와 호경기가 반복적으로 순환되는 사업 분야일수록, 기업은 (㉠) 분야의 다각화를 함으로써 경기가 불안정할 때에도 자금 순환의 안정성을 비교적 (㉡)할 수 있다.

> * 포트폴리오: 다양한 투자 대상에 분산하여 자금을 투입하여 운용하는 일

22 윗글의 문맥을 고려하여, 윗글의 ㉠, ㉡ 부분에 들어갈 단어를 가장 적절하게 추론한 것은?

	㉠	㉡
①	비관련	제거
②	비관련	확보
③	관련	제거
④	관련	확보

23 윗글에 대한 이해로 가장 적절한 것은?

① 다각화된 기업은 여러 사업부에서 나오는 자금을 통합하여 활용할 수 없다.
② 범위의 경제성에 의하면 한 기업이 제품A, 제품B를 모두 생산하는 것은, 서로 다른 두 기업이 각각 제품A, 제품B를 생산하는 것보다 비효율적이다.
③ 리처드 러멜트에 의하면, 관련 사업에서 50%의 매출을 올리는 기업은 관련 다각화 기업이다.
④ 신규 기업은 새로운 인력을 채용하고 교육하는 것에 부담이 있다.

[24~25] 다음 글을 읽고 물음에 답하시오.

벤담과 같은 고전적인 공리주의에서는 사람들의 행복은 계측과 합계가 가능하다고 생각하기 때문에, 행복에 공통의 기준이 성립되어 있다고 여긴다. 벤담의 효용이라는 개념은 공통의 통화를 제공하는 것이다.

이런 생각을 근거로 한 것이 비용편익분석이다. 어떤 정책이나 행동이 얼마만큼의 행복을 가져오고 동시에 얼마만큼의 비용이 드는가를 화폐 가치로 환산해서 그 차액으로 정책이나 행동을 결정하는 것이다.

비용편익분석의 사례로 체코에서 일어난 필립 모리스 담배 문제를 소개할 수 있다. 담배 때문에 사람이 죽게 되는 경우, 살아 있는 동안 국가의 의료비 부담은 늘어나지만, 흡연자는 빨리 사망하기 때문에 연금, 고령자를 위한 주택 등의 예산이 절약되어 국가 재정에는 오히려 도움이 된다. 국민들이 담배를 피울 때 국가의 비용보다 편익이 크므로 국가는 담배를 금하지 말고 계속 피우게 하는 편이 좋다는 이 결과에 인간의 생명을 경시하는, 비인도적인 발상이라는 비난 여론이 들끓었다. 결국 필립 모리스는 사죄하게 되었다.

포드사는 소형자동차 핀토의 결함을 수리할 것인가에 대해 판단하기 위해 비용편익분석을 하였다. 차의 결함으로 인한 사고로 죽는 인간의 생명이나 부상자들의 부상을 그들에게 배상해야 할 금액으로 환산해서 이것을 (㉠) 속에 넣고 결함을 개량하는 데 드는 비용이 편익보다 많기 때문에 인명이 희생되더라도 결함을 개량하지 않는 편이 낫다고 결정했다. 그 외에도 환경보호국의 분석에서 고령자의 생명을 화폐로 환산하면서 할인했다는 예, 자동차의 제한용편익분석에서 인명을 화폐로 환산해서 인명을 잃은 비용보다 방지 대책에 드는 비용이 크다는 이유로 행위나 정책이 정당화되었다는 예도 있다.

결국 비용편익분석과 같은 결과주의의 생각, 즉 인명 희생의 방치나 정당화와 같이 도덕적으로 허용되지 않는 답을 이끌어낸 사례들을 지적하면서 '비용과 편익을 분석하는 주체는 누가 되어야 하는가?'와 같은 문제를 제기할 수 있다.

24 ㉠에 들어갈 내용으로 가장 적절한 것은?

① 수리의 비용
② 수리의 편익
③ 사고의 비용
④ 사고의 편익

25 윗글의 서술 방식으로 가장 적절한 것은?

① 구체적인 사례를 제시하여 논지를 전개하고 있다.
② 비교와 대조를 통해 대상의 특징을 드러내고 있다.
③ 철학적 사상을 근거로 삼아 설득력을 높이고 있다.
④ 문제 상황과 대안을 제시하고 타당성을 검증하고 있다.

01 다음 중 신호정보에 해당하지 않는 것은?

① 전자정보(ELINT)
② 항공사진(IMINT)
③ 원격측정정보(TELINT)
④ 통신정보(COMINT)

02 다음 중 셔먼 켄트의 정보분석 9계명에 포함되지 않는 것은?

① 외부 전문가들을 시스템적으로 활용하라.
② 정보판단에 대한 연대책임을 져야 한다.
③ 분석적 잘못을 인정하고 실수를 통해 배워라.
④ 분석관 개인의 정치의제도 반영할 수 있다.

03 에셜론(ECHELON) 프로젝트를 구성하고 있는 국가들로만 묶인 것은?

① 미국, 캐나다, 프랑스, 한국, 영국
② 미국, 호주, 일본, 캐나다, 프랑스
③ 미국, 영국, 터키, 독일, 캐나다
④ 미국, 영국, 호주, 캐나다, 뉴질랜드

04 비밀공작이 노출된 경우 이를 은폐하는 것을 '위장부인'이라고 한다. 다음 중 위장부인을 해야 하는 이유로 가장 적절한 것은?

① 비밀공작이 노출된 경우 공작원의 위험을 방지하기 위해서이다.
② 노출된 비밀요원을 다시 공작에 투입하기 위함이다.
③ 외교적으로 상대국과 마찰이 발생할 수 있기 때문이다.
④ 공작을 통해 포섭한 상대국의 고위관료나 단체가 위험할 수 있기 때문이다.

05 다음 중 1960년대 북한의 비밀공작 활동이 아닌 것은?

① 판문점 도끼만행 사건
② 청와대 기습 미수 사건
③ 울진·삼척 무장공비 침투 사건
④ 미 해군 푸에블로호 납북 사건

06 〈보기〉의 미국정보기관의 보고서 중 현용정보 보고서가 아닌 것을 모두 고른 것은?

〈보 기〉
ㄱ 주간경고전망
ㄴ 대통령일일브리핑
ㄷ 군사정보요약
ㄹ 일일경제정보브리핑
ㅁ 특별국가정보판단

① ㄱ, ㄷ
② ㄱ, ㅁ
③ ㄱ, ㄴ, ㄹ
④ ㄴ, ㄷ, ㅁ

07 다음 중 각국의 대테러부대에 대한 설명으로 옳지 않은 것은?

① 이스라엘 13전대(Shayetet 13): 육군 소속 대테러부대이며, 이란대사관 인질사건을 해결하였다.
② 프랑스 GIGN: 에어프랑스 항공기 납치사건을 해결한 부대로, 국가 헌병대 소속이다.
③ 미국 SWAT: 각 주의 경찰서에 위치하고 있고, 대테러업무를 수행한다.
④ 독일 GSG-9: 모가디슈 공항사건을 진압·성공하였다.

08 다음 중 정보의 순환단계에 대한 설명으로 옳지 않은 것은?

① 정보의 순환과정은 정보의 요구와 함께 시작되며, 정보수요 발생 시 국가정보기구는 필요한 첩보수집 계획을 수립한다.
② 수집된 첩보를 평가하는 것은 연관성, 시급성 등을 적용하는 것이다.
③ 정보의 요구는 정책결정에 참여할 수 있는 모든 인원이 요구할 수 있다.
④ 분석관이 이해할 수 있도록 처리된 첩보는 전문분석관의 손에 들어가게 되면서 정보의 생산과정이 시작된다.

09 다음 중 로웬탈이 주장한 좋은 정보의 조건에 포함되지 않는 것은?

① 명료성
② 적시성
③ 합리성
④ 간결성

10 기만공작에 대한 설명으로 옳지 않은 것은?

① 적의 정보를 왜곡하기 위해 자신의 약점을 숨기고 실존하지 않는 힘이 있는 것처럼 속이는 것을 말한다.
② 정보활동을 통해 적이 무엇을 생각하고 예측하고 있는지를 파악하는 것이 선결 과제이다.
③ 장기간에 걸친 철저한 준비가 필요하다.
④ 대상 국가에서 자국에게 유리한 방향으로 정책이 결정되도록 영향을 미친다.

11 다음 중 ㉠에 들어갈 프랑스의 정보기구로 옳은 것은?

> 1985년 국제환경보호단체인 그린피스는 프랑스의 핵실험을 저지하기 위해 환경 감시선인 '레인보우 워리어호'를 뮈뤼로아(Mururoa) 환초로 보냈다. 7월 10일 목적지를 향해 중이던 레인보우 워리어호는 뉴질랜드 오클랜드항에 잠시 정박했는데, 당일 자정에 폭파·침몰되었고 탑승 중이던 사진작가가 탈출하지 못하고 익사했다. 수사가 진행되자 위조 스위스 여권을 소지한 프랑스인 부부가 체포되었는데, 그들은 프랑스 정보기관인 (㉠)의 요원임이 드러났다.

① 국방보안국(DPSD)
② 군사정보국(DRM)
③ 대외안보총국(DGSE)
④ 국토감시청(DST)

12 세계 각국의 정보기관 중 대통령이나 수상 직속기관에 포함되지 않는 것은?

① 대한민국의 국가정보원
② 이스라엘의 모사드(Mossad)
③ 일본의 내각조사실
④ 독일의 범죄수사청(BKA)

13 정보의 분류에 대한 연결이 잘못된 것은?

① 입수형태에 따른 분류 – 직접정보, 간접정보
② 수집활동에 따른 분류 – 정치, 사회, 과학, 기술정보
③ 사용자수준에 따른 분류 – 국가부문정보, 국가정보
④ 성질(사용수준)에 따른 분류 – 전략정보, 전술정보

14 정보요구에 대한 설명으로 옳지 않은 것은?

① SRI는 갑자기 발생한 사건이나 빠른 정책 집행을 위해 필요한 첩보이다.
② PNIO는 국가지도자나 정책수립자가 효과적인 업무수행을 하기 위해 필요한 국가정보목표이자 국가 전체의 정보기관활동의 기본지침이다.
③ OIR는 사전에 수집계획서가 필요하지 않으며, 수시로 단편적 사항에 대하여 요구된다.
④ EEI는 정부의 각 부처에서 연간 부문정책 방향을 기초로 작성된다.

15 다음 중 보안의 구분에서 업무분야의 구성으로 옳지 않은 것은?

① 군사보안
② 공작보안
③ 통신보안
④ 산업보안

16 다음 중 미국의 정보기구에 대한 설명으로 옳은 것은?

① NGA는 신호정보와 영상정보를 수집하고 정찰위성을 관리한다.
② NSA는 국방부장관이 임명하는 기관이다.
③ DNI는 대통령이 상원의 동의를 얻어서 직접 임명한다.
④ FBI는 대테러의 임무를 수행한다.

17 다음 사이버공격 중 소프트웨어 공격수단으로만 짝지어진 것은?

① 트랩도어(Trao Door) – 재밍(Jamming)
② 스틱스넷(Stuxnet) – EMP폭탄
③ 지능형지속공격(APT) – 치핑(Chipping)
④ 웜(Worm) – 논리폭탄(Logic Bomb)

18 〈보기〉의 컴퓨터 범죄의 유형 중 부정조작에 해당되지 않는 것은 모두 몇 개인가?

┌─────────────〈보 기〉─────────────┐
│ ㉠ 콘솔 조작   ㉡ 투입 조작   │
│ ㉢ 데이터 파괴 조작   ㉣ 출력 조작   │
│ ㉤ 프로그램 조작   ㉥ 입력 조작   │
└──────────────────────────────────┘

① 2개   ② 3개
③ 4개   ④ 5개

19 다음 중 영상정보에 대한 설명으로 옳은 것은?

① 영상 촬영을 위해 직접 상대국에 인력을 투입해야 한다.
② 촬영 전후의 상황파악이 어렵다.
③ 영상 및 사진을 이용하므로 정보의 왜곡이 적다.
④ 상대국의 영토를 침범하지 않으나 정치적·법적 논쟁을 피하기 어려운 단점이 있다.

20 다음 중 대한민국의 방첩과 관련된 법률에 대한 설명으로 옳지 않은 것은?

① 「형법」 제98조에 의거, 적국을 위하여 간첩하거나 적국의 간첩을 방조한 자는 사형, 무기 또는 7년 이상의 징역에 처한다.
② 「군사기밀 보호법」 제11조의2에 의거, 업무상 군사기밀을 취급하였던 사람이 그 취급 인가가 해제된 이후에도 군사기밀을 점유하고 있는 경우에는 2년 이하의 징역 또는 2천만 원 이하의 벌금에 처한다.
③ 「형법」 제99조에 의거, 대한민국의 군사상 이익을 해하거나 우방국에 군사상 이익을 공여한 자는 무기 또는 3년 이상의 징역에 처한다.
④ 「군형법」 제80조에 의거, 군사상 기밀을 누설한 사람은 10년 이하의 징역이나 금고에 처한다.

21 다음 중 산업보안 행동수칙으로 옳지 않은 것은?

① 문서는 가급적 이면지의 사용을 권장하여 자원낭비를 줄인다.
② 빈손으로 출근하고 외부 저장매체 등의 휴대는 삼간다.
③ 메신저나 파일공유 사이트 접속을 금지한다.
④ 금지된 구역은 이용하지 않는다.

22 다음 중 국가정보의 바른 인식과 방향에 대한 설명으로 옳은 것은?

① 포괄적인 안보의 중요성이 높아지면서 전통적 군사안보에 대한 정보활동의 지속성에 대한 의문이 커지고 있다.

② 국가안보 이외의 초국가적 안보 쟁점들은 나라·환경마다 다르기 때문에 국가정보의 새로운 영역으로 국가정보활동을 강화할 필요는 없다.

③ 법치주의와 민주주의 이념하에 민주적으로 기능하는 정보기구여야 한다.

④ 국가정보기구는 무엇보다 국익과 정권의 이익이 우선시되어야 한다.

23 다음 사례에 대해 ㉠에 들어갈 처벌로 옳은 것은?

> 甲방산업체의 연구개발팀에 소속되어 있는 A씨(대한민국 국적)는 스트레스와 적정하지 못한 연봉에 불만이 있어 이직을 고려하고 있다. 그런데, 일본의 乙기업에서 A씨가 재직하고 있는 회사의 기밀을 가져오는 조건으로 정년퇴직과 1,000만 달러를 보장하겠다고 제안하였다. 따라서 A씨는 乙기업에 기밀을 제공하였고 이후 한국으로 귀국하였지만, 인천공항에서 대한민국 방첩기관에 체포되었다. 이후 법원은 A씨에게 (㉠)을 선고하였다.

① 3년 이상의 징역 또는 10억 원 이하의 벌금

② 10년 이하의 징역 또는 15억 원 이하의 벌금

③ 15년 이하의 징역 또는 30억 원 이하의 벌금

④ 20년 이하의 징역 또는 20억 원 이하의 벌금

24 〈보기〉에서 설명하는 군사보호구역에 해당하지 않는 것은?

> ──〈보 기〉──
> 군사 작전의 원활한 수행을 위하여 필요한 지역과 군사기지 및 군사시설의 보호 또는 지역주민의 안전이 요구되는 지역

① 훈련장, 사격장 외곽 1km 이내

② 군용전기통신장비 설치장소 반경 2km 이내

③ 방공기지 500m에서 1km 범위 이내

④ 민간인통제선 이북지역

25 다음 중 「국가정보원법」상 국가정보원의 직무 범위에 대한 설명으로 옳지 않은 것은?

① 산업경제정보 유출, 해외연계 경제질서 교란 및 방위산업침해에 대한 방첩

② 「군형법」 중 암호 부정사용의 죄, 「군사기밀 보호법」에 규정된 죄에 관한 정보

③ 국가인권위원회, 고위공직자범죄수사처 대상 사이버공격 및 위협에 대한 예방 및 대응

④ 각급 기관에 대한 보안감사를 포함한 국가 기밀에 속하는 문서·자재·시설 및 지역에 대한 보안 업무

제3과목: 정보사회론

QR코드 접속을 통해 풀이시간 측정, 자동 채점
그리고 결과 분석까지!!

01 다음 소셜미디어에 대한 설명 중 〈보기〉의 (　　)에
해당하는 것은?

〈보 기〉

　　소셜 미디어는 주로 인터넷을 통해 타인 또는 특정 기
관과의 상호작용을 시작하고 강화하는 매체를 의미하
며, 관계를 기반으로 하면서 뉴스를 중심으로 하기 때문
에 정치력 영향력 역시 커져 가고 있다. 이에 반해
(　　)은 글로벌 숏폼 모바일 비디오 플랫폼으로, 15초
~3분짜리 짧은 동영상을 제작하고 공유하는 기능을 제
공하기 때문에 다른 소셜미디어에 비해 정치적 영향력
이 적다.

① 틱톡　　　　　　　② 트위터
③ 페이스북　　　　　④ 유튜브

02 하이퍼텍스트의 특징에 해당하지 않는 것은?

① 상호텍스트성　　　② 비선형성
③ 일방향성　　　　　④ 역동성

03 이메일, ERP, CRM 등 다양한 응용 프로그램을 서
비스 형태로 제공하는 클라우드 서비스는?

① IaaS(Infrastructure as a Service)
② NaaS(Network as a Service)
③ PaaS(Platform as a Service)
④ SaaS(Software as a Service)

04 정보사회를 바라보는 관점 중 〈보기〉에 해당하는
것은?

〈보 기〉

• 테크놀로지가 자율적인 힘을 가지고 사회구조의 변화
를 초래
• 사회변동의 추진력은 테크놀로지의 발전과 확산에 따
른 것
• 분석 수준에 따라 기술적 기반 강조, 경제구조 변화,
사회구조 변화로 구분

① 사회구조론
② 낙관론
③ 비관론
④ 기술결정론

05 다음 중 대통령기록물에 대한 설명으로 옳은 것은?

① 비공개 대통령기록물은 생산연도 경과와 관계없이 원
칙적으로 공개할 수 없다.
② 보호기간 중에 국회재적의원 과반수 이상의 찬성의결
이 이루어진 경우에는 최소한의 범위 내에서 열람, 사
본제작 및 자료제출을 허용한다.
③ 관할 고등법원장이 해당 대통령지정기록물이 중요한
증거에 해당한다고 판단하여 발부한 영장이 제시된 경
우, 최소한의 범위 내에서 열람, 사본제작 및 자료제
출을 허용한다.
④ 관할 고등법원장은 열람, 사본제작 및 자료제출이 국
가안전보장에 위험을 초래하거나 외교관계 및 국민경
제의 안정을 심대하게 저해할 우려가 있다고 판단하는
경우에만 영장을 발부하지 않을 수 있다.

06 시스템의 보안 취약점을 활용한 공격방법에 대한 설명으로 옳지 않은 것은?

① Sniffing 공격은 네트워크상에서 자신이 아닌 다른 상대방의 패킷을 엿보는 공격이다.

② Exploit 공격은 공격자가 패킷을 전송할 때 출발지와 목적지의 IP 주소를 같게 하여 공격대상 시스템에 전송하는 공격이다.

③ SQL Injection 공격은 웹 서비스가 예외적인 문자열을 적절히 필터링하지 못하도록 SQL문을 변경하거나 조작하는 공격이다.

④ XSS(Cross Site Scripting) 공격은 공격자에 의해 작성된 악의적인 스크립트가 게시물을 열람하는 다른 사용자에게 전달되어 실행되는 취약점을 이용한 공격이다.

07 〈보기〉의 과학적 관리론에 대한 설명 중 옳은 것만 모두 고른 것은?

─────〈보 기〉─────
ㄱ 효율성과 생산성의 극대화를 실현하기 위한 이론이다.
ㄴ 정부의 법과 정책, 여론 등은 조직의 구조와 속성에 영향을 준다.
ㄷ 조직의 목적은 상하의 일치성에 기반을 두고 있다.
ㄹ 조직관리는 조직이 처한 상황에 의해서 결정된다.

① ㄱ, ㄴ
② ㄱ, ㄷ
③ ㄴ, ㄹ
④ ㄷ, ㄹ

08 다음 중 〈보기〉의 ㉠과 ㉡에 들어갈 말을 바르게 나열한 것은?

─────〈보 기〉─────
(㉠)은/는 새로운 커뮤니케이션 형태가 사회 및 문화 이론을 어떻게 변화시키고 있는지를 탐구하고 있는 것이다. (㉠)은/는 (㉡)을/를 통하여 "미디어 사회의 도래는 삶의 외형이 아닌 인간의 존재 형태 자체를 바꾸고 있다."라고 주장하였다.

	㉠	㉡
①	장 보드리야르	『시뮬라크르와 시뮬라시옹』
②	위르겐 하버마스	『의사소통 행위론』
③	마뉴엘 카스텔	『네트워크 사회의 도래』
④	마크 포스터	『제2미디어 시대』

09 다음 중 감시사회에 대한 설명으로 옳지 않은 것은?

① 감시사회는 어떤 사회에 속한 개인이나 집단에 대한 정보를 광범위하게 수집 및 저장하고 분석하며 활용하는 사회를 의미한다.

② 벽과 창문, 망루나 감시자가 없는 감시체계를 의미하는 파놉티콘은 다망감시시설로 번역된다.

③ 조지 오웰의 소설 『1984』에서 정보의 독점으로 사회를 통제하는 관리 권력이나 그러한 사회체계를 의미하는 개념인 빅 브라더가 등장하였다.

④ 정보통신기술이 발전하며 다양한 매체를 이용하여 개인이나 집단에 대한 사회의 감시가 기술적으로 가능해졌다.

10 집단지성에 대한 설명으로 옳지 않은 것은?

① 다수가 서로 협력·경쟁으로 얻는 지적·집단적 능력을 가리킨다.

② 집단지성의 대표적인 사례로는 위키피디아와 웹2.0 등이 있다.

③ 사이버 반달리즘과 같은 악의적 행위가 문제될 수 있다.

④ 다수의 노력으로 이루어지기 때문에 많은 사람들의 신뢰를 얻고 있다.

11 다음 중 블록체인에 대한 설명으로 옳지 않은 것은?

① 모든 거래 참여자들이 정보를 공유하기 때문에 보안의 위험이 있다.

② P2P 네트워크를 기본으로 똑같은 거래장부의 사본을 나누어 보관한다.

③ 기존 은행과 달리 중앙서버에서 거래장부에 대한 데이터베이스를 운영·관리할 필요가 없어 관리비용을 절감할 수 있으며, 분산·저장하므로 금융거래의 안전성도 높아진다.

④ 블록체인을 활용한 대표적인 예가 비트코인을 비롯한 가상화폐이다.

12 다음 중 노동의 숙련화론과 탈숙련화론에 대한 설명으로 옳지 않은 것은?

① 숙련화론을 주장한 대표적인 학자는 케른과 슈만이다.

② 기계조작, 이론지식과 경험지식을 겸비한 노동자를 시스템 관리자라고 한다.

③ 탈숙련화론을 주장한 대표적인 학자는 브레이버만이다.

④ 탈숙련화론은 자동화 기술 도입으로 생산노동과 사무노동이 모두 탈숙련화된다고 주장한다.

13 역대 전자정부 추진 기관으로 볼 수 없는 것은?

① 행정자치부

② 방송통신위원회

③ 정보통신부

④ 행정안전부

14 국제적으로 인터넷 도메인 이름을 제공하거나 IP주소 번호 부여 등의 기능을 하는 국제 인터넷주소 관리 기구는 무엇인가?

① ICANN

② WIPO

③ WMO

④ ITU

15 인공신경망에 대한 설명으로 옳은 것만을 모두 고른 것은?

> ㉠ 단층 퍼셉트론은 배타적 합(Exclusive-OR) 연산자를 학습할 수 있다.
>
> ㉡ 다층 신경망은 입력 층, 출력 층, 하나 이상의 은닉 층들로 구성된다.
>
> ㉢ 뉴런 간 연결 가중치(Connection Weight)를 조정하여 학습한다.
>
> ㉣ 생물학적 뉴런 망을 모델링한 방식이다.

① ㉠, ㉡, ㉢

② ㉠, ㉡, ㉣

③ ㉠, ㉢, ㉣

④ ㉡, ㉢, ㉣

16 새로운 미디어 테크놀로지가 앞선 테크놀로지를 개선하거나 수정하여 스스로 문화적 의미를 얻는 과정을 '뉴미디어의 재매개'라 부르고, 뉴미디어의 재매개는 〈보기〉의 두 가지 논리 또는 방식으로 이루어진다. ⊙과 ⓒ에 들어갈 말을 옳게 나열한 것은?

〈보 기〉
- (⊙): 매우 투명한 큰 창을 통해 창 너머의 풍경을 보는 것처럼 보는 이가 미디어 자체를 보지 못하거나 미디어가 있다는 사실을 느끼지 못하고 미디어의 표현 대상에 주목하게 만드는 표상 양식이다.
- (ⓒ): 매개하고 있는 미디어 그 자체를 드러내는 식의 방법으로 보는 사람이 미디어 자체에 주목하게 만들고 미디어를 환기시키는 표상 양식이다.

	⊙	ⓒ
①	3자 매개	프레이밍
②	프레이밍	3자 매개
③	하이퍼 매개	비매개
④	비매개	하이퍼 매개

17 정동 자본주의에 대한 설명으로 옳지 않은 것은?

① 네트워크 사용자의 분산적 협업이 공통의 가치를 창출한다.
② 페이스북의 '좋아요'나 댓글의 수, 공유 횟수 등은 일종의 '정동' 가치이다.
③ 4차 산업혁명을 맞아 더욱 확대될 것으로 보인다.
④ 웹 1.0을 기반으로 한다.

18 과학기술의 역사에서 일어난 변화에 대한 설명으로 옳지 않은 것은?

① 폰 노이만의 설계를 반영하여 에니악이 탄생하였으며, 에니악은 2진수를 이용하여 컴퓨터의 연산속도를 비약적으로 발전시켰다.
② 미국 국방부는 핵전쟁에 신속히 대처하기 위해 컴퓨터와 소프트웨어들을 서로 연결할 수 있는 밀넷을 활용하였다.
③ 미국 과학재단이 아르파넷을 흡수하여 슈퍼컴퓨터를 연결하는 NSFnet을 개발하였다.
④ 월드와이드웹은 스위스에 있는 세계 최대의 입자물리학 연구소인 유럽 입자물리연구소에서 만들어졌다.

19 다음 중 지적재산권을 침해한 사례로 볼 수 없는 것은?

① 소프트웨어 복제와 유포 행위
② 홈페이지에 타인이 제작한 콘텐츠 링크 및 복제 정보를 게시하는 행위
③ 정보공유 사이트를 통하여 P2P로 음악파일을 상호 교환
④ 오픈소스 소프트웨어의 자유로운 사용, 복제, 배포, 수정

20 ( )에 들어갈 말로 옳은 것은?

( )은/는 다양한 소프트웨어나 데이터를 자신의 컴퓨터 저장장치에 담지 않고 웹 공간에 두어 마음대로 빌려 쓰는 차세대 인터넷 컴퓨터 환경이다.

① 클라우드 컴퓨팅
② 스트리밍
③ 캄테크
④ OTT

21 사진이나 동영상 등의 디지털 콘텐츠에 저작권자나 판매자 정보를 삽입하여 원본의 출처 정보를 제공하는 기술은?

① 디지털 사이니지
② 디지털 워터마킹
③ 디지털 핑거프린팅
④ 콘텐츠 필터링

22 자신의 창작물에 대하여 일정한 조건하에 다른 사람의 자유로운 이용을 허락하는 내용의 자유이용 라이선스로 옳은 것은?

① IPO
② CCL
③ CIO
④ CRM

23 통신 프로토콜 중 네트워크 전송 프로토콜로 데이터를 전송할 수 있어 인터넷에서 정보 전송과 제어를 위한 표준으로 사용되는 규약은?

① SMTP
② HTTP
③ FTP
④ TCP/IP

24 로봇이나 인공지능(AI)을 통해 실제와 가상이 통합되어 사물을 자동적 · 지능적으로 제어할 수 있는 산업상의 변화를 일컫는 용어는?

① 매스미디어
② 4차 산업혁명
③ 유비쿼터스
④ 스마트 그리드

25 블록체인에 대한 설명으로 옳지 않은 것은?

① 네트워크에 참여하는 모든 사용자가 모든 거래 내역 등의 데이터를 분산, 저장하는 기술이다.
② 은행계좌, 신용카드 등 기존에 상용되는 지급수단에 비해 익명성이 높다.
③ 블록체인은 다수가 데이터를 저장, 증명하기 때문에 중앙 관리자가 필요 없다.
④ 블록체인은 '분산거래장부'를 모든 사용자가 보유하고 있기 때문에 보안에 많은 비용이 든다.

합격의공식
SD에듀

www.sdedu.co.kr

군무원 정보직 FINAL 실전 봉투모의고사
제5회 모의고사

정보직

제1과목	국어	제2과목	국가정보학
제3과목	정보사회론	제4과목	

응시번호		성 명	

〈 안 내 사 항 〉

1. 답안지의 모든 기재 및 표기사항은 반드시 『컴퓨터용 흑색사인펜』으로만 작성하여야 합니다.
   (사인펜에 "컴퓨터용"으로 표시되어 있음) (사인펜 본인 지참)
   * 매년 지정된 펜을 사용하지 않아 답안지가 무효처리 되는 상황이 빈발하고 있으므로, 답안지
   는 반드시 『컴퓨터용 흑색사인펜』으로만 표기하시기 바랍니다.

2. 답안은 매 문항마다 반드시 하나의 답만 골라 그 숫자에 "●"로 표기해야 하며, 표기한 내용은 수정
   테이프를 이용하여 정정할 수 있습니다. 단, 시험시행본부에서 수정테이프를 제공하지 않습니다.
   (표기한 부분을 긁는 경우 오답처리 될 수 있으며, 수정스티커 또는 수정액은 사용 불가)
   * 답안지는 훼손·오염되거나 구겨지지 않도록 주의해야 하며, 특히 답안지 상단의 타이밍마크
   (Ⅰ Ⅰ Ⅰ Ⅰ Ⅰ)를 절대로 훼손해서는 안 됩니다.

3. 필기시험 문제 관련 의견제시 기간 : 시험 당일을 포함한 5일간
   * 국방부 군무원채용관리홈페이지(http://recruit.mnd.go.kr) - 시험안내 - 시험묻고답하기

제5회 모의고사

제1과목: 국어

QR코드 접속을 통해 풀이시간 측정, 자동 채점
그리고 결과 분석까지!

01 다음 〈보기〉의 예에 해당하지 않는 것은?

─〈보 기〉─
'노인, 여자'의 경우에서처럼, 첫머리에서 'ㄹ, ㄴ' 음이 제약되어 '로인'이 '노인'으로, '녀자'가 '여자' 등으로 나타나는 것을 두음 법칙이라고 한다.

① 노기(怒氣)
② 논리(論理)
③ 이토(泥土)
④ 약도(略圖)

02 밑줄 친 관형절의 성격이 다른 것은?

① 우리는 급히 학교로 돌아오라는 연락을 받았다.
② 충무공이 만든 거북선은 세계 최초의 철갑선이었다.
③ 우리는 사람이 살지 않는 그 섬에서 하룻밤을 지냈다.
④ 수양버들이 서 있는 돌각담에 올라가 아득히 먼 수평선을 바라본다.

03 다음은 훈민정음의 제자 방법에 대한 설명이다. 이에 대한 예로 옳지 않은 것은?

훈민정음의 글자를 만드는 방법은 상형을 기본으로 하였다. 초성 글자의 경우 발음기관을 상형의 대상으로 삼아 ㄱ, ㄴ, ㅁ, ㅅ, ㅇ 기본 다섯 글자를 만들고 다른 글자들 중 일부는 '여(厲: 소리의 세기)'를 음성자질(音聲資質)로 삼아 기본 글자에 획을 더하여 만들었는데 이를 가획자라 한다.

① 아음 ㄱ에 획을 더해 가획자 ㅋ을 만들었다.
② 설음 ㄴ에 획을 더해 가획자 ㄷ을 만들었다.
③ 치음 ㅅ에 획을 더해 가획자 ㅈ을 만들었다.
④ 후음 ㅇ에 획을 더해 가획자 ㆁ(옛이응)을 만들었다.

04 다음 중 밑줄 친 단어를 고친 결과가 가장 적절하지 않은 것은?

① 금년에도 S전자는 최근 전 세계 휴대전화 부분(部分) 시장 점유율 1위를 차지한 것으로 조사되었다. → 부문(部門)
② 그는 국왕이 명실상부하게 정치를 주도하는 체계(體系)를 구축하고자 노력하였다. → 체제(體制)
③ 진정한 공동체를 향한 새롭고 진지한 모색(摸索)을 바로 지금부터 시작해야 합니다. → 탐색(探索)
④ 환경 오염은 당면한 현실 문제라고 그가 지적한 것에 대해서는 나 역시 동감(同感)이 갔다. → 공감(共感)

05 다음에 제시된 단어의 의미에 맞게 쓴 문장으로 적절하지 않은 것은?

단어	의미	문장
풀다	모르거나 복잡한 문제 따위를 알아내거나 해결하다.	㉠
	어려운 것을 알기 쉽게 바꾸다.	㉡
	긴장된 분위기나 표정 따위를 부드럽게 하다.	㉢
	금지되거나 제한된 것을 할 수 있도록 터놓다.	㉣

① ㉠: 나는 형이 낸 수수께끼를 풀다가 결국 포기하고 말았다.

② ㉡: 선생님은 난해한 말을 알아들을 수 있게 풀어 설명하셨다.

③ ㉢: 막내도 잘못을 뉘우치니, 아버지도 그만 얼굴을 푸세요.

④ ㉣: 경찰을 풀어서 행방불명자를 백방으로 찾으려 하였다.

06 다음 ㉠, ㉡에 들어갈 말이 바르게 연결된 것은?

A: 가(㉠) 오(㉠) 마음대로 해라.
B: 지난겨울은 몹시 춥(㉡).

	㉠	㉡
①	−든지	−드라
②	−던지	−더라
③	−든지	−더라
④	−던지	−드라

07 다음 중 언어 예절과 어법에 가장 알맞게 발화한 것은?

① (남편의 형에게) 큰아빠, 전화 받으세요.

② 이어서 회장님의 인사 말씀이 계시겠습니다.

③ (직원이 고객에게) 주문하신 상품은 현재 품절이십니다.

④ (관공서에서 손님이 들어올 때) 어서 오십시오. 무엇을 도와 드릴까요?

08 다음 중 ㉠~㉣의 현대어 풀이가 옳지 않은 것은?

이 몸 삼기실 제 님을 조차 삼기시니, ㉠ 혼싱 緣연分분이며 하늘 모를 일이런가. ㉡ 나 호나 졈어 잇고 님 호나 날 괴시니, 이 모음 이 소랑 견졸 듸 노여 업다. 平평生싱애 願원호요듸 혼듸 녜쟈 호얏더니, 늙거야 므스 일로 외오 두고 글이는고. 엇그제 님을 뫼셔 廣광寒한殿뎐의 올낫더니, 그 더듸 엇디호야 下하界계예 노려오니, ㉢ 올 적의 비슨 머리 얼크연 디 三삼年년이라. 臙연脂지粉분 잇닉마는 눌 위호야 고이 홀고. 무음의 미친 실음 疊텹疊텹이 쌰혀 이셔, ㉣ 짓노니 한숨이오 디노니 눈믈이라. 人인生싱은 有유限한혼듸 시롬도 그지 업다. 無무心심혼 歲셰月월은 믈 흐르듯 호눈고야. 炎염涼냥이 째를 아라 가는 듯 고텨 오니, 듯거니 보거니 늣길 일도 하도 할샤.

– 정철, 「사미인곡」

① ㉠: 한평생 인연임을 하늘이 모를 일이던가?

② ㉡: 나는 젊어 있고 임은 너무 괴로워하시니

③ ㉢: 떠나올 적에 빗은 머리가 헝클어진 지 삼 년이구나.

④ ㉣: 짓는 것은 한숨이고, 떨어지는 것은 눈물이구나.

09 다음 글의 상황에 어울리는 한자성어로 적절한 것은?

우리나라 축구 대표팀은 2023 카타르 월드컵에서 놀라운 성과를 거두었다. 월드컵 개최지의 무더운 날씨와 엎친 데 덮친 격으로 개막을 앞두고 주장인 손흥민 선수의 부상으로 16강 진출 가능성이 희박했지만, 우리 대표팀은 더 강도 높은 훈련을 이어가며 경기력 향상에 매진하였고, 조별 경기에서도 최선을 다하는 경기 모습을 보여 주면서 16강 진출이라는 좋은 성적으로 국민들의 찬사와 응원을 받았다.

① 走馬加鞭
② 走馬看山
③ 切齒腐心
④ 見蚊拔劍

10 ㉠~㉣의 고쳐 쓰기로 적절하지 않은 것은?

파놉티콘(panopticon)은 원형 평면의 중심에 감시탑을 설치해 놓고, 주변으로 빙 둘러서 죄수들의 방이 배치된 감시 시스템이다. 감시탑의 내부는 어둡게 되어 있는 반면 죄수들의 방은 밝아 교도관은 죄수를 볼 수 있지만, 죄수는 교도관을 바라볼 수 없다. 죄수가 잘못했을 때 교도관은 잘 보이는 곳에서 처벌을 가한다. 그렇게 수차례의 처벌이 있게 되면 죄수들은 실제로 교도관이 자리에 ㉠ 있을 때조차도 언제 처벌을 받을지 모르는 공포감에 의해서 스스로를 감시하게 된다. 이렇게 권력자에 의한 정보 독점 아래 ㉡ 다수가 통제된다는 점에서 파놉티콘의 디자인은 과거 사회 구조와 본질적으로 같았다.

현대사회는 다수가 소수의 권력자를 동시에 감시할 수 있는 시놉티콘(synopticon)의 시대가 되었다. 시놉티콘에 가장 크게 기여한 것은 인터넷의 ㉢ 동시성이다. 권력자에 대한 비판을 신변 노출 없이 자유롭게 표현할 수 있게 되었기 때문이다. 정보화 시대가 오면서 언론과 통신이 발달했고, ㉣ 특정인이 정보를 수용하고 생산하게 되었다. 그로 인해 사회에서 일어나는 일에 대한 비판적 인식 교류와 부정적 현실 고발 등 네티즌의 활동으로 권력자들을 감시하는 전환이 일어났다.

① ㉠을 '없을'로 고친다.
② ㉡을 '소수'로 고친다.
③ ㉢을 '익명성'으로 고친다.
④ ㉣을 '누구나가'로 고친다.

[11~12] 다음 글을 읽고 물음에 답하시오.

언젠가는 하도 갑갑해서 자를 가지고 덤벼들어서 그 키를 한번 재 볼까 했다마는, 우리는 장인님이 내외를 해야 한다고 해서 마주 서 이야기도 한 마디 하는 법 없다. 움물길에서 어쩌다 마주칠 적이면 겨우 눈어림으로 재 보고 하는 것인데, 그럴 적마다 나는 저만침 가서

"제―미, 키두!"

하고 논둑에다 침을 퉤 뱉는다. 아무리 잘 봐야 내 겨드랑(다른 사람보다 좀 크긴 하지만) 밑에서 넘을락 말락 밤낮 요 모양이다. 개, 돼지는 푹푹 크는데 왜 이리도 사람은 안 크는지, 한동안 머리가 아프도록 궁리도 해 보았다. 아하, 물동이를 자꾸 이니까 뼉다귀가 옴츠라드나 부다, 하고 내가 넌즛넌즈시 그 물을 대신 길어도 주었다. 뿐만 아니라 나무를 하러 가면 소낭당에 돌을 올려놓고

"점순이의 키 좀 크게 해 줍소사. 그러면 담엔 떡 갖다 놓고 고사 드립죠니까."

하고 치성도 한두 번 드린 것이 아니다. 어떻게 돼먹은 킨지 이래도 막무가내니……

그래 내 어저께 싸운 것이 결코 장인님이 밉다든가 해서가 아니다.

모를 붓다가 가만히 생각을 해 보니까 또 승겁다. 이 벼가 자라서 점순이가 먹고 좀 큰다면 모르지만, 그렇지도 못한 걸 내 심어서 뭘 하는 거냐. 해마다 앞으로 축 불거지는 장인님의 아랫배(가 너머 먹은 걸 모르고 내병이라나, 그 배)를 불리기 위하야 심곤 조곰도 싶지 않다.

"아이구, 배야!"

난 몰 붓다 말고 배를 씨다듬으면서 그대루 논둑으로 기어올랐다. 그리고 겨드랑에 꼈든 벼 담긴 키를 그냥 땅바닥에 털썩 떨어치며 나도 털썩 주저앉았다. 일이 암만 바뻐도 나 배 아프면 고만이니까. 아픈 사람이 누가 일을 하느냐. 파릇파릇 돌아 오른 풀 한 숲을 뜯어 들고 다리의 거머리를 쓱쓱 문태며 장인님의 얼굴을 쳐다보았다.

― 김유정, 「봄봄」

11 윗글의 사건 구성 방식에 대한 설명으로 적절한 것은?

① 중심 소재를 통해 사건에 대해 암시하고 있다.
② 사건들이 밀접한 관련성 없이 각각 독립적으로 연결되어 있다.
③ 바깥 이야기 속에 또 다른 이야기가 들어가 있다.
④ 현재의 사건을 진행하면서 과거의 사건을 끌어들이고 있다.

12 다음 중 [A]의 방법으로 윗글을 감상한 것은?

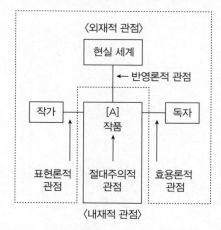

① 배경이 되는 1930년대의 농촌 현실의 모습이 어떠했는가를 반영한다.
② 순박한 인물이 겪는 일련의 사건을 주로 대화와 행동을 통해 전달한다.
③ 독자들은 이 작품을 통해 바른 삶의 자세에 대해 생각해 볼 수 있다.
④ 해학적이고 토속적인 작품을 주로 쓴 작가 김유정의 경향을 잘 드러낸다.

13 다음 작품에서 화자의 처지나 심정을 나타낸 말로 가장 적절한 것은?

어이 못 오던다 므스 일로 못 오던다
너 오는 길 우희 무쇠로 성(城)을 딴고 성(城) 안헤 담 딴고 담 안헤란 집을 짓고 집 안헤란 두지 노코 두지 안헤 궤(樻)를 노코 궤(樻) 안헤 너를 결박(結縛)ᄒ여 노코 쌍(雙)비목 외걸새에 용(龍)거북 ᄌ믈쇠로 수기수기 ᄌ 갓더냐 네 어이 그리 아니 오던다
ᄒᆞᆫ 달이 셜흔 날이여니 날 보라 올 훌리 업스랴

① 눈이 가다
② 눈이 맞다
③ 눈이 뒤집히다
④ 눈이 빠지다

14 다음 대화에서 '민재'의 의사소통 방식으로 가장 적절한 것은?

윤수: 요즘 짝꿍이랑 사이가 별로야.
민재: 왜? 무슨 일이 있었어?
윤수: 그 애가 내 일에 자꾸 끼어들어. 사물함 정리부터 내 걸음걸이까지 하나하나 지적하잖아.
민재: 그런 일이 있었구나. 짝꿍한테 그런 말을 해 보지 그랬어.
윤수: 해 봤지. 하지만 그때뿐이야. 아마 나를 자기 동생처럼 여기나 봐.
민재: 나도 그런 적이 있어. 작년의 내 짝꿍도 나한테 무척이나 심했거든. 자꾸 끼어들어서 너무 힘들었어. 네 얘기를 들으니 그때가 다시 생각난다. 그런데 생각을 바꿔 보니 그게 관심이다 싶더라고. 그랬더니 마음이 좀 편해졌어. 그리고 짝꿍과 솔직하게 얘기를 해 봤더니, 그 애도 자신의 잘못된 점을 고치더라고.
윤수: 너도 그랬구나. 나도 생각을 바꾸려고 노력해 보고, 짝꿍하고 진솔한 대화를 나눠 봐야겠어.

① 상대방의 입장을 고려해 용서함으로써 갈등을 해결하고 있다.
② 자신의 경험을 들어 상대방이 해결점을 찾을 수 있도록 돕고 있다.
③ 상대방의 약점을 비판하면서 자신의 장점을 최대한 부각하고 있다.
④ 상대방이 말하는 내용을 경청하면서 그 타당성을 평가하고 있다.

[15~16] 다음 글을 읽고 물음에 답하시오.

(가) '테라포밍'은 지구가 아닌 다른 외계의 천체 환경을 인간이 살 수 있도록 변화시키는 것을 말하는데 현재까지 최적의 후보로 꼽히는 행성은 바로 화성이다. 화성은 육안으로도 붉은 빛이 선명하기에 '火(불 화)' 자를 써서 화성(火星)이라고 부르며, 서양에서는 정열적인 전쟁의 신이기도 한 '마르스'와 함께 '레드 플래닛', 즉 '붉은 행성'으로도 일컬어진다. 화성이 이처럼 붉은 이유는 표면의 토양에 철과 산소의 화합물인 산화철이 많이 포함돼 있기 때문인데, 녹슨 쇠가 불그스름해지는 것과 같은 원리로 보면 된다. 그렇다면 이런 녹슨 행성인 화성을 왜 '테라포밍' 1순위로 선정했을까? 또한 어떤 과정을 통해서 이 화성을 인간이 살 수 있는 푸른 별로 바꿀 수 있을까?

(나) 영화 「레드 플래닛」을 보면 이런 '테라포밍'의 계획이 잘 나타나 있다. 21세기 초, 자원 고갈과 생태계 오염 등으로 지구의 환경이 점점 악화되자, 화성을 새로운 인류의 터전으로 바꾸기 위해서 이끼 종자를 가득 담은 무인 로켓이 화성으로 발사된다. 이끼가 번식해 화성 표면을 덮으면 그들이 배출하는 산소가 모여 궁극적으로는 인간이 호흡할 수 있는 대기층이 형성되기 때문이다. 그로부터 50여 년 후, 마침내 화성에 도착한 선발대는 희박하기는 하지만 화성의 공기가 사람이 숨 쉴 수 있을 정도로 바뀌었음을 알게 된다.

(다) 그렇다면 영화가 아닌 현실에서 화성을 변화시키는 일은 가능할까? 시간이 걸리고 힘든 일이지만 가능성은 있다. 화성의 극지방에는 '극관'이라고 부르는 드라이 아이스로 추정되는 하얀 막 같은 것이 존재하는데, 이것을 녹여 화성에 공기를 공급한다는 것이다. 극관에 검은 물질을 덮어 햇빛을 잘 흡수하게 만든 후 온도가 상승하면 극관이 자연스럽게 녹을 수 있도록 하는 방법인 것이다. 이 검은 물질을 자기 복제가 가능한 것으로 만들면 소량을 뿌려도 시간이 지나면서 극관 전체를 덮게 될 것이다.

(라) 자기 복제가 가능한 검은 물질이 바로 「레드 플래닛」에 나오는 이끼이다. 유전 공학에 의해 화성처럼 혹독한 환경에서도 성공적으로 번식할 수 있는, 지의류 같은 이끼의 변종을 만들어 내어 화성의 극관 지역에 투하한다. 그들이 뿌리를 내리고 성공적으로 번식할 경우 서서히 태양광선 흡수량이 많아지고 극관은 점점 녹게 될 것이다. 그러나 이런 방법을 택하더라도 인간이 직접 호흡하며 돌아다니게 될 때까지는 최소 몇백 년의 시간이 걸릴 것이다. 지금은 거의 불가능하다고 여겨지는 일들이지만 인류는 언제나 불가능한 일들을 불굴의 의지로 해결해 왔다. 화성 탐사선이 발사되고 반세기가 안 된 오늘날 인류는 화성을 지구 환경으로 만들 꿈을 꾸고 있다. 최소 몇 백 년이 걸릴 수도 있는 이 '테라포밍'도 언젠가는 인류의 도전 앞에 무릎을 꿇게 될 것이 분명하다. 그래서 아주 먼 훗날 우리의 후손들은 화성을 볼 때, 붉게 빛나는 별이 아니라 지구와 같은 초록색으로 반짝이는 화성을 볼 수 있게 될지도 모른다. 그렇다면 그때에는 화성을 '녹성(綠星)' 또는 '초록별'이라 이름을 바꿔 부르게 되지 않을까?

15 (가)~(라)에 대한 설명으로 적절하지 않은 것은?

① (가): 대상의 특성을 설명하고 화제를 제시하고 있다.
② (나): 예를 통해 화제에 대한 이해를 돕고 있다.
③ (다): 화제를 현실화할 수 있는 방법을 제시하고 있다.
④ (라): 귀납을 통해 화제의 실현 가능성을 증명하고 있다.

16 '테라포밍' 계획의 핵심이 되는 최종적인 작업은?

① 화성의 극관을 녹이는 일
② 화성에 대기층을 만드는 일
③ 화성의 온도를 상승시키는 일
④ 극관을 검은 물질로 덮는 일

17 다음 글의 내용과 가장 거리가 먼 것은?

글의 기본 단위가 문장이라면 구어를 통한 의사소통의 기본 단위는 발화이다. 담화에서 화자는 발화를 통해 '명령', '요청', '질문', '제안', '약속', '경고', '축하', '위로', '협박', '칭찬', '비난' 등의 의도를 전달한다. 이때 화자의 의도가 직접적으로 표현된 발화를 직접 발화, 암시적으로 혹은 간접적으로 표현된 발화를 간접 발화라고 한다.

일상 대화에서도 간접 발화는 많이 사용되는데, 그 의미는 맥락에 의존하여 파악된다. '아, 덥다.'라는 발화가 '창문을 열어라.'라는 의미로 파악되는 것이 대표적인 예이다. 방 안이 시원하지 않다는 상황을 고려하여 청자는 창문을 열게 되는 것이다. 이처럼 화자는 상대방이 충분히 그 의미를 파악할 수 있다고 판단될 때 간접 발화를 전략적으로 사용함으로써 의사소통을 원활하게 하기도 한다. 공손하게 표현하고자 할 때도 간접 발화는 유용하다. 남에게 무언가를 요구하려는 경우 직접 발화보다 청유 형식이나 의문 형식의 간접 발화를 사용하면 공손함이 잘 드러나기도 한다.

① 화자는 발화를 통해 다양한 의도를 전달한다.
② 직접 발화는 화자의 의도가 직접적으로 표현된다.
③ 간접 발화의 의미는 언어 사용 맥락에 기대어 파악된다.
④ 간접 발화가 직접 발화보다 화자의 의도를 더 잘 전달한다.

18 〈보기〉를 통해서 알 수 있는 내용으로 가장 적절하지 않은 것은?

〈보 기〉

나는 서울에서 고등학교를 다니는 학생이다. 며칠 전 제사가 있어서 대구에 있는 할아버지 댁에 갔다. 제사를 준비하면서 할아버지께서 나에게 심부름을 시키셨는데 사투리가 섞여 있어서 잘 알아들을 수가 없었다. 집으로 돌아올 때 할아버지께서 용돈을 듬뿍 주셔서 기분이 좋았다. 그런데 오늘 어머니께서 할아버지가 주신 용돈 중 일부를 달라고 하셨다. 나는 어머니께 그 용돈으로 '문상'을 다 샀기 때문에 남은 돈이 없다고 말씀드렸다. 어머니께서는 '문상'이 무엇이냐고 물으셨고 나는 '문화상품권'을 줄여서 사용하는 말이라고 말씀드렸다. 학교에서 친구들과 이야기할 때 흔히 사용하는 '컴싸'나 '훈남', '생파' 같은 단어들을 부모님과 대화할 때는 설명을 해드려야 해서 불편할 때가 많다.

① 어휘는 세대에 따라서 달라지기도 한다.
② 어휘는 지역에 따라서 달라지기도 한다.
③ 성별에 따라 사용하는 어휘가 달라지기도 한다.
④ 은어나 유행어는 청소년층이 쓰는 경우가 많다.

19 다음 중 밑줄 친 ㉠을 가장 자연스럽게 고친 것은?

나는 김 군을 만나면 글 이야기도 하고 잡담도 하며 시간을 보내는 때가 많았다. 어느 날 김 군과 저녁을 같이하면서 반찬으로 올라온 깍두기를 화제로 이야기를 나누었다.

깍두기는 조선 정종 때 홍현주(洪顯周)의 부인이 창안해 낸 음식이라고 한다. 궁중의 잔치 때에 각 신하들의 집에서 솜씨를 다투어 일품요리(一品料理)를 한 그릇씩 만들어 올리기로 하였다. 이때 홍현주의 부인이 만들어 올린 것이 그 누구도 처음 구경하는, 바로 이 소박한 음식이었다. 먹어 보니 얼근하고 싱싱하여 맛이 매우 뛰어났다. 그래서 임금이 "그 음식의 이름이 무엇이냐?" 하고 묻자 "이름이 없습니다. 평소에 우연히 무를 깍둑깍둑 썰어서 버무려 봤더니 맛이 그럴듯하기에 이번에 정성껏 만들어 맛보시도록 올리는 것입니다."라고 하였다. "그러면 깍두기라 부르면 되겠구나." 그 후 깍두기가 우리 음식의 한 자리를 차지하여 상에 자주 오르내리게 된 것이 그 유래라고 한다. 그 부인이야말로 참으로 우리 음식을 만들 줄 아는 솜씨 있는 부인이었다고 생각한다.

아마 다른 부인들은 산해진미, 희한하고 값진 재료를 구하기에 애쓰고 주방 주위에서 흔히 볼 수 있는 무·파·마늘은 거들떠보지도 아니했을 것이다. 갖은 양념, 갖은 고명을 쓰기에 애쓰고 소금·고춧가루는 무시했을지도 모른다. 그러나 재료는 가까운 데 있고 허름한 데 있었다. ㉠ 중국 음식의 모방이나 정통 궁중 음식을 본뜨거나 하여 음식을 만들기에 애썼으나 하나도 새로운 것은 없었을 것이다. 더욱이 궁중에 올릴 음식으로 그렇게 막되게 썬, 규범에 없는 음식을 만들려 들지는 아니했을 것이다. 썩둑썩둑 무를 썰면 곱게 채를 치거나 나박김치처럼 납작납작 예쁘게 썰거나 장아찌처럼 갈찍갈찍 썰지, 그렇게 꺽둑꺽둑 막 썰 수는 없다. 고춧가루도 적당히 치는 것이지, 그렇게 시뻘겋게 막 버무리는 것을 보면 질색을 했을 것이다. 그 점에 있어서 깍두기는 무법이요, 창의적인 대담한 파격이다.

① 중국 음식을 모방하고 정통 궁중 음식을 본뜨거나 하여
② 중국 음식을 모방하거나 정통 궁중 음식을 본뜨거나 하여
③ 중국 음식의 모방과 정통 궁중 음식을 본뜨거나 하여
④ 중국 음식의 모방이나 정통 궁중 음식을 본떠

20 다음 중 ㉠의 발상 및 표현과 가장 거리가 먼 것은?

나는 이제 너에게도 슬픔을 주겠다
㉠ 사랑보다 소중한 슬픔을 주겠다
겨울밤 거리에서 귤 몇 개 놓고
살아온 추위와 떨고 있는 할머니에게
귤값을 깎으면서 기뻐하던 너를 위하여
나는 슬픔의 평등한 얼굴을 보여 주겠다
내가 어둠 속에서 너를 부를 때
단 한 번도 평등하게 웃어 주질 않은
가마니에 덮인 동사자(凍死者)가 다시 얼어 죽을 때
가마니 한 장조차 덮어 주지 않은
무관심한 너의 사랑을 위해
흘릴 줄 모르는 너의 눈물을 위해
나는 이제 너에게도 기다림을 주겠다
이 세상에 내리던 함박눈을 멈추겠다
보리밭에 내리던 봄눈들을 데리고
추워 떠는 사람들의 슬픔에게 다녀와서
눈 그친 눈길을 너와 함께 걷겠다
슬픔의 힘에 대한 이야길 하며
기다림의 슬픔까지 걸어가겠다

– 정호승, 「슬픔이 기쁨에게」

① 내 마음은 호수요,
그대 노저어 오오.

– 김동명, 「내 마음은」

② 죽음은 이렇듯 미움보다도, 사랑보다도
더 너그러운 것이다.

– 구상, 「초토의 시」

③ 님이여, 당신은 의(義)가 무거웁고 황금(黃金)이 가벼운 것을 잘 아십니다.

– 한용운, 「찬송」

④ 향기로운 주검의 내도 풍기리
살아서 섧던 주검 죽었으매 이내 안 서럽고

– 박두진, 「묘지송」

21 다음 글의 설명 방식에 대한 설명으로 옳은 것은?

> 멕시코의 환경 운동가로 유명한 가브리엘 과드리는 1960년대 이후 중앙아메리카 숲의 25% 이상이 목초지 조성을 위해 벌채되었으며 1970년대 말에는 중앙아메리카 전체 농토의 2/3가 축산 단지로 점유되었다고 주장했다. 실제로 1987년 이후로도 멕시코에만 1,497만 3,900ha의 열대 우림이 파괴되었는데, 이렇게 중앙아메리카의 열대림을 희생하면서까지 생산된 소고기는 주로 유럽과 미국으로 수출되었다. 그렇지만 이 소고기들은 지방분이 적고 미국인의 입맛에 그다지 맞지 않아 대부분 햄버거의 재료로 사용되었다.

① 통계 수치를 활용하여 논거의 타당성을 높이고 있다.
② 예상되는 반론을 제기한 후 논거를 제시하고 있다.
③ 서로 상반된 주장에 대해 구체적인 근거를 제시하고 있다.
④ 전문 용어의 뜻을 쉽게 풀이하여 독자의 이해를 돕고 있다.

22 〈보기〉는 국어 단모음 체계의 변화를 보여 주고 있다. 〈보기〉에 대한 설명으로 적절하지 않은 것은?

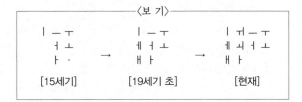

① 모음들이 연쇄적으로 조음 위치의 변화를 겪는 현상이 발견된다.
② 단모음의 개수는 점차 늘어난 것으로 보인다.
③ 모음 중에서 음소 자체가 소멸된 것이 있다.
④ 일부 이중모음의 단모음화가 발견된다.

23 〈보기〉의 ㉠~㉣에 대한 다음 설명 중 가장 적절하지 않은 것은?

〈보 기〉
㉠ 부엌+일 → [부엉닐]
㉡ 콧+날 → [콘날]
㉢ 앉+고 → [안꼬]
㉣ 훑+는 → [훌른]

① ㉠, ㉡: '맞+불 → [맏뿔]'에서처럼 음절 끝에 올 수 있는 자음이 제한되어 있기 때문에 일어난 음운 변동이 있다.
② ㉠, ㉡, ㉣: '있+니 → [인니]'에서처럼 인접하는 자음과 조음 방법이 같아진 음운 변동이 있다.
③ ㉢: '앓+고 → [알코]'에서처럼 자음이 축약된 음운변동이 있다.
④ ㉢, ㉣: '몫+도 → [목또]'에서처럼 음절 끝에 둘 이상의 자음이 오지 못하기 때문에 일어난 음운 변동이 있다.

24 다음 중 단어의 의미 관계가 '넉넉하다 : 푼푼하다'와 같은 것은?

① 출발 : 도착
② 늙다 : 젊다
③ 괭이잠 : 노루잠
④ 느슨하다 : 팽팽하다

25 다음 글에 대한 이해로 적절하지 않은 것은?

"워싱턴 : 1=링컨 : x (단, x는 1, 5, 16, 20 가운데 하나)"라는 유추 문제를 가정해 보자. 심리학자 스턴버그는 유추 문제의 해결 과정을 다음과 같이 제시하였다. 첫 번째, '부호화'는 유추 문제의 각 항들이 어떠한 의미인지 파악하는 과정이다. '워싱턴', '1', '링컨' 등의 단어가 무슨 뜻인지 이해하는 것이 부호화이다. 두 번째, '추리'는 앞의 두 항이 어떠한 연관성을 갖는지 규칙을 찾는 과정이다. 조지 워싱턴이 미국의 초대 대통령이라는 지식을 갖고 있는 사람이라면, '워싱턴'과 숫자 '1'로부터 연관성을 찾아낼 수 있을 것이다. 세 번째, '대응'은 유추의 근거 영역의 요소들과 대상 영역의 요소들을 연결하는 단계이다. '워싱턴'과 '링컨'을 연결하고, 숫자 '1'과 미지항 x를 연결하는 과정이 이에 해당한다. 네 번째, '적용'은 자신이 찾아낸 규칙을 대상 영역에 적용하는 과정이다. 조지 워싱턴이 미국의 초대 대통령이며 아브라함 링컨이 미국의 열여섯 번째 대통령임을 안다면, 적용의 단계에서 미지항 x의 답이 '16'이라고 생각할 것이다. 다섯 번째, '비교'는 자신이 찾아낸 미지항 x의 값과 다른 선택지들을 비교하는 과정이다. 만약 '16'을 답으로 찾은 사람에게 조지 워싱턴이 1달러 지폐의 인물이고 아브라함 링컨이 5달러 지폐의 인물이라는 정보가 있다면, 정답의 가능성이 있는 두 개의 선택지 사이에서 비교를 진행하게 될 것이다. 여섯 번째, '정당화'는 비교의 결과 더 적합하다고 생각되는 답을 선택하는 과정이며, 마지막으로 '반응'은 자신이 찾아낸 최종적인 결론을 말하거나 기록하는 과정이다.

① '워싱턴'이 미국의 도시 이름이라는 정보만 갖고 있는 사람이라면, '추리'의 단계에서 실패할 것이다.

② '링컨'이 몇 번째 대통령인지에 대한 정보와 미국의 화폐에 대한 정보가 없는 사람이라면, '대응'의 단계에서 실패할 것이다.

③ 미국의 화폐에 대한 정보는 갖고 있지만 미국 역대 대통령의 순서에 대한 정보가 없는 사람이라면, '적용'의 단계에서 '5'를 선택할 것이다.

④ 'x'에 들어갈 수 있는 답으로 '5'와 '16'을 찾아낸 사람이라면, 'x는 순서를 나타낸다'라는 새로운 기준을 제시했을 때 '정당화'의 단계에서 '16'을 선택할 것이다.

제2과목: 국가정보학

QR코드 접속을 통해 풀이시간 측정, 자동 채점
그리고 결과 분석까지!

01 다음 중 국가정보학의 연구에 대한 설명으로 옳은 것은?

① 역사적으로 수많은 정보공작에 대한 풍부한 기록이 있으므로 국가정보학은 연구할 자료가 풍부하다.

② 국가정보학은 자료는 풍부하지만 이 자료들을 연구하기 위해서는 고도의 분석과 실험이 필요하다.

③ 과거 정보기관에 대한 부정적 인식으로 인해 국가정보학 분야에는 학자들이 연구하기 꺼려했던 부분도 있다.

④ 난해한 자료와 고난도의 숙련기술을 요하는 연구방법으로 인해 국가정보학을 연구하는 학자들은 매우 소수에 불과하다.

02 다음 중 대한민국의 정보기관에 대한 설명으로 옳은 것은?

① 국군방첩사령부는 국방정보본부의 소속이다.

② 사이버작전사령부는 북한의 사이버 공격에 대응하기 위한 목적으로 설립되었다.

③ 한국정보보호진흥원(KISA)은 대한민국의 정보보호 전문 연구기관으로 2000년에 설립되었다.

④ 국군정보사령부의 기원은 육군 첩보부대(HID)이다.

03 테러의 원인은 사상적, 환경적, 심리적 원인으로 나눌 수 있다. 다음 중 심리적 원인에 해당하는 것을 모두 고른 것은?

> ㉠ 비인간화의 욕구
> ㉡ 불평등 해소를 위한 폭력사상
> ㉢ 정치적 부패와 정치참여의 박탈
> ㉣ 종족 간의 갈등이나 민족주의
> ㉤ 어린 시절의 심한 좌절

① ㉠, ㉢   ② ㉠, ㉤

③ ㉡, ㉣   ④ ㉢, ㉤

04 다음 중 정보의 순환과정에 대한 내용으로 옳지 않은 것은?

① 정보순환은 연속적으로 이루어지며 전 단계가 동시에 진행될 수 있다.

② 정보생산단계는 학문적 성격이 가장 많이 요구되는 단계로서, '선택 → 기록 → 평가 → 분석 → 종합 → 해석'의 소순환 과정을 거친다.

③ 정보배포의 원칙 중 필요성이란, 정보는 반드시 알 사람에게만 알려야 한다는 것이다.

④ 첩보수집단계에서는 '출처의 개척 → 첩보수집계획 → 첩보의 수집 → 첩보의 획득 → 첩보의 전달'의 소순환 과정을 거친다.

05 다음 중 통합형 정보기관의 장단점에 대한 설명으로 옳지 않은 것은?

① 정보독점과 권력남용의 가능성이 있다.

② 국내정보업무에 치우쳐 해외정보업무가 위축될 가능성이 크다.

③ 초국가적 안보위협 요소에 신속하고 효과적인 대처가 가능하다.

④ 조직 내부의 경쟁이 강화되어 효율성이 높아진다.

06 사이버테러에 대한 설명으로 옳은 것은?

① 정상적인 프로그램에 악성코드를 삽입하여 프로그램을 실행하면 악성코드가 함께 실행되어 컴퓨터를 해킹하는 방법을 트로이목마(Trojan Horse)라고 한다.

② 컴퓨터의 패스워드나 보안장치 기능을 상실시켜 컴퓨터에 접근하는 방법을 패킷 스니퍼링(Packet Sniffering)이라고 한다.

③ 특정 시스템에 과부하를 일으켜 사용자가 정보시스템을 사용하는 것을 방해하는 방법을 비동기성 공격(Asynchronous Attacks)이라고 한다.

④ 처음부터 중간에 내용을 볼 수 있는 부정 루틴을 삽입하여 컴퓨터의 정비나 유지보수를 핑계 삼아 컴퓨터 내부의 자료를 빼내어 가는 방법을 논리폭탄이라고 한다.

07 다음 중 국민이 정보공개청구를 할 수 있는 법률적 근거가 되는 법령은?

① 「공공기관의 운영에 관한 법률」

② 「공공기관의 정보공개에 관한 법률」

③ 「국가의 비밀정보공개에 관한 법률」

④ 「민간에 대한 정보공개 규제에 관한 법률」

08 정보생산자에 대한 설명으로 옳은 것은?

① 정보생산자들은 대체적으로 변화를 좋아한다.

② 정보생산자들은 타 부서와 협력하기를 좋아하는 경향이 있다.

③ 정보생산자들은 비슷한 분석업무를 계속하면 비판적 사고를 잃기 쉽기 때문에 일정기간이 지나면 순환근무를 하는 것이 좋다.

④ 정보생산자는 정보소비자가 될 수 없다.

09 〈보기〉의 ㉠에 들어갈 정보기구에 대한 설명으로 옳은 것은?

---〈보 기〉---
'에임스 사건'은 1950년대 후반부터 40년 가까이 (㉠)에서 근무했던 에임스가 (㉠)의 첩보망과 공작내용들을 구(舊) 소련 KGB에 팔아넘긴 사건이다. 이로 말미암아 (㉠)의 존립 자체가 위기에 놓이며 에임스는 미국은 물론, 서방세계에 엄청난 위협을 주었던 스파이로 이름을 남기게 된다.
---

① 독자적인 감옥을 운영하고 있으며 국내의 범죄와 마약 밀매 등 조직범죄 수사에 관한 업무를 담당한다.
② 국영 통신사이고, 국가안전부 등 정보기관 요원들의 해외파견 때 신분을 위장하는 수단으로 사용되기도 한다.
③ 국가안보를 위해 여러 행정기관의 정보활동에 협조하며, 국내에서는 비밀공작활동을 수행할 수 없다.
④ 내무부 소속으로 연방 또는 각 주의 존립과 안전에 반하는 기도, 연방 및 각 주의 헌법기관들의 업무수행을 침해하려는 시도에 대응한다.

10 다음 중 산업기술에 해당하지 않는 것은?

① 「산업발전법」에 따른 첨단기술
② 「조세특례제한법」에 따른 고도기술
③ 「전력기술관리법」에 따른 전력기술
④ 「산업기술혁신 촉진법」에 따른 신기술

11 다음 중 미래 사회에서는 이데올로기의 중요성이 사라질 것이라는 주장을 담은 『이데올로기의 종언』을 저술한 학자는?

① 셔먼 켄트
② 포랫
③ 앨빈 토플러
④ 다니엘 벨

12 다음 중 테러단체인 헤즈볼라(Hezbollah)에 대한 설명으로 옳은 것은?

① 아프가니스탄과 이란에 있는 이슬람 무장단체로 '성전을 행하는 전사'라는 뜻이다.
② 오사마 빈 라덴이 설립한 이슬람 무장단체로 '미국과의 성전'이라는 이름으로 중동 및 세계 주요국가에 테러공격을 감행하고 있다.
③ 레바논에서 조직된 시아파 과격단체로 이스라엘 가자지구 등에서 무장활동을 하고 있으며, 시리아와 이란이 배후지원을 하고 있는 것으로 확인되었다.
④ 팔레스타인 무장단체로 '이슬람 저항운동'이라는 아랍어의 첫 글자를 따왔고, 팔레스타인 총선을 통해 의회에 진출하였다.

13 ㉠에 들어갈 마약류에 대한 설명으로 옳은 것은?

> (㉠)은/는 무색, 무취의 분말 또는 정제 형태의 속효성 중추신경 억제제로 국내에서는 음료수에 타서 복용하는 물같은 히로뽕이라는 뜻으로 일명 물뽕이라 불린다.

① 중국에서는 야오토우환(搖斗丸), 베트남에서는 투오락, 미국에서는 아담으로 불리며, 국내에서는 메스암페타민보다 가격은 저렴하면서 환각작용은 3배나 강한 신종마약으로 알려져 있다.
② 미국, 캐나다, 유럽 등지에서는 성범죄에 악용되는 경우가 많아 데이트 강간 약물(Date Rape Drug)이라고도 하며, 2001년 한국에서도 마약류로 규정되었다.
③ 1806년 독일 약학자 제어튀르너가 최초로 분리에 성공하여 그리스 신화에 나오는 꿈의 신 '모르페우스'의 이름을 땄다.
④ 양귀비 앵속의 설익은 열매 꼬투리에 흠집을 내어 흘러나오는 우유빛 수액을 3~4회 채취한 후 자연 상태에서 하룻밤 정도 건조하여 생성되는 형태의 덩어리이다.

14 다음 중 대한민국이 보유한 전자전 무기가 아닌 것은?

① TRC-274
② SONATA
③ KNTDS
④ ALQ-200K

15 다음 중 국가안보를 위한 통신제한조치의 요건을 바르게 연결한 것은?

① 통신의 쌍방당사자가 내국인인 경우 – 고등법원 수석부장판사의 허가
② 통신의 일방당사자가 내국인인 경우 – 대통령의 허가
③ 대한민국에 적대하는 국가의 구성원인 경우 – 고등법원 수석부장판사의 허가
④ 반국가활동의 혐의가 있는 외국의 기관·단체와 외국인인 경우 – 고등검찰청 검사장의 허가

16 〈보기〉의 설명에 해당하는 정보생산 단계는?

> ──〈보 기〉──
> • 재평가과정으로도 불리며 평가된 첩보를 요소별로 분류하는 단계이다.
> • 평가단계에서 엄선한 첩보들을 가지고 논리적 타당성을 검증하는 단계이다.

① 선택
② 기록
③ 분석
④ 종합

17 다음 중 북한의 정보기구에 대한 설명으로 옳지 않은 것은?

① 북한은 2009년 당과 군의 대남 · 해외정보기관을 통합하여 정찰총국으로 재편성하였다.

② 북한은 1951년 강동 정치학원을 노동당 연락부 산하의 금강 정치학원으로 개칭하였고, 이것을 모체로 북한정보기관이 발전하였다.

③ 국가보위성은 2016년 국방위원회에서 국무위원회 소속으로 개편되었다.

④ 대남 · 해외정보활동을 통합적으로 수행하는 정찰총국은 김정은의 신속한 정권 장악을 목적으로 국무위원회에 편입되었다.

18 다음 〈보기〉 중 실패한 준군사공작의 사례를 모두 고른 것은?

─────〈보 기〉─────
㉠ 미국 CIA의 앙골라 군사적 개입
㉡ 소비에트 연방의 아프간 대통령궁 침공작전
㉢ 80년대 구소련의 아프간 반군에 대한 지원공작
㉣ 미국 CIA의 과테말라 구즈만 정권 전복
㉤ 미국 CIA의 인도네시아 수카르노 정권 전복
㉥ 미국의 피그만 침공 사건

① ㉠, ㉡, ㉤

② ㉡, ㉢, ㉥

③ ㉢, ㉤, ㉥

④ ㉢, ㉣, ㉥

19 다음 중 「보안업무규정」상 신원조사를 실시하는 목적으로 옳은 것을 모두 고른 것은?

┌─────────────────────────┐
│ ㉠ 신뢰성   ㉡ 충성심   │
│ ㉢ 대적관   ㉣ 성실성   │
└─────────────────────────┘

① ㉠

② ㉠, ㉡

③ ㉡, ㉢

④ ㉠, ㉢, ㉣

20 다음 중 정보의 수집방법에 대한 설명으로 옳지 않은 것은?

① 인간정보(HUMINT): 인간출처로부터 획득된 정보를 의미하며, 정확한 확인이 어려워 정보의 신뢰성 확보에 어려움이 있다.

② 기술정보(TECHINT): 기술적 수단에 의해 첩보를 수집하는 활동으로, 단기간 내 수집목표 접근이 가능하다.

③ 공개출처정보(OSINT): TV, 라디오, 인터넷, 신문 등 미디어를 통한 공개정보도 많이 증가했다.

④ 공개출처정보(OSINT): 정부기관에서 검토 중인 보고서도 공개출처정보에 해당한다.

21 비밀공작에 대한 설명으로 옳지 않은 것은?

① 선전공작활동은 계획한 심리적 감정을 자극하여 자기 측에 주장이나 지식 등을 전파하는 활동이기 때문에 출처의 은폐가 용이하고 효과가 광범위하다는 장점이 있다.

② 전복공작활동과 준군사공작활동은 군사적 무력을 통해 즉각적인 효과를 기대할 수 있지만 노출위험성이 높다는 단점이 있다.

③ 정치공작활동은 노출될 경우 공작 대상국에 대한 내정간섭이라는 이유로 외교마찰의 가능성이 높다.

④ 경제공작활동은 세금인상, 금리인상 등 다양한 기만수단을 활용하지만 효과가 낮아 현대에는 많이 활용되지 않는다.

22 다음 중 ㉠~㉢에 알맞은 단어를 옳게 나열한 것은?

- (㉠): 목적성을 가지고 의도적으로 수집된 사실을 말하며, 신문기사나 방송뉴스 등이 이에 해당한다.
- (㉡): 정책적 목적을 가지고 분석·평가되어 가공된 지식을 말하며, 국가정보판단보고서나 대통령일일보고서 등이 이에 해당한다.
- (㉢): 특정목적에 의해 평가·가공되지 않은 단순 사실을 말하며, 역사적 사실이나 각종 자료 및 신호 등이 있다.

	㉠	㉡	㉢
①	자료	첩보	정보
②	자료	정보	첩보
③	첩보	정보	자료
④	첩보	자료	정보

23 〈보기〉는 다음의 정보분석관의 오류 중 무엇에 해당하는가?

─〈보 기〉─
미국이 온건파와 강경파로 나누어져 있어 미국이 소련을 분석할 때 소련도 온건파와 강경파로 나누어져 있을 것이라고 분석하였는데, 실제로 소련은 강경파와 초강경파로 나누어져 있었다.

① 사고경직의 오류
② 성급한 일반화의 오류
③ 과신주의의 오류
④ 경상이미지의 오류

24 다음 중 통신정보(COMINT)에 대한 설명으로 옳은 것은?

① 유선통신은 중간에 선을 절단하여 도청이 가능하기 때문에 되도록 무선통신을 해야 한다.

② 무선텔렉스는 국가 간 통신위성 이용으로 도청이 불가능하다.

③ 유선은 가능한 한 지하매설이나 광케이블을 사용해야 한다.

④ 데이터 통신은 전산요원을 거치지 않고 전송하기 때문에 전산요원의 보안의식과는 관계없다.

25 다음 중 ㉠에 들어갈 인물로 옳은 것은?

> (㉠)은/는 동독 비밀경찰조직 슈타지 소속 정보 요원으로 1956년 서독 정계에 침투하라는 밀명을 받고 서독으로 건너가 빌리 블란트 총리 비서까지 오르며 서독의 중요 정보를 동독에 넘겨오다 1974년 4월 체포되었다. 이 사건으로 빌리 블란트 서독 총리는 사임하게 된다. 이 사건은 독일 역사상 가장 충격적인 스파이 사건 중 하나였다. 동독 스파이가 서독 정치권력의 핵심부에 침투해 최고 권력자의 공적·사적 비밀을 손쉽게 입수하였다는 사실은 당시 서독 국민에게 엄청난 충격이었고 오늘날에도 세계 스파이 사건 중 가장 대표적인 사례로 자주 회자되고 있다.

① 제프리 들라일
② 권터 귀욤
③ 안나 채프만
④ 시노하라

제3과목: 정보사회론

QR코드 접속을 통해 풀이시간 측정, 자동 채점
그리고 결과 분석까지!

01 4차 산업혁명에 대한 설명으로 옳지 않은 것은?

① 정보통신기술(ICT)의 융합으로 이뤄지는 차세대 산업혁명으로, '초연결', '초지능', '초융합'으로 대표된다.

② 디지털, 바이오, 물리학 사이의 모든 경계를 허무는 융합 기술혁명이다.

③ 인공지능(AI)과 빅데이터 결합 · 연계를 통해 기술과 산업 구조의 초지능화가 강화된다.

④ 국가의 규모에 관계 없이 전 세계적으로 진행되고 있다.

02 다음 중 「개인정보 보호법」상 개인정보보호 원칙에 대한 설명으로 옳지 않은 것은?

① 개인정보처리자는 개인정보의 처리 목적을 명확하게 하여야 하고 그 목적에 필요한 범위에서 최소한의 개인정보만을 적법하고 정당하게 수집하여야 한다.

② 개인정보처리자는 개인정보의 처리 목적에 필요한 범위에서 개인정보의 정확성, 완전성 및 최신성이 보장되도록 하여야 한다.

③ 개인정보처리자는 개인정보를 익명 또는 가명으로 처리하여도 개인정보 수집목적을 달성할 수 있는 경우 익명처리가 가능한 경우에는 익명에 의하며, 익명처리로 목적을 달성할 수 없는 경우에도 마찬가지이다.

④ 개인정보처리자는 개인정보 처리방침 등 개인정보의 처리에 관한 사항을 공개하여야 하며, 열람청구권 등 정보주체의 권리를 보장하여야 한다.

03 네트워크의 가치는 노드(네트워크에서 연결 포인트)의 수가 n이라고 했을 때 2n에 비례하는 법칙으로 옳은 것은?

① 사르노프의 법칙

② 무어의 법칙

③ 메트칼프의 법칙

④ 리드의 법칙

04 다음에서 설명하는 보안공격방법은?

> 공격자는 여러 대의 좀비 컴퓨터를 분산 배치하여 가상의 접속자를 만든 후 처리할 수 없을 정도로 매우 많은 양의 패킷을 동시에 발생시켜 시스템을 공격한다. 공격받은 컴퓨터는 사용자가 정상적으로 접속할 수 없다.

① 키로거(Key Logger)

② DDoS(Distributed Denial of Service)

③ XSS(Cross Site Scripting)

④ 스파이웨어(Spyware)

05 정보사회론의 학자가 주장한 내용으로 옳지 않은 것은?

① 프리츠 매클럽(Fritz Machlup): 미국의 산업에서 정보 분야가 차지하는 비율을 통계적으로 측정했다.

② 다니엘 벨(Daniel Bell): 산업사회에서 탈산업사회로 이동하고 있다고 분석했다.

③ 앨빈 토플러(Alvin Toffler): 정보혁명이 과거와 질적으로 다른 새로운 현상이라고 강조했다.

④ 조지 길더(George Gilder): '물질 폐기론'을 주장했다.

06 다음 중 비콘에 대한 설명으로 옳지 않은 것은?

① 블루투스 4.0 프로토콜 기반의 근거리 무선통신 장치로, 반경 50~70m 범위 안에 있는 사용자의 위치를 찾아 메시지 전송, 모바일 결제 등을 가능하게 하는 기술이다.

② 비콘 단말기는 고전력 블루투스(BHE)를 이용해 주기적으로 주변에 신호를 보내고, 도달거리 내의 사용자에게 특정 ID값을 보낸다.

③ 비콘은 실내로 들어서면 전파가 차단되어 위치를 알 수 없는 GPS와 달리 실내로 들어서도 위치 파악이 가능하다.

④ 비콘의 한계를 극복하기 위해 고주파와 초음파 방식 그리고 이를 결합한 하이브리드 방식이 시도되고 있다.

07 OECD가 권고하는 프라이버시 원칙 중 개인정보는 사용하려는 처리 목적 내에서 정확성, 완전성, 최신성을 보장해야 한다는 원칙으로 옳은 것은?

① 수집제한의 원칙
② 정보 정확성의 원칙
③ 목적 명확성의 원칙
④ 이용제한의 원칙

08 다음 중 매체에 따른 디지털 포렌식의 분류에 해당하지 않는 것은?

① 디스크 포렌식
② 시스템 포렌식
③ 웹 포렌식
④ 네트워크 포렌식

09 허버트 스펜서(Herbert Spencer)의 진화론 중 산업형 사회에 대한 설명으로 옳지 않은 것은?

① 개인의 자유에 의해 행동하고 자발적 협동과 계약적 관계가 이루어진 사회

② 개인의 창의성에 기초하는 사회

③ 강제적 협동과 정부의 의지에 의해 지배되는 사회

④ 개인 스스로가 자제하는 분권화된 규제 장치가 마련된 사회

10 LTE(Long-Term Evolution) 표준에 대한 설명으로 옳은 것만을 모두 고른 것은?

> ㉠ 다중입력 다중출력(MIMO) 안테나 기술을 사용한다.
> ㉡ 4G 무선기술로서 IEEE 802.16 표준으로도 불린다.
> ㉢ 음성 및 데이터 네트워크를 통합한 All-IP 네트워크 구조이다.
> ㉣ 다운스트림에 주파수 분할 멀티플렉싱과 시간 분할 멀티플렉싱을 결합한 방식을 사용한다.

① ㉠, ㉢   ② ㉡, ㉣
③ ㉠, ㉡, ㉢   ④ ㉠, ㉢, ㉣

11 〈보기〉와 관련된 법률로 옳은 것은?

> ─〈보 기〉─
> 2011년 제정된 법률로 개인정보의 처리 원칙과 국민의 피해구제를 위한 목적으로 추진되었다. 개인정보의 수집, 이용과 제공, 파기 등에 관한 규정이 포함되어 있다.

① 「통신비밀보호법」
② 「지능정보화 기본법」
③ 「개인정보 보호법」
④ 「정보통신기반 보호법」

12 ㉠, ㉡에서 설명하는 악성 프로그램의 용어를 옳게 나열한 것은?

> ㉠ 사용자 컴퓨터의 데이터를 암호화시켜 파일을 사용할 수 없도록 한 후 암호화를 풀어주는 대가로 금전을 요구하는 악성 프로그램
> ㉡ '○○○초대장' 등의 내용을 담은 문자 메시지 내에 링크된 인터넷 주소를 클릭하면 악성 코드가 설치되어 사용자의 정보를 빼가거나 소액결제를 진행하는 악성 프로그램

	㉠	㉡
①	스파이웨어	트로이목마
②	랜섬웨어	파밍(Pharming)
③	스파이웨어	피싱(Phishing)
④	랜섬웨어	스미싱(Smishing)

13 다음 용어에 대한 설명 중 옳지 않은 것은?

① 인터넷우체국은 정보통신 설비를 이용하여 거래할 수 있도록 설정한 가상의 영업장이다.
② 소셜 러닝(Social Learning)은 소셜 네트워크를 통해 교류하면서 진행되는 학습이다.
③ 전자정부(e-Government)는 시민사회에서 최초로 대두된 개념을 확장한 것이다.
④ 더치트(www.thecheat.co.kr)는 인터넷 사기 피해 정보를 공유할 수 있는 사이트이다.

14 정보의 접근과 이용이 각 개인마다 다르게 적용되는 정보 불평등 현상을 뜻하는 용어로 옳은 것은?

① 정보 과잉
② 사생활 침해
③ 정보 격차
④ 비인간화

15 전자상거래 관련 기술 중 고객의 요구에 맞춰 자재 조달에서부터 생산, 판매, 유통에 이르기까지 공급사슬 전체의 기능통합과 최적화를 지향하는 정보시스템은?

① ERP(Enterprise Resource Planning)
② EDI(Electronic Data Interchange)
③ SCM(Supply Chain Management)
④ KMS(Knowledge Management System)

16 뉴미디어의 재매개화의 특성에 대한 설명으로 옳지 않은 것은?

① 차용: 올드미디어와의 관계를 감추고 사용자에게 매개되지 않은 듯한 경험을 제공하는 것
② 재현: 올드미디어의 특성을 그대로 반영하여 올드미디어의 형태가 복원되어 나타나는 것
③ 확장: 올드미디어의 특성을 숨기기보다는 진보된 형태로 올드미디어와의 차이를 강조하며 사용하는 것
④ 개조: 하나의 미디어 장르에서 올드미디어의 형식을 차용하여 동일하게 나타나는 것

17 디지털 공간에서 개인적이고 주관적인 이야기를 자기만의 표현방식으로 이야기하는 사람을 뜻하는 용어로 옳은 것은?

① 호모 루덴스
② 호모 이코노미쿠스
③ 호모 나랜스
④ 호모 모벤스

18 다음 중 정보의 특성에 대한 설명으로 옳지 않은 것은?

① 비소모성 – 정보는 반복해서 사용해도 사라지지 않는다.

② 비분할성 – 여러 사람들에게 분할되지 않고 있는 그대로 정보는 집합되어 있는 그대로 사용된다.

③ 누적가치성 – 축적성과 유사한 의미를 가지며 정보가 누적될수록 그 가치나 의미가 풍부해진다.

④ 매체의존성 – 정보는 전달되는 매체에 의존한다.

19 〈보기〉의 밑줄 친 '이것'에 해당하는 용어는?

┌─────〈보 기〉─────┐
- 이것은 네트워크에 서버를 두고 데이터를 저장하거나 관리하는 서비스이다.
- 이것을 이용하면 서버에 저장한 데이터를 언제 어디서나 다운받을 수 있어 시공간의 제약 없이 원하는 일을 할 수 있다.
└──────────────────┘

① 스풀(Spool)

② 디버깅(Debugging)

③ 클라우드 컴퓨팅(Cloud Computing)

④ 멀티태스킹(Multitasking)

20 다음 중 정보의 정의와 학자의 연결이 옳지 않은 것은?

① 스토니어(Stonier) – 정보의 양은 비트(Bit)로 측정이 가능하며 불확실성을 감소시키는 모든 것이다.

② 브루킹(Brooking) – 정보는 특정 상황이나 문제를 묘사하기 위해 조직화 된 사실이나 데이터로 구성된다.

③ 토플러(Toffler) – 정보는 아무리 이용해도 소모되지 않는다.

④ 해링턴(Harrington) – 정보는 의사결정자의 행동 선택에 도움을 줄 때 효율성을 지닌다.

21 다음 중 IPv6에 대한 설명으로 옳지 않은 것은?

① IPv4의 단점을 개선하기 위해 개발되었다.

② 16비트씩 8부분, 총 128비트로 구성되어 있다.

③ IP주소의 길이가 짧아졌다.

④ 데이터 무결성을 가지며 비밀이 보장된다.

22 다음 중 디지털 포렌식의 절차로 옳은 것은?

┌──────────────────────────┐
| ㉠ 포장 및 이송   ㉡ 사전 준비 |
| ㉢ 정밀 검토   ㉣ 증거 수집 |
| ㉤ 조사 분석   ㉥ 보고서 작성 |
└──────────────────────────┘

① ㉣ → ㉡ → ㉢ → ㉤ → ㉠ → ㉥

② ㉡ → ㉣ → ㉤ → ㉠ → ㉢ → ㉥

③ ㉡ → ㉣ → ㉠ → ㉤ → ㉢ → ㉥

④ ㉠ → ㉡ → ㉤ → ㉢ → ㉣ → ㉥

23 전자상거래의 장단점으로 옳지 않은 것은?

① 신뢰성 높은 정보제공으로 시간을 절약할 수 있다.

② 상품의 비교 선택이 용이하다.

③ 시간 제약 없이 자유롭게 이용할 수 있다.

④ 개인정보 유출에 대한 불안감이 상존한다.

24 다음 중 데이터 스모그(Data Smog) 13법칙에 대한 설명으로 옳지 않은 것은?

① 정보 포화 상태에서 사람들은 어떤 정보를 골라야 하는지 우왕좌왕하는 상황에 이른 것이다.

② 실리콘 회로의 발전은 정보의 양을 급격히 늘려서 인간은 많은 정보를 받아들이도록 기억력이 발달한다.

③ 많은 사람들이 자신의 관심 분야에 대한 정보만 탐닉하고, 그 틀 내에서 사람들과 소통하려고 한다.

④ 정치적인 쟁점에 대한 다양한 계층의 사람들의 의견이 오히려 정부를 혼란스럽게 한다.

25 정보의 활용능력을 뜻하는 용어로 옳은 것은?

① 정보 리터러시

② 디지털 리터러시

③ 미디어 리터러시

④ 사이버 리터러시

군무원 정보직 FINAL 실전 봉투모의고사

7급 심리학 모의고사

정보직

제1과목	국어	제2과목	국가정보학
제3과목	정보사회론	제4과목	심리학

응시번호		성 명	

〈 안내 사항 〉

1. 답안지의 모든 기재 및 표기사항은 반드시 『컴퓨터용 흑색사인펜』으로만 작성하여야 합니다.
   (사인펜에 "컴퓨터용"으로 표시되어 있음) (사인펜 본인 지참)
   * 매년 지정된 펜을 사용하지 않아 답안지가 무효처리 되는 상황이 빈발하고 있으므로, 답안지
   는 반드시 『컴퓨터용 흑색사인펜』으로만 표기하시기 바랍니다.

2. 답안은 매 문항마다 반드시 하나의 답만 골라 그 숫자에 "●"로 표기해야 하며, 표기한 내용은 수정
   테이프를 이용하여 정정할 수 있습니다. 단, 시험시행본부에서 수정테이프를 제공하지 않습니다.
   (표기한 부분을 긁는 경우 오답처리 될 수 있으며, 수정스티커 또는 수정액은 사용 불가)
   * 답안지는 훼손·오염되거나 구겨지지 않도록 주의해야 하며, 특히 답안지 상단의 타이밍마크
   (❙ ❙ ❙ ❙ ❙)를 절대로 훼손해서는 안 됩니다.

3. 필기시험 문제 관련 의견제시 기간 : 시험 당일을 포함한 5일간
   * 국방부 군무원채용관리홈페이지(http://recruit.mnd.go.kr) - 시험안내 - 시험묻고답하기

7급 심리학 모의고사

QR코드 접속을 통해 풀이시간 측정, 자동 채점 그리고 결과 분석까지!

제1회 모의고사

01 다음 중 스키너(Skinner)의 조작적 조건형성 원리가 적용되지 않는 학습은?

① 미신 행동의 학습

② 도박 행동의 학습

③ 잠재적 행동의 학습

④ 부적응 행동 수정

02 시냅스에 대한 설명으로 옳지 않은 것은?

① 뉴런과 뉴런의 연결 부위(접합부)를 말한다.

② 시냅스에서 신경전달물질에 의한 정보전달 방식을 화학적 전달이라고 한다.

③ 시냅스의 수는 성인기에 가장 크게 증가한다.

④ 전두엽에서 사용되지 않는 시냅스가 계속해서 제거된다.

03 다음 〈보기〉의 반응 중 자신의 의지와 관계없이 일어나는 행동을 모두 고른 것은?

〈보 기〉

㉠ 바람에 날린 꽃가루가 콧속으로 들어가서 재채기를 했다.

㉡ 먹음직스럽게 잘려진 피자를 먹을 때 입안에 침이 고였다.

㉢ 발등에 파리가 앉아 있어서 손을 뻗어 쫓았다.

㉣ 매운 고추를 먹었더니 눈물이 나왔다.

㉤ 뜨거운 냄비에 손을 대자마자 움츠렸다.

① ㉠, ㉡, ㉢, ㉣, ㉤

② ㉡, ㉣

③ ㉠, ㉢, ㉤

④ ㉠, ㉡, ㉣, ㉤

04 다음 〈보기〉에 해당하는 학자로 옳은 것은?

〈보 기〉

오늘날 IQ와 같은 형태의 지능검사를 최초로 개발하였으며, 정신연령이라는 개념을 처음으로 도입하여 정신과 의사 시몽과 함께 학습부진아를 진단하기 위한 검사를 제작하였다.

① 고다드

② 비네

③ 스피어만

④ 터먼

05 다음 중 매슬로우(A. Maslow)가 제안한 욕구 위계의 5단계 중 세 번째 단계의 욕구를 충족시키려고 하는 사람은?

① A는 홍수로 집이 잠기는 재난으로 인해 현재 생활하고 있는 대피소로부터 하루빨리 벗어나고자 한다.
② B는 남이 나에게 원하는 것이 아닌 진정으로 본인이 원하는 것을 하기 위해 자신의 잠재력이 무엇인지를 탐색하고 있다.
③ C는 가족이 자랑스러워하는 사람이 되고 싶어 이번 테니스대회에서 좋은 성적을 거두고자 한다.
④ D는 선배로부터 환영받는 회원이 되고 싶어 새로 가입한 동아리 활동에 열심이다.

06 다음 〈보기〉의 사례에서 사용된 강화계획을 옳게 나열한 것은?

───〈보 기〉───
㉠ K 교사는 3시간의 자율학습을 하는 동안 50분 간격으로 10분간 휴식시간을 준다.
㉡ L 교사는 3시간의 자율학습을 하는 동안 임의로 3회의 10분간 휴식시간을 준다.

	㉠	㉡
①	고정간격 강화계획	고정비율 강화계획
②	고정비율 강화계획	고정간격 강화계획
③	고정간격 강화계획	변동간격 강화계획
④	고정비율 강화계획	변동비율 강화계획

07 다음 중 스키너(B. F. Skinner)의 행동주의 학습과 반두라(A. Bandura)의 사회인지학습의 공통점에 해당하지 않는 것은?

① 강화와 처벌의 개념을 받아들인다.
② 학습의 요인으로 경험의 중요성을 인정한다.
③ 신념과 기대가 행동의 변화를 가져온다고 본다.
④ 행동을 촉진하기 위해서는 피드백이 중요하다고 본다.

08 다음 〈보기〉의 ( )에 들어갈 증상으로 옳은 것은?

───〈보 기〉───
( )의 증상에는 좌우 시야에 각각 다른 물건을 보여주고 오른쪽 시야에 어떤 물건이 있었는지 물어본 후 해당 물건을 왼손으로 잡으라고 말했을 때 그 결과에 괴리가 생기는 것이 있다.

① 뇌량 절단
② 두정엽 손상
③ 브로카 언어 증후군
④ 전두엽 손상

09 다음 ㉠, ㉡에 해당하는 사고(Thinking)의 경향성을 옳게 연결한 것은?

㉠ 새 차를 하나 구입하기로 했다. 구입하기 전에 자신이 염두에 두고 있던 자동차 모델에 대한 것부터 알아보기로 하고 인터넷을 검색하면서 그 모델에 대해 긍정적으로 평가한 댓글들을 주로 찾아보았다.
㉡ 생각해 보니 내 주위에는 그룹 'CTS' 팬들이 '고무신' 팬들보다 훨씬 많다. 그러므로 투표로 진행되는 연말 가요 대상에서 그룹 'CTS'가 수상할 가능성이 높다.

① ㉠: 가용성 휴리스틱(Availability Heuristic)
　 ㉡: 확증편향(Confirmation Bias)
② ㉠: 확증편향(Confirmation Bias)
　 ㉡: 가용성 휴리스틱(Availability Heuristic)
③ ㉠: 후견편향(Hindsight Bias)
　 ㉡: 가용성 휴리스틱(Availability Heuristic)
④ ㉠: 확증편향(Confirmation Bias)
　 ㉡: 후견편향(Hindsight Bias)

10 다음 사례에서 A가 친구에게 사용한 설득 기법으로 옳은 것은?

> 공기 청정기 회사의 영업 사원 A는 친구에게 자신이 이 일을 시작한 지 얼마 되지 않아 아직 많이 팔지 못 해 힘들다고 호소하면서 아주 값비싼 공기 청정기의 구매를 부탁한다. 친구가 부담스러워하며 거절하자 영업 사원 A는 그보다 훨씬 값이 싼 다른 공기 청정기를 보여주면서 구매를 요청하자 친구는 이를 구매한다.

① 아부하기 기법(Ingratiation Technique)
② 면전에서 문 닫기 기법(Door-in-the-face Technique)
③ 문 안에 발 넣기 기법(Foot-in-the-door Technique)
④ 낮은 공 기법(Low Ball Technique)

11 다음 중 1세 전후 영아들의 애착유형에 대한 설명으로 옳지 않은 것은?

① 이 시기 영아들의 애착의 질을 측정하기 위해 주로 '낯선 상황' 절차를 이용한다.
② 저항애착은 분리 후 돌아온 어머니에게 접근과 회피의 양가적인 감정반응을 보인다.
③ 회피애착은 어머니와의 분리 후 심하게 불안해하고 낯선 사람과의 관계형성을 두려워한다.
④ 안정애착은 분리 후 돌아온 어머니를 따뜻하게 맞이하고 신체적 접촉을 구하며 쉽게 달래진다.

12 다음 중 피아제의 인지발달단계에 대한 설명으로 옳지 않은 것은?

① 감각운동기: 자신과 외부 대상을 구분하지 못한다.
② 구체적 조작기: 구체적 사물을 중심으로 한 이론적 · 논리적 사고가 발달한다.
③ 형식적 조작기: 추상적인 사고가 발달한다.
④ 전조작기: 자아중심과 비가역성을 극복한다.

13 다음 중 성격이론에 대한 학자의 주장으로 옳지 않은 것은?

① 로저스: 현실에 대한 주관적 해석 및 인간의 자아실현과 성장을 위한 욕구를 강조하였다.
② 프로이트: 본능적 측면을 지나치게 강조하여 사회 · 환경적 요인을 상대적으로 경시하였다.
③ 카텔: 특성을 표면특성과 근원특성으로 구분하고 자료의 통계분석에 따라 16개의 근원특성을 제시하였다.
④ 올포트: 성격은 과거의 경험에 의해 학습된 행동성향으로, 상황에 따라 행동성향도 변화한다.

14 다음 중 상관계수에 대한 설명으로 옳지 않은 것은?

① 상관연구는 실험연구에 비해 인과관계를 분명하게 설명하지 못한다.
② 상관계수는 두 개의 변인이 서로 어느 정도 관련되어 있는지를 나타내는 추정치이다.
③ +1이 가장 강한 상관계수, 0이 중간, -1이 가장 약한 상관계수를 의미한다.
④ 통제된 실험법에 의해서 연구가 될 수 없는 경우에 사용하는 연구방법이다.

15 다음 중 〈보기〉에서 설명하는 귀인 오류의 유형으로 옳은 것은?

───〈보 기〉───
어떠한 사건의 결과를 알게 되면, 마치 일어날 사건이 처음부터 어떠한 것인지 알고 있었던 것처럼 느끼게 되는 것으로, 어떤 결과를 돌이켜보고 당연한 것이라고 생각하는 경향이다.

① 사후 과잉 확신 편향
② 근본적 귀인 오류
③ 이기적 편향
④ 행위자-관찰자 편향

16 다음 중 깊이지각에 대한 설명으로 옳은 것은?

① 두 물체의 크기가 비슷할 때 망막에 맺힌 상의 크기가 작을수록 가까이 있는 것으로 보인다.
② 자신의 코앞에 손가락을 놓고 보면 두 망막에 맺힌 상이 서로 다른데, 이를 시선수렴이라고 한다.
③ 지평선에 가까이 위치한 대상일수록 더 멀리 있는 것으로 보인다.
④ 기차를 타고 갈 때 응시점보다 멀리 있는 대상들은 뒤로 움직이는 것처럼 보인다.

17 '동조현상'에 대한 설명으로 옳지 않은 것은?

① 동조는 타인이나 집단의 기준, 가치관, 기대에 순응하여 행동하는 것을 가리킨다.
② 동조압력은 소수 의견을 가진 이에게 암묵적으로 다수 의견에 따를 것을 강요하는 것이다.
③ 동조행동이 형성될 때는 소수를 제압하는 집단역학(Group Dynamics)이 작용한다.
④ 친화동기가 높을수록 동조행동이 쉽게 일어나지 않는다.

18 다음 마샤의 자아정체감 유형 중 〈보기〉에 해당하는 것은?

───〈보 기〉───
• 자신의 신념, 직업선택 등의 중요한 의사결정에 앞서 수많은 대안에 대하여 생각하지 않음
• 부모나 다른 사람의 역할모델의 가치나 기대 등을 그대로 수용하여 그들과 비슷한 선택을 함

① 정체감 성취(Achievement)
② 정체감 유실(Foreclosure)
③ 정체감 유예(Moratorium)
④ 정체감 혼미(Diffusion)

19 다음 〈보기〉의 원리와 가장 관련 있는 설명으로 옳은 것은?

───〈보 기〉───
밤하늘의 별을 똑바로 쳐다보면 별이 보이지 않는 것과 마찬가지로, 야간훈련 사격 시 표적을 겨냥할 때 표적을 똑바로 쳐다보지 않고 곁눈질로 보면 맞출 확률이 높아진다.

① 야간에 동공이 확장된다.
② 대상과의 거리에 따라 조절이 일어난다.
③ 중심와 옆에 간상체가 밀집되어 있다.
④ 중심와에는 간상체가 있다.

20 DSM-5에 의한 성격장애의 분류 중 B군 성격장애에 속하는 유형어 아닌 것은?

① 편집성 성격장애(Paranoid Personality Disorder)
② 반사회성 성격장애(Antisocial Personality Disorder)
③ 연극성(히스테리성) 성격장애(Histrionic Personality Disorder)
④ 경계성 성격장애(Borderline Personality Disorder)

21 다음 중 벡(Beck)의 인지치료에 대한 설명으로 옳지 않은 것은?

① 내담자의 협동적 역할을 중요시한다.
② 우울증에 대한 새로운 치료법으로 개발되었다.
③ 무조건적 수용, 긍정적 존중, 적극적 경청 등이 핵심 기법이다.
④ 내담자의 자가치료 능력을 키우는 데 초점을 둔다.

22 "숙제를 끝내면 피씨방에 보내줄게."와 같은 식으로, 선호도가 더 높은 활동이 선호도가 낮은 활동을 강화하는 데 사용될 수 있음을 나타내는 것은?

① 퇴행
② 가르시아 효과
③ 스티그마 원리
④ 프리맥(Premack) 원리

23 다음 중 콜버그(Kohlberg)의 도덕성 발달이론에 대한 설명으로 옳지 않은 것은?

① 도덕적 발달은 일정한 순서에 따라 진행된다.
② 도덕성 추론능력의 발달이 인지적 발달과 연관된다고 보았다.
③ 최종 단계는 보편적 원리(Universal Principle) 지향이다.
④ 법체계에 근거하여 도덕적 의사결정을 하는 사람은 후인습적 수준에 도달한 것으로 본다.

24 프로이트와 아들러의 이론에 대한 설명으로 옳지 않은 것은?

① 프로이트는 인간은 성적인 충동에 의해 동기화된다고 보았다.
② 아들러는 인간의 선택과 책임, 삶의 의미, 성공의 욕구를 강조하였다.
③ 프로이트는 개인의 과거에 대한 해석이 현재에 어떻게 영향을 미치는가에 초점을 두었다.
④ 아들러는 인간은 창조적이며 목표 지향적인 존재로 보았다.

25 〈보기〉의 심리실험 결과가 보여 주는 심리현상은?

─── 〈보 기〉 ───
• 실험 참여자에게 '철수를 묘사한 기술문'을 제시하고 철수의 인상을 평가하게 하였다. 그 기술문의 전반부는 비교적 활달하다는 인상을 주는 사람으로 묘사되어 있고, 후반부는 약간 내성적인 사람으로 묘사되어 있다.
  → 기술문을 본 참여자들의 80%는 철수를 활달한 사람으로 평가
• 동일한 '철수를 묘사한 기술문'에서 전반부를 내성적인 사람으로, 후반부를 활달한 사람으로 바꾸어 묘사하였다.
  → 기술문을 본 참여자들의 80%는 철수를 내성적인 사람으로 평가

① 평균원리(Averaging Principle)
② 초두효과(Primary Effect)
③ 중심특성(Central Traits)
④ 암묵적 성격이론(Implicit Personality Theory)

제2회 모의고사

QR코드 접속을 통해 풀이시간 측정, 자동 채점
그리고 결과 분석까지!

01 다음과 같이 주장하는 심리학의 분야는?

> 자연 선택으로 오랜 시간에 걸쳐 보존되어 온 능력의 적응적 가치라는 점에서 인간의 마음과 행동을 설명한다.

① 임상심리학
② 진화심리학
③ 지각심리학
④ 성격심리학

02 〈보기〉에서 기억에 대한 설명으로 옳지 않은 것을 모두 고른 것은?

> ─〈보 기〉─
> ㉠ 기억은 부호화, 저장, 인출의 세 단계로 구성된다.
> ㉡ 외현기억은 무의식적이고, 암묵기억은 의식적이다.
> ㉢ 감각기억은 매우 큰 용량을 가지고 있지만 순식간에 소멸한다.
> ㉣ 장기기억의 정보는 일반적으로 시각적 특성에 따라 부호화된다.
> ㉤ 장기기억에서 망각의 많은 사례들은 저장실패에 따른 것이다.

① ㉠, ㉡, ㉢
② ㉡, ㉢, ㉣
③ ㉡, ㉣, ㉤
④ ㉢, ㉣, ㉤

03 다음 중 인간의 뇌 기능에 대한 설명으로 옳지 않은 것은?

① 전두엽은 추론, 계획 세우기 등의 고차원적 사고 과정을 조절한다.
② 후두엽은 정서와 관련된 기억에 관여한다.
③ 두정엽은 온도와 통증 등 신체감각을 처리한다.
④ 편도체는 동기, 학습, 감정과 관련된 행동을 조절한다.

04 심리학 실험연구에서 통제의 대상인 독립변인 외의 변인을 과하게 통제할 경우에 나타나는 내적 타당도와 외적 타당도에 대한 설명으로 적절한 것은?

① 내적 타당도와 외적 타당도 모두 올라간다.
② 내적 타당도와 외적 타당도 모두 내려간다.
③ 내적 타당도는 내려가고 외적 타당도는 올라간다.
④ 내적 타당도는 올라가고 외적 타당도는 내려간다.

05 인간은 깊이 혹은 거리를 지각하기 위해 다양한 단서를 사용한다. 〈보기〉 중 두 눈이 동시에 사용되는 단서로만 묶인 것은?

> ─〈보 기〉─
> ㉠ 수렴(Convergence)
> ㉡ 조절(Accommodation)
> ㉢ 상대적 운동시차(Relative Motion Parallax)
> ㉣ 망막/양안부등(Retinal/Binocular Disparity)

① ㉠, ㉡
② ㉠, ㉣
③ ㉡, ㉢
④ ㉢, ㉣

06 다음 중 고전적 조건형성의 원리에 대한 설명으로 옳지 않은 것은?

① 시간의 원리 – 조건자극은 무조건자극보다 시간적으로 앞서서 주어져야 한다.

② 강도의 원리 – 처음에 제시되는 조건자극보다 나중에 제시되는 무조건자극이 더 커야 한다.

③ 일관성의 원리 – 치료자가 원하는 범위 안에서의 반응만을 강화한다.

④ 계속성의 원리 – 자극과 반응 간의 관계를 반복할수록 조건형성이 효과적이다.

07 심리학의 연구방법에 대한 설명으로 옳은 것만을 모두 고른 것은?

㉠ 실험은 원인과 결과에 관한 가설을 검증하는 강력한 수단이다. ㉡ 상관계수는 두 개의 변인이 관련되어 있는 정도의 추정치이다. ㉢ 실험법은 실험실 밖에서는 사용될 수 없다. ㉣ 설문조사법은 직접관찰로 다루기 어려운 문제들을 연구할 수 있는 간접관찰법이다.

① ㉠, ㉢

② ㉠, ㉡, ㉣

③ ㉡, ㉢, ㉣

④ ㉠, ㉡, ㉢, ㉣

08 다음 ㉠과 ㉡에 들어갈 내용으로 옳은 것은?

선행학습이 후행학습에 영향을 받아 낮은 회상률을 보이는 것을 (㉠)(이)라고 하고, 후행학습이 선행학습의 영향을 받아 낮은 회상률을 보이는 것을 (㉡)(이)라고 한다.

	㉠	㉡
①	순행간섭	역행간섭
②	인출	망각
③	부호화	재생
④	역행간섭	순행간섭

09 다음 중 대상영속성에 대한 설명으로 옳지 않은 것은?

① 눈앞에 보이던 사물이 사라져도 소멸되지 않는다는 것을 인식하는 능력이다.

② 상황에 대해 사고하기 시작하는 생후 18~24개월에 획득상태에 이른다.

③ 피아제는 전조작기에 대상영속성의 이해가 시작된다고 보았다.

④ 대상영속성 개념이 완전히 획득되지 않으면 분리불안을 나타낸다.

10 〈보기〉는 파블로프가 개에게 한 실험이다. 이와 같이 개가 종만 울려도 침을 흘리는 행동과 이 반응에 관여하는 뇌의 부분을 짝 지은 것으로 옳은 것은?

> ─────〈보 기〉─────
> • 개는 먹이를 먹을 때 침을 분비한다.
> • 개에게 먹이를 줄 때 종을 울리는 실험을 여러 번 반복하였다.
> • 나중에는 먹이를 주지 않고 종만 울려도 개가 침을 흘렸다.

① 조건 반사 – 연수
② 조건 반사 – 대뇌
③ 무조건 반사 – 연수
④ 무조건 반사 – 대뇌

11 다음 중 융의 분석심리이론에 대한 설명으로 옳지 않은 것은?

① 전체적인 성격은 정신으로, 성격의 발달은 자기실현의 과정으로 보았다.
② 정신을 크게 의식과 무의식으로 구분하였다.
③ 원형(Archetype)은 인간 정신의 근원적인 핵이다.
④ 집단무의식(Collective Unconscious)은 개인의 특정 경험에 좌우된다.

12 다음 중 와이너(B. Weiner)의 귀인이론에 대한 설명으로 옳지 않은 것은?

① 귀인은 학습결과의 원인에 대한 학습자의 믿음을 말한다.
② 학습자가 자신의 노력에서 원인을 찾을 때 학습자의 학습 동기는 높아진다.
③ 학습자가 낮은 시험점수의 이유를 시험의 난이도에 서 찾으면 외적 · 통제 불가능한 요인으로 귀인하는 것이다.
④ 안정성 차원은 학습자의 심리 상태가 안정적인지를 가리킨다.

13 다음 중 미네소타 다면적 인성검사에 대한 설명으로 옳은 것은?

① 피험자가 의도적으로 오답을 하는 경향을 통제하는 허위척도를 가진다.
② 12개의 하위척도에 각각 10문제씩 120문항으로 구성되어 있다.
③ 개인의 의식뿐 아니라 무의식의 부분까지 파악할 수 있다.
④ 인물이나 상황을 그림으로 제시하고 그에 대한 반응을 분석 · 해석한다.

14 무기력해져 있어 성과를 내지 못하는 직원이 다시 동기를 가질 수 있도록 도와줄 수 있는 방법으로 옳지 않은 것은?

① 자기결정이론에 따라 스스로 결정하는 연습을 통하여 궁극적으로 외재적 동기를 가질 수 있도록 한다.
② 기대가치이론에 따라 성공에 대한 기대감을 높여 주고 일에 대한 흥미를 갖도록 한다.
③ 큰 과제를 주기보다는 작은 일들을 수행하게 함으로써 성공의 경험을 자주 갖도록 한다.
④ 귀인이론에 따라 반복되는 실패의 원인을 자신의 능력 부족에서 찾기보다는 자신의 노력을 다시 점검하도록 한다.

15 다음 사례에 적용된 행동치료기법은?

> 영식이는 수학시험을 볼 때면 불안감이 심해져 시험을 잘 치르지 못한다. 그래서 영식이의 불안수준을 낮추기 위하여 수학공부를 할 때마다 기분 좋은 음악을 듣게 하고 수학시험을 보기 전에도 기분 좋은 경험을 상상하게 하였다.

① 정적강화
② 부적강화
③ 노출법
④ 역조건 형성

16 다음 중 라자루스(R. Lazarus)의 스트레스이론에 대한 설명으로 옳지 않은 것은?

① 스트레스를 설명하는 데 있어서 심리학적 관점을 강조하였다.

② 사회재적응척도(SRRS)를 개발하여 생활 스트레스를 측정하였다.

③ 스트레스에 대한 대처를 크게 문제 중심적 대처와 정서 중심적 대처로 구분하였다.

④ 스트레스의 자극 자체보다 그 자극을 평가하고 해석하는 방식에 초점을 두었다.

17 다음 중 심리학사상 일어난 사건의 연대 순서로 옳은 것은?

① Sperry의 인지뇌 연구 → Skinner의 『Science and Human Behavior』 출간 → Wundt의 심리학 실험실 설립

② Sperry의 노벨상 수상 → Neisser의 『인지심리학』 출간 → Watson의 자극-반응실험

③ Hubel의 노벨상 수상 → Wundt의 심리학 실험실 설립 → Sperry의 인지뇌 연구

④ Wundt의 심리학 실험실 설립 → Skinner의 『Science and Human Behavior』 출간 → Neisser의 『인지심리학』 출간

18 다음 〈보기〉의 심리학 분파로 옳은 것은?

───〈보 기〉───
• 제임스(W. James)와 듀이(J. Dewey)의 실용주의에 입각하여 19세기 말부터 형성된 미국의 심리학파이다.
• 의식의 내용을 원자적인 요소들로 분석하여 종합하는 분트학파의 구성주의에 반대하여 의식의 기능을 강조하였다.

① 행동주의 　　　　② 형태주의
③ 기능주의 　　　　④ 인본주의

19 다음의 특징을 갖는 상담기법으로 옳은 것은?

• 비(非)지시적 상담이라는 별칭을 갖고 있다.
• 상담자와 내담자 사이의 촉진적 관계를 강조한다.
• 인간은 합목적적이고 건설적이며 선한 존재라고 가정한다.
• 상담의 목표는 내담자가 자신의 모습대로 살아가게 하고 잠재력을 실현하도록 하는 데 있다.

① 인지적 상담기법
② 행동주의 상담기법
③ 인간중심 상담기법
④ 정신분석 상담기법

20 다음 설명에 해당하는 동기이론으로 옳은 것은?

• 동기 행동이 유발되는 과정에 초점을 맞춘다.
• 유인가, 성과기대, 보상기대의 세 가지 기본 요소를 토대로 이론적 틀을 구축하였다.
• 개인의 가치와 태도는 역할기대, 학교문화와 같은 요소와 상호작용하여 행동에 영향을 미친다고 가정한다.

① 브룸(V. H. Vroom)의 기대이론
② 허즈버그(F. Herzberg)의 동기-위생이론
③ 아담스(J. H. Adams)의 공정성이론
④ 앨더퍼(C. P. Alderfer)의 생존-관계-성장이론

21 다음 중 반두라의 사회인지학습이론에 대한 설명으로 옳지 않은 것은?

① 모델링은 관찰학습을 의미한다.
② 사회학습은 상징적 모델링으로는 이루어지지 않는다.
③ 부정적 정서도 관찰을 통해 학습된다.
④ '주의집중 과정 – 파지 과정 – 운동재생 과정 – 동기화 과정'의 순서로 진행된다.

22 다음 그림과 같이 고무망치로 무릎 아래를 살짝 때렸더니 다리가 저절로 올라갔다. 이 반응과 반응 중추가 동일한 것은?

① 신 귤을 보니 입안에 침이 고였다.
② 종소리만 들려도 개가 침을 흘린다.
③ 날아오는 공을 보고 배트로 공을 쳤다.
④ 뜨거운 물체에 닿았을 때 저절로 몸을 움츠린다.

23 다음 중 에릭슨(E. Erikson)의 심리사회적 발달이론에서 발달의 각 시기와 이에 해당하는 심리사회적 도전을 옳게 나열한 것은?

	시기	심리사회적 도전
①	학령전기	신뢰감 대 불신감
②	학령기	자율성 대 수치감
③	초기청년기	친밀감 대 소외감
④	중년기	자아통합감 대 절망감

24 다음 통계방법에 대한 설명으로 옳은 것은?

- 한 변수의 분포에 있는 모든 변수값들을 통해 흩어진 정도를 추정하는 것이다.
- 편차를 제곱하여 총합한 다음 이것을 전체 사례수로 나눈 값에 해당하며, 표본분산(S^2)과 모분산(δ^2)으로 구분한다.

① 표준편차
② 범위
③ 분산(변량)
④ 사분편차(사분위편차)

25 다음 중 정보처리 과정에 대한 설명으로 옳지 않은 것은?

① 감각수용기관을 통해 정보를 최초로 저장하는 곳은 단기기억이다.
② 심상은 이전에 경험한 것이 마음 속에서 시각적으로 나타나는 상이다.
③ 청킹(Chunking)은 단기기억에서 이루어진다.
④ 새로운 정보를 기존 지식과 연결하여 의미를 부여하는 것을 정교화라고 한다.

01 심리학의 역사에서 각 학파와 그 특징들을 연결한 것으로 옳지 않은 것은?

① 구성주의: 마음의 기본 요소에 대한 연구 – 내성법 – 분트(Wundt)
② 기능주의: 의식의 흐름을 탐구 – 행동관찰법 – 제임스(James)
③ 형태주의: 주요 연구대상은 외적 행동 – 실험법 – 왓슨(Watson)
④ 정신분석: 정신결정론 – 자유연상법 – 프로이트(Freud)

02 다음 〈보기〉에서 설명하는 개념으로 옳은 것은?

〈보 기〉
새롭게 학습된 정보가 대뇌피질에 입력된 후 나중에 회상될 수 있도록 신경연결이 안정되고 강화되는 과정으로 해마가 중심적인 역할을 한다.

① 국면계열(Phase Sequence)
② 가소성(Plasticity)
③ 시냅스(Synapse)
④ 뉴런생성(Neurogenesis)

03 형태주의(또는 게슈탈트) 심리학자들이 주장한 지각적 집단화의 원리가 아닌 것은?

① 유사성
② 부호화 특정성
③ 연속성
④ 인접성(또는 근접성)

04 다음 〈보기〉와 같이 주장한 학자는?

〈보 기〉
• 영아들에게 볼 수 있는 그들 특유의 발화들 중 비문법적인 것은 부모에 의해 무시될 것이고 문법적인 것은 강화될 것이다.
• 언어도 다른 기술과 마찬가지로 강화, 조성, 소거 및 다른 조건형성의 원리에 따라 배운다.

① 왓슨
② 파블로프
③ 스키너
④ 촘스키

05 다음 중 기억의 처리수준 모형과 가장 관련이 깊은 것은?

① 피아노 연주는 어릴 때 배울수록 오래 기억된다.
② 암송을 많이 하면, 기억이 잘 된다.
③ 이전에 잘 알고 지내던 사람을 오랜만에 만났을 때 그 사람의 이름이 쉽게 떠오르지 않는다.
④ 주어진 정보가 맥락이나 상황에 부합하는지 생각하면서 그 정보를 부호화한다.

06 콜버그(L. Kohlberg)의 도덕성 발달이론에 따를 경우 다음 〈보기〉에 제시된 '윤진'이의 발달단계는?

〈보 기〉
하인츠 딜레마 이야기를 듣고 윤진이는 "정말 안돼요. 남의 물건을 훔친 하인츠는 도둑이란 소문 때문에 창피해서 살 수 없을 것 같아요."라고 말했다.

① 벌과 복종 지향 단계(1단계)
② 착한 아이 지향 단계(3단계)
③ 법과 질서 지향 단계(4단계)
④ 사회 계약 지향 단계(5단계)

07 다음 중 변연계에 대한 설명으로 옳지 않은 것은?

① 변연계의 기능에는 동기부여, 감정, 학습, 기억 등이 있다.

② 변연계에 시상하부도 포함되어 있다.

③ 아스코르빈산 결핍으로 시상에 장애가 생기면 기억장애가 온다.

④ 편도에 장애가 있으면 난폭행동이나 조현병 등의 행동을 보인다.

08 다음에서 설명하는 이론으로 옳은 것은?

> 고전적 조건화 과정에서 무조건 자극과 연합되어 있던 기존의 조건자극에 새로운 조건자극이 연합될 때, 기존의 조건자극이 새로운 조건자극에 대한 조건화를 방해하는 현상을 의미한다.

① 차폐

② 향본능 표류

③ 각인

④ 결정적 시기

09 다음 중 연속성과 불연속성에 대한 내용으로 옳지 않은 것은?

① 연속성 이론은 인간의 발달을 새로운 지식이나 기술을 습득해 가는 과정으로 이해한다.

② 행동주의 학자들은 발달을 양적 변화로 규정하고 인간 발달을 연속적 과정으로 이해한다.

③ 불연속성 이론은 '알 – 유충 – 애벌레 – 성충'의 과정을 거치는 곤충의 성장에 비교된다.

④ 연속성과 불연속성의 쟁점은 양적·질적 변화의 문제와 관련이 없다.

10 인간을 능동적인 정보처리자로 간주하고 감각기관으로 들어오는 정보가 어떻게 선택, 변형, 압축, 저장, 사용되는지를 연구하는 접근 방법은?

① 정신분석적 접근 ② 행동주의적 접근

③ 인지적 접근 ④ 인본주의적 접근

11 다음 〈보기〉와 같은 현상이 일어나는 이유로 옳은 것은?

> ─── 〈보 기〉───
> 지영이는 길 건너편에 있는 건물을 향해 걸어가고 있다. 건물이 가까워질수록 커 보이지만 여전히 같은 건물로 인식하게 된다.

① 연속의 원리 ② 3차원 지각

③ 지각 항상성 ④ 착시

12 다음 〈보기〉의 사례에서 '도현'이가 사용하는 방어기제로 옳은 것은?

> ─── 〈보 기〉───
> 대학생인 도현이는 이성 문제로 상담을 신청하였다. 주요 호소 문제는 자신은 관심이 없는데 어떤 여학생이 자신을 일방적으로 좋아해서 공부에 방해가 된다는 것이었다. 도현이는 그 여학생이 자신을 좋아하는 증거라며 몇 가지 사건을 이야기했다. 그러나 상담자는 타당한 근거를 전혀 찾지 못하였다.

① 투사

② 동일시

③ 억압

④ 반동 형성

13 에릭슨(Erikson)의 심리사회적 발달단계를 프로이트(Freud)의 심리 성적(性的) 발달단계와 관련하여 적절하게 연결한 것은?

① 신뢰감의 형성 – 항문기
② 자율성의 형성 – 남근기
③ 근면성의 형성 – 잠재기
④ 주도성의 형성 – 구강기

14 다음 사례에 해당하는 귀인 편향으로 옳은 것은?

> A 학생은 집안 사정으로 학교 결석이 잦았다. B 교사는 시험 채점 후 'A는 공부에 소질이 없기 때문에 성적이 나쁘군.' 이라고 생각하였다.

① 잘못된 일치 효과(False Consensus Effect)
② 자기중심편향(Self-Centering Bias)
③ 자기접대편향(Self-Servicing Bias)
④ 기본귀인오류(Fundamental Attribution Error)

15 다음 중 레빈슨(D. Levinson)의 인생의 사계절(Seasons of Life) 이론에 대한 설명으로 옳은 것은?

① 인생주기 중 모두 4번에 걸친 전환기를 설정한다.
② 인생(생애)구조란 개인 인생의 기초가 되는 설계를 의미한다.
③ 꿈이나 도전과 같은 인생구조적 요인은 남녀 모두에게 동일하다.
④ 전환기에서는 개인의 요구와 사회적 요구를 조화시키며 인생구조를 형성한다.

16 경계선 성격장애를 설명하는 다양한 심리학 이론적 배경으로 옳지 않은 것은?

① 사회학습인지이론: 자기정체감이 장기간 발달하지 못했다.
② 정신역동이론: 분노가 무의식적으로 자신에게 향하는 현상이다.
③ 인지이론: 흑백논리라는 인지왜곡을 보인다.
④ 대상관계이론: 영아기 분리-개별화 단계에서 고착되었다.

17 합리적-정서적 행동상담(REBT)의 ABCDE 절차에 대한 설명으로 옳지 않은 것은?

① 선행사건(Activating Event): 개인에게 정서적 혼란을 야기하는 사건이나 행위
② 신념체계(Belief System): A의 사건이나 행동에 대한 개인의 태도나 사고방식
③ 결과(Consequence): B의 사고방식을 통해 A를 해석함으로써 느끼는 정서적 결과
④ 논박(Dispute): 상담자의 논박을 통한 내담자가 느끼게 되는 감정의 결과

18 다음 중 스턴버그(Sternberg)가 주장한 지능의 삼원이론에 해당하는 것을 모두 고른 것은?

> ㉠ 분석적(Analytical) 지능
> ㉡ 언어적(Verbal) 지능
> ㉢ 논리적(Logical) 지능
> ㉣ 공간적(Spatial) 지능
> ㉤ 창의적(Creative) 지능
> ㉥ 실용적(Practical) 지능

① ㉠, ㉡, ㉢
② ㉠, ㉤, ㉥
③ ㉡, ㉣, ㉥
④ ㉢, ㉣, ㉤

19 다음은 비행공포증을 치료하기 위해 실시한 치료방법의 일부이다. 이러한 치료과정과 가장 관계가 깊은 개념은?

> ※ 다음 각 상황에 대해서 공포감이 심한 정도를 순서대로 표시하시오.
> • 내주에 중국으로의 출장 지시를 받음   (   )
> • 여행사에 연락해 비행기표를 예약함   (   )
> • 공항에 가기 위해 집을 나섬   (   )
>   – (중략) –
> • 비행기 안으로 들어감   (   )
> • 비행기가 이륙하고 급상승함   (   )
> • 비행기가 방향전환을 위해 기울어짐   (   )
>   – (중략) –
> • 비행기가 고도를 낮추고 착륙을 준비함   (   )
> • 비행기가 활주로에 진입함   (   )
> • 비행기가 정지함   (   )

① 자동적 사고의 탐색
② 체계적 둔감화
③ 불안의 원인 탐색
④ 비합리적 사고 과정의 탐색

20 다음 중 셀리에가 제시한 일반적응증후군 증후군의 3단계에 해당하지 않는 것은?

① 소진
② 저항
③ 발전
④ 경고(경계)

21 〈보기〉의 진단적 특징을 보이는 정신장애로 옳은 것은?

> ─────〈보 기〉─────
> • 분노발작이 평균적으로 일주일에 3회 이상 발생한다.
> • 분노발작이 부모나 교사, 또래에 의해 자주 관찰된다.
> • 하루 중 대부분의 시간 동안 분노에 차 있다.

① 파괴적 기분조절 부전장애
② 품행장애
③ 간헐적 폭발장애
④ 경계성 성격장애

22 유전인자에 대한 설명으로 옳지 않은 것은?

① 인간의 모든 유전적 잠재성은 46개의 염색체에 의해 결정된다.
② 두 쌍의 염색체 중 23개는 상염색체이고 22번째 쌍이 성염색체이다.
③ 남성은 XY, 여성은 XX가 정상적인 성염색체에 해당한다.
④ DNA는 뉴클레오티드로 구성되어 있으며 핵산을 형성하는 유전물질이다.

23 다음 〈보기〉의 집단상담에서 사용된 상담기법으로 옳은 것은?

〈보 기〉

상담자는 계속해서 불평을 늘어놓고 부정적으로 반응하는 내담자에게 뭐든지 부정적으로만 여기는 사람이 되어 연기해 보도록 권유하여 내담자가 스스로 그러한 부정적인 감정이 본인의 것임을 알아차릴 수 있도록 하였다.

① 거울기법
② 직면시키기
③ 창조적 투사하기
④ 수프에 침 뱉기

24 성격심리학자 카텔(Cattell)이 개인들의 광범위한 자료에서 성격의 기본 특질을 추출할 때 적용한 통계기법으로 적절한 것은?

① 요인분석법(Factor Analysis)
② 빈도분석법(Frequency Analysis)
③ 회귀분석법(Regression Analysis)
④ 변량분석법(Analysis of Variance)

25 다음 그림은 침팬지가 천장에 매달린 바나나를 따는 상황을 보여 준다. 이를 가장 잘 설명할 수 있는 학습은?

① 모델링학습
② 통찰학습
③ 자극일반화
④ 정신반사학습

제4회 모의고사

QR코드 접속을 통해 풀이시간 측정, 자동 채점
그리고 결과 분석까지!!

01 다음 중 심리학자들에 대한 설명으로 옳지 않은 것은?

① 프로이트는 무의식적 동기와 갈등이 인간의 행동을 결정하는 요소라고 주장하였다.
② 왓슨의 영향을 받은 스키너는 인간의 행동을 결정하는 데 있어 환경적 요소가 절대적인 영향을 미친다고 보았다.
③ 분트는 내성법이라는 객관적 연구방법을 발전시켰으며, 이후 행동주의 탄생에 영향을 미쳤다.
④ 독일의 베르트하이머는 의식을 요소의 조합이 아닌 전체로서 인식해야 한다고 주장하였다.

02 다음 중 3차원 지각에 대한 설명으로 옳지 않은 것은?

① 단안단서는 한 눈으로 봤을 때 나타나는 깊이지각의 여러 측면들이다.
② 선형 조망은 평행하는 선들이 멀리 있는 수렴점으로 보이는 현상이다.
③ 중첩은 한 물체가 다른 물체를 부분적으로 가릴 때, 가리는 물체를 가려지는 물체보다 가까운 것으로 인식하는 것이다.
④ 결의 밀도는 결의 간격이 넓을수록 멀리 있는 것으로 인식하고, 간격이 조밀할수록 가까이 있는 것으로 인식한다.

03 다음 〈보기〉의 내용이 설명하는 심리학 분파는?

───〈보 기〉───
• 분트(Wilhelm Wundt)는 심리학을 의식에 대한 개인의 주관적인 관찰과 분석으로 파악하였고, 심리학에 처음으로 실험적 방법을 도입하였다.
• 의식의 내용을 요소로 분석하고 그 요소들의 결합으로써 의식현상을 설명하고자 하는 입장이므로 요소심리학이라고도 한다.
• 실험이라는 통제된 조건 속에서 자신의 의식경험을 주관적으로 관찰·분석하는 내성법(Introspection)을 사용하였다.

① 구성주의
② 행동주의
③ 인본주의
④ 형태주의

04 다음 〈보기〉에 해당하는 개념은 무엇인가?

───〈보 기〉───
기억에는 청각적인 처리를 담당하는 기제와 시각적인 처리를 담당하는 기제가 있으며, 이 둘은 각각 개별적으로 존재한다. 기억 안에는 해당 기제들로 이루어져 있으며 정보를 통제, 변형, 처리한다.

① 감각기억
② 장기기억
③ 암묵기억
④ 작업기억

05 지능에 대한 학자의 설명으로 옳은 것은?

① 길포드(J. P. Guilford)는 지능이 내용, 형식, 조작, 산출의 4가지 차원으로 구성된다고 가정하였다.

② 스턴버그(R. J. Sternberg)는 지능이 맥락적 요소, 정신적 요소, 시간적 요소로 구성된다는 삼위일체이론을 주장하였다.

③ 가드너(H. Gardner)는 지능이 사회문화적 맥락의 영향을 받지 않는 서로 독립적이며 다양한 능력으로 구성되어 있다고 보았다.

④ 카텔(R. B. Cattell)은 지능을 유동적 지능과 결정적 지능으로 구분하고, 결정적 지능은 교육이나 훈련의 결과로 형성되는 것으로 보았다.

06 고전적 조건형성과 조작적 조건형성의 차이점으로 옳지 않은 것은?

① 고전적 조건형성에는 자극 일반화와 변별 현상이 있으나, 조작적 조건형성에는 이러한 현상이 없다.

② 고전적 조건형성에서는 자극과 자극 간의 관계성을 학습하나, 조작적 조건형성에서는 반응과 강화 간의 관계성을 학습한다.

③ 고전적 조건형성에서는 반응이 자극에 의해 유발되지만, 조작적 조건형성에서의 반응은 유기체가 외부세계에 대해 스스로 작동한 것이다.

④ 고전적 조건형성에서는 무조건자극이 반응과 무관하게 제시되나, 조작적 조건형성에서는 적절한 반응을 한 경우에만 강화가 주어진다.

07 다음 중 제임스-랑게(James-Lange)의 정서이론을 옳게 설명하고 있는 것은?

① 억지로라도 자주 웃으면 긍정적인 정서를 체험하게 된다.

② 정서유발자극은 생리적 반응과 정서적 경험을 동시에 일으킨다.

③ 화가 날 때와 매우 기쁠 때 나타나는 생리적 반응은 서로 구별하기 힘들다.

④ 목 아래의 감각정보가 대뇌로 전달될 수 없는 전신불수 환자도 정서를 체험할 수 있다.

08 갈등의 유형 중 다음 〈보기〉에 해당하는 것은?

〈보 기〉
- 양자의 선택 모두 매력적이지만 한쪽을 선택할 경우 다른 한쪽을 단념해야 하는 상황
- '집에 남아서 평소에 하고 싶었던 취미생활을 할 것인가, 야외에 나가서 기분전환을 할 것인가.'

① 접근-접근 갈등
② 회피-회피 갈등
③ 접근-회피 갈등
④ 다중접근-회피 갈등

09 다음 중 셀리그만(Seligman)이 제시한 학습된 무기력(Learned Helplessness)에 대한 설명으로 옳지 않은 것은?

① 셀리그만은 실험자의 발자국 소리를 들은 개가 침 흘리는 것을 보고 학습된 무기력에 대한 통찰을 얻었다.

② 피할 수 없는 처벌 상황에 반복적으로 노출되는 학습 과정을 가정한다.

③ 교육 현장에서 학습된 무기력이 발생하는 것을 피하기 위해서는 실패 경험을 줄여 주어야 한다.

④ 다양한 성공 경험은 학습된 무기력을 예방할 수 있다.

10 지능검사에 대한 설명으로 옳지 않은 것은?

① 비네(A. Binet)는 정신연령(Mental Age)이라는 용어를 사용하였다.

② 스탠포드-비네 검사는 처음으로 지능지수(IQ; Intelligence Quotient) 개념을 사용하였다.

③ 웩슬러는 비율 IQ의 문제점을 보완하기 위해 편차 IQ 개념을 도입하였다.

④ 웩슬러형 지능검사는 평균 100, 표준편차 10인 표준점수를 사용한다.

11 다음 중 동조행동이 일어나기 쉬운 사람이 아닌 것은?

① 자신보다 다른 사람의 능력이 뛰어나다고 느끼는 사람
② 자신 이외에 같은 의견을 가진 사람이 많은 사람
③ 자기에 대한 확신과 자신감이 부족한 사람
④ 집단에서의 지위가 낮은 사람

12 다음 중 융(Jung)의 분석심리이론에 대한 설명으로 옳은 것은?

① 인간의 행동은 무의식에 의해 동기가 유발된다.
② 성격을 원초아(Id), 자아(Ego), 초자아(Superego)로 나누어 설명한다.
③ 인간은 의식과 무의식의 대립을 극복하여 하나의 통일된 전체적 존재가 된다.
④ 인간의 행동은 개인의 심리적 요인과 사회문화적 영향의 상호작용에 의해 형성된다.

13 다음 중 〈보기〉의 내용이 설명하는 용어는 무엇인가?

─〈보 기〉─

• 행동치료기법의 하나로 특정자극이나 상황에 대하여 강한 불안이나 공포를 나타내는 사람을 치료하기 위해 사용된다.
• 문제가 되는 불안이나 공포와 양립할 수 없는 근육이완(과 같은 반응)을 문제가 되는 자극과 연합시켜 점점 더 강한 불안이나 공포를 일으키는 자극을 심상으로 유발시켜 나가는 치료법이다.

① 체계적 둔감법　　　　② 인지치료법
③ 게슈탈트 치료법　　　④ 정신분석 치료법

14 다음 (　　)에 들어갈 부모의 양육 태도로 적절한 것은?

아이에게 애정이 필요할 때는 충분히 사랑을 주지만 잘못된 행동에 대해서는 엄격하게 바로 잡고, 자신의 요구 사항을 실천해야 하는 이유는 무엇인지 친절하게 설명해 준다. 아이에게 올바른 도덕관념을 심어 주기 위해서는 적절한 통제와 애정이 동반되는 (　　)가 되어야 한다.

① 권위적인 부모　　　　② 독재적 부모
③ 권위 있는 부모　　　　④ 허용적 부모

15 회사에서 상사에게 혼난 후 집에 와서 가족들에게 화를 내는 행동을 설명하는 방어기제로 옳은 것은?

① 부인　　　　　　　　② 전위
③ 합리화　　　　　　　④ 반동형성

16 다음 중 잘못된 집단 의사결정이나 판단을 유발하는 집단사고(Group Think)를 방지하기 위한 방안으로 옳지 않은 것은?

① 외부 인사를 영입하여 아이디어를 검토한다.
② 구성원들에게 가능한 모든 대안을 고려하고 의문을 제기하도록 요청한다.
③ 집단 내의 적어도 한 사람은 다른 사람의 아이디어를 비판하는 역할을 한다.
④ 리더는 자신의 의견을 적극적으로 표현하여 구성원들의 합의를 이끌어낸다.

17 다음에서 짐작할 수 있는 '형주'의 정체성 유형은?

> 형주는 말했다. "부모님은 내가 변호사가 되기를 바라고 계셔. 왜냐하면, 부모님도 다른 친척들도 모두 변호사니까. 그래서 나도 변호사라는 직업은 잘 모르지만 변호사가 되려고 해."

① 정체성 혼돈(Identity Diffusion)
② 정체성 유실(Identity Foreclosure)
③ 정체성 유예(Identity Moratorium)
④ 정체성 성취(Identity Achievement)

18 다음에서 설명하는 개념으로 옳은 것은?

> 다른 단어, 문장, 맥락 등이 그와 연관된 어휘 처리에 영향을 미치는 심리적 현상을 말한다. 순서상 먼저 제시된 정보가 나중에 제시된 정보에 영향을 미치게 되는 현상이다. 이러한 현상은 암묵기억에 내재되어 있던 심리적 요소들이 연관된 자극에 촉발되어서 무의식적으로 일어나는 것이다.

① 점화효과
② 단어우월성효과
③ 대표성발견법
④ 가용성발견법

19 매슬로우(Maslow)의 욕구이론에 대한 설명으로 옳은 것만을 모두 고른 것은?

> ㉠ 소속 및 사랑의 욕구는 결핍욕구에 해당한다.
> ㉡ 일반적으로 낮은 단계의 욕구가 충족되어야 높은 단계의 욕구를 추구하게 된다.
> ㉢ 욕구는 후천적으로 형성되는 것으로 일련의 위계를 가지고 있다.
> ㉣ 자존감의 욕구는 자기 스스로의 존중과 타인에 의한 존중을 모두 포함한다.

① ㉠, ㉢
② ㉠, ㉡, ㉣
③ ㉡, ㉢, ㉣
④ ㉠, ㉡, ㉢, ㉣

20 다음 중 반두라의 관찰학습에 대한 설명으로 옳지 않은 것은?

① 행동, 환경 개인은 서로 양방향적 영향을 미친다.
② 모델은 정보를 전달하는 것이면 실제 인물이 아니라도 가능하다.
③ 모방은 관찰학습의 필요조건이다.
④ 학습이 이루어지기 위해서는 모델의 행동을 기억해야 한다.

21 다음 중 객관적 검사가 아닌 것은?

① 웩슬러 지능검사
② 문장완성검사(SCT)
③ 성격유형검사(MBTI)
④ 다면적 인성검사(MMPI)

22 다음 중 인지 발달에 대한 피아제(Piaget)와 비고츠키(Vygotsky)의 관점으로 옳은 것은?

① 피아제는 사회 문화적 맥락을 문화에 의해 직·간접적으로 영향을 받아 개인의 환경 속에 존재하는 모든 것이라고 설명한다.

② 피아제는 아이와의 상호작용은 근접발달 영역 내에서 일어날 때 도움이 된다고 주장했다.

③ 비고츠키는 아동이 독립적인 활동을 통해 학습할 수 있도록 내버려 두어야 한다고 주장했다.

④ 비고츠키는 아동이 사적 언어(혼잣말)를 활용해 인지 발달을 촉진할 수 있다고 주장했다.

23 평균 타율이 2할 5푼(4번에 1번꼴로 안타를 치는 비율)인 한 야구선수가 어느 날 우연히 방망이로 땅을 세 번 두드린 후 타석에 들어서서 안타를 쳤고, 그의 이러한 행동은 그 이후에도 강화를 받아 지속되었다. 이 야구선수의 행동과 가장 관계가 깊은 강화계획은?

① 고정비율계획(Fixed Ratio Schedule)

② 고정간격계획(Fixed Interval Schedule)

③ 변동비율계획(Variable Ratio Schedule)

④ 변동간격계획(Variable Interval Schedule)

24 다음 중 정신물리학에 대한 설명으로 옳지 않은 것은?

① 정신물리학은 물리적 에너지와 그 에너지가 심리적 경험에 미치는 효과 간의 관계를 연구한다.

② 차이역은 자극에서 겨우 탐지될 수 있는 최소한의 물리적 에너지 변화를 의미한다.

③ 절대역은 관찰 또는 경험할 수 있는 최대 에너지 수준을 의미한다.

④ 정신물리학 접근 중 신호탐지이론은 자극에 대한 반응이 한 개인의 자극 민감도와 반응 기준 모두에 달려 있다고 주장한다.

25 다음 그림에서 ㉠ 전두엽 맨 뒤쪽의 긴 경계영역과 ㉡ 두정엽 맨 앞쪽의 긴 경계영역이 담당하는 기능을 바르게 연결한 것은?

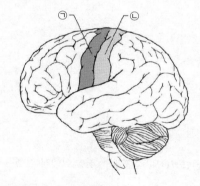

① ㉠: 신체의 수의적 운동 통제

  ㉡: 신체감각 경험

② ㉠: 정서 경험

  ㉡: 청각 경험

③ ㉠: 시각 경험

  ㉡: 단기기억 내용을 장기기억으로 전이

④ ㉠: 판단과 논리적 사고

  ㉡: 얼굴 표정 인식

제5회 모의고사

QR코드 접속을 통해 풀이시간 측정, 자동 채점
그리고 결과 분석까지!

01 프로이트(S. Freud)의 정신분석학적 상담이론에 대한 설명으로 옳지 않은 것은?

① 내담자는 합리적으로 불안을 조절할 수 없을 때 자아 방어기제에 의존한다.

② 상담자는 내담자의 불안을 초래한 행동자극을 분석하고 체계적 둔감법을 활용한다.

③ 상담자는 내담자의 저항과 전이 감정을 분석하여 무의식적 갈등을 해결하도록 돕는다.

④ 내담자의 행동은 무의식 속에 억압된 과거의 경험과 심리 성적인 에너지에 의해서 결정된다.

02 다음 〈보기〉의 진술에서 '진솔'이에게 진행된 인지과정은?

───〈보 기〉───

세 살 진솔이는 그림책에서 '개'를 배웠다. 다음 날 진솔이는 길에서 '고양이'를 보면서 '개'라고 불렀다.

① 동화(Assimilation)

② 조절(Accommodation)

③ 적응(Adaptation)

④ 마음의 이론(Theory of Mind)

03 안대로 한 쪽 눈을 가리고 공을 던지거나 받으면 양쪽 눈을 떴을 때보다 잘 되지 않는 느낌이다. 이때 거리를 가늠하기 위해 사용하는 단서는?

① 직선조망

② 중첩

③ 양안부등

④ 대기조망

04 다음 설명에 해당하는 상담이론은?

• 엘리스(A. Ellis)는 사람들이 정서적 문제를 겪는 이유를 비합리적 사고방법으로 사건을 해석하기 때문이라고 설명한다.

• 상담의 강조점은 감정 표현보다는 사고와 행동에 있다.

① 합리정서행동 상담

② 정신분석 상담

③ 행동주의 상담

④ 내담자중심 상담

05 다음에서 설명하는 손다이크의 이론은?

학습자가 새로운 사실과 지식 등을 습득할 준비가 잘 되어 있을수록 자극과 반응의 결합이 만족스럽게 이루어진다.

① 효과의 법칙

② 연습의 법칙

③ 준비성의 법칙

④ 역스–도슨의 법칙

06 다음 ⊙과 ⓒ에 들어갈 내용을 옳게 나열한 것은?

> 학습이나 경험한 것을 어떠한 단서 없이 기억해 내는 것을 (⊙)(이)라고 하고, 이전에 학습한 것이나 경험한 것이 그렇지 않은 것들과 함께 제시되었을 때 선별해 내는 것을 (ⓒ)(이)라고 한다.

	⊙	ⓒ
①	인출	부호화
②	회상	재인
③	유지	재학습
④	망각	조직화

07 다음 〈보기〉의 사례를 설명하는 망각의 원인으로 가장 적절한 것은?

> ─────〈보 기〉─────
> 이름 때문에 놀림을 많이 받았던 '김삼순'이라는 초등학교 친구가 '김희진'이라고 개명한 지가 벌써 오래되었는데, 예전 이름인 '삼순'이라고 부를 때가 있다.

① 흔적쇠퇴이론
② 단서-의존 망각이론
③ 순행간섭
④ 역행간섭

08 다음 〈보기〉의 사례에서 '다영'이가 사용한 방어기제는?

> ─────〈보 기〉─────
> 다영이는 아주 어렸을 때부터 김연아 선수를 좋아하여 피겨를 배우고 김연아 선수의 머리모양이나 옷차림을 따라하기도 했으며, 누군가 김연아 선수를 좋지 않게 얘기하면 불같이 화를 내곤하였다.

① 승화
② 투사
③ 동일시
④ 지성화

09 뉴런의 신경전달물질 중 근육 활성화와 학습, 수면 등을 통제하는 데 관여하는 약물종류로 옳은 것은?

① 세로토닌
② 에피네프린
③ 도파민
④ 아세틸콜린

10 다음 집단상담 기법 중 '명료화하기'에 해당하는 발언은?

① "너는 엄마가 친척들 앞에서 비난한 것에 대해 마음이 무척 상했구나."
② "너는 창수와 사이가 좋다고 말하면서 반 친구들에 게 험담을 하고 있구나."
③ "나도 학창시절 따돌림 당한 경험이 있어서 지금 네 심정을 어느 정도 이해할 수 있을 것 같아."
④ "반민족행위란 구체적으로 무엇을 뜻합니까?"

11 정신분석이론에서 말하는 불안에 대한 설명으로 옳은 것은?

① 현실적인 위협에 압도된 상태를 신경증적 불안이라 한다.

② 신경증적 불안과 도덕적 불안은 신경 내부의 구조에서 비롯된다.

③ 원초아와 초자아 간의 갈등에 의해 현실적 불안이 야기된다.

④ 원초아의 쾌락을 탐닉하면 처벌을 받을 수 있다는 불안감에 도덕적 불안이 나타난다.

12 다음 〈보기〉의 밑줄 친 ㉠~㉢에 해당하는 변인을 옳게 나열한 것은?

─────〈보 기〉─────

특정 심리치료의 효과를 검증하기 위해, ㉠ 연령이 동일한 실험 참가자를 선발하여 두 가지 ㉡ 심리치료 조건에 각각 배정하고 치료 전과 후의 ㉢ 불안과 우울 점수를 측정하였다.

	㉠	㉡	㉢
①	통제변인	종속변인	독립변인
②	잠재변인	종속변인	독립변인
③	통제변인	독립변인	종속변인
④	잠재변인	독립변인	종속변인

13 다음 사례에서 알 수 있는 현상으로 옳은 것은?

A씨가 길에서 갑자기 정신을 잃고 쓰러졌다. 주위에 사람이 많았지만 사람들은 '나 아니더라도 누군가 신고하겠지'라는 생각에 신고하지 않았고, 결국 A씨는 치료할 수 있는 골든타임을 놓치게 되었다.

① 자기참조 효과

② 방관자 효과

③ 틀 효과

④ 단순노출 효과

14 다음 〈보기〉에서 설명하는 개념으로 옳은 것은?

─────〈보 기〉─────

차량 출발 시 안전벨트를 착용하지 않으면 표시등이 깜빡거리거나 경보음이 계속 울리다가 안전벨트를 착용하면 그 자극이 사라진다.

① 정적강화

② 부적강화

③ 정적처벌

④ 부적처벌

15 다음 중 로르샤흐 검사(Rorschach Test)에 대한 설명으로 옳지 않은 것은?

① 잉크를 무작위로 흘린 좌우대칭의 그림을 제시한 후 그에 대한 수검자의 반응을 측정한다.

② 검사과제가 성격의 어떤 경향을 검사하는지 알 수 없기 때문에 수검자가 자신의 응답을 왜곡하기 어렵다.

③ 수검자의 지적 측면, 정서적 측면, 충동의 통제능력, 대인관계의 특징 등을 다각적으로 살필 수 있다.

④ 객관적 검사로서 신뢰도 및 타당도가 검증되어 객관적 심리 측정의 측면에서 적합하다.

16 다음 〈보기〉는 에인즈워스의 '낯선 상황 실험'에 의한 애착유형이다. 〈보기〉에 대한 설명으로 가장 적절한 것은?

─〈보 기〉─
- 어머니의 부재에 대해 불안을 느낀다.
- 어머니가 돌아오면 접촉추구와 함께 분노나 저항을 보이면서도 곁에 머무르려고 하는 양가적 행동을 보이며, 잘 놀지 않고 달래지지 않는다.
- 어머니가 있을 때에도 낯선 사람을 경계한다.

① 회피애착
② 저항애착
③ 혼란애착
④ 안정애착

17 인간의 뇌에서 고도로 발달한 곳으로, 감각과 지각, 운동과 기술, 사고력, 상상력, 언어능력과 같은 복잡한 정신활동이 일어나는 곳에 대한 설명으로 옳지 않은 것은?

① 대뇌피질은 독립된 두 개의 반구로 분리되며 전두엽, 두정엽, 측두엽, 후두엽으로 구분된다.
② 후두엽은 망막에서 들어오는 시각정보를 받아 분석하는 일차시각피질과 시각정보에 대한 추가적인 분석을 하는 시각연합피질로 구성되어 있다.
③ 전두엽은 단순한 체감각뿐만 아니라 공간 내에서의 신체의 위치판단이나 운동지각 등의 중요한 역할을 한다.
④ 측두엽의 일차적인 기능은 다양한 소리자극들, 특히 인간의 경우 구어를 인식하는 데 중추적인 역할을 한다.

18 인간 정서의 구체적인 자극과 반응은 중앙신경체계와 밀접한 연관이 있다고 볼 때, 다음 설명 중 옳지 않은 것은?

① 변연계는 고도로 발달한 인지 및 논리적 사고의 중심체이다.
② 편도체는 외부의 공격이나 공포에 민감하게 반응한다.
③ 시상하부는 먹기, 갈증 해소, 체온 등을 명령하고 내분비계를 통제하게 도우며 정서와 관련된다.
④ 변연계는 인간의 기본감정, 두려움, 분노와 관계되고 정서와 동기에 영향을 미친다.

19 각 성격이론별 주요한 내용을 소개한 것으로 옳지 않은 것은?

① 프로이트(Freud)의 정신분석이론에 의하면, 자아방어기제들은 강한 내부 갈등으로 인해 생긴 불안에 대처할 수 있게 해준다.
② 로저스(Rogers)의 인본주의적 성격이론은 '지금-여기'의 주관적 체험 및 의식 현상을 강조한다는 점에서 현상학적이다.
③ 올포트(Allport)의 특성이론에서는 개인행동의 결정요소로서 성격의 구조보다는 상황의 특성을 중요시한다.
④ 카텔(Cattell)의 성격이론에서는 16가지 요인들을 표면행동들의 원천을 제공하는 근원 특성이라고 부른다.

20 실험연구에서 실험참가자가 실험목적이나 연구가설을 추정하여 그에 부합하는 방식으로 행동하려는 경향은?

① 위약 효과(Placebo Effect)
② 연구자 편향(Researcher Bias)
③ 요구 특성(Demand Characteristics)
④ 관찰자 편향(Observer Bias)

21 프리맥(Premack)의 원리가 적용된 사례로 가장 적절한 것은?

① 숙제를 하지 않는 아이에게 숙제를 마친 뒤 좋아하는 TV 프로를 일정시간 시청할 수 있게 하는 것
② 문제가 어려워 아무리 노력하여도 풀지 못했던 아이가 쉽게 해결할 수 있는 문제조차 풀려고 시도하지 않는 것
③ 영업사원이 자신의 실적에 따라 임금을 받는 것
④ 아름다운 모델이 새로운 스타일의 자동차를 광고하는 것

22 아동·청소년기 정신장애에 대한 설명으로 옳지 않은 것은?

① 특정 학습장애라는 진단은 정서적인 문제가 없음에도 불구하고 지능수준과 학업성적이 현저하게 떨어지는 경우에 내려진다.
② 주의력 결핍 과잉행동장애를 약물로 치료할 때 주로 사용하는 것은 중추신경 자극제이다.
③ 자폐 스펙트럼 장애 아동은 타인의 관점을 이해하는 능력에 문제가 있어서 언어의 사회적 이용에 어려움을 보인다.
④ 반사회성 성격장애와 밀접하게 연관되어 있는 아동·청소년기 정신장애는 품행장애이다.

23 다음 〈보기〉에서 기술하고 있는 ㉠ A 도시의 조건형성 방법, ㉡ B 도시의 조건형성 방법, ㉢ 장기적으로 음주운전 예방효과가 높은 도시를 옳게 나열한 것은?

〈보 기〉
> A와 B 도시에서는 음주운전을 예방하기 위해 음주 단속을 하고 있다. A 도시에서는 밤 열두 시부터 새벽 두 시 사이에 지정된 장소를 지나가는 차량 전부를 대상으로 음주 단속을 하고, B 도시에서는 같은 시간대에 지나가는 차량 중에 무작위로 아홉 대를 음주 단속하고 있다.

	㉠	㉡	㉢
①	고정비율계획	변동비율계획	A 도시
②	연속강화계획	변동간격계획	B 도시
③	고정간격계획	변동간격계획	A 도시
④	연속강화계획	변동비율계획	B 도시

24 성격검사 도구에 대한 설명으로 옳은 것은?

① 미네소타 다면적 인성검사(MMPI-2)의 척도들은 경험적 접근이 아닌 직관적·이론적 접근에 근거하여 개발되었다.

② NEO성격검사에는 정신분열증 척도 등 다양한 정신병 척도들이 포함되어 있다.

③ 주제통각검사(TAT)는 자기보고형 척도이며 객관적 성격검사이다.

④ 로르샤흐(Rorschach) 검사의 채점 영역에는 반응의 위치, 내용, 결정요인 등이 있다.

25 신경계의 자가면역질환 중 하나인 다발성 경화증(Multiple Sclerosis)은 면역계의 공격으로 뉴런(Neuron)의 수초가 파괴되는 질환이다. 다음 뉴런의 구조 그림에서 수초화(Myelination)되어 있는 부분은?

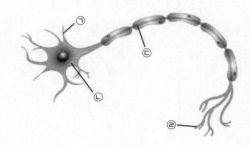

① ㉠   ② ㉡
③ ㉢   ④ ㉣

군무원 정보직
FINAL 실전 봉투모의고사

정답 및 해설

제1회 모의고사 정답 및 해설

01	02	03	04	05	06	07	08	09	10
①	③	④	④	③	①	②	④	①	③
11	12	13	14	15	16	17	18	19	20
③	①	②	④	③	②	①	④	③	②
21	22	23	24	25					
④	④	①	②	②					

01
정답 ①

정답해설

①의 제시된 문장은 '영하는 부산에 산다.'라는 문장과 '민주는 대전에 산다.'라는 문장을 대등적 연결 어미 '-고'를 사용하여 연결한 것으로, 대등적으로 이어진 문장이다.

오답해설

② '형이 취직하기'는 명사절로 안긴문장으로, 제시된 문장에서 목적어의 역할을 한다.

③ '예쁜'이 뒤에 오는 체언 '지혜'를 수식하고 있으므로, 관형절로 안긴문장이다. 제시된 문장은 '지혜는 예쁘다.'라는 문장과 '지혜는 자주 거울을 본다.'라는 문장으로 구분할 수 있다.

④ '다음 주에 가족 여행을 가자.'라는 문장을 인용 조사 '고'를 활용해 연결한 것으로, 인용절로 안긴문장이다.

The 알아보기 문장의 종류

• 홑문장
- 주어와 서술어가 하나씩 있어서 둘 사이의 관계가 한 번만 이루어지는 문장이다.
- 간결하고 명쾌하게 의미를 전달할 수 있다.
- 본용언과 보조 용언이 결합하여 서술어로 쓰인 문장은 홑문장이다.
- 대칭 서술어(마주치다, 다르다, 같다, 비슷하다, 악수하다)가 사용된 문장은 홑문장이다.

• 겹문장
- 주어와 서술어의 관계가 두 번 이상 이루어지는 문장이다.

- 복잡한 내용을 전달할 수 있지만, 너무 복잡해지면 오히려 의미 전달이 어려워질 수 있다.
- 종류

이어진 문장	개념	둘 이상의 절이 연결 어미에 의하여 결합된 문장
	종류	• 대등하게 이어진 문장 • 종속적으로 이어진 문장

02
정답 ③

정답해설

③은 문장의 목적어나 부사어가 지시하는 대상을 높이는 객체 높임법이 특수 어휘 '드리다'로 실현되었다.

오답해설

① · ② · ④ 서술어의 주체를 높이는 주체 높임법이 높임의 선어말 어미 '-시-'로 실현된 문장이다.

03
정답 ④

정답해설

문학 작품을 표현 방식에 따라 구분하면 크게 서정, 서사, 극, 교술 문학으로 나뉜다.

④ 교술 양식: 필자의 경험에서 우러나온 깨달음을 서술하는 문학 장르이며 교술 민요, 경기체가, 악장, 가사, 패관 문학, 가전체, 몽유록, 수필, 서간, 일기, 기행, 비평 등이 해당된다.

오답해설

① 서정 양식: 개인의 감정이나 정서를 노래하는 주관적인 문학 장르로, 고대 가요, 향가, 고려 속요, 시조, 현대시 등이 해당된다.

② 서사 양식: 인물들이 벌인 어떠한 사건에 대해 서술자가 서술하는 것으로, 설화(신화, 전설, 민담), 판소리, 고전 소설, 현대 소설, 신소설 등이 해당된다.

③ 극 양식: 서사 갈래와 동일하게 어떠한 사건을 다루지만 무대 위에 인물들이 직접 등장하여 대사와 행동으로 보여 주는 문학 장르이다. 가면극(탈춤), 인형극, 무극, 그림자극, 희곡 등이 해당된다.

The 알아보기 문학의 갈래

갈래	특징	예
서정 (노래하기)	• 운율이 있는 언어를 통해 내용이 전개되며 전개 방식이 매우 감각적임 • 작품 외적 세계(작가)의 개입이 없는 세계(객관적 세계)의 자아화(주관화)	고대 가요, 향가, 고려 속요, 시조, 한시, 민요, 근대시, 현대시 등
서사 (이야기하기)	• 다른 장르에 비해 객관적이고 분석적임 • 작품 외적 자아(서술자)의 개입이 있는 자아(인물)와 세계(현실)의 대결	설화, 서사 무가, 판소리, 고전 소설, 신소설, 현대 소설 등
극 (보여주기)	• 연극적인 형식을 갖추고 있으며 서정 갈래의 주관성과 서사 갈래의 객관성을 공유 • 작품 외적 자아(서술자)의 개입이 없는 자아(인물)와 세계(현실)의 대결	탈춤, 인형극, 창극, 근대극, 현대극 등
교술 (알려주기)	• 다른 장르에 비해 교훈성과 설득성이 매우 강함 • 작품 외적 세계(작가)의 개입이 있는 자아(주관)의 세계화(객관화)	경기체가, 악장, 가사, 국문 수필, 기행문, 비평문 등

04
정답 ④

정답해설

실질 형태소는 명사, 대명사, 수사, 관형사, 부사, 감탄사, 용언의 어간으로, 제시된 문장에서 실질 형태소는 '눈, 녹−, 남−, 발, 자국, 자리, 꽃, 피−'이므로 총 8개이다.

오답해설

① 제시된 문장의 형태소는 '눈(명사)/이(조사)/녹−(어간)/−으면(어미)/남−(어간)/−은(어미)/발(명사)/자국(명사)/자리(명사)/마다(조사)/꽃(명사)/이(조사)/피−(어간)/−리−(선어말 어미)/−니(어말 어미)'로 나눌 수 있다. 의존 형태소는 어간, 어미, 조사, 접사로, 제시된 문장에서 의존형태소는 '이, 녹−, −으면, 남−, −은, 마다, 이, 피−, −리−, −니'이므로 총 10개이다.

② 자립 형태소는 명사, 대명사, 수사, 관형사, 부사, 감탄사로, 제시된 문장에서 자립 형태소는 '눈, 발, 자국, 자리, 꽃'이므로 총 5개이다.

③ 어절은 띄어쓰기의 단위로, 제시된 문장은 '눈이/녹으면/남은/발자국/자리마다/꽃이/피리니'와 같이 총 7개의 어절로 이루어져 있다. 음절은 말소리의 단위로, 제시된 문장은 총 19개의 음절로 이루어져 있다.

05
정답 ③

정답해설

제시문에서 경전을 인용하여 주장을 강조하는 부분은 찾아볼 수 없다.

오답해설

① 물결치고 바람 부는 물 위에서 배를 띄워 놓고 사는 '주옹'의 삶에 대해 '손'은 매우 위험하게 생각하며 상식과 통념에 입각하여 사물을 바라보는 관점을 취하고 있다. 이와 달리 '주옹'은 늘 위태로운 지경에 처하게 되면 조심하고 경계하게 되므로 오히려 더욱 안전하다고 주장하고 있다. 따라서 이러한 '주옹'의 관점은 상식과 통념을 뒤집는 역설적 발상의 결과라고 할 수 있다.

② '손'과의 대화 과정에서 '주옹'은 여러 가지 질문을 던지고 이에 대한 자신의 주장을 펴고 있다.

④ 끝부분에서 '주옹'은 시를 이용하여 '어떻게 살아야 하는가'에 대한 자신의 주장을 암시적으로 보여 주고 있다.

> ## The 알아보기 권근, 「주옹설(舟翁說)」
> • 갈래: 한문 수필, 설(說)
> • 성격: 비유적, 교훈적, 계몽적, 역설적
> • 표현: 여러 가지 질문을 던지고 이에 대한 자신의 주장을 펴
> • 제재: 뱃사람의 삶
> • 특징
>   − 편안함에 젖어 위험을 깨닫지 못하는 삶을 경계
>   − 역설적 발상을 통해 일반적인 삶의 태도를 비판
>   − 허구적인 대리인(주옹)을 설정하여 글쓴이의 생각을 전달
> • 주제
>   − 세상살이의 어려움과 삶의 태도
>   − 항상 경계하며 사는 삶의 태도의 필요성

06

정답해설

제시문의 [A]는 자연 속에서 근심 없이 유유자적하는 삶의 태도를 보여 주고 있다.

① 월산대군의 강호한정가로 세속에 관심 없이 자연의 아름다움을 즐기며 안분지족하는 삶의 태도를 보여 주고 있다.

오답해설

② 황진이의 시조로 임을 떠나보내고 후회하는 여인의 심리를 표현한 연정가이다.

③ 원천석의 시조로 대나무를 의인화하여 고려 왕조에 대한 변함없는 충절을 표현한 절의가이다.

④ 이황의 시조 「도산십이곡」으로 변함없는 자연과 인간의 유한성을 대비하여 영원한 학문과 덕행에의 정진을 다짐하고 있다.

07

정답해설

'서로 짠 일도 아닌데 ~ 네 집이 돌아가며 길어 먹었지요.'와 '집안에 일이 있으면 그 순번이 자연스럽게 양보되기도 했었구요.'를 통해 이웃 간의 배려에 대한 표현을 찾아볼 수는 있다. 그러나 '미나리가 푸르고(시각적 이미지)', '잘도 썩어 구린내 혹 풍겼지요(후각적 이미지).'에서 감각적 이미지가 사용된 것은 확인할 수 있으나, 하나의 감각에서 다른 감각으로 전이되는 공감각적 이미지는 찾을 수 없다.

오답해설

① '네 집이 돌아가며 길어 먹었지요.'와 '집안에 일이 있으면 그 순번이 자연스럽게 양보되기도 했었구요.'를 통해 '샘'은 이웃 간의 정과 배려를 느끼게 하는 소재임을 알 수 있다. 따라서 '샘'을 매개로 공동체의 삶을 표현하였다는 설명은 적절하다.

③ '-었지요', '-었구요' 등은 구어체 표현으로서 이웃 간의 정감 어린 분위기를 표현하기 위해 사용되었다.

④ '길이었습니다', '있었지요', '먹었지요', '했었구요', '풍겼지요' 등의 과거 시제를 사용하고 있으며 이를 통해 과거를 회상하는 분위기를 표현하였다.

08

정답해설

국밥: 예사소리(ㄱ, ㅂ), 파열음(ㄱ, ㅂ), 연구개음(ㄱ)

오답해설

① 해장
  • 예사소리(ㅈ), 'ㅎ'은 어디에도 포함되지 않는다.
  • 파찰음(ㅈ), 마찰음(ㅎ)
  • 경구개음(ㅈ), 목청소리(ㅎ)

② 사탕
  • 예사소리(ㅅ), 거센소리(ㅌ), 울림소리(ㅇ)
  • 마찰음(ㅅ), 혀끝소리(ㅅ)

③ 낭만
  • 울림소리(ㄴ, ㅁ, ㅇ)
  • 비음(ㄴ, ㅁ, ㅇ)
  • 연구개음(ㅇ), 혀끝소리(ㄴ), 입술소리(ㅁ)

09

정답해설

주어진 문장의 '쓰다'는 '어떤 일을 하는 데에 재료나 도구, 수단을 이용하다.'의 의미이다.

① '쓰다'는 '합당치 못한 일을 강하게 요구하다.'라는 의미로, 주어진 문장의 '쓰다'와 다의 관계이다.

오답해설

② '시체를 묻고 무덤을 만들다.'의 의미이다.

③ '얼굴에 어떤 물건을 걸거나 덮어쓰다.'의 의미이다.

④ '머릿속의 생각을 종이 혹은 이와 유사한 대상 따위에 글로 나타내다.'의 의미이다.

10

정답해설

ⓛ 송별연은 '별'의 종성인 'ㄹ'이 연음되어 [송벼련]으로 발음된다.

ⓔ 야금야금은 두 가지 발음 [야금냐금/야그먀금]이 모두 표준 발음으로 인정된다.

오답해설

ⓙ 동원령[동원녕]

ⓒ 삯일[상닐]

11

정답해설

제시된 글에서는 '화랑도(花郎道: 꽃 화, 사나이 랑, 길 도)'와
'화랑도(花郎徒: 꽃 화, 사나이 랑, 무리 도)'를 정의함으로써
독자의 이해를 돕고 있으므로 ③은 적절한 설명이다.

오답해설

① 화랑도라는 용어를 바탕으로 의견을 제시하고 있을 뿐,
  이에 대한 반론이나 반론을 위한 전제를 제시하지 않았으
  므로 이는 적절하지 않은 설명이다.
② 과거 신라 시대의 화랑도를 설명하고 있을 뿐, 글쓴이의
  체험담은 제시되지 않았으므로 이는 적절하지 않은 설명
  이다.
④ 역사적 개념과 사실을 전달하고 있을 뿐, 통계적 사실이
  나 사례를 제시하지 않았으므로 이는 적절하지 않은 설명
  이다.

12
정답 ①

정답해설

㉠ '꿈'은 헤어진 임과 다시 만날 것을 간절히 염원하는 그리
  움의 표상이다.

오답해설

② 초장의 '이화우'와 중장의 '추풍낙엽'에서 계절의 대립적
  변화는 나타나 있지만 ㉠은 작가의 소망을 나타낸 것일
  뿐 대립적인 상황을 해소하는 계기가 되지는 않는다.
③ 인물의 과거 행적과 ㉠은 아무 관련이 없다.
④ '천 리에 외로운 꿈'은 둘 사이에 놓여 있는 공간적 거리감
  과 함께 잊을 수 없는 임에 대한 그리움의 표상이지 긴박
  한 분위기의 이완과는 관련이 없다.

> **The 알아보기** 계랑, 「이화우(梨花雨) 흩날릴 제」
> • 갈래: 평시조, 연정가(戀情歌), 이별가
> • 성격: 감상적, 애상적, 우수적
> • 표현: 은유법
> • 제재: 이별과 그리움
> • 주제: 임을 그리는 마음

13
정답 ②

정답해설

제시문은 '학교폭력 가해사실에 대한 학교생활기록부 기록
방침'에 대해 찬성하는 입장을 취하고 있다. 이와 반대로 ②
는 학교폭력의 가해자가 받을 수 있는 지나친 불이익을 이유
로 들어 '학교폭력 가해사실에 대한 학교생활기록부 기록 방
침'에 대해 반대하는 입장을 취하고 있다.

오답해설

① · ③ · ④ '학교폭력 가해사실에 대한 학교생활기록부 기록
  방침'이 갖는 긍정적인 측면을 기술하고 있다.

14
정답 ④

정답해설

제시문은 세잔, 고흐, 고갱 각자의 인상주의에 대한 비판점
과 해결 방법에 대해 서술하고 있다.

오답해설

① 세잔은 인상주의가 균형과 질서의 감각을 잃었다고 생각
  했다.
② 고흐는 인상주의가 빛과 색의 광학적 성질만을 탐구하여
  서, 미술의 강렬한 정열을 상실하게 될 위험에 처했다고
  느꼈다.
③ 고갱은 그가 본 인생과 예술 전부에 대해 철저하게 불만을
  느꼈고, 더 단순하고 더 솔직한 것을 열망했다.

15
정답 ③

정답해설

4구체, 8구체, 10구체로 분류되는 것은 '시조'가 아니라 '향
가'이다.

오답해설

① · ② · ④ 시조 갈래에 대해 잘 설명하고 있다.

> **The 알아보기** 송순, 「십 년(十年)을 경영하여」
> • 갈래: 평시조, 정형시
> • 주제: 자연에 대한 사랑과 안빈낙도
> • 특징
>   – 의인법과 비유법을 통해 물아일체의 모습을 나타냄
>   – 근경과 원경이 조화를 이루고 있음

제1회 모의고사 정답 및 해설 5

16 정답 ②

정답해설

핫옷: 안에 솜을 두어 만든 옷

오답해설

① 감실감실: 사람이나 물체, 빛 따위가 먼 곳에서 자꾸 아렴풋이 움직이는 모양

③ 닁큼닁큼: 머뭇거리지 않고 잇따라 빨리

④ 다붓하다: 조용하고 호젓하다

17 정답 ①

정답해설

오매불망(寤寐不忘): 자나 깨나 잊지 못함

오답해설

② 청출어람(靑出於藍): 쪽에서 뽑아낸 푸른 물감이 쪽보다 더 푸르다는 뜻으로, 제자나 후배가 스승이나 선배보다 나음을 비유적으로 이르는 말

③ 각골난망(刻骨難忘): 남에게 입은 은혜가 뼈에 새길 만큼 커서 잊지 아니함

④ 불문곡직(不問曲直): 옳고 그름을 따지지 아니함

18 정답 ④

정답해설

ⓔ의 '금간 창 틈'은 넉넉하지 않은 가정 상황을 나타내며, '빗소리'는 화자의 외로움을 고조시키고 있다.

The 알아보기 기형도, 「엄마 걱정」

- 갈래: 자유시, 서정시
- 주제: 장에 간 엄마를 걱정하고 기다리던 어린 시절의 외로움
- 특징
  - 어른이 된 화자가 과거를 회상함
  - 외로웠던 어린 시절을 감각적 심상으로 묘사

---

19 정답 ③

정답해설

국어의 표기법은 한 음절의 종성을 다음 자의 초성으로 내려서 쓰는 '이어적기(연철)', 여러 형태소가 연결될 때에 형태소의 모음 사이에서 나는 자음을 각각 앞 음절의 종성으로 적고 뒤 음절의 초성으로 적는 '거듭적기(혼철)', 여러 형태소가 연결될 때 그 각각을 음절이나 성분 단위로 밝혀 적는 '끊어적기(분철)'가 있다.

③ '쟝긔판'은 '쟝긔판+올'을 거듭적기로 쓴 표기이고, '밍글어눌'은 '밍글-+-어눌'을 끊어적기로 쓴 표기이다. 따라서 이어적기가 쓰이지 않았다.

오답해설

① '기픈'은 '깊-+-은'을 이어적기로 쓴 표기이므로 이는 적절하다.

② '브르매'는 'ㅂㄹㅁ+애'를 이어적기로 쓴 표기이므로 이는 적절하다.

④ '바르래'는 '바룰+애'를 이어적기로 쓴 표기이므로 이는 적절하다.

20 정답 ②

정답해설

ⓛ의 앞에서는 황사의 이점에 대해서 언급했지만 ⓛ의 뒤에서는 황사가 해를 끼친다는 내용이 나오므로 ⓛ에는 역접의 접속어가 들어가야 한다. 따라서 '그러나' 또는 '하지만' 등의 접속어를 쓰는 것이 적절하다.

오답해설

① 제시된 글의 중심 내용은 황사가 본래 이점도 있었지만 인간이 환경을 파괴시키면서 심각하게 해를 끼치는 존재가 되었다는 것이다. '황사의 이동 경로의 다양성'은 글 전체의 흐름을 방해하므로 삭제하는 것이 적절하다.

③ '덕분이다'는 어떤 상황에 긍정적인 영향을 준 경우 사용되는 서술어이다. 환경 파괴로 인해 황사가 재앙의 주범이 되는 부정적인 결과가 발생했으므로 '때문이다'를 사용하는 것이 적절하다.

④ '독성 물질'은 서술어 '포함하고 있는'의 주체가 아니므로 '독성 물질을'로 고쳐 쓰는 것이 적절하다.

21 정답 ④

정답해설

일제 강점기의 암울한 현실 상황 속에서 박목월이 의지할 수 있는 것은 오직 자연뿐이었다. 그곳은 단순히 자연으로의 귀의라는 동양적 자연관으로서의 자연이라기보다는 인간다운 삶을 빼앗긴 그에게 '새로운 고향'의 의미를 갖는 자연이다. 그러므로 박목월에 의해 형상화된 자연의 모습은 인간과 자연의 대상들이 아무런 대립이나 갈등 없이 조화를 이루는 자연이다.

④ 감정의 절제는 맞는 지적이나 화자는 '산(=자연)'과 일정한 거리를 유지하려 하는 것이 아니라 조화를 이루는 삶을 동경하고 있다.

오답해설
① 화자는 순수하고도 탈속적인 세계인 '산(=자연)'을 지향하며, 자연 속에 안겨 평범하면서도 풍요로운 삶, 즉 인간다운 삶을 살고 싶은 순수한 모습이 나타나고 있다.
② '산이 날 에워싸고(A)', '살아라 한다(B)'의 통사 구조의 반복을 통해 자연 친화를 통한 초월적 삶이라는 주제를 강조하고 있다.
③ '살아라 한다'의 명령 화법으로 되어 있지만 이는 '산(=자연)'이 화자에게 권유하는 것이며 또한 시적 화자의 소망이다.

The 알아보기 박목월, 「산이 날 에워싸고」

- 갈래: 자유시, 서정시
- 성격: 초월적, 자연 친화적, 관조적
- 제재: 산에 에워싸인 배경
- 구성: 점층적('생계 → 생활감 → 정신의 달관'으로 점차 고양되어가는 단계)
  - 제1연: 자연 속의 삶 – '씨나 뿌리고', '밭이나 갈며' 사는 최소한의 생계 수단
  - 제2연: 자연 속의 야성적인 삶 – '들찔레처럼', '쑥대밭처럼' 사는 생활상
  - 제3연: 자연 속의 생명 – '그믐달처럼' 사는 달관의 경지
- 특징
  - '산'을 의인화하여 화자에게 말을 하는 것처럼 표현함
  - '산이 날 에워싸고 ~ 살아라 한다'를 반복하여 리듬감을 형성하고 주제를 강조함
  - 자연과의 동화가 점층적으로 진행됨
- 주제
  - 평화롭고 순수한 자연에 대한 동경
  - 자연 친화를 통한 초월적 삶

22 　　　　　　　　　　　　　　　　정답 ④

오답해설
① 온가지(×) → 온갖(○)
② 며루치(×) → 멸치(○)
③ 천정(×) → 천장(○)

23 　　　　　　　　　　　　　　　　정답 ①

정답해설
「만분가」는 조위가 조선 연산군 4년(1498)에 전남 순천으로 유배 가서 지은 우리나라 최초의 유배 가사이다.

오답해설
② · ③ · ④ 신재효의 판소리 여섯마당: 「춘향가」, 「심청가」, 「수궁가」, 「흥부가」, 「적벽가」, 「변강쇠 타령」

24 　　　　　　　　　　　　　　　　정답 ②

정답해설
㉠ 나무가 분명히 굽어보이지만 실제로 굽지 않았다고 하였으므로 ㉠에 들어갈 한자어는 '어떤 사실의 앞뒤, 또는 두 사실이 이치상 어긋나서 서로 맞지 않음을 이르는 말'인 '矛盾(창 모, 방패 순)'이 적절하다.
㉡ 사물이나 사태의 보임새를 의미하는 한자어가 들어가야 하므로 '인간이 지각할 수 있는, 사물의 모양과 상태'를 뜻하는 말인 '現象(나타날 현, 코끼리 상)'이 적절하다.
㉢ 사물이나 사태의 참모습을 의미하는 한자어가 들어가야 하므로 '본디부터 가지고 있는 사물 자체의 성질이나 모습'을 뜻하는 '本質(근본 본, 바탕 질)'이 적절하다.
따라서 ㉠~㉢에 들어갈 낱말은 ② 矛盾 – 現象 – 本質이다.

오답해설
㉠ 葛藤(칡 갈, 등나무 등): 칡과 등나무가 서로 얽히는 것과 같이, 개인이나 집단 사이에 목표나 이해관계가 달라 서로 적대시하거나 충돌함 또는 그런 상태
㉡ 假象(거짓 가, 코끼리 상): 주관적으로는 실제 있는 것처럼 보이나 객관적으로는 존재하지 않는 거짓 현상
㉢ 根本(뿌리 근, 근본 본): 사물의 본질이나 본바탕

25 　　　　　　　　　　　　　　　　정답 ②

정답해설
조국이 위기에 처했을 때, 시인이 민족의 예언가가 되거나 민족혼을 불러일으키는 선구자적 위치에 놓일 수 있다는 것을 설명한 글이다. 따라서 글의 제목으로 가장 적절한 것은 '맡겨진 임무'를 뜻하는 '사명'이 포함된 ② '시인의 사명'이다.

01	02	03	04	05	06	07	08	09	10
②	③	③	③	③	④	③	①	③	④

11	12	13	14	15	16	17	18	19	20
④	②	①	③	①	③	③	③	④	②

21	22	23	24	25					
④	④	④	④	②					

01　　　　　　　　　　　　　　정답 ②

정답해설

북한정보는 북한의 군사동향, 정치, 경제 등 제반정보를 가리키며, 방첩정보는 주로 국내정보에 해당한다.

02　　　　　　　　　　　　　　정답 ③

정답해설

프랑스의 DGSE는 대표적인 해외정보수집 및 비밀공작활동을 담당하며, 수집된 첩보를 종합하여 분석하는 기능을 수행한다.

> **The 알아보기　각국의 해외정보활동기관**
> • 한국 국가정보원: 통합형 정보기관으로 해외 · 국내정보를 수집하고, 방첩활동을 총괄한다.
> • 미국 CIA: 미국 최고의 국가정보기관으로 고위급 정책결정자들에게 국가정보를 생산하여 제공하고, 해외 인간정보 출처들을 채용 · 관리한다.
> • 러시아 SVR: 과거 KGB 제1총국의 후신으로 해외업무수집 및 분석을 담당한다.
> • 영국 SIS(MI6): 해외정보수집 및 비밀공작활동을 통해 국방 및 외교 정책에 관련된 국가안보의 이익을 증진하는 업무를 수행한다.
> • 독일 BND: 해외정보를 수집하고, 24시간 공중전파를 감시하여 통신정보를 생산한다.
> • 중국 국가안전부: 외국의 간첩활동에 대응하고 해외정보를 체계적으로 수집한다.

03　　　　　　　　　　　　　　정답 ③

정답해설

국가의 위기 시 고려해야 할 요소는 시급성, 파급성, 기습성, 위협의 크기이다.

04　　　　　　　　　　　　　　정답 ③

오답해설

① 국가정보원장은 보안사고를 예방하기 위하여 국가보안시설, 국각보호장비 및 보호지역에 대한 보안측정을 한다.
② 중앙행정기관의 장은 필요에 따라 자체적으로 정기 및 수시보안감사를 실시할 수 있다.
④ 국가정보원장은 비밀의 누설, 분실 등에 관한 사고원인 규명 및 재발 방지 대책마련을 위하여 보안사고 조사를 한다.

05　　　　　　　　　　　　　　정답 ③

정답해설

특별국가정보판단은 평가 및 분석정보 보고서이다. 미국 CIA의 보고서 분류는 크게 현용정보 보고서, 평가 및 분석정보 보고서, 경보정보 보고서가 있다.

> **The 알아보기　정보기관의 보고서 분류**
> • 현용정보 보고서
> 　− 대통령일일브리핑
> 　− 국가일일정보
> 　− 일일경제정보브리핑
> 　− 국무장관조간요약
> 　− 군사정보요약
> 　− 신호정보요약
> 　− 세계영상보고
> • 평가 및 분석정보 보고서
> 　− 국가정보판단
> 　− 특별국가정보판단
> 　− 국방정보평가
> 　− 특별정보보고
> 　− 정보메모
> • 경보정보 보고서
> 　− 경고경계목록
> 　− 경고메모
> 　− 주간경고전망

06 정답 ④

정답해설

정보의 순환체계는 '정보 요구 → 자료 수집 → 자료 처리 → 분석 및 생산 → 배포 → 환류'의 순서로 되어 있다. 이러한 정보순환과정은 정보를 체계적으로 분석하고 문제점을 파악할 수 있게 한다.

07 정답 ③

오답해설

① 국가보안기술연구소에 대한 설명이다. 국방정보본부는 1981년 합동참모본부 제2국을 확대·개편하여 창설했다.
② 국방정보본부에 군인과 군무원을 두되, 그 정원은 국방부 장관이 정한다(국방정보본부령 제5조).
④ 2018년 국방정보본부령이 개정되며 '국방지형정보단'은 정보본부 예하 부대에서 삭제되었다. 2018년 12월 4일 국방지형정보단이 해산하고, 제935정보부대로 대체되었다.

> **The 알아보기 국방정보본부령 제1조의2(업무)**
> 국방정보본부는 다음 각 호의 업무를 수행한다.
> 1. 국방정보정책 및 기획의 통합·조정 업무
> 2. 국제정세 판단 및 해외 군사정보의 수집·분석·생산·전파 업무
> 3. 군사전략정보의 수집·분석·생산·전파 업무
> 4. 군사외교 및 방위산업에 필요한 정보지원 업무
> 5. 재외공관 주재무관의 파견 및 운영 업무
> 6. 주한 외국무관과의 협조 및 외국과의 정보교류 업무
> 7. 합동참모본부, 각 군 본부 및 작전사령부급 이하 부대의 특수 군사정보 예산의 편성 및 조정 업무
> 8. 사이버 보안을 포함한 군사보안 및 방위산업 보안정책에 관한 업무
> 9. 군사정보전력의 구축에 관한 업무
> 10. 군사기술정보에 관한 업무
> 11. 군사 관련 지리공간정보에 관한 업무
> 12. 그 밖에 군사정보와 관련된 업무

08 정답 ①

정답해설

해당 공작은 거너사이드 작전이다.

오답해설

② 제2차 세계대전 중 나치의 군정보기관인 압베르가 미국 본토에서 벌인 비밀공작으로, 듀케인 사건으로 더 잘 알려져 있다.
③ 제2차 세계대전 중 영국의 MI6이 나치의 군사과학 기밀을 빼내기 위해 벌인 비밀작전이다.
④ 1942년 영국정보부가 나치의 국가보안총수이자 유대인 학살의 핵심인물인 라인하르트 하이드리히를 암살한 작전이다.

09 정답 ③

정답해설

특별한 안전시설이나 전략적 대응조치가 취해지지 않은 상태로 대중들이 모여 있는 장소, 그 장소 내의 시설물 또는 사람들을 소프트 타깃(Soft Target)이라고 한다. 주요 대상은 쇼핑몰, 카페, 식당, 극장 등의 오락시설물과 문화시설물 그리고 학교, 대중교통수단 및 시설이다.

오답해설

①·②·④ 테러를 감행하는 집단은 자신들의 정치적, 이념적, 종교적 주장을 폭력적 행동으로 표출하는데, 이를 정당화하는 방편으로 공공기관, 정부, 군대, 종교시설 등에 테러 공격을 감행한다. 이러한 곳은 테러의 감행이 쉽지 않다는 특성이 있어 하드 타깃(Hard Target)이라고 한다.

10 정답 ④

정답해설

군형법이 아닌, 형법 중 내란·외환의 죄에 해당하는 정보의 수집·작성·배포의 직무를 수행한다(국가정보원법 제4조 제1항 제1호).

오답해설

① 국가정보원법 제2조
② 국가정보원법 제11조 제1항
③ 국가정보원이 앞으로 해결해야 할 과제 중 하나이다.

11 정답 ④

정답해설

단기적이고 지엽적인 군사정보를 전술정보라고 하는데, 전술정보에는 전투서열정보, 군사능력정보가 있다. 이에 반해 장기적이고 포괄적인 정보를 전략정보라고 하는데, 이는 주요인물에 대한 신상정보, 경제정보, 사회정보, 운송 · 통신정보, 군사지리정보, 군사력정보, 정치정보, 과학기술정보를 포함한다.

12 정답 ②

정답해설

악마의 변론(Devil's Advocacy)에 의한 의견제시는 전통적 분석에 의한 결론보다 설득력이 부족한 경우가 많아 정보기관 고위급 간부 또는 정책결정자에 의해 채택되기 쉽지 않은 측면이 있다.

13 정답 ①

정답해설

보호지역을 관리하는 사람이 아닌 각급기관의 장과 관리기관 등의 장이 보호지역을 설정할 수 있다.

- 제한구역(안내): 비밀 또는 주요 시설 및 자재에 대한 비인가자의 접근을 방지하기 위하여 출입에 안내가 요구되는 구역으로 대법원장실, 대법관실, 법원행정처장실, 사법연수원장실, 법원행정처 차장실, 사법정책연구원장실, 법원공무원교육원장실, 법원도서관장실, 각급법원장실, 전화교환실, 발전실 및 보이라실, 기록문서보관창고, 등기부 보관창고, 부동산폐쇄등기부마이크로필름의 현상실 및 보관실, 호적부본 보관창고가 해당된다.
- 통제구역(비인가자 출입금지): 비인가자의 출입이 금지되는 보안상 극히 중요한 구역으로서 안전관리관실, 안전관리 상황실, C.P.X.상황실, 훈련실시장, 무기고가 해당된다.

14 정답 ③

정답해설

에셜론은 무선 · 유선통신, 위성통신, 인터넷, 이메일 등을 모두 감청하고 있다. 도청이 처음 실시된 것은 군사적 · 정치적 목적 때문이었으나 지금은 경제적 목적을 위해서도 사용되고 있다.

15 정답 ①

정답해설

프랑스 군사정보부에 관한 설명이다.

> **The 알아보기** 군사정보부(DRM)
> - 1992년 걸프전 때 겪었던 정보의 심각한 부족실태에 대한 문제를 보완하기 위해 발족
> - 단기적인 관점이 아닌 중장기적 관점에서 잠재적 위협이 되는 대상이나 지역에 대한 일반적 정보를 수집
> - 육군정보부대(멧스), 제13긴급공정부대(디우즈), 전파 위성 사진 수신센터를 지휘 · 감독

16 정답 ③

정답해설

아만은 군 정보기관으로 군사정보를 처리 · 작성 · 배포하며, 통신감청을 통해 인근 국가들의 동향을 파악한다.

오답해설

① 모사드: 미국의 CIA, 영국의 SIS, 러시아의 SVR 등과 유사한 이스라엘의 해외 담당 국가정보기관이다.

② 신베트: 점령지의 테러세력 색출을 위한 고문, 불법감금 등 인권침해로 논란이 많은 이스라엘 국가정보기관이다. 브첼렘(B'Tselem), 국제 엠네스티(Amnesty International) 등과 같은 인권단체들은 신베트가 여전히 국제협약에서 고문으로 분류되는 육체적 고통을 이용한 심문을 시행하고 있다며 비판하고 있다.

④ 라캄: 핵무기를 포함한 군사문제, 군사부문의 과학기술 정보를 수집하는 활동을 한 이스라엘의 정보기관이었다. 1986년 조나단 폴라드 사건으로 미국과의 협상에 따라 해체되었으며, 수행하던 임무는 외무부와 과학기술부로 이관되었다.

17 정답 ③

정답해설

비밀공작은 목표달성을 위한 다른 효과적인 수단이 없을 때에만 추진되어야 한다(보충성의 원칙). 그러나 즉시 효과적인 것에 대한 요건은 없다.

> **The 알아보기** 제임스 베리의 '비밀공작의 정당성 요건'
> - 사전승인의 원칙   · 타당성의 원칙
> - 정당성의 원칙   · 수단과 목적의 비례원칙
> - 보충성의 원칙
> 위와 같은 원칙이 지켜질 때 미국 국민들로부터 지지를 받을 수 있다고 주장하였다.

18 정답 ③

정답해설

CIA의 전설적인 첩보원 헨리 A. 크럼프턴(Henry A. Crumpton)은 첩보원이 포섭되는 동기로 MICE가 있다고 하였다. MICE는 돈(Money), 이데올로기(Ideology), 타협(Compromise), 자존심(Ego)의 머리글자를 따서 만든 용어이다. CIA는 이 기법으로 첩보원을 포섭하고 거래해왔다.

19 정답 ④

정답해설

㉠과 ㉣의 설명이 서로 바뀌었다.

㉠ DRM(Digital Rights Management): 디지털 콘텐츠의 불법 복제를 막기 위한 기술과 서비스를 총칭하는 용어이다.

② RFID(Radio Frequency Identification): 비접촉 인식 시스템으로 소형칩에 정보를 저장하여 무선으로 데이터를 송신할 수 있게 하는 서비스를 이르는 용어이다.

20

정답해설

㉠은 정치공작, ㉡은 선전공작, ㉢은 경제공작, ㉣은 준군사공작에 대한 설명이다.

21
정답 ④

정답해설

보안교육, 동향조사, 신원조사 등은 방첩활동이 아니라 보안의 인원 활동에 해당한다.

22
정답 ④

정답해설

국가테러대책위원회의 위원장은 국무총리이다.

> **The 알아보기** 한국의 대테러 관련 주요 법령
> • 국가대테러활동지침: 대테러 대책기구 설치, 기관별 업무 분장, 대체시스템 명시
> • 형법: 형법 및 각종 특별법에서 테러행위에 대한 벌칙 규정
> • 국가정보원법: 국가정보원의 테러 예방을 위한 포괄적 정보활동 내용 명시
> • 통합방위법: 국방위요소의 통합·운용을 위한 통합방위 대책 수립
> • 테러자금금지법: 테러자금 조달억제협약 등 국제협약들에 따른 국가의무 이행을 위한 법

23
정답 ④

정답해설

정보분석 대상은 사실, 비밀, 허위정보, 수수께끼(미스터리)의 4가지이다.

24
정답 ④

정답해설

〈보기〉의 ㉠~㉤ 모두 보호지역의 설정 대상이다.

> **The 알아보기** 보호구역의 설정 대상(보안업무규정 시행규칙 제53조)
> • 통합비밀보관실　　• 통신실
> • 암호실　　　　　　• 전산실
> • 중앙통제실　　　　• 군사시설
> • 정보보관실　　　　• 무기고
> • 종합상황실
> • 그 밖에 보안상 특별한 통제가 요구되는 지역 또는 시설

25
정답 ②

정답해설

사이버 무기체계는 공격 대상에 적용되는 기술 방식에 따라 하드웨어 무기와 소프트웨어 무기로 구분한다.
AMCW(객체이동 가상무기)는 소프트웨어 무기로, 적국의 특정 시스템까지 자동 항해하여 공격 목표물에 도달한 후 전산망을 무력화하는 프로그램이다.

오답해설

① 나노머신: 정보시스템을 구성하는 특정 부품을 찾아 파괴함으로써 기능을 마비시킨다.
③ EMP 폭탄: 고에너지를 가지는 전자기파를 이용하여 정보시스템 및 정보통신망의 기능을 마비시킨다.
④ 치핑: 제조 단계에서 칩에 이상기능을 삽입하여 특정 조건이 충족되면 자동으로 작동해 자폭하거나 조종이 불가능한 상태가 되도록 한다.

> **The 알아보기** 소프트웨어 무기체계

디도스 (DDoS)	분산 서비스 거부 공격. 여러 컴퓨터에 악성코드를 감염시키고 좀비컴퓨터로 시스템을 마비시키는 방법
해킹	컴퓨터와 통신 관련 지식을 가진 해커가 전산망에 침투하여 컴퓨터 바이러스를 삽입하거나 데이터베이스를 파괴하는 행위
논리폭탄	컴퓨터 시스템에 일시적으로 오류가 발생하도록 시스템 내부 코드 변경
악성코드	컴퓨터, 네트워크, 소프트웨어 등에 피해를 입히려는 의도를 가지고 만들어진 모든 소프트웨어
트랩도어	시스템 내부를 설계할 때부터 프로그램에 실수나 고의로 장치된 침입로

01	02	03	04	05	06	07	08	09	10
④	④	②	④	③	③	③	③	④	②
11	12	13	14	15	16	17	18	19	20
①	③	①	④	④	③	③	②	③	③
21	22	23	24	25
④	③	③	①	④

01
정답 ④

정답해설

현대사회 고용과 노동 변화의 특징으로는 고용 불안, 탈조직 커리어, 조직인의 죽음, 노동의 유연성, 재택근무 등이 있다.

02
정답 ④

정답해설

디버전스는 디지털 컨버전스의 반대 개념으로, 기능들이 다양하게 통합되는 것이 아니라 본래의 기능에 충실하자는 것이다. 예를 들어 디버전스의 개념에 따르면, 휴대폰은 통화의 기능에 충실해야 한다.

03
정답 ②

정답해설

인간의 기억 속에 저장되어 있는 지식은 암묵지이다. 따라서 형태화하기 어렵고, 주관적인 것이 그 특징이다. 암묵지에는 노하우나 관례 같은 것들이 있다.

> **The 알아보기 암묵지(Tacit Knowledge)**
> 헝가리 출신의 물리화학자이자 철학자인 폴라니(Michael Polanyi)가 처음 만든 개념이다. 폴라니는 과학 교재나 이론에 담겨 있는 명시적인 지식 이외에 과학자 개인에게 체화되어 있는 개인적이고 암묵적인 지식이 중요하다고 보고, 이를 암묵지라고 정의하였다.

04
정답 ④

오답해설

① 빅데이터: 수십 테라바이트(TB) 이상 대량의 정형 또는 비정형 데이터 세트 및 이러한 데이터로부터 가치를 추출하고 결과를 분석하는 기술이다.

② 딥 러닝: 2016년 3월 구글 딥마인드에서 개발한 인공지능 바둑 프로그램인 '알파고(AlphaGo)'가 이세돌 9단에게 승리하면서 널리 알려졌다. 딥 러닝은 머신러닝의 한 방법으로, 인공 신경망으로서 예시 데이터에서 얻은 일반적인 규칙을 독립적으로 학습하는 기법이다. 알고리즘은 CNN, RNN 등이 존재한다.

③ 사물 인터넷(IoT): 인간, 사물, 서비스를 포함하는 인간 주변 환경에 센서와 통신 기능을 내장하여 인터넷에 연결하는 기술이다. 즉, 각종 사물 간 무선통신을 통해 연결하는 기술을 의미한다.

05
정답 ③

오답해설

① 경험재적 특성을 가지고 있기 때문에 실제로 사용하기 전까지는 그 가치를 판단하기 힘들다.

② 일반적인 재화의 경우 고정비가 차지하는 비중이 적고 원료 및 재료에 해당하는 변동비의 비중이 높은 반면, 정보재의 경우는 고정비가 대부분을 차지한다.

④ 정보재의 특성상 경합성을 가질 수 없다.

06
정답 ③

오답해설

② 벨은 정보가 물질과 에너지를 대체하고, 지식노동자가 전통적인 육체노동자를 대신하며, 마르크스의 노동가치설이 지식가치설에 의해 전복될 것이라고 보았다.

> **The 알아보기** 다니엘 벨의 제3의 기술혁명
> - 전자식: 지금까지의 모든 시스템이 전자식으로 변하면서 전달 속도가 빨라지고 부품의 수가 줄어들게 되었다.
> - 소형화: 전적으로 현대적 개념으로 소형화를 통해 복합성, 유연성, 제어능력에서 비약적인 발전을 이루었고 규모, 에너지 소비량, 비용을 획기적으로 줄일 수 있었다.
> - 디지털: 사물을 숫자로 변환시키는 기술로 이를 통해 계산의 처리 속도가 빨라졌고 다양한 시스템을 하나로 통합시킬 수 있게 되었다.
> - 사용자 친화적 소프트웨어: 소규모 기업이나 가정에 개인용 컴퓨터가 급속히 확산되었다.

07

정답 ③

정답해설

정보 통신 설비에 대한 투자가 증가함에도 불구하고 기업, 산업 및 국가 수준의 생산성이 비례해서 증가하지 않거나 오히려 감소하는 현상을 IT 투자의 '생산성의 역설'이라고 한다.

오답해설

① 외부효과는 어떤 사람의 경제적인 행위가 다른 사람에게 의도하지 않은 이익과 피해를 발생시키는 것을 말한다.
② 파레토 법칙은 사회 현상의 80%가 전체 원인의 20%에서 일어나는 것을 말한다.
④ 파노플리 효과는 상품을 소비함으로써 그것을 소비할 것으로 여겨지는 계층 및 집단과 자신을 동일시하는 현상을 말한다.

08

정답 ③

정답해설

컴퓨터가 센서 등을 통해 사용자의 상황을 인식하여 사용자가 필요로 하는 정보를 제공해 주는 컴퓨팅 기술은 감지 컴퓨팅(Sentient Computing)이다. 디스포절 컴퓨팅(Disposable Computing)은 1회용 종이처럼 컴퓨터의 가격이 저렴하여 모든 사물에 컴퓨터 기술이 활용된다는 의미이다.

09

정답 ④

오답해설

리드(Reeds)의 법칙: 서브그룹이 만들어질 수 있는 가능성에 대해 설명하는 법칙이다.

> **The 알아보기** 인터넷 경제의 3원칙
> - 메트칼프의 법칙: 인터넷을 이용하면 노력을 적게 들여도 큰 결과를 얻을 수 있다는 법칙
> - 가치사슬 지배 법칙: 조직은 항상 거래 비용이 더 적게 드는 쪽으로 변화한다는 법칙
> - 무어의 법칙: 마이크로칩의 밀도가 18~24개월을 주기로 성능이 2배씩 향상된다는 법칙

10

정답 ②

오답해설

① 한국의 국가정보화 정책은 1990년대 정보통신부 중심으로 추진되었다.
③ 국가기간망은 1986년 금융전산망 구축사업으로부터 시작되었다. 1986년 금융결제원을 전담기관으로 설립하여 참여 은행들과 공동 추진한 은행전산망을 구축하였다.
④ 제1차 기간망 사업 시 시행된 내용이다. 1987년부터 본격적으로 구축하기 시작한 제1차 행정전산망사업의 핵심은 국민 생활과 직접 관련된 주민등록, 부동산, 자동차, 통관, 고용, 경제통계의 6개 업무 전산화를 우선 추진하는 것이었다.

11

정답 ①

정답해설

지식관리시스템(KMS): 기업 내 조직구성원들의 다양한 개인적 경험 중에서 다른 이들도 사용할 수 있는, 즉 일반화될 수 있는 경험들을 다른 이들이 활용할 수 있는 형태로 변환하여 공유할 수 있도록 지원하는 시스템이다.

12

정답 ③

정답해설

실러는 정보와 커뮤니케이션 분야에서 상당한 변동이 일어나는 사회란 집중화되고 과두제적이며 국내적·국제적 네트워크를 장악하고 있는 기업조직이 지배하는 사회라고 주장한다. 따라서 정보혁명의 주된 수혜자로 '기업 자본주의'를 꼽고 있다.

> **The 알아보기 디지털 자본주의**
>
> 댄 실러(Daniel Shiller)가 1999년 출간한 『디지털 자본주의: Networking in the Global Market System』에서 최초로 등장한 개념이다. 실러는 디지털 경제와 정보사회의 발전을 이끌어낸 인터넷의 개발을 자본주의의 위기를 돌파하기 위한 자본의 목적의식적인 신자유주의적 공세의 산물이라고 설명하고 있다. 인터넷이라는 새로운 정보통신기술의 혁명적 성격은 시공간을 급격하게 압축하여 물리적 제약을 극복할 수 있게 되었다. 인터넷의 경제적 파급효과는 협의의 ICT 산업에 국한되지 않는다. 인터넷 기술과 디지털화는 ICT를 기반으로 하는 새로운 디지털 상품과 서비스의 등장뿐만 아니라 재화와 서비스의 생산, 유통, 판매, 소비에 이르는 경제의 전 과정과 전통적 농업과 제조업에서부터 금융업에 이르기까지 모든 산업 영역에 혁명적인 변화를 가져왔으며 자본의 초국적 생산과 시장의 세계적 확장을 가능하게 했다.

13

정답 ①

정답해설

카피레프트는 지적 창작물에 대한 권리를 모든 사람이 공유할 수 있도록 하는 것으로 자본주의의 시장원리와는 관련이 없다.

> **The 알아보기 카피레프트(Copyleft)**
>
> 카피라이트(Copyright)에 반대되는 말로, 저작권을 방치한다는 의미이다. 발명이나 저작이 개인영역에서 사장되는 것을 막고, 사회적 공개를 장려하려는 것이 목적이다. '지적소유권'이 오히려 정보의 물길을 막는 장애물이 되고 있는 현실을 극복하기 위한 운동이다.

14

정답 ④

정답해설

라디오 주파수를 이용한 비접촉 인식 장치로, 태그와 리더기로 구성된 자동 인식 데이터 수집용 무선 통신시스템은 RFID에 대한 설명이다. GIS는 각종 지리 정보를 수치화하여 컴퓨터에 입력·정보·처리하고, 이를 사용자의 요구에 따라 다양한 방법으로 분석·종합하여 제공하는 정보처리시스템이다.

15

정답 ④

정답해설

거대 정보기술기업들의 소비자의 선호 즉각적 반영, 자동적인 품질관리, 불필요한 자원의 투입의 조기 차단 등은 플랫폼 비지니스의 특징이다. 온라인플랫폼 비즈니스는 자원의 소유가 아닌 자원을 소유한 사람이 그렇지 않은 사람에게 제공하는 공유형 디지털 경제 서비스이다.

16

정답 ③

정답해설

정보가 기계적이고 획일적이며 전문화, 세분화된 것은 핫미디어의 속성이다.

> **The 알아보기 맥루한의 미디어관**
>
> • 핫미디어: 정보량이 많고, 수용자의 참여도가 낮은 미디어이다. 예 사진, 라디오, 영화 등
> • 쿨미디어: 정보량이 적고, 수용자의 적극적인 개입이 요구되는 미디어이다. 예 전화, 만화, 텔레비전 등
> • 핫미디어와 쿨미디어의 성격이 상대적이라 명확하게 구분하는 것이 어려워 이론적으로 엄밀하지 못하다는 비판을 받는다.

17

정답 ③

정답해설

로저스의 혁신 확산 곡선이라고도 하는 '혁신 확산 모델'은 새로운 기술을 수용하는 속도에 따라 수용자를 혁신자, 초기 수용자, 초기 다수 수용자, 후기 다수 수용자, 지체자의 5가지로 나누어 설명하며, 미디어의 선택을 기술중심적인 시각에서 분석한다.

① 이용과 충족 이론: 왜 사람들은 미디어를 이용하며, 미디어를 이용하도록 사람들에게 동기를 부여하는 것은 무엇이고, 그로 인해 충족되는 것은 무엇인가를 설명하는 이론이다.
② 계획된 행동 이론: 기존에 있던 합리적 행위 이론이 확장된 것으로, 태도와 행동 사이의 관계를 설명하는 이론이다.
④ 사회 인지 이론: 학습에 대한 전통적인 행동주의적 관점은 비교적 정확하지만 불완전하고 학습에 대한 부분적인 설명일 뿐이며, 개인의 행동에 영향을 줄 수 있는 환경에 대한 인지적 표상이 간과되어 있다는 입장의 이론이다.

18
정답 ②

가상화폐는 채굴을 통해 비트코인을 보상으로 받는다. 이때 채굴을 통해 발생된 이벤트를 거래(Transaction)라 하고 이는 블록에 저장된다.

19
정답 ③

VAN은 전기통신 사업자로부터 회선을 차용하여 고도의 통신처리기능과 같은 부가가치를 붙여서 제3자에게 재판매하는 통신망을 말한다.

① LAN은 가까운 거리에 위치한 소수의 장치들을 서로 연결한 정보통신망이다. 일반적으로 하나의 사무실, 하나 또는 몇 개의 인접한 건물을 연결한 네트워크를 말한다.
② WAN은 지역과 지역, 국가와 국가 간을 서로 연결하는 네트워크를 말한다. 둘 이상의 LAN을 연결하는 네트워크이며, LAN을 연결하기 위해서는 라우터 장치가 필요하다.
④ ISDN은 디지털 통신망을 이용하여 음성·문자·영상 등을 종합적으로 통신할 수 있는 통신망을 말한다.

20
정답 ③

개인정보 보호법상 검색엔진이 관리해야 하는 정보는 개인정보 파일 내에 있는 개인정보를 의미하는 것으로, 검색엔진에서 검색되는 개인정보는 포함된다고 보기 어려우며 이러한 검색 정보의 삭제를 검색엔진사업자에게 요구하기는 어렵다.

또한 언론중재 및 피해구제 등에 관한 법률에서 개인 신상과 관련된 허위 기사의 정정을 요구할 수 있으며, 언론사가 이를 수용하지 않을 경우 언론중재위원회의 조정 대상으로 하고 있다. 동법 제14조에 개인 신상과 관련된 허위 보도에 대한 정정보도청구권이 명시되어 있으나 허위가 아닌 진실인 경우 또는 시효가 지난 때에는 정정 보도를 요구할 수 없으며, 나아가 기사삭제청구권에 대해서는 규정이 없다.

> **The 알아보기** 개인정보 보호법 제36조(개인정보의 정정·삭제)
> ① 제35조에 따라 자신의 개인정보를 열람한 정보주체는 개인정보처리자에게 그 개인정보의 정정 또는 삭제를 요구할 수 있다. 다만, 다른 법령에서 그 개인정보가 수집 대상으로 명시되어 있는 경우에는 그 삭제를 요구할 수 없다.
> ② 개인정보처리자는 제1항에 따른 정보주체의 요구를 받았을 때에는 개인정보의 정정 또는 삭제에 관하여 다른 법령에 특별한 절차가 규정되어 있는 경우를 제외하고는 지체 없이 그 개인정보를 조사하여 정보주체의 요구에 따라 정정·삭제 등 필요한 조치를 한 후 그 결과를 정보주체에게 알려야 한다.

21
정답 ④

빅데이터의 데이터 처리란 하나의 문제를 여러 개의 작은 연산으로 나누고, 이를 취합하여 하나의 결과로 만드는 것을 뜻한다. 이때 대용량의 데이터를 일괄이 아닌 실시간 방식으로 처리한다.

> **The 알아보기** 빅데이터의 특징
> • 3V: 데이터의 양(Volume), 데이터 생성 속도(Velocity), 형태의 다양성(Variety)
> • 5V: 데이터의 양(Volume), 데이터 생성 속도(Velocity), 형태의 다양성(Variety), 가치(Value), 정확성(Veracity)
> • 7V: 데이터의 양(Volume), 데이터 생성 속도(Velocity), 형태의 다양성(Variety), 가치(Value), 정확성(Veracity), 유효성(Validity), 변동성(Volatility)

22

정답해설

국제전기통신연합(ITU)에 따르면 5세대 이동통신은 최대 속도가 20Gbps에 달하는 이동통신 기술이다.

23

정답 ③

정답해설

저작물 변경뿐만 아니라 2차적 저작물의 제작도 금지된다. 즉, 단순 편집 저작도 허용되지 않음을 의미한다.

The 알아보기   6가지 라이선스 유형

유형	내용
저작자표시(BY)	저작자와 출처 등을 표시하면 영리 목적의 이용이나 변경 및 2차적 저작물의 작성을 포함한 자유이용을 허락한다.
저작자표시-변경금지 (BY-ND)	저작자와 출처 등을 표시하면 영리 목적의 이용은 가능하나, 변경 및 2차적 저작물의 작성은 허용되지 않는다.
저작자표시-동일조건 변경허락(BY-SA)	저작자와 출처 등을 표시하면 영리 목적의 이용이나 2차적 저작물의 작성을 포함한 자유이용을 허락한다. 단, 2차적 저작물에는 원저작물에 적용된 라이선스와 동일한 라이선스를 적용해야 한다.
저작자표시-비영리 (BY-NC)	저작자와 출처 등을 표시하면 저작물의 변경, 2차적 저작물의 작성을 포함한 자유이용을 허락한다. 단, 영리적 이용은 허용되지 않는다.
저작자표시-비영리- 변경금지 (BY-NC-ND)	저작자와 출처 등을 표시하면 자유이용을 허락한다. 단, 영리적 이용과 2차적 저작물의 작성은 허용되지 않는다.
저작자표시-비영리- 동일조건변경허락 (BY-NC-SA)	저작자와 출처 등을 표시하면 저작물의 변경, 2차적 저작물의 작성을 포함한 자유이용을 허락한다. 단, 영리적 이용은 허용되지 않고 2차적 저작물에는 원저작물에 적용된 라이선스와 동일한 라이선스를 적용해야 한다.

24

정답 ①

정답해설

토플러는 인류역사의 변화 과정이 농업에서 출발한 제1의 물결을 시작으로 하여 산업혁명으로 시작된 제2의 물결을 거쳐 정보가 사회체제의 중심이 되는 제3의 물결 시대로 구분했다. 관료제적 분업조직은 제2의 물결에서 나타난 조직원리에 해당한다.

25

정답 ④

정답해설

안드로이드(Android)는 완전 개방형 플랫폼으로 '소스코드'를 모두 공개함으로써 누구라도 이를 이용하여 소프트웨어와 기기를 만들어 판매할 수 있도록 하였다. 콘텐츠 제공자는 하나의 애플리케이션에서 다른 하나의 애플리케이션 데이터를 제공한다.

제2회 모의고사 정답 및 해설

01
정답 ③

정답해설
- 들른(○): '지나는 길에 잠깐 들어가 머무르다.'의 의미로 쓸 때에는 '들르다'로 표기하는 것이 적절하다.
- 거여요(○): '이다'의 어간 뒤에 '-에요', '-어요'가 붙은 '-이에요' 와 '-이어요'는 받침이 없는 체언 뒤에 붙을 때는 '-예요', '-여요'로 줄어든다.

오답해설
① 치뤄야(×) → 치러야(○): '치르다'가 기본형이며, '치러, 치르니'와 같이 '_'가 탈락하는 규칙 활용을 한다. '치르-'와 '-어야'가 결합할 경우 '_'가 탈락하여 '치러야'로 써야 한다.
② 뒤쳐진(×) → 뒤처진(○): 문맥상 '어떤 수준이나 대열에 들지 못하고 뒤로 처지거나 남게 되다.'라는 뜻의 '뒤처지다'를 써야 하므로 '뒤처진'이 맞다. '뒤쳐지다'는 '물건이 뒤집혀서 젖혀지다.'를 뜻한다.
④ 잠궈(×) → 잠가(○): '잠그다'의 어간 '잠그-' 뒤에 어미 '-아'가 결합하면 '_'가 탈락하여 '잠가'로 활용되므로 '잠가'로 써야 한다.

02
정답 ②

정답해설
제시된 글에서 동조(同調)는 자신이 확실히 알지 못하는 일일 경우 또는 질서나 규범 같은 힘을 가지고 있는 어떤 집단의 압력으로 인해 나타난다고 하였다. 또한 '집단에게 소외될 가능성으로 인해 자신이 믿지 않거나 옳지 않다고 생각하는 문제에 대해서도 동조의 입장을 취한다.'라고 하였으므로, 글의 내용을 잘못 이해한 사람은 ② '수희'이다.

03
정답 ④

정답해설
㉠은 '조선이 독립국', ㉡은 '조선인이 자주민'이라는 의미이다. 따라서 ㉠과 ㉡에서 '-의'의 쓰임은 앞 체언이 뒤 체언이 나타내는 행동이나 작용의 주체임을 나타내는 것이다.

> **The 알아보기** 기미독립선언서
> 우리는 이에 우리 조선이 독립한 나라임과 조선 사람이 자주적인 민족임을 선언한다. 이로써 세계 만국에 알리어 인류 평등의 큰 도의를 분명히 하는 바이며, 이로써 자손만대에 깨우쳐 일러 민족의 독자적 생존의 정당한 권리를 영원히 누려 가지게 하는 바이다.

04
정답 ④

정답해설
〈보기〉에서 설명한 시의 표현 방법은 본래의 의도를 숨기고 반대되는 말로 표현하는 방법인 '반어법'이다.
④ 제시된 김소월의 「진달래꽃」에서는 임이 떠나가는 슬픈 상황에서 죽어도 눈물을 흘리지 않을 것이라는 반어법을 활용하여 임과의 이별로 인한 슬픔을 효과적으로 강조하고 있다.

오답해설
① 제시된 김영랑의 「돌담에 속삭이는 햇발같이」에서는 '같이'를 활용해 원관념을 보조 관념에 빗대어 표현하는 직유법을 사용하고 있다.
② 제시된 김춘수의 「꽃」에서는 의미 있는 존재를 '꽃'으로 표현해 상징법을 사용하고 있고, 움직일 수 없는 '꽃'이 나에게로 왔다고 표현하여 의인법을 사용하고 있다.

③ 제시된 김광섭의 「산」에서는 '법으로'를 반복해 반복법을 사용하고 있고, 무정물인 산이 '사람을 다스린다'라고 표현하여 의인법을 사용하고 있다.

The 알아보기	반어법, 직유법
반어법	본래 말하고자 하는 뜻과는 반대되는 말이나 상황으로 의미를 강조하는 수사법이다. • 언어적 반어법: 일반적인 반어법이다. 겉으로 드러나는 의미와 대립되는 의미를 강조하기 위하여 사용한다. • 상황적 반어법: 주로 서사 작품에서 많이 사용된다. 등장인물이 작중 상황과 어울리지 않는 행동을 하거나 사건의 진행과는 정반대의 결과가 나타난다. 이러한 과정에서 독자는 부조리나 모순 등을 더욱 강하게 느끼게 된다.
직유법	원관념과 보조 관념을 '~같이', '~처럼', '~양', '~듯' 등을 사용하여 직접적으로 연결하는 방법이다. 예 그는 여우처럼 교활하다. 예 내 누님같이 생긴 꽃이여

05 정답 ③

정답해설

제시된 작품은 윤동주의 「별 헤는 밤」이다. 시에서의 '가을 속의 별'은 시인의 가슴 속의 추억, 사랑, 쓸쓸함, 동경, 시와 어머니 그리고 아름다운 모든 것을 표상한다. 따라서 '별은 시적 화자가 지향하는 내적 세계를 나타낸다.'라고 할 수 있다.

오답해설

① 내면의 쓸쓸함을 드러낸 부분은 있으나 현실 비판적 내용은 없으며, '별'을 다 헤지 못하는 이유가 '아직 나의 청춘이 다하지 않는 까닭'이라고 본다면 미래에 대한 이야기를 하고 있다고 할 수 있다.

② 제시된 시에서는 특별한 청자가 드러나지 않았으며, 화자는 담담한 고백적 어조를 취하고 있다.

④ '별'은 현실 상황의 변화를 바라는 화자의 현실적 욕망을 상징하는 것이 아니라, 화자가 지향하는 것들을 상징하고 있다.

06 정답 ③

정답해설

ⓒ 30년∨동안(○): 한글 맞춤법 제43항에 따르면 단위를 나타내는 명사 중 순서를 나타내는 경우나 숫자와 어울리어 쓰이는 경우에는 붙여 쓸 수 있다고 하였다. 따라서 '30년'과 같이 아라비아 숫자 다음에 오는 단위 명사는 숫자와 붙여 쓸 수 있다. 또한 '어느 한때에서 다른 한때까지 시간의 길이'를 뜻하는 명사 '동안'은 앞말과 띄어 써야 한다.

오답해설

㉠ 창∨밖(×) → 창밖(○): '창밖'은 '창문의 밖'을 뜻하는 한 단어이므로 붙여 써야 한다.

㉡ 우단천(×) → 우단∨천(○): '우단 천'은 '거죽에 곱고 짧은 털이 촘촘히 돋게 짠 비단'을 뜻하는 명사 '우단'과 '실로 짠, 옷이나 이부자리 따위의 감이 되는 물건'을 뜻하는 명사 '천'의 각각의 단어로 이루어져 있으므로 띄어 써야 한다.

㉣ 일∨밖에(×) → 일밖에(○): '밖에'는 '그것 말고는', '그것 이외에는', '기꺼이 받아들이는', '피할 수 없는'의 뜻을 나타내는 보조사이므로 앞말과 붙여 써야 한다.

07 정답 ①

정답해설

〈보기〉의 ㉠은 같은 대상을 가리키는 말이 언어에 따라 달리 발음되는 사례이고, ㉡은 소리는 같지만 의미가 다르게 사용되는 사례이다. ㉢은 시간이 흐름에 따라 의미의 변화가 일어난 사례이다. 이런 사례를 통해 확인할 수 있는 언어의 특성은 '언어의 자의성'이다. 언어의 자의성이란 언어 기호의 말소리(형식)와 의미(내용) 사이에는 필연적인 관계가 없다는 것이다.

오답해설

② 연속된 실체를 분절하여 표현한다는 것은 '언어의 분절성'에 해당하는 설명이다.

③ 기본적인 어순이 정해져 있음은 '언어의 법칙성(규칙성)'에 대한 설명이다.

④ 한정된 기호만으로 무수히 많은 문장을 만들어 사용한다는 것은 '언어의 개방성(창조성)'에 해당하는 설명이다.

08

정답해설

'하물며'는 그도 그러한데 더욱이, 앞의 사실이 그러하다면 뒤의 사실은 말할 것도 없다는 뜻의 접속 부사로, '-느냐', '-랴' 등의 표현과 쓰는 것이 자연스럽다.

오답해설

① '여간'은 주로 부정의 의미를 나타내는 말과 함께 쓰여 그 상태가 보통으로 보아 넘길 만한 것임을 나타내는 부사이다. 따라서 '뜰에 핀 꽃이 여간 탐스럽지 않았다'로 고치는 것이 적절하다.

② 과업 지시서 '교부'와 서술어 '교부하다'는 의미상 중복되므로 앞의 '교부'를 삭제하는 것이 적절하다.

④ 무정 명사에는 '에'가 쓰이고, 유정 명사에는 '에게'가 쓰인다. 일본은 무정 명사에 해당하므로 '일본에게'를 '일본에'로 고쳐 쓰는 것이 적절하다.

09

정답해설

'어질병(––病), 총각무(總角–)'는 한자어 계열의 표준어이다.

오답해설

① '겸상(兼床)'은 한자어 계열의 표준어가 맞지만, '성냥'은 고유어 계열의 표준어이다.

③ '개다리소반(–––小盤)'은 한자어 계열의 표준어가 맞지만, '푼돈'은 고유어 계열의 표준어이다.

④ '칫솔(齒–)'은 한자어 계열의 표준어가 맞지만, '구들장'은 고유어 계열의 표준어이다.

10

정답해설

㉠ ㉠의 앞에서는 '역사의 연구'에 대한 일반적인 진술을 하고 있으며, ㉠의 뒤에서는 '역사의 연구(역사학)'에 대한 부연 설명을 하고 있다. 따라서 ㉠에 들어갈 수 있는 접속 부사는 '즉' 또는 '다시 말해'이다.

㉡ ㉡의 뒤에 제시된 문장은 앞의 내용을 예를 들어서 보충하고 있다. 따라서 ㉡에 들어갈 수 있는 접속 부사는 '가령'이다.

㉢ ㉢의 뒤에 제시된 문장은 앞에서 언급했던 모든 내용을 정리하고 있다. 따라서 ㉢에 들어갈 수 있는 접속 부사는 '요컨대'이다.

11

정답해설

독도: Docdo(×) → Dokdo(○)

12

정답해설

㉠ 어른이면서 남성인 '아저씨'가 들어가는 것이 적절하다.

㉡ 어른 아니면서 남성인 '소년'이 들어가는 것이 적절하다.

㉢ 어른이면서 남성이 아닌 '아주머니'가 들어가는 것이 적절하다.

㉣ 어른 아니면서 남성도 아닌 '소녀'가 들어가는 것이 적절하다.

13

정답해설

가난할수록 기와집 짓는다: 당장 먹을 것이나 입을 것이 넉넉지 못한 가난한 살림일수록 기와집을 짓는다는 뜻으로, 실상은 가난한 사람이 남에게 업신여김을 당하기 싫어서 허세를 부리려는 심리를 비유적으로 이르는 말

오답해설

② 가난한 집 신주 굶듯: 가난한 집에서는 산 사람도 배를 곯는 형편이므로 신주까지도 제사 음식을 제대로 받아 보지 못하게 된다는 뜻으로, 줄곧 굶기만 한다는 말

③ 가난한 집에 자식이 많다: 가난한 집은 먹고 살 걱정이 큰데 자식까지 많다는 뜻으로, 이래저래 부담되는 것이 많음을 이르는 말

④ 가난한 집 제사 돌아오듯: 살아가기도 어려운 가난한 집에 제삿날이 자꾸 돌아와서 그것을 치르느라 매우 어려움을 겪는다는 뜻으로, 힘든 일이 자주 닥쳐옴을 비유적으로 이르는 말

14

오답해설

② 이순(耳順): 예순 살

③ 미수(米壽): 여든여덟 살

④ 백수(白壽): 아흔아홉 살

15

정답해설

(가) 고려 시대 문충이 지은 가요인 「오관산곡(五冠山曲)」으로 문충의 홀어머니에 대한 효성이 잘 드러난 작품이다.

(나) 작자 미상의 「정석가(鄭石歌)」로, 임에 대한 영원한 사랑이 드러나 있다.

(다) 조식의 시조로, 임금님의 승하를 애도하는 내용이다.

(라) 조선 초기에 지어진 작자 미상의 악장 「감군은」이다. '바다보다 깊은 임금님의 은혜'가 나타나 있는 송축가이며 향악의 곡명이기도 하다.

(마) 이항복의 평시조로, 연군(戀君)의 마음과 자신의 억울함을 호소하는 내용이 나타나 있다.

(바) 서경덕의 시조로, 임을 기다리는 마음이 나타나 있다.

③ '볕뉘'와 '덕퇵'은 둘 다 임금님의 은혜를 의미한다.

The 알아보기

(가) 문충, 「오관산곡」
- 형식 및 갈래: 한시(7언 절구), 서정시
- 특성
  - 불가능한 상황의 설정을 통한 역설적 표현이 두드러짐
  - 어머니가 오래 살기를 바라는 간절한 마음과 결코 헤어지지 않겠다는 의지를 노래함
- 구성
  - 기·승: 나무로 만든 닭을 벽 위에 올려 놓음 - 실현 불가능한 상황 설정
  - 전·결: 그 닭이 울면 그제서야 어머니와 헤어짐 - 실현 불가능한 상황의 설정으로 어머니에 대한 영원한 사랑을 기원함
- 주제: 어머니에 대한 지극한 효심

(다) 조식, 「三冬(삼동)에 뵈옷 입고」
- 갈래: 단형 시조, 평시조, 서정시, 연군가(戀君歌)
- 성격: 애도적, 유교적
- 소재: 뵈옷, 볕뉘, 해(임금)
- 제재: 중종(中宗)의 승하
- 주제: 임금의 승하를 애도함
- 출전: 「청구영언」, 「해동가요」, 「화원악보」
- 구성
  - 초장[기(起)]: 은사(隱士)의 청빈한 생활(뵈옷 → 벼슬하지 않은 은사)
  - 중장[승(承)]: 왕의 은혜를 조금도 받지 않음(구름 낀 볕뉘 → 임금의 조그만 은총, 낮은 벼슬)
  - 종장[결(結)]: 중종의 승하를 슬퍼함(서산에 해지다 → 중종의 승하)

(라) 작자 미상, 「감군은」
- 갈래: 악장
- 성격: 송축가(頌祝歌)
- 표현: 과장적, 교술적, 예찬적
- 특징
  - 각 장마다 똑같은 내용의 후렴구가 붙어 있어 고려 속요와 비슷한 형식을 갖추고 있음
  - 자연과의 비교를 활용해 임의 덕과 은혜를 강조 - 반복법, 과장법, 설의법 등을 통해 주제 강화
- 제재: 임금님의 은덕
- 주제: 임금님의 은덕과 송축
- 출전: 「악장가사」

(마) 이항복, 「철령 높은 봉에」
- 작자: 이항복(李恒福: 1556~1618)
- 갈래: 평시조, 단시조, 연군가(戀君歌)
- 소재: 구름, 원루(寃淚), 님
- 제재: 구름, 비
- 발상 동기: 자신의 정의(正義)를 끝까지 관철하겠다는 의지에서 지음
- 성격: 풍유적(諷諭的), 비탄적(悲歎的), 우의적(寓意的), 호소적
- 표현: 감정이입, 의인법(擬人法)
- 핵심어: 원루(寃淚)
- 주제: 억울한 심정 호소 / 귀양길에서의 정한(情恨)
- 출전: 「청구영언」, 「해동가요」, 「가곡원류」, 「고금가곡」

(바) 서경덕, 「마음이 어린 後(후) | 니」
- 연대: 조선 중종
- 해설: 마음이 어리석으니 하는 일마다 모두 어리석다. / 겹겹이 구름 낀 산중이니 임이 올 리 없건만, / 떨어지는 잎이 부는 바람 소리에도 행여나 임이 아닌가 착각했노라.
- 성격: 감성적, 낭만적
- 표현: 도치법, 과장법
- 주제: 임을 기다리는 마음, 연모(戀慕)의 정
- 출전: 「청구영언」

16

정답해설

(가) 「오관산곡」과 (나) 「정석가」에 역설적 표현이 사용되었다. 두 작품은 모두 실현 불가능한 것을 가능한 것으로 설정하는 역설적 표현 기법을 사용하여 간절한 소망을 드러내고 있다.

The 알아보기   (나) 작자 미상, 「정석가」
- 갈래: 고려 가요, 고려 속요, 장가(長歌)
- 성격: 서정적, 민요적
- 형식: 전 6연, 3음보
- 특징
  - 과장법, 역설법, 반어법 사용
  - 각 연에 반복되는 구절을 통해 화자의 감정을 강조함
  - 대부분의 고려 속요가 이별이나 향락적 삶을 노래하는 반면, 이 작품은 임에 대한 사랑을 노래함
  - 불가능한 상황을 역설적으로 표현하여 영원한 사랑을 노래함
  - 반어법, 과장법 등 다양한 표현과 기발한 발상이 돋보임
- 내용: 태평성대를 구가하고 남녀 간의 사랑이 무한함을 표현한 노래
- 주제: 임에 대한 영원한 사랑, 태평성대(太平聖代)의 기원

17   정답 ③
정답해설
주체가 제3의 대상에게 동작이나 행동을 하도록 시키는 사동 표현은 ③이다.
오답해설
① 철수가 자의로 옷을 입은 것이므로 주동 표현이 쓰였다.
②·④ 주체의 행위가 타의에 의한 것이므로 피동 표현이 쓰였다.

18   정답 ④
정답해설
3연과 4연은 극한적 상황과 그에 대한 화자의 대응(초극 의지)이 드러나 있다. 따라서 화자의 심화된 내적 갈등을 단계적으로 보여 주고 있는 것이 아니다.
오답해설
① 1연과 2연은 화자의 현실적 한계 상황을 단계적으로 제시하고 있다.
② 1연은 북방이라는 수평적 한계가, 2연은 고원이라는 수직적 한계가 드러난다. 즉, 극한적 상황이 중첩되어 나타나고 있다.
③ 1연과 2연의 중첩된 상황으로 인해 3연에서는 절박한 상황에 처해 있음을 드러내고 있다.

19   정답 ③
정답해설
묘사의 방식으로 내용을 전개하고 있는 것은 ③이다. 묘사란 어떤 사물에 대해 그림을 그리듯이 생생하게 표현하는 방식이다.
오답해설
① 비교와 대조의 방식으로 내용을 전개하고 있으며 지구와 화성의 공통점과 차이점에 대해 서술하고 있다.
② 유추의 방식으로 내용을 전개하고 있다. 유추란 같은 종류의 것 또는 비슷한 것에 기초하여 다른 사물을 미루어 추측하는 방법이다.
④ 정의와 예시의 방식으로 내용을 전개하고 있다. '제로섬이란 ~' 부분에서 용어의 정의를 밝히고 있으며 그 뒤에 운동 경기를 예로 들어 설명하였다.

20   정답 ③
정답해설
㉠과 ㉣은 안은문장에서 목적어로 쓰이는 명사절이고, ㉡과 ㉢은 안은문장에서 부사어로 쓰이는 명사절이다.
㉠ '비가 오기'는 목적격 조사와 결합하여 안은문장에서 목적어로 쓰인다.
㉡ '집에 가기'는 부사격 조사 '에'와 결합하여 안은문장에서 부사어로 쓰인다.
㉢ '그는 1년 후에 돌아오기'는 부사격 조사 '로'와 결합하여 안은문장에서 부사어로 쓰인다.
㉣ '어린 아이들은 병원에 가기'는 안은문장에서 목적어로 쓰인다. 이때 목적격 조사는 생략되기도 한다.

21   정답 ①
정답해설
구름, 무덤(묻-+-엄), 빛나다(빛-+나-+-다)로 분석할 수 있다.
오답해설
② 지우개(파생어), 헛웃음(파생어), 덮밥(합성어)
③ 맑다(단일어), 고무신(합성어), 선생님(파생어)
④ 웃음(파생어), 곁눈(합성어), 시나브로(단일어)

22

정답해설

'종성부용초성'이란 초성의 글자가 종성에도 사용되는 표기법으로, 밑줄 친 단어들 중에서는 ① '곶'이 그 예이다.

> **The 알아보기** 「용비어천가」 제2장
> • 갈래: 악장
> • 주제: 조선 왕조의 번성과 무궁한 발전 기원
> • 특징
>   - 15세기 중세국어 연구의 귀중한 자료
>   - 2절 4구의 대구 형식을 취함
> • 현대어 풀이
>   뿌리가 깊은 나무는 바람에 흔들리지 아니하므로, 꽃이 좋고 열매가 많이 열리니
>   샘이 깊은 물은 가뭄에 그치지 아니하므로, 내가 이루어져 바다에 가나니

23

정답 ②

정답해설

㉠의 앞 문장에서 '인간의 활동과 대립에 통일이 있듯이, 자연의 내부에서도 대립과 통일은 존재한다.'라고 했고, ㉠ 다음 문장에서는 '인간의 역사와 자연사의 변증법적 지양과 일여(一如)한 합일을 지향했다.'라고 했으므로 ㉠ 안에 들어갈 문장은 인간사와 자연사를 대립적 관계로 보면 안 된다는 ②의 내용이 적절하다.

오답해설

① 제시된 글에서는 인간과 자연의 경쟁 관계에 관한 내용이 제시되지 않았으므로 이는 논점에서 벗어난 진술이다.

③ 제시된 글에서는 인간의 역사와 자연의 역사를 구분하지 않아야 한다고 주장하고 있으므로 자연이 인간의 역사에 흡수된다는 내용은 적절하지 않다.

④ 제시된 글에서는 인간사를 연구하는 일과 자연사를 연구하는 일에 관한 내용이 제시되지 않았으므로 이는 논점에서 벗어난 진술이다.

24

정답 ②

정답해설

물에 젖어서 부피가 커진다는 의미를 지닌 동사는 '붇다'로, '불어, 불으니, 붇는'의 형태로 활용한다. 한편, '붓다'는 액체나 가루 따위를 다른 곳에 담는다는 의미의 동사이다.

25

정답 ④

정답해설

4문단의 '코흐를 비롯한 과학자들은 한센병, 임질, 장티푸스, 결핵 등의 질병 뒤에 도사리고 있는 세균들을 속속 발견했다. 이러한 발견을 견인한 것은 새로운 도구였다.'를 통해 코흐는 새로운 도구의 도움을 받아 질병을 유발하는 미생물들을 발견하였음을 확인할 수 있다. 따라서 새로운 도구의 개발 이전에 미생물들을 발견했다는 ④의 내용은 적절하지 않다.

오답해설

① 4문단에서 탄저병이 연구된 뒤 20년에 걸쳐 코흐를 비롯한 과학자들은 한센병, 임질, 장티푸스, 결핵 등의 질병 뒤에 도사리고 있는 세균들을 속속 발견했고, 순수한 미생물을 배양하는 방법이 개발되었으며, 새로운 염색제가 등장하여 세균의 발견과 확인을 도왔다고 하였다. 따라서 세균은 미생물의 일종이라는 내용은 적절하다.

② 5문단에서는 '세균을 확인하자 과학자들은 거두절미하고 세균을 제거하는 작업에 착수했다.', '그(조지프 리스터)는 자신의 스태프들에게 손과 의료 장비와 수술실을 화학적으로 소독하라고 지시함으로써 수많은 환자들을 극심한 감염으로부터 구해냈다.'라고 하였다. 따라서 세균을 화학적인 방법으로 제거할 수 있다는 것은 적절한 내용이다.

③ 1~3문단에 따르면 1762년 마르쿠스 플렌치즈가 미생물이 체내에서 증식함으로써 질병을 일으키고 이는 공기를 통해 전염될 수 있다고 주장하였지만 증거가 없어 무시되었으나, 19세기 중반 루이 파스퇴르와 로베르트 코흐가 각각 미생물이 질병을 일으킨다는 배종설을 입증하면서 미생물과 질병의 연관성에 대한 인식이 변화하기 시작했다고 하였다. 따라서 미생물과 질병의 연관성에 대한 인식이 통시적으로 변화해 왔다는 것은 적절한 내용이다.

01	02	03	04	05	06	07	08	09	10
①	④	②	①	①	④	②	③	②	②
11	12	13	14	15	16	17	18	19	20
④	②	③	④	④	②	④	④	③	①
21	22	23	24	25					
③	②	④	③	②					

01
정답 ①

정답해설

국방부가 아니라 국방부 예하의 국군방첩사령부이다. 한국의 방첩기관은 법적으로 명시되어 있으며 원래 국가정보원, 경찰청, 해양경찰청, 국군방첩사령부로 총 4개였으나 2018년 11월 20일 관세청과 법무부가 더해져 현재는 총 6개이다.

02
정답 ④

정답해설

셔먼 켄트(Sherman Kent)

• 기본정보: 정보대상에 대한 틀을 형성하는 구조적 · 기초적 내용에 대한 정보로, 과거로부터 내려온 역사, 지리, 인구, 자연, 사회구조 등에 대한 정보이다. → 정태적
• 현용정보: 기본정보를 바탕으로 변화한 사실과 그 변화한 사실이 가지는 현재적인 의미를 분석한 정보로, 현재 일어나는 정보를 포함하고 있으며, 대부분의 정보분석보고서가 이에 해당된다. → 동태적
• 판단정보: 정보대상의 과거와 현재 상황 및 제반 판단자료를 분석하여 미래의 상황에 대한 추세를 판단하거나 예측하는 정보이다.

오답해설

① 케빈 스택(Keven Stack): 정보를 기본정보, 현용정보, 전략경보정보, 예측정보로 분류하였다. 전략경보정보는 현용정보 중 매우 시급한 사안에 대한 정보이다.
② 제프리 리첼슨(Jeffery Richelson): 정보는 상대에게서 나올 수 있는 첩보를 수집, 처리, 종합, 분석, 평가, 해석으로 얻어진 결과물이다.
③ 마이클 워너(Michael Warner): 정보는 적대세력의 영향을 줄이거나 거기에 영향을 끼치는 비밀스러운 일이다.

03
정답 ②

오답해설

① 반간: 적의 첩자를 포섭하여 아국의 첩자로 역이용하는 방법이다.
③ 내간: 적국의 관료를 포섭하여 첩자로 이용하는 방법이다.
④ 향간: 적국에 거주하는 일반 사람을 포섭하여 첩자로 이용하는 방법이다.

04
정답 ①

정답해설

대한민국의 제국익문사는 정보활동 지역을 서울과 지방, 항구 및 외국 등 4개 권역으로 나누어 활동하면서 정부고관 및 서울 주재 외국 공관원들의 동정, 외국인들의 간첩행위 등을 탐지하였으며, 학교 및 종교 · 사회단체의 반국가적인 행위들도 파악하였다.

오답해설

② 한국광복군에 대한 설명이다. 한인애국단은 김구가 1926년 상하이에서 결성하여 일제 고위관리 암살 및 주요 시설 파괴 등의 비밀공작활동을 수행하였다.
③ 미국이 설립을 제안한 것이 아니다. 5 · 16 군사쿠데타 직후 국가재건최고회의는 국가의 모든 영역에서 효율적 통치를 뒷받침할 정보기구의 필요성을 절감하였고, 이러한 배경에서 1961년 대통령 직속의 국가정보기관으로 중앙정보부가 창설되었다.
④ 국가정보원이 아니라 국가안전기획부이다.

05
정답 ①

정답해설

방첩공작 활동 10계명(제임스 올슨)

• 공격적이 되라: 수동적, 방어적 방첩공작은 실패
• 자부심을 가져라
• 거리를 늘벼라: 현장의 중요성
• 역사를 이해하라: 과거의 실패를 반복하지 않음
• 철저히 분석하라: 현장활동은 철저한 분석에 의해 뒷받침
• 편협하지 마라: 정보기관 상호 간의 존중 · 협조
• 끊임없이 학습하라
• 밀리지 마라: 소외되어 업무를 중단해서는 안 됨
• 한곳에 오래 머무르지 마라: 외국 순환근무의 필요성
• 절대로 포기하지 마라

06

정답해설

공안조사청의 임무

- 1952년 '파괴활동방지법'에 의해 설립되었으며 한국전쟁 중 일본 내 좌익단체의 활동을 방지하기 위해 설치되었다.
- 서류 등 증거물을 열람하고 검찰 또는 경찰에 정보열람을 요청할 수 있으며, 경찰의 압수, 수색, 검증에 입회가 가능하다.
- 극우 · 극좌, 공산당의 위협을 감시한다.
- 친북한계 재일본인 단체인 '조총련'을 감시한다.

오답해설

① 경찰청 경비국: 공안경찰의 사령탑 역할을 한다. 특히 외사과는 외국 첩보기관의 대일 유해활동을 수사하는 것을 주요한 임무로 한다.

② 내각조사실: 1952년 설립되어 총리의 중요정책과 관련된 정보를 수집, 분석, 배포하고 각 성 · 청과의 연락을 담당한다.

③ 정보본부: 1997년 초 발족하였으며 국방에 관한 모든 정보를 중앙에서 융합, 처리, 분석하여 관련부대에 전파 및 각 기관을 조율하는 업무 등을 담당한다.

07

정답해설

정보는 수집된 첩보를 평가 → 분석 → 종합 → 해석하여 사용자의 목적에 부합하도록 가공한 지식이다.

오답해설

① 첩보에 대한 설명이다.

③ 정보는 일반적인 유형의 자산과 달리 무형의 자산이므로 양도한다고 소유권이 사라지는 것은 아니다.

④ 자료에 대한 설명이다.

08

정답해설

관심(2단계)이 아니라 3단계인 주의 단계가 된다. 관심 단계는 해외 사이버공격 피해가 확산되고 국내로 피해가 유입될 가능성이 있을 때이다. 경계 단계는 4단계로 복수의 정보통신망에 장애나 마비가 오는 것이며, 5단계인 심각 단계는 국가적 차원에서 네트워크의 사용이 불가한 상태이다.

09

정답해설

비밀의 사본을 보관할 때에는 그 예고문이나 비밀등급을 변경해서는 안 된다.

The 알아보기 　보안업무규정 제23조(비밀의 복제 · 복사 제한)

① 비밀의 일부 또는 전부나 암호자재에 대해서는 모사(模寫) · 타자(打字) · 인쇄 · 조각 · 녹음 · 촬영 · 인화(印畵) · 확대 등 그 원형을 재현(再現)하는 행위를 할 수 없다. 다만, 다음 각 호의 구분에 따른 비밀의 경우에는 그러하지 아니하다.

　1. Ⅰ급비밀: 그 생산자의 허가를 받은 경우

　2. Ⅱ급비밀 및 Ⅲ급비밀: 그 생산자가 특정한 제한을 하지 아니한 것으로서 해당 등급의 비밀취급 인가를 받은 사람이 공용(共用)으로 사용하는 경우

　3. 전자적 방법으로 관리되는 비밀: 해당 비밀을 보관하기 위한 용도인 경우

② 각급기관의 장은 보안 업무의 효율적인 수행을 위하여 필요하다고 인정되는 경우에는 해당 비밀의 보존기간 내에서 제1항 단서에 따라 그 사본을 제작하여 보관할 수 있다.

③ 제2항에 따라 비밀의 사본을 보관할 때에는 그 예고문이나 비밀등급을 변경해서는 아니 된다. 다만, 「공공기록물 관리에 관한 법률 시행령」 제68조 제6항에 따라 비밀을 재분류하는 경우에는 그러하지 아니하다.

④ 비밀을 복제하거나 복사한 경우에는 그 원본과 동일한 비밀등급과 예고문을 기재하고, 사본 번호를 매겨야 한다.

⑤ 제4항에 따른 예고문에 재분류 구분이 "파기"로 되어 있을 때에는 파기 시기를 원본의 보호기간보다 앞당길 수 있다.

10

정답해설

정보의 가치를 결정하는 원칙은 복잡성이 아니라 단순성이다. 복잡할 경우 핵심이 무엇인지 파악하기 어려울 뿐만 아니라 정작 정보소비자가 어떤 부분을 의사결정에 활용해야 할지 판단하기 어려우므로 정보는 단순해야 한다.

> **The 알아보기 정보소비의 원칙**
> • 사용절차의 선택: 정보 사용을 위한 절차를 규정한다.
> • 사용의 한계: 조직 내부, 외부로의 배포 여부를 판단한다.
> • 사용의 순위: 종류에 따라 우선순위를 결정한다.
> • 사용의 시간: 소비할 수 있는 기간을 정해서 조정한다.
> • 소멸의 원칙: 사용효력이 없어진 정보는 폐기한다.

11

정답 ④

정답해설

스카이테일은 그리스 스파르타에서 개발한 원시적 형태의 군사적 암호통신 수단으로, 양피지나 파피루스 천 조각을 원통형 막대에 감은 후 비밀전문을 적어서 다시 푼 천 조각을 보내면 똑같은 원통형에 되감아 해독하는 장비이다.

12

정답 ②

오답해설

㉠ 1970년 11월 미국의 미군포로 구출을 위한 공작활동으로서, 상아해변작전(손타이작전)으로 알려져 있다. 북베트남 손타이역 억류 미군포로 구출을 위해 투입되었던 구출용 헬기 사고가 발생하였으며, 해당 포로수용소가 우기로 인하여 이전되었다는 정보를 입수하지 않은 채 감행하였기에 결과적으로는 실패로 돌아갔다.

㉢ 이글 클로 작전(Operation Eagle Claw) 또는 독수리 발톱 작전은 1979년에 발생한 주 이란 미국 대사관 인질 사건에서 인질이 된 대사관 직원 및 그 가족들 52명을 구출하기 위해 1980년 4월 24일부터 4월 25일에 집행되었던 비밀 작전이다. 미군 4군을 총동원시켜 델타 포스를 처음 투입한 작전이지만, 사막의 바람에 대비하지 못한 헬기의 문제로 인해 실패하였다.

> **The 알아보기**
> **엔테베 작전**
> 1976년 이스라엘 특공대가 팔레스타인 납치범들을 제압하고 인질을 구출해 낸 작전이다. 납치범들은 6월 27일 이스라엘을 떠나 파리로 향하던 에어프랑스기를 우간다 엔테베 공항에 강제 착륙시키고 동료 53명의 석방을 요구하였으나 이스라엘 특공대 100여 명은 일주일 뒤인 7월 4일 50여 분 만에 납치범을 사살하고 인질을 구출에 성공하였다.
>
> **에어프랑스 항공기 납치 사건**
> 1994년 12월 알제리의 우아리 부메디엔 공항에서 알제리의 이슬람 무장그룹(GIA)이 에어프랑스사 소속 항공기를 이륙 직전에 납치한 사건으로, 테러리스트들의 협박이 계속되자 평화적인 협상으로는 사건 해결이 불가능하다고 판단한 프랑스 정부는 연료 공급을 위해 도착한 프랑스 마르세유 공항에서 대테러 특공대인 국립헌병진압부대(GIGN)를 투입하여 테러리스트 4명을 사살하고 인질 170명을 구출하였다. 항공기 납치에서 인질구출작전까지 54시간 동안 지속되었으며, 항공 테러리즘의 심각성을 보여 준 사건 중 하나이다.

13

정답 ③

정답해설

국가사이버안전센터의 업무

1. 국가사이버안전정책의 수립
2. 전략회의 및 대책회의의 운영에 대한 지원
3. 사이버위협 관련 정보의 수집 · 분석 · 전파
4. 국가정보통신망의 안전성 확인
5. 국가사이버안전 매뉴얼의 작성 · 배포
6. 사이버공격으로 인하여 발생한 사고의 조사 및 복구 지원
7. 외국과의 사이버위협 관련 정보의 협력

14

정답 ④

정답해설

암호 개발, 도청 · 해킹 · 바이러스 방지 등의 통신보안은 수동적 방첩에 해당한다. 대스파이 활동은 능동적 방첩으로 통신보안은 포함되지 않는다.

26 군무원 FINAL 실전 봉투모의고사

15　　　　　　정답 ④

정답해설

'선전공작 > 정치공작 > 경제공작 > 전복공작 > 준군사공작' 순으로 위장부인의 정도가 낮아진다.

The 알아보기　비밀공작의 분류

- 선전공작: 지지자나 동조자 또는 동맹자를 획득한다는 뚜렷한 목적을 가지고 자신의 사상이나 교리, 원리를 전수하기 위한 계획적이고 조직적인 활동
- 정치공작: 상대방의 정치에 비밀리에 개입하여 자국에 유리한 정치적 상황을 만들기 위해 실행
- 경제공작: 외국의 경제정책을 자국에서 유리하게 변경시키는 공작
- 전복공작: 쿠데타 공작. 즉 실권을 뒤고 있는 정부를 바꾸기 위해 실시
- 준군사공작: 국가정보기구가 정식 전쟁이 아닌 방법으로 수행하는 전쟁에 준하는 비밀공작활동

16　　　　　　정답 ②

정답해설

㉠ 제한지역: 울타리 또는 경호원에 의하여 일반인의 출입의 감시가 요구되는 지역
㉡ 통제구역: 비인가자의 출입이 금지되는 보안상 극히 중요한 구역
㉢ 제한구역: 비인가자의 접근을 방지하기 위하여 그 출입에 안내가 요구되는 구역

The 알아보기　비밀보호규칙 제61조(보호구역의 설정)

1. 제한지역
   대법원 및 각급법원이 사용하는 건물 또는 방실, 기타 기관 시설의 내부
2. 제한구역
   대법원장실, 대법관실, 법원행정처장실, 사법연수원장실, 법원행정처 차장실, 사법정책연구원장실, 법원공무원교육원장실, 법원도서관장실, 각급법원장실, 전화교환실, 발전실 및 보이라실, 기록문서보관창고, 등기부 보관창고, 부동산폐쇄 등기부마이크로필름의 현상실 및 보관실, 호적부본 보관창고
3. 통제구역
   안전관리관실, 안전관리 상황실, C.P.X.상황실, 훈련실시장, 무기고

17　　　　　　정답 ④

정답해설

세계화의 퇴보와 미·중·러 신냉전 구도로 인하여 다자간, 지역 간 동맹체제로 강화되고 있는 추세이다.

18　　　　　　정답 ④

정답해설

아리랑 3호(Kompsat-3)
한국항공우주연구원에서 개발한 지구관측위성이다. 2012년 5월 일본 다네가시마 우주센터에서 발사되었다. 무게는 1000kg 정도이고 해상도 1m 이하의 서브미터급 광학카메라를 탑재하였으며 고도 685km에서 궤도를 선회하고 있다.

The 알아보기　군사용 첩보위성의 종류

- 군사용 정찰위성
  - 일반정찰위성: 고도 120~800km에서 궤도를 선회하며 지상의 이동 및 고정물체를 광역·정밀 촬영한다.
  - 신호정보위성: 고도 300~36,000km에서 궤도를 선회하며 지구상의 통신과 신호를 포착한다.
  - 해양정찰위성: 고도 200~1,200km에서 궤도를 선회하며 함정과 항공기 감시 및 해양상태를 파악한다.
  - 핵폭발 탐지위성: 고도 115,000km에서 궤도를 선회하며 지상, 대기 및 우주공간에서의 핵폭발 시험을 탐지한다.

- 조기경보위성: 미사일이나 핵폭탄의 발사를 조기에 감지하여 적의 공격에 대비하는 일을 한다.
- 도청위성: 적국의 전파나 통신을 도청하는 일을 한다.

19 정답 ③

정답해설

반국가단체는 정부를 참칭하거나 국가를 변란할 것을 목적으로 하는 국내외의 결사 또는 집단으로서 지휘통솔체제를 갖춘 단체를 말한다(국가보안법 제2조).

오답해설

① 국가보안법 제5조(자진지원 · 금품수수) 제1항
② 국가보안법 제3조(반국가단체의 구성등) 제1항
④ 국가보안법 제3조(반국가단체의 구성등) 제2항

20 정답 ①

오답해설

② 전술정보는 국가정보가 아니라 부문정보에 속한다.
③ 국가정보원장은 정보소비자로 국가정보원에 정보를 요청할 수도 있고, 다른 정보소비자들을 위해 생산된 정보를 제공해 주는 역할도 할 수 있다.
④ 판검사는 수사를 해서 법을 구형하고 그 구형을 판단해서 선고하는 사람들이지 정책을 결정하는 사람들이 아니다. 따라서 정책결정자에는 포함되지 않는다.

21 정답 ③

오답해설

① · ② 비밀정보부와 정보통신본부는 외무부 소속이다.
④ 상임차관정보위원회에 대한 설명이다. 합동정보위원회는 정보기관의 활동이 효율적으로 이루어지도록 조정 및 감독하고 정보목표 순위를 결정하여 각 정보기관에 배포하여 업무의 우선순위를 조정하는 역할을 담당하고 있다.

22 정답 ②

정답해설

오사마 빈 라덴은 사우디아라비아 왕족 출신으로 알카에다를 통해 유대인과 십자가군에 대항하여 이슬람국가의 영향력 확대를 꾀하려 했다. 9 · 11 테러 이후 계속된 추적 끝에 2011년 미군 특수부대에 의해 사살되었다.

23 정답 ④

정답해설

화재나 지진 등의 비상사태 발생 시 외교관의 동의 없이 공관 진입이 가능하다.

> **The 알아보기 외교특권**
> - 신체의 불가침
>   - 어떠한 경우라도 체포나 구금을 당하지 않음
>   - 다만, 긴급한 필요가 있는 정당방위 같은 경우 신체의 자유를 구속할 수 있음
>   - 외교관에 대한 폭행 · 협박은 가중하여 처벌(형법 제107조 · 제108조)
> - 문서의 불가침
>   - 외교관의 개인적인 서류나 문서 및 재산도 그 대상
>   - 외교가 단절이 되더라도 인정
>   - 다만, 간첩의 행위로 입수한 문서일 경우 문서의 불가침성은 사라짐
> - 관사의 불가침
>   - 공관 및 개인주택 등도 해당됨
>   - 화재나 지진 등의 비상사태 발생 시 외교관의 동의 없이 관사 출입 가능

24 정답 ③

정답해설

ⓒ 우편물의 검열 또는 전기통신의 감청(통신제한조치)은 범죄수사 또는 국가안전보장을 위하여 보충적인 수단으로 이용되어야 하며, 국민의 통신비밀에 대한 침해가 최소한에 그치도록 노력하여야 한다(통신비밀보호법 제3조 제2항).
ⓒ 국가안보를 위한 통신제한조치의 기간은 기본적으로 4월을 초과하지 못하고, 그 기간 중 통신제한조치의 목적이 달성되었을 경우에는 즉시 종료하여야 하되, 제1항의 요건이 존속하는 경우에는 소명자료를 첨부하여 고등법원 수석판사의 허가 또는 대통령의 승인을 얻어 4월의 범위 이내에서 통신제한조치의 기간을 연장할 수 있다(통신비밀보호법 제7조 제2항).

오답해설

㉠ 통신비밀보호법 제4조
㉣ 통신비밀보호법 제7조 제1항 제1호

25

정답해설

이스라엘의 Mossad와 중국의 국가안전부는 해외정보수집을 업무로 하는 정보기구이다.

오답해설

① 미국의 FBI는 연방정부의 경찰로서 모든 연방법률 위반행위에 대한 수사권을 가지고 있다. 단, 위조지폐, 밀수, 밀입국, 우편 등 특별법으로 규정되어 다른 연방기관에 위임된 사항은 제외한다.

③ KGB는 구소련의 통합형 정보기구였으나 1991년 해체되었다.

④ 영국의 통신정보를 담당하는 정보기구는 GCHQ이다.

제3과목: 정보사회론

01	02	03	04	05	06	07	08	09	10
①	②	②	②	⑤	③	②	①	②	③
11	**12**	**13**	**14**	**15**	**16**	**17**	**18**	**19**	**20**
③	①	②	②	⑤	④	②	③	②	①
21	**22**	**23**	**24**	**25**					
③	③	②	③	①					

01

정답해설

네이버와 같은 포털사이트의 뉴스 카테고리는 뉴스의 내용을 편집하고, 특정 뉴스를 반복적으로 노출해 의제설정 기능을 수행할 수 있다.

02

정답해설

암달의 법칙(Amdahl's Law): 병렬처리 프로그램에서 순차 처리되는 명령문들이 프로세서의 수를 추가하더라도 실행 속도 향상을 제한하는 요소를 갖고 있다는 법칙으로 최적 비용, 최적 시스템 구현 근거가 된다.

오답해설

① 무어의 법칙(Moore's Law): 인텔의 고든 무어가 제창한 법칙으로 'CPU칩의 가격은 매 18개월마다 절반으로 떨어지고 성능은 18개월마다 2배로 증가한다.'라는 법칙이다.

③ 구스타프슨의 법칙(Gustafson's Law): 컴퓨터과학에서 대용량 처리는 효과적으로 병렬화할 수 있다는 법칙이다.

④ 폰노이만 아키텍처(Von Neumann Architecture): 메모리에 명령어와 데이터를 함께 저장하며, 데이터는 메모리에서 읽기·쓰기가 가능하나, 명령어는 메모리에서 읽기만 가능하다.

03
정답 ②

정답해설

〈보기〉는 암묵적 지식에 대해 설명하고 있다.

The 알아보기 스펜더의 지식 분류

구분	개인적 활용	사회적 활용
형식적 지식	의식하고 있는 지식	객관화된 지식
암묵적 지식	습관화된 지식	집단화된 지식

04
정답 ②

정답해설

〈보기〉는 정보의 비대칭적 분포로 발생하는 문제들에 대한 내용이다.

㉠ 역선택은 감추어진 특성 때문에 발생하며, 정보를 가진 측의 자기 선택 과정에서 생기는 현상이다.

㉡ 도덕적 해이는 감추어진 행동 때문에 발생하며 정보를 가진 측은 자신의 이익을 추구하기 위해 정보를 갖지 못한 측의 이익에 위배되는 행동을 할 가능성이 있다.

05
정답 ③

정답해설

경제영역의 변화는 '단선적'이다. 이는 대체의 원리가 분명하게 적용되는 것을 뜻한다. 저렴한 가격에 더 높은 품질을 얻을 수 있다면 바로 대체된다.

The 알아보기 다니엘 벨의 탈산업사회(The Post-Industrial Society) 이론

- 경제영역: 산업 및 농업부문에 비해 서비스 부문이 우세해져서 새로운 서비스 경제가 나타난다.
- 노동력의 구성: 블루칼라 노동자보다 화이트칼라 노동자가 우세해지며 경제에 있어서 전문직, 기술직, 관리직 부문의 노동자들이 중요한 역할을 담당하게 될 것이다.
- 경제와 사회영역: 이론적 지식, 기술, 연구와 개발이 중심 역할을 담당하고 그 결과 정보의 창조와 전달에 종사하는 대학, 씽크-탱크 및 미디어가 우세해진다.
- 고립된 일부의 빈곤층이 존재하기는 하지만 높은 수준의 경제적 복지와 풍요를 성취할 것이다.
- 대다수 인구에게 고등교육의 기회가 확대되며 새로운 지적 기술이 창출될 것이다.

06
정답 ③

정답해설

하이퍼링크는 문서 내의 단어, 어구(Phrase), 기호, 이미지와 같은 모든 형식의 자료를 인터넷의 또 다른 요소 또는 하이퍼 문서 내의 또 다른 요소로 연결할 수 있는 기술이다.

07
정답 ②

정답해설

〈보기〉는 사회구조론에 대한 관점을 설명한 것이다. 사회구조론적 관점에서 기술 자체는 중립적일 수 있지만, 그 이용 방식은 중립적이지 않다고 설명한다. 따라서 어떤 방향에서 기술을 이용하는지가 무엇보다 중요하다.

08
정답 ①

정답해설

국민의 사생활이 보호될 수 있도록 우편물의 검열과 전기통신의 감청을 금지하기 위해 통신비밀보호법을 제정했다. 헌법 제18조에 규정된 통신의 비밀과 자유를 보장하기 위함이다. 그러나 통신비밀보호법은 동시에 국가안정보장 및 중요 범죄의 수사를 위하여 통신의 비밀과 자유에 대한 최소한의 제한이 필요하므로, 이를 위한 요건과 절차를 함께 규정하고 있다.

오답해설

② 컴퓨터 범죄란 컴퓨터 시스템에 가해지는 범죄를 통틀어 칭하는 말로 기존의 법체계로는 신종범죄에 대응하기 어렵다. 정보보안을 강화하거나 컴퓨터와 관련된 윤리교육을 강화하는 대처가 필요하다.

③ 정보격차가 심화되었을 경우 구조적인 모순을 제거해 근본적인 격차를 최소화해야 한다. 제도적인 차원에서는 정보접근권의 보장 및 공공적 성격의 정보공개제도가 필요하다.

09
정답 ②

정답해설

비가시성: 컨텐츠의 품질을 저하시키지 않는 특성이다.

오답해설

① 부인 방지성: 콘텐츠 사용자의 불법복제를 막기 위한 핑커프린팅에 필요한 특성이다.

③ 강인성: 전송 중에 생길 수 있는 노이즈나 여러 가지 형태의 변형과 공격에도 추출이 가능해야 한다.
④ 권리정보 추출성: 권리정보는 워터마크를 통해 추출이 가능하다.

10 정답 ③

오답해설

① 리어리(Timothy Leary): 가상공간에 대해 개개인이 자유롭게 항해하며 생각하는 것을 강조하였다.
② 제이콥슨과 깁슨(Jacobson & Gibson): 가상공간을 사회적 공간으로 바라보고자 하였다.
④ 위너(Nobert Wiener): 사이버네틱스(Cybernetics)란 통제와 소통 전 영역을 지칭하기 위한 '키잡이'를 의미하는 그리스어에서 온 말이라고 하였다.

11 정답 ③

정답해설

MIS(Management Information System): 기업 경영정보를 총괄하는 시스템으로서 의사결정 등을 지원하는 종합시스템을 일컫는다. 경영정보시스템은 크게 운영지원시스템(Operations Support Systems)과 관리지원시스템(Management Support Systems)으로 분류할 수 있다.

오답해설

① CAD(Computer Aided Design): 컴퓨터에 기억되어 있는 설계정보를 그래픽 디스플레이 장치로 추출하여 화면을 보면서 설계하는 시스템을 말한다. 제품 디자인의 계획, 수정, 최적화를 컴퓨터로 더욱 쉽고 간편하게 할 수 있도록 한다.
② BI(Brand Identity): 기업 경영전략의 하나로, 상표 이미지를 시각적으로 체계화 · 단순화하고 관리를 통해 제품 전략에서 판매 전략까지 구체화시켜 특정 브랜드에 대한 선호도를 높이는 것을 말한다. 상품 그 자체에 매력을 부여하면서 기업 이미지를 높이고 소비자에게 강하게 인식시키는 것이 목적이다.
④ FMS(Flexible Manufacturing System): 공장자동화의 기반이 되는 시스템화 기술이다. 이는 생산성과 유연성을 높일 수 있도록 하는 생산공정의 시스템화를 의미한다.

12 정답 ①

정답해설

온톨로지 작성에서 사용되는 대표적인 언어는 웹상의 정보 처리에 사용되는 웹 온톨로지 언어(OWL; Ontology Web Language)와 형태 제약 언어(SHACL; Shapes Constraint Language), 비즈니스 정보 거래에 사용되는 확장성 비즈니스 보고 언어(XBRL; eXtensible Business Reporting Language), 지식 기반 시스템에서 정보를 공유하고 재사용하는 데 쓰이는 지식 교환 형식(KIF; Knowledge Interchange Format) 언어와 술어 논리 기반의 공통 논리(CL; Common Logic, ISO/IEC 24707) 언어 등이 있다.

13 정답 ②

정답해설

서명자의 신원뿐만 아니라 서명자가 해당 전자문서에 서명하였다는 사실까지도 포함되어야 한다.

14 정답 ②

정답해설

가상 기계 모니터는 하나의 서버에서 하이퍼바이저를 통해 CPU, 메모리, 디스크 등의 하드웨어 자원을 가상화하여 서비스 형태로 제공하는 방식이다. 가상 기계는 도커(Docker)와 달리 OS를 각각 설치할 수 있어 개별적으로 다양한 OS를 지원한다.

15 정답 ③

정답해설

특정 이벤트 중심의 분절화(Segmented)된 맞춤형 서비스에서 국민 개개인의 복합적 속성과 요구를 반영한 통합된(Integrated) 개인 맞춤형 서비스로 전환하는 방향으로 추진되고 있다.

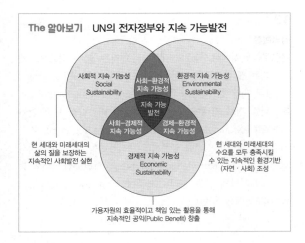

The 알아보기   UN의 전자정부와 지속 가능발전

④ 퍼트넘은 정의한 사회자본의 세 가지 구성요소는 규범, 네트워크 및 신뢰이다.

19
정답 ②

정답해설

정보는 사용자의 기호에 맞추어 변형되어야 하는 것이 아니라 사실 그대로 전달되어야 한다.

오답해설

① 적당성: 정보는 먼저 누구에게 전달할 것인가를 정하여야 한다. 배포처의 결정에 기준이 되는 것이 적당성의 원칙이다.

③ 필요성: 배포처를 적절히 결정하였다면 정보의 양을 사용자의 능력과 상황에 맞춰 필요한 만큼 배포하여야 한다.

④ 적시성: 정보는 사용의 시기에 맞게 배포되어야 한다. 너무 빨리 전달하거나 너무 늦게 배포하는 것은 정보 전달의 적절한 방법이 아니다. 적시성의 원칙은 정보 운영에 있어서 보안의 효과를 극대화하기 위한 것이다.

16
정답 ④

정답해설

빅데이터는 데이터양(Volume), 데이터 생성속도(Velocity), 형태의 다양성(Variety)이라는 공통적인 특징을 가지고 있어 흔히 3V라고 한다. 디지털 데이터는 융·복합 환경에서 다양한 종류의 대용량 데이터를 매우 빠른 속도로 처리하고 분석할 수 있는 속성을 가지고 있다.

17
정답 ②

정답해설

독일의 노이만이 주장한 침묵의 나선 이론은 여론이 형성되는 과정에서 자신의 입장이 다수와 동일하면 적극적으로 의견을 표명하지만 소수에 속할 경우에는 침묵하는 현상을 설명하는 매스미디어의 강효과 이론이다.

18
정답 ③

오답해설

① 인터넷 사용이 사회자본을 증가시킨다는 입장은 사회자본 강화론이다. 사회자본 보완론은 인터넷 사용이 사회자본의 증가나 감소 없이, 오프라인 대인관계를 보완한다는 입장이다.

② 사회자본의 가장 큰 특징은 재화, 소득과 같이 형태가 있는 물적자원이나 교육 수준과 같은 인간자본처럼 개인 내부에 체화된 것이 아니라 개인이 아닌 관계에서 발생한다는 것이다.

20
정답 ①

정답해설

네트워크상에서 남의 정보에 몰래 접근하여 불법으로 얻는 행위는 스누핑(Snooping)이다. 스푸핑은 유명 업체의 명의로 스팸 메일을 발송하거나 위조 사이트로 접속을 유도하는 식으로 사용자들의 방문을 유도해 정보를 빼가는 해킹 수법이다.

21
정답 ③

정답해설

마누엘 카스텔(Manuel Castells)은 현대 정보사회를 네트워크 사회라고 하였다. 카스텔의 네트워크 사회는 자본과 정보, 지식, 노동이 흘러 다니는 흐름 사회(Flow Society)로 현대 정보사회를 설명하는 중요한 이론 가운데 하나로 등장했다.

22 정답 ③

① 빠른 정렬(Quick Sort): 분할 정복 알고리즘의 하나로, 평균적으로 매우 빠른 수행 속도를 자랑하는 정렬 방법이다.
② 맵 리듀스(Map Reduce): 구글에서 대용량 데이터 처리를 분산 병렬 컴퓨팅에서 처리하기 위한 목적으로 개발한 오픈소스 프레임워크이다.
④ 디지털 포렌식(Digital Forensics): 디지털 증거물을 분석하여 수사에 활용하는 과학 수사 기법을 의미한다.

23 정답 ②

정답해설

상황적 제약에 대한 설명이다. 보편적 설계(UDI; Universal Design of Instruction)에 있어서 기능적 제약은 신체적인 장애와 관련된 것이다.

> **The 알아보기   보편적 설계(UDI)의 7원칙**
> • 원칙1: 공평한 사용
> • 원칙2: 사용상의 융통성
> • 원칙3: 단순하고 직관적인 사용
> • 원칙4: 지각할 수 있는 정보
> • 원칙5: 오류에 대한 관용
> • 원칙6: 낮은 신체적 수고
> • 원칙7: 접근과 사용에 적절한 크기와 공간

24 정답 ③

정답해설

㉠ 핫미디어는 정보의 양이 많고 논리적이지만 감정의 전달이 어렵고 수용자의 참여도가 낮다. 신문 · 잡지 · 라디오 · 영화 · 사진 등이 대표적이다.
㉡ 쿨미디어는 정보의 정밀도가 낮고 정보의 양이 부족하지만 수용자의 높은 참여를 요구한다. TV · 전화 · 만화 등이 대표적이다.

25 정답 ①

㉢ 정보화 및 자동화는 3차 산업혁명의 특징이다.

> **The 알아보기   산업혁명**
> 1차 산업혁명은 기계화, 2차 산업혁명은 대량생산, 3차 산업혁명은 정보화 및 자동화라는 특징이 있다. 현재의 4차 산업혁명은 기존의 산업에 정보통신기술(ICT)을 융합시켜 능동성을 갖춘다는 점이 특징이다. 인더스트리 4.0(Industry 4.0)은 독일 정부가 주도하여 시작된 4차 산업혁명 정책이다.

제3회 모의고사 정답 및 해설

제1과목: 국어

01	02	03	04	05	06	07	08	09	10
③	③	②	④	④	③	②	③	②	②
11	12	13	14	15	16	17	18	19	20
②	③	③	②	②	①	③	④	④	①
21	22	23	24	25					
③	④	②	④	③					

01 　　　　　　　　　　　　　　　　　　정답 ③

정답해설

'주말(朱抹: 붉을 주, 지울 말)'은 '붉은 먹을 묻힌 붓으로 글자 따위를 지우다.'라는 뜻으로, 붉은 선으로 '표시'하는 것이 아니라 '지우'는 행위이다.

오답해설

① • 개임(改任: 고칠 개, 맡길 임): 다른 사람으로 바꾸어 임명함
　 • 교체(交替: 사귈 교, 바꿀 체): 사람이나 사물을 다른 사람이나 사물로 대신함
　 • 임명(任命: 맡길 임, 목숨 명): 일정한 지위나 임무를 남에게 맡김
② • 계리(計理: 셀 계, 다스릴 리): 계산하여 정리함
　 • 회계(會計: 모일 회, 셀 계): 나가고 들어오는 돈을 따져서 셈을 함 / 개인이나 기업 따위의 경제 활동 상황을 일정한 계산 방법으로 기록하고 정보화함
④ • 게기(揭記: 걸 게, 기록할 기): 기록하여 내어 붙이거나 걸어 두어서 여러 사람이 보게 함
　 • 기재(記載: 기록할 기, 실을 재): 문서 따위에 기록하여 올림

02 　　　　　　　　　　　　　　　　　　정답 ③

정답해설

'갖은'은 골고루 다 갖춘, 여러 가지의 등의 의미로 사용되는 관형사이다.

오답해설

① '바로'는 거짓이나 꾸밈없이 있는 그대로라는 의미로 사용되는 부사이다.
② '혼자'는 다른 사람과 어울리거나 함께 있지 아니하고 동떨어져서라는 의미로 사용되는 부사이다.
④ '그리고'는 단어, 구, 절, 문장 따위를 병렬적으로 연결할 때 쓰는 접속 부사이다.

03 　　　　　　　　　　　　　　　　　　정답 ②

정답해설

제시된 글은 언어와 사고가 서로 깊은 관계를 맺고 상호 작용을 한다는 점을 설명하고 있다. 하지만 ②와 같이 어떤 사물의 개념이 머릿속에서 맴도는데도 그 명칭을 떠올리지 못하는 것은 언어와 사고가 상호작용을 하는 사례로 보기 어렵다.

오답해설

① '산', '물', '보행 신호의 녹색등'의 실제 색은 다르지만 모두 '파랗다'라고 표현하는 것은 색에 대해 범주화된 사고가 언어로 나타난다는 것을 의미한다. 따라서 언어와 사고가 상호작용을 하는 사례로 볼 수 있다.
③ 우리나라는 수박을 '박'의 일종으로 인식하여 '수박'이라고 부르지만, 어떤 나라는 '멜론(melon)'과 유사한 것으로 인식하여 'watermelon'이라고 부른다. 이는 인간의 사고가 언어에 반영된다는 것을 보여 주는 사례이다.
④ 쌀을 주식으로 삼는 우리나라 문화권에서 '쌀'과 관련된 단어가 구체화되어 '모', '벼', '쌀', '밥' 등으로 다양하게 표현되고 있다는 것은 사회와 문화가 언어의 분화 · 발전에 영향을 준다는 것을 의미한다. 따라서 언어와 사고가 상호작용을 하는 사례로 볼 수 있다.

04

정답 ④

정답해설

'치르+어 → 치러'는 '으' 탈락 현상이므로 규칙 활용이다. 참고로, 'ㄹ' 탈락과 '으' 탈락은 규칙 활용에 해당한다.

오답해설

① 'ㅅ' 불규칙 활용에 해당한다.
② 'ㄷ' 불규칙 활용에 해당한다.
③ '르' 불규칙 활용에 해당한다.

05

정답 ④

정답해설

'발(을) 끊다'는 오가지 않거나 관계를 끊는 것을 의미하는 표현이므로 문맥상 적절하지 않다. 아이가 돌아오지 않아 매우 안타까워하거나 다급해하는 표현으로는 '발(을) 구르다'가 적절하다.

오답해설

① 발(을) 디딜 틈이 없다: 복작거리어 혼잡스럽다.
② 발(이) 묶이다: 몸을 움직일 수 없거나 활동할 수 없는 형편이 되다.
③ 발(을) 빼다: 어떤 일에서 관계를 완전히 끊고 물러나다.

06

정답 ③

정답해설

제시된 작품은 김기택의 「우주인」이다. 화자는 '허공', '없다는 것은', '모른다', '보고 싶다', '삐뚤삐뚤', '발자국' 등의 시어 반복을 통해 무기력한 삶에서 벗어나고자 하는 화자의 소망과 의지를 강조하고 있다.

오답해설

① 화자는 '~고 싶다'를 반복하며 미래에 대한 희망을 찾고 있다. 과거로 돌아가고 싶다는 소망은 나타나지 않는다.

② 시적 화자의 옛 경험에 대한 사실적인 묘사는 찾아볼 수 없다.

④ 현실의 고난이 허구적 상상을 통해 드러나고 있지만, 극복하는 모습은 나타나지 않는다.

07

정답 ②

정답해설

(가)는 모두 5개의 발화와 1개의 담화로 이루어져 있다. 담화는 둘 이상의 발화나 문장이 연속되어 이루어지는 말의 단위를 가리킨다.

오답해설

③ 마지막 A의 발화를 통해 버스 정류장에서 나눈 대화임을 알 수 있다.

④ (가)의 A와 B 사이의 대화에서 사회·문화적 맥락은 간접적으로 작용했겠지만 그것이 뚜렷하게 드러나 있다고 보기는 어렵다.

08

정답 ③

정답해설

제시된 대화의 맥락은 추석 명절을 맞아 일어나는 일들에 대한 것이다. 그중 밑줄 친 ㉠ '해마다 가셨지?'라는 발화는 B의 할머니가 매년 임진각에 간 것을 물어보는 것인데, 이 발화의 역사적 맥락을 파악하기 위해서는 임진각이 어떤 공간인지를 알아야 한다. 임진각은 군사 분계선에서 7km 남쪽에 있는 1972년에 세워진 관광지로 분단의 아픔을 상징하는 공간이다. 따라서 B의 할머니가 임진각에 해마다 갔다는 발화를 통해 할머니가 한국전쟁 때 월남한 실향민이며 명절마다 갈 수 없는 고향에 대한 그리움을 임진각에 가서 대신 달래는 것임을 추측해 볼 수 있다. 이러한 내용은 우리나라 근현대사에 대한 지식이 없으면 이해하기 힘든 발화이다.

09

정답 ②

정답해설

'지민이가 감기에 걸렸다.'를 능동 표현으로 바꿀 경우 '감기가 지민이를 걸다.'라는 비문이 된다. '감기'가 주체가 될 수 없으므로 능동 표현으로 바꿀 수 없다.

오답해설

① '그 문제가 어떤 수학자에 의해 풀렸다.'를 능동 표현으로 바꿀 경우 '어떤 수학자가 그 문제를 풀었다.'라는 문장이 성립한다.

③ '딸이 아버지에게 안겼다.'를 능동 표현으로 바꿀 경우 '아버지가 딸을 안았다.'라는 문장이 성립한다.

④ '그 수필은 많은 사람들에게 읽혔다.'를 능동 표현으로 바꿀 경우 '많은 사람들이 그 수필을 읽었다.'라는 문장이 성립한다.

10

정답 ②

정답해설

현재진행형이란 현재 움직임이 계속되고 있음을 나타내는 동사 시제의 형태이다. '고르다[3]'은 동사가 아닌 형용사이므로 현재진행형으로 나타낼 수 없다.

11

정답 ②

정답해설

제시문에 따르면 언어 표현은 자연시간의 순서를 따른다. 그런데 ② '문 닫고 들어와라.'는 안으로 들어온 후에 문을 닫으라는 의미이므로 논리적으로 시간의 순서에 맞지 않는다.

오답해설

①·③ 각각 꽃이 펴야 질 수 있고, 수입이 들어와야 지출을 할 수 있으므로 제시문의 설명에 부합한다.

④ '머리끝부터 발끝' 역시 위쪽이 앞서고 아래쪽이 나중에 온다는 어순 병렬의 원리에 부합한다.

12

정답 ③

정답해설

제시된 글은 '위기'라는 단어의 의미를 파악하고, 위기에 어떻게 대응하느냐에 따라 결과가 달라진다고 보았다. 위기 상황에서 위축되지 않고 사리에 맞는 해결 방안을 찾기 위해 노력하고, 위기를 통해 새로운 기회를 모색해야 함을 강조하고 있다.

13 　　　　　　　　　　　　　　　　정답 ③

정답해설

국어의 로마자 표기는 국어의 표준 발음법에 따라 적는 것을 원칙(로마자 표기법 제1항)으로 한다. ③ 마천령은 [마철령]으로 소리 나므로 'Macheollyeong'으로 표기하는 것이 적절하다.

오답해설

① Gapyeong-goon(×) → Gapyeong-gun(○): 가평군은 'Gapyeong-goon'이 아닌 'Gapyeong-gun'으로 표기한다. '도, 시, 군, 구, 읍, 면, 리, 동'의 행정 구역 단위와 '가'는 각각 'do, si, gun, gu, eup, myeon, ri, dong, ga'로 적고, 그 앞에는 붙임표(−)를 넣는다(로마자 표기법 제5항).

② Galmaibong(×) → Galmaebong(○): 갈매봉은 'Galmaibong'이 아닌 'Galmaebong'으로 표기한다. 로마자 표기법에서 단모음 'ㅐ'는 'ae'로 표기한다.

④ Baeknyeongdo(×) → Baengnyeongdo(○): 백령도는 [뱅녕도]로 소리 나므로 자음 사이에서 동화 작용이 일어나는 경우 그 결과에 따라 표기한다는 규정(로마자 표기법 제1항)에 따라 'Baengnyeongdo'로 표기한다.

14 　　　　　　　　　　　　　　　　정답 ②

정답해설

'상이(相異)'는 '서로 다르다'라는 의미를 가진다.

오답해설

① '상관(相關)'은 '서로 관련 있다'라는 의미를 가진다.

③ '상응(相應)'은 '서로 응하다'라는 의미를 가진다.

④ '상충(相衝)'은 '서로 충돌하다'라는 의미를 가진다.

15 　　　　　　　　　　　　　　　　정답 ②

정답해설

무빙워크(moving walk): 안전길(×) → 자동길(○)

16 　　　　　　　　　　　　　　　　정답 ①

정답해설

친구 따라 강남 간다: 자기는 하고 싶지 아니하나 남에게 끌려서 덩달아 하게 됨을 이르는 말

오답해설

② 대항해도 도저히 이길 수 없는 경우를 비유적으로 이르는 말

③ 어느 곳에서나 그 자리에 없다고 남을 흉보아서는 안 된다는 말. 다른 사람에 관한 이야기를 하는데 공교롭게 그 사람이 나타나는 경우를 이르는 말

④ 주관하는 사람 없이 여러 사람이 자기주장만 내세우면 일이 제대로 되기 어려움을 비유적으로 이르는 말

17 　　　　　　　　　　　　　　　　정답 ③

정답해설

• 문맥의 제일 처음에 올 수 있는 내용은 (나)와 (다)이다. (가)는 접속 부사 '그러나', (라)는 접속 부사 '하지만', (마)는 앞의 내용에 대한 원인을 밝히는 '~ 때문이다'가 있으므로 다른 문장의 뒤에 연결되어야 한다.

• (마)는 '불만과 불행에 사로잡히기 때문'이라고 하였으므로 그 앞부분에는 그 원인인 '만족할 때까지는 행복해지지 못한다.'는 내용이 와야 한다. 따라서 (다) − (마)의 순서가 되어야 한다.

• (라)는 (마)의 내용에 대한 반론을 제시하며 '차원 높은 행복'이라는 새로운 화제를 제시하고 있으므로 (마) − (라)의 순서가 되어야 한다.

• (가)와 (나)는 '소유에서 오는 행복'이라는 공통 화제를 가지고 있으므로 인접해 있어야 하며, 접속 부사를 고려할 때 (나) − (가)의 순서가 적절하다.

따라서 문맥에 따른 배열로 가장 적절한 것은 ③ '(다) − (마) − (라) − (나) − (가)'이다.

18 　　　　　　　　　　　　　　　　정답 ④

정답해설

시적 화자는 달에게 말을 건네는 방식을 통해 근심과 소망 등 자신의 정서를 전달하고 있다.

오답해설

① 후렴구가 반복적으로 사용되었지만 특별한 뜻이 없이 운율을 맞추기 위한 것이므로 후렴구가 주제 의식을 부각한다고 볼 수 없다.

② 제시된 작품에서 반어적 의미를 가진 표현은 찾아볼 수 없다.

③ 성찰적 어조로 볼 수 없으며 엄숙한 분위기가 조성된 것도 아니다.

The 알아보기　작자 미상, 「정읍사(井邑詞)」
- 갈래: 고대 가요, 서정시
- 성격: 서정적, 애상적, 기원적
- 제재: 남편에 대한 염려
- 주제: 남편의 안전을 바라는 여인의 간절한 마음
- 특징: 후렴구 사용
- 의의
  - 현전하는 유일한 백제 노래
  - 한글로 기록되어 전하는 가요 중 가장 오래된 작품
  - 시조 형식의 기원인 작품
- 연대: 백제 시대로 추정
- 출전: 『악학궤범(樂學軌範)』
- 함께 읽으면 좋은 작품: 김소월, 「초혼」
「초혼」은 초혼이라는 전통 의식을 통해 사랑하는 사람을 잃은 슬픔을 노래한 김소월의 작품이다. 이 작품에서 임과의 이별 상황에 마주한 화자가 임을 애타게 기다리며 만나고자 하는 소망의 극한이 '돌'로 응축되어 나타나는데, 이는 「정읍사」의 화자가 임을 기다리다가 돌이 되고야 말았다는 망부석 모티프와 연결된다.

19
정답 ④

정답해설

'노피곰'이 상승 이미지를 환기하는 것은 맞지만, 달이 초월적 세계에 대한 화자의 동경을 표상한다고 볼 수는 없다. '노피곰'은 '높이높이'라는 뜻으로 이 시어에는 달이 멀리 또는 밝게 비추어 남편의 안전이 지켜지기를 바라는 화자의 소망이 투영되어 있다.

오답해설

① 화자의 시적 진술이 달이 뜨는 시간에 이루어지고 있음을 알려준다.
② 대상에 대한 화자의 근심과 걱정을 완화해 주는 존재이다.
③ 높임의 호격 조사 '하'로 볼 때 존경의 의미를 함축하고 있음을 알 수 있다.

20
정답 ①

정답해설

이 작품은 섬진강이 흐르는 호남 지방의 자연과 그곳에서 살아가는 사람들을 제재로 하여 섬진강의 끈질긴 생명력을 부드러우면서도 단호한 어조로 표현하였다. 반어적인 어조를 활용하여 현실을 풍자한 부분은 찾을 수 없다.

오답해설

② '실핏줄 같은', '쌀밥 같은', '숯불 같은'처럼 직유를 활용하여 섬진강과 소박한 민중의 모습을 인상적으로 드러내고 있다.
③ '영산강으로 가는 물줄기를 불러 뼈 으스러지게 그리워 얼싸안고', '지리산 뭉툭한 허리를 감고 돌아가는'과 같은 의인화를 통해 섬진강의 강한 생명력을 표현하고 있다.
④ 섬진강의 마르지 않는 속성을 통해 '민중의 건강한 삶과 끈질긴 생명력'이라는 주제 의식을 강화하고 있다.

The 알아보기　김용택, 「섬진강 1」
- 갈래: 자유시, 서정시
- 주제: 민중의 소박하고 건강한 삶과 끈질긴 생명력
- 특징
  - 의인법, 반복법, 설의법을 통해 주제를 강조
  - 명령 투의 어조가 나타남

21
정답 ③

정답해설

'부패'라는 단어에 담긴 서로 다른 의미로 인해 ③은 논리적 오류가 발생하였다.

오답해설

① 삼단 논법
② 결합의 오류
④ 분해의 오류

22
정답 ④

정답해설

시적 화자는 '그리웠던 순간들을 호명하며' 따뜻하고 행복했던 지난 때를 그리워하고 있으며, 톱밥 난로에 톱밥을 던지는 행위를 '한 줌의 눈물을 불빛 속에 던져 주었다'라고 표현하여 현재의 고단한 삶에 대한 정서를 화자의 행위에 투영하고 있다.

오답해설

① '유리창마다 / 톱밥난로가 지펴지고'는 대합실 유리창에 난로의 불빛이 비치는 것을 묘사한 것으로, 여러 개의 난로가 지펴진 대합실의 상황을 비유적으로 표현했다는 설명은 적절하지 않다.

② '청색'과 '불빛'의 대조적 색채 이미지가 나타나지만, 이를 통해 막차를 기다리는 사람들의 고단한 삶을 드러낼 뿐 겨울 풍경의 서정적 정취를 강조한 것은 아니다.

③ '오래 앓은 기침 소리'와 '쓴 약 같은 입술담배 연기'를 통해 힘겨운 삶의 모습을 드러내고는 있으나, 이것이 비관적 심리를 드러낸다고 할 수 없다. 또한 담배를 피우는 행위를 무례하다고 보는 것은 작자의 의도와 거리가 멀다.

> **The 알아보기   곽재구, 「사평역에서」**
> - 갈래: 자유시, 서정시
> - 성격: 회고적, 애상적, 묘사적
> - 주제: 가난하고 소외된 사람들의 삶의 애환
> - 특징
>   - 간이역 대합실을 장면화하여 묘사적으로 제시함
>   - 감각적 이미지로 서정적이고 쓸쓸한 분위기를 연출함
>   - 반복적 변주로 시상을 전개함

23
정답 ②

정답해설

'집단으로 모인 사람들이 자신들의 감성을 침묵하게 하고 지성만을 행사하는 가운데 그들 중 한 개인에게 그들의 모든 주의가 집중되도록 할 때 희극이 발생한다고 보았다.'를 통해 희극이 관객의 감성이 집단적으로 표출된 결과라는 설명이 적절하지 않음을 알 수 있다. '관객은 이러한 결함을 지닌 인물을 통하여 스스로 자기 우월성을 인식하고 즐거워질 수 있게 된다.'에서 희극은 관객 개개인이 결함을 지닌 인물에 비하여 자기 우월성을 인식함으로써 발생한다는 사실을 확인할 수 있다.

오답해설

① '희극의 발생 조건에 대하여 베르그송은 집단, 지성, 한 개인의 존재 등을 꼽았다.'를 통해 적절한 내용임을 확인할 수 있다.

③ '한 인물이 우리에게 희극적으로 보이는 것은 우리 자신과 비교해서 그 인물이 육체의 활동에는 많은 힘을 소비하면서 정신의 활동에는 힘을 쓰지 않는 경우이다.'라는 프로이트의 말을 통해 적절한 내용임을 확인할 수 있다.

④ '웃음을 유발하는 단순한 형태의 직접적인 장치는 대상의 신체적인 결함이나 성격적인 결함을 들 수 있다.'를 통해 적절한 내용임을 확인할 수 있다.

24
정답 ④

정답해설

제시문은 '문학이 구축하는 세계는 실제 생활과는 다르다.'는 것을 건축가가 집을 짓는 과정에 빗대어 표현하였다. 즉, 유추의 설명 방식이 사용된 것으로, 유추는 생소한 개념이나 복잡한 주제를 친숙한 개념 또는 단순한 주제와 비교하여 설명하는 방식이다.

④ '목적을 지닌 인생은 의미 있다.'는 것을 목적을 갖고 뛰어야 완주가 가능한 마라톤에 빗대어 설명하고 있다.

오답해설

① 국어 단어를 일정한 기준에 따라 종류별로 묶어서 설명하는 방법인 분류의 방식이 사용되었다.

② 르네상스 시대 화가들과 인상주의 화가들의 공통점을 비교해서 설명하고 있다.

③ 둘 이상의 대상, 즉 남자와 여자의 차이점을 밝히는 설명 방법인 대조의 방식이 사용되었다. 또한, 남녀의 관심사를 열거하고 있다.

25
정답 ③

정답해설

3·1 운동과 관련된 제시문으로, 문맥상 〈보기〉의 내용은 (다)의 뒤에 들어가야 한다. 〈보기〉에서는 학자들이 3·1 운동에 관해 부단한 연구를 해왔고, 각 분야에 걸쳐 수많은 저작을 내놓고 있다고 했다. 그다음 (라)에서는 언론 분야에 대한 예가 나오고 있다.

01	02	03	04	05	06	07	08	09	10
②	①	②	①	③	③	②	①	①	①
11	12	13	14	15	16	17	18	19	20
③	②	③	②	②	③	④	④	③	④
21	22	23	24	25					
②	③	④	③	②					

The 알아보기 비밀공작의 개념

- 정의
  - 정보기관이 목표에 대해 계획적으로 행동을 하되 자신의 조국이나 기관을 드러내지 않고 영향을 주는 활동
  - 첩보수집활동, 선전활동, 파괴공작활동 등의 임무 수행
- 목적
  - 대상 국가의 정치적 변화를 위하여 행동
  - 자국에게 유리한 방향으로 이끌어 올 수 있게 행동
  - 전쟁발발 시 적국의 혼란을 야기하기 위해 행동

---

01 정답 ②

정답해설

정보수집단계에서 정보분석관들이 정보소비자가 원하는 정보에 매달리는 현상으로, 정보실패 요인에 해당된다.

오답해설

① TPED Issue: 첩보수집에는 예산이 많이 들어가고 분석에는 예산이 적게 들어가 수집된 자료를 제대로 처리할 능력이 부족한 현상으로, 첩보수집 관련 이슈이다.

③ Vacuum Cleaner 이슈: 공개 · 신호 · 영상 정보에서 의미 없는 첩보들까지 마구잡이로 수집하는 현상으로, 첩보수집과 관련된 이슈이다.

④ Zero-sum Game: 게임에 참가하는 양측 중 승자가 되는 쪽이 얻는 이득과 패자가 되는 쪽이 잃는 손실의 총합이 0(zero)이 되는 게임을 가리킨다. 제로섬게임이라는 용어는 게임이론으로부터 등장했지만 정치 · 경제 · 사회분야 등의 무한경쟁 상황에서 패자는 모든 것을 잃고 절대강자만 이득을 독식하는 현상을 설명할 때에도 종종 사용된다

02 정답 ①

정답해설

측정정보: 영상정보나 신호정보를 제외한 나머지 기술로 획득하는 정보로서 핵물질이나 전자파 등을 감시하며 국제범죄에 사용되는 무기거래 등의 정보를 수집한다.

03 정답 ②

정답해설

상대국의 정치적 변화를 위하여 행동한다.

04 정답 ①

정답해설

연방정보부(FSB): 러시아의 중추적 정보기관으로 독자적인 감옥을 운영하고 있으며 국내 대테러부대인 알파부대를 직접 지휘하고 있다.

오답해설

② 해외정보부(SVR): 과거 KGB의 제1총국 기능을 계승한 러시아의 대표적인 대외정보기관이다.

05 정답 ③

정답해설

국정원장은 대통령이 직접 임명하고, 차장 및 기조실장은 국정원장의 제청에 의해 대통령이 임명한다.

06 정답 ③

정답해설

스마트전쟁에서 지상군 투입은 되도록 미뤄진다.

07 정답 ②

정답해설

9 · 11 테러 이후 중앙정보장(DCI)을 폐지하고 DNI를 신설하여 정보공동체 정보기관장 임면권을 부여했다.

오답해설

① DNI는 다른 행정부처의 정보기관에 대한 직접적인 통제권이 있다.

③ 정보공동체의 예산을 편성하고 집행하는 권한을 갖고 있다.

④ 국가정보위원회(NIC)에 대한 설명이다.

08

정답해설

정보기관 간의 교류가 빈번하고 담당자 간의 연대의식이 강하여 흥정을 통한 정보왜곡 현상이 자주 발생한다.

오답해설

③ 정보분석관의 인지적 오류에는 최초의 개념을 고수하려는 원칙성, 자신의 생각과 모순되는 결과를 잘 받아들이지 않으려는 집착성, 편견과 사고의 경직성 등이 있다.

④ 한국전쟁은 1950년, 진주만 침공은 1941년에 발생한 대표적인 정보실패의 사례에 포함된다. 이외에도 피그만 침공 등이 있다.

09

오답해설

② 보안에 대한 설명이다. 방첩은 해외로 나가서 상대국들의 요원, 활동 등을 찾고 방해하는 활동이다.

③ 역용은 적국의 스파이를 잡아서 다시 아군을 위해 일하게 만드는 것으로 이중스파이를 말한다.

④ 방첩의 대상은 적국, 우방국을 가리지 않는다. 형법상 간첩죄만 적국을 대상으로 할 뿐이다.

10

정답해설

I급 비밀: 누설되는 경우 대한민국과 외교관계 단절 및 전쟁 유발 또는 국가의 방위계획 · 정보활동 및 국가 방위상 필요 불가결한 과학과 기술의 개발을 위태롭게 할 우려가 있는 비밀

오답해설

② II급 비밀: 누설되는 경우 국가안전보장에 막대한 지장을 초래할 우려가 있는 비밀

③ III급 비밀: 누설되는 경우 국가안전보장에 손해를 끼칠 우려가 있는 비밀

④ 대외비: 누설 시 국가안보에 손해 · 악영향을 미치는 것이 아니라 공정한 직무를 수행하고 이해관계자에게 공정한 기회를 보장하기 위해 "직무수행상 특별히 보호를 요하는 사항"

11

정답해설

로웬탈은 비밀공작의 유형을 폭력성과 위장부인의 두 가지 기준으로 구분하였다. 폭력성이 가장 높고 위장부인이 가장 낮은 것은 준군사공작이고, 폭력성이 가장 낮고 위장부인이 가장 높은 것은 선전공작이다.

12

정답해설

향정신성물질에 관한 협약은 마약에 관한 단일협약 규제대상 이외의 환각, 진통, 각성, 수면, 정신안정제 등의 남용방지를 위해 체결되었다.

ⓒ 부록표 I에 언급한 물질에 대해서는 정당하게 허가를 받은 자만이 학술 및 매우 한정된 의료 목적에만 사용할 수 있고, 제조 · 거래 · 소지에는 특별한 면허 또는 사전에 허가의 취득이 필요하다. 부록표 II~IV에 언급된 물질의 제조 · 거래 · 소지 · 사용은 학술과 의료의 목적에 제한된다.

13

정답해설

국가정보학은 국가정보활동의 비판기능을 수행함으로써 국가정보기관이 건전한 발전을 할 수 있도록 한다.

14

오답해설

① 테크노테러리즘: 사이버무기, 레이저무기, 생물 · 생화학 무기, 전자무기 등 다양한 최첨단 공격무기가 동원되는 테러를 총칭이다.

③ 메가테러리즘: 최대한 많은 인명을 살상함으로써 사회 전체를 공포와 충격으로 몰아넣고자 하는 최근 테러리즘의 경향이다.

④ 적색테러리즘: 공산주의를 상징하는 빨간색과 관련하여 서방 자유세계에 대한 공산주의자들의 공격행위이다.

15
정답 ②

정답해설

국군방첩사령부는 국방부장관 소속이다. 국가정보본부는 국방부장관 소속으로 군사정보 및 군사보안에 관한 사항과 군사정보전력의 구축에 관한 사항을 관장하는 곳이다. 소속부대로는 정보사령부, 777사령부가 있다.

16
정답 ③

정답해설

정보분석에 독점권을 가지고 있으므로 분석에 오류가 생겼을 경우 정보의 정정이 어렵다.

오답해설

① 동일 사안에 대해 개별정보기구와 중앙정보기구를 동시에 운영하는 방식은 경쟁적 분산형에 대한 설명이다.

② 분산형 정보분석기구는 특별한 교류 없이 활동하기 때문에 조직업무에 중복이 있을 수 있어 능률성이 경쟁적 분산형에 비해 떨어진다.

④ 제2차 세계대전 이전의 미국 정보기관은 분산형 정보분석기구이다.

17
정답 ④

오답해설

① 로버트 한센: 미국 FBI의 방첩관으로 25년간 근무하면서 1985년 10월 이후 15년간 러시아에 미국의 기밀과 주요 정보들을 유출하였다. 로버트 한센 사건은 1994년 올드리치 에임스 사건 이후 미국 내 최대의 스파이 사건으로 평가받고 있다.

② 이츠하크 라빈: 노벨평화상을 받은 이스라엘 국무총리로서 1995년 11월 4일 텔아비브에서 열린 중동평화회담 지지집회 연설 후 차에 타던 중 유대인 극우파 청년인 이갈 아미르의 총에 맞아 사망하였다.

18
정답 ④

정답해설

통신비밀보호법 제7조 제2항에 따르면 안보수사를 위한 통신제한조치의 기간은 4월을 초과하지 못하고, 그 기간 중 통신제한조치의 목적이 달성되었을 경우에는 즉시 종료하여야 하되, 제1항의 요건이 존속하는 경우에는 소명자료를 첨부하여 고등법원 수석판사의 허가 또는 대통령의 승인을 얻어 4월의 범위 이내에서 통신제한조치의 기간을 연장할 수 있다. 다만, 제1항 제1호 단서의 규정에 의한 통신제한조치는 전시·사변 또는 이에 준하는 국가비상사태에 있어서 적과 교전상태에 있는 때에는 작전이 종료될 때까지 대통령의 승인을 얻지 아니하고 기간을 연장할 수 있다.

19
정답 ③

정답해설

스톡홀름 증후군: 인질이 인질범에게 심리적·인간적으로 동화되어 자신들을 납치한 인질범을 지지하고 감싸 주는 현상

오답해설

① 리마 증후군: 스톡홀름 증후군과 반대되는 것으로, 테러범들이 인질들의 문화를 학습하거나 동화됨으로써 공격적인 태도가 완화되는 현상

② 런던 증후군: 협상 단계에서 통역이나 협상자가 인질범과 생존을 동일시하는 현상

④ 베슬란 증후군: 샤밀 바사예프가 지휘하던 체첸의 과격파 테러리스트들에 의해 베슬란 1번 공립학교에서 미성년자들을 인질로 한 발생한 테러로, 체첸의 몰락에 크게 일조한 사건

20
정답 ④

정답해설

인력 및 부대구조는 병력집약형 구조에서 첨단무기를 중심으로 전투력을 높인 기술집약형 구조로 정예화할 계획이다.

오답해설

① 국방 R&D 투자 확대와 방위산업 역량의 강화

② 비전통 위협으로부터 국민을 보호

③ 전방위 안보위협에 주도적으로 대응하기 위한 전략적 억제능력 강화

21

정답해설

KGB는 경제정보 수집 전담부서인 T국(Line-X)을 설치 · 운영하였으며, 쿠바에 있는 통신감청기지의 운영을 통해 미국의 산업정보를 입수하였다.

오답해설

① S국: 비합법 요원(Illegal Officer)을 관리하였다.

③ K국: 외국의 정보 · 방첩요원을 포섭하는 임무를 수행하였으며 Line-KR로 불렸다.

④ E국은 존재하지 않았다.

22

정답 ③

오답해설

① 경제스파이: 국가 경제안보와 국가의 경제적 이익을 지원하기 위해 상대국가의 제반 '경제정보'를 은밀하고 불법적 방법으로 수집한다.

② 컴퓨터스파이: 자료와 프로그램의 불법 획득과 이용이라는 2개의 행위로 이루어진다.

④ 군사스파이: 한 국가의 군사 정보를 몰래 알아내어 경쟁 또는 대립 관계에 있는 국가에 제공하는 사람을 말한다.

> **The 알아보기 경제스파이와 산업스파이**
> • 경제스파이: 국가 경제안보와 국가의 경제적 이익을 지원하기 위해 상대국가의 제반 '경제정보'를 은밀하고 불법적 방법으로 수집한다. → 국가안보 목적
> • 산업스파이: 국가안보가 목적이 아니라 산업적 목적으로 수행되는 국가나 사경제 주체의 경제간첩 행위를 한다. → 상업적 용도를 목적
> • 경제스파이와 산업스파이는 정보를 사용하는 목적 · 주체에 차이일 뿐, 수집활동의 객체에 차이가 있는 것은 아니다.

23

정답 ④

오답해설

① 첩보요원들 간에 직접 만나지 않고 메시지나 정보를 전달하는 수단으로 미리 약속한 장소에 비밀메시지를 놓고 가는 비밀연락수단이다.

② 다른 메시지, 이미지, 파일 속에 특정 메시지, 이미지, 파일을 숨기는 기술 또는 관행을 말한다.

③ 만나는 지점에서 두 사람이 대화 없이 스쳐 지나가면서 동일한 가방 등을 바꾸어 가는 방법이다.

24

정답 ③

정답해설

방위사업청의 국군방첩부대도 국군방첩사령관 소속의 부대이다(국군방첩사령부령 제6조 제2항 제6호).

오답해설

① 국군방첩사령부령에 따라 사령부 소속의 직원에 대하여 정치적 중립과 민간인 사찰에 대한 금지를 명문화하였다(국군방첩사령부령 제3조).

③ 사령부 소속의 모든 군인 및 군무원(이하 "군인 등")은 상관 또는 사령부 소속의 다른 군인 등으로부터 제3조 제2항 각 호에 해당하는 행위(정치적 중립성 침해, 민간인 사찰, 권한 남용 등)를 하도록 지시 또는 요구를 받은 경우 국방부장관이 정하는 절차에 따라 이의를 제기할 수 있다. 이 경우 지시 또는 요구가 시정되지 아니하면 그 직무의 집행을 거부할 수 있다(국군방첩사령부령 제5조). 따라서 乙은 그 지시가 시정될 때까지 직무의 집행(민간인 B에 대한 사찰)을 거부할 수 있다.

④ 사령부 감찰실장은 2급 이상 군무원, 검사 또는 고위감사공무원으로 보한다(국군방첩사령부령 제7조 제2항). 구(舊) 국군기무사령부령과 달리, 군사안보지원사령부령과 국군방첩사령부령은 사령부 내부 감찰 조직을 명문화하였고 감찰실장 편제를 군인에서 군무원, 검사 또는 고위감사공무원으로 하였다. 따라서 C의 조직상 편제는 부적절하다.

> **The 알아보기 국군방첩사령부 소속 부대 및 기관**
> 1. 국방부 본부 및 국방부 직할부대 · 기관의 국군방첩부대
> 2. 합동참모본부 및 각 군 본부의 국군방첩부대
> 3. 국방부장관이 정하는 부대의 국군방첩부대(다만, 지방 행정조직 단위로 별도의 국군방첩부대를 둘 수 없음)
> 4. 정보보호부대
> 5. 국군방첩학교
> 6. 방위사업청의 국군방첩부대
> 7. 국방보안연구소

25

정답 ②

정답해설

정보통신보안은 수동적 방첩에 해당한다.

> **The 알아보기 수동적 방첩과 능동적 방첩**
>
> • 능동적 방첩(방첩): 정보수집, 방어활동, 공격활동
> • 수동적 방첩(보안): 문서보안, 인원보안, 시설보안, 정보통신보안

제3과목: 정보사회론

01	02	03	04	05	06	07	08	09	10
④	④	①	④	③	④	①	④	①	②
11	**12**	**13**	**14**	**15**	**16**	**17**	**18**	**19**	**20**
③	②	④	④	④	①	②	①	③	②
21	**22**	**23**	**24**	**25**					
③	②	②	④	①					

01

정답 ④

정답해설

문화제국주의는 발전된 자본주의 국가의 콘텐츠, 상품, 유행 등의 문화가 저발전국가로 유입되고 종속국가의 시장이 지배국가의 문화에 대한 수요와 소비를 불러와 지배국가의 문화에 예속되고 종속된다는 것이다. 이러한 이론은 특히 미국의 할리우드 문화가 제3세계에 수출되어 그 나라 고유의 문화를 축출하고 할리우드 문화가 대신하는 것을 크게 우려한 데서 나온 것이다.

02

정답 ④

정답해설

블루머는 군중을 임시적 군중, 표출적 군중, 능동적(활동적) 군중으로 구분하였다. 소극적 군중으로는 구분한 적이 없다.

> **The 알아보기 군집의 종류**
>
> • 군중(Crowds): 어떤 사건을 계기로 우연히 모인 사람으로, 관심 대상이 없어지면 쉽게 해산한다.
> • 대중(Mass): 군중보다 규모가 더 큰 사람들의 모임으로, 거리적으로도 떨어진 곳에 확산되어 있으며, 사회적으로도 매우 이질적인 집단이다.
> • 공중(Public): 공동의 관심사에 대해 의견을 같이하거나 달리하는 사람들의 집합이다. 따라서 공동의 쟁점에 따라 해체될 수 있다. 공중의 의견이 '여론'을 형성한다.

03 정답 ①

정답해설

기술적 정의: 기술혁신을 강조하는 것으로, 정보처리·저장 및 전송의 획기적인 발전으로 인하여 사회의 거의 모든 부분에서 정보기술(IT)을 활용하게 되는 상태를 말한다.

오답해설

② 경제적 정의: 정보사회의 존재나 성숙의 정도를 정보 관련 산업의 성장과 규모로 파악하려는 경제학적 접근을 말한다.

③ 직업적 정의: 정보사회의 등장을 산업구조를 이루는 직업 구성의 변화로 설명하려는 시도를 말한다.

④ 문화적 정의: 일상생활의 양식에서 정보가 엄청나게 증가하는 것을 말한다.

04 정답 ④

정답해설

애플이 아닌 IBM에 대한 설명이다. IBM은 애플과는 달리 모든 아키텍처를 직접 설계하여 구축했던 기존의 방법론을 버리고 CPU, 메모리 등의 구성 하드웨어와 운영체제를 모두 시장에 있는 기성품을 사용하여 획기적으로 개인용 컴퓨터의 가격을 낮추었다. 또한 1981년에는 자사 마이크로컴퓨터인 5150에 'IBM 퍼스널 컴퓨터'란 제품명을 달아 출시해 상업적으로 큰 성공을 거두었으며, 하드웨어 회로도 및 바이오스의 소스코드를 공개하여 다른 기업들의 기술 발전에 기여하였다.

05 정답 ③

정답해설

정보양식론은 마크 포스터(Mark Poster)에 의해 대표되는 관점으로, 정보기술의 발달에 의해 새로운 언어적 경험이 가능해지고 사회관계에 근본적인 변화가 일어나고 있다고 본다.

06 정답 ④

정답해설

1965년 고든 무어(Gordon Moore)가 마이크로칩의 용량이 18개월(1975년에 24개월로 수정)마다 2배가 될 것으로 예측하여 만든 법칙이다. 마이크로칩 기술의 발전 속도에 관한 것으로 인터넷 경제의 3원칙으로 불린다.

07 정답 ①

정답해설

제시문은 다니엘 벨(Daniel Bell)의 기축론적 접근에 대한 내용이다. 벨은 기축론에 입각한 접근 방법을 통해 사회의 구성영역을 크게 3가지로 분류하고 각각의 기축의 원리와 구조의 도출이라는 접근 방법을 채택했다.

• 사회구조: 경제, 기술 및 직업체계로서 자원 배분의 효율성과 극대화

• 정치체계: 권력의 배분과 욕구의 갈등을 관리하는 영역으로 다양한 방식과 다수의 정치 참여

• 문화유형: 상징과 의미로 표출되며 자아만족과 자기발전을 그 구성목표로 삼음

08 정답 ④

정답해설

QR코드는 중국에서는 활성화되었으나, 국내에서는 활성화가 저조하였다. 하지만 제로페이 또는 백신패스 인증으로 인해 국내에서도 QR코드가 활성화되었다. QR코드의 장점은 격자무늬의 일부 코드가 변형이 되었다고 하더라도 오류 정정 기능이 있어 복원할 수 있다.

09 정답 ①

정답해설

CALS는 컴퓨터 네트워크를 이용해 자동화되고 통합된 상호교환 환경으로 변환시키는 경영전략이다. 즉, 시스템의 개발 및 운용과정에서 디지털 정보를 이용하는 자동화된 환경을 제공함으로써 효율적인 업무 수행, 정확하고 신속한 정보공유, 원가의 혁신적 절감, 종합품질경영(TQM) 능력의 향상 등을 꾀하는 전략이다.

오답해설

② CAD는 설계단계에서의 컴퓨터 이용을 뜻하고, CAM은 제조단계에서의 컴퓨터 이용을 뜻하는 개념이다. 시스템에서는 따로 발전해왔지만, 최근 데이터베이스를 공용함으로써 통합화되고 있다. 설비, 기기 등 물건을 만들 때 만들고 싶은 물건을 설계하고 제조에 필요한 정보를 도면화하여 그 도면에 따라 가공·조립하는 것이다.

③ FMS는 다품종 소량생산을 가능하게 하는 생산시스템을 말한다. 공장자동화의 기반이 되는 시스템화 기술로, 여기서 자동화란 전기적 명령어 시퀀스, 마이크로프로세서

또는 컴퓨터에 의해서 제어되는 기기 등 자동화 시스템과 기기를 이용하여 생산성과 유연성을 높일 수 있도록 하는 생산공정의 시스템화를 의미한다.

④ CIM은 제조, 개발, 판매로 연결되는 정보 흐름의 과정을 일련의 정보시스템으로 통합한 종합적인 생산관리시스템을 말한다. 자동화되어 있는 각 생산 분야를 통합하고 그 위에 영업, 유통, 연구 분야의 시스템을 구축하여 기업 전체의 생산관련 시스템을 유기적으로 통합화함으로써 다양화된 소비자 요구에 신속히 대응하고 고도의 생산성 향상을 도모하려는 것이다.

10 정답 ②

오답해설

① 과학적 관리론: 테일러가 주장한 이론으로, 조직관리를 과학적으로 하여 인간의 생산성을 증대시키고자 하는 일련의 연구를 의미한다.

③ 포드시스템: 헨리 포드가 실행한 대량생산 관리시스템이다.

④ 사회적 분업: 마르크스는 분업을 사회적 분업과 기술적 분업으로 분류하고 사회적 분업은 사회를, 기술적 분업은 인간을 여러 갈래로 나눈다고 주장하였다.

11 정답 ③

정답해설

32비트 체계로 구성된 IPv4에 대한 설명이다. IPv6는 128비트 체계로 거의 무한대에 가까운 고유 IP 주소를 확보할 수 있어 사물인터넷의 구현에 적합할 것으로 간주된다.

12 정답 ②

정답해설

소셜 그래프는 페이스북 플랫폼을 설명하면서 알려진 용어로 전 세계 사람들이 서로 어떤 관계로 연결되어 있는지 지도화한 것이다. 노드(Node)와 링크(Link)로 이루어져 있는데 노드는 소셜 네트워크상에서 활동하는 각 개개인들을 나타내고, 링크는 노드 간의 관계를 표현한다.

13 정답 ④

정답해설

조직 내 전문화 또는 관리적 활동을 대상으로 정보나 데이터가 아닌 조직의 지식을 창출, 수집, 조직화하고 공유하기 위해 구축된 일련의 시스템을 말한다. 기업들은 기업 내부에 흩어져 있는 지식을 체계적으로 관리할 필요성을 느끼고 KMS를 운영하고 있다.

오답해설

① PURL: 인터넷 정보자원을 영구적인 위치로 식별하여 접근하기 위한 체계를 말한다.

② URN: 인터넷 정보자원에서 각종 문서 · 이미지 · 파일 · 데이터베이스 · 전자우편 등의 명칭과 위치 등을 표현한 체계를 말한다.

③ DOI: 디지털 콘텐츠에 부여하는 바코드로 저작물의 정보를 쉽게 식별하고 추적할 수 있는 체계를 말한다.

14 정답 ④

정답해설

텐서플로우는 인공지능 개발을 위해 구글에서 오픈소스로 공개하였다. 다양한 라이브러리와 커뮤니티가 제공되어 초기 인공지능 개발 시 진입장벽이 낮아지는 데 큰 도움을 주었으며 이미지 또는 음성 인식을 위해서는 합성곱 신경망을 주로 사용한다.

15 정답 ④

정답해설

P2P(Peer to Peer) 기술로 MP3 파일을 내려받아 자신의 컴퓨터에 저장하거나 홈페이지를 꾸미려고 다른 사람의 웹사이트상 사진을 무단 복제하는 것은 복제권 침해에 해당한다.

> **The 알아보기** P2P(Peer to Peer)
> 인터넷 사용자들이 컴퓨터에 저장된 파일이나 자료 등을 사용자들 상호 간에 직접적으로 공유할 수 있도록 하는 기술

16 정답 ①

정답해설

동의를 거부할 권리가 있다는 사실뿐만 아니라 동의 거부에 따른 불이익이 있는 경우에는 그 불이익의 내용 역시 정보주체에게 알려야 한다.

> **The 알아보기** 개인정보 보호법 제17조(개인정보의 제공)
>
> ① 개인정보처리자는 다음 각 호의 어느 하나에 해당되는 경우에는 정보주체의 개인정보를 제3자에게 제공(공유를 포함한다. 이하 같다)할 수 있다. 〈개정 2020.2.4.〉
>
>   1. 정보주체의 동의를 받은 경우
>
>   2. 제15조 제1항 제2호·제3호·제5호 및 제39조의3 제2항 제2호·제3호에 따라 개인정보를 수집한 목적 범위에서 개인정보를 제공하는 경우
>
> ② 개인정보처리자는 제1항 제1호에 따른 동의를 받을 때에는 다음 각 호의 사항을 정보주체에게 알려야 한다. 다음 각 호의 어느 하나의 사항을 변경하는 경우에도 이를 알리고 동의를 받아야 한다.
>
>   1. 개인정보를 제공받는 자
>
>   2. 개인정보를 제공받는 자의 개인정보 이용 목적
>
>   3. 제공하는 개인정보의 항목
>
>   4. 개인정보를 제공받는 자의 개인정보 보유 및 이용 기간
>
>   5. 동의를 거부할 권리가 있다는 사실 및 동의 거부에 따른 불이익이 있는 경우에는 그 불이익의 내용
>
> *2023.3.14.에 개정되어, 2023.9.15.에 시행 예정인 법령에서는 제17조 제1항 제2호의 내용이, '2. 제15조 제1항 제2호, 제3호 및 제5호부터 제7호까지에 따라 개인정보를 수집한 목적 범위에서 개인정보를 제공하는 경우'로 변경되므로 2023년 시행 시험 이후 학습하시는 분들께서는 개정 법령으로 학습 부탁드립니다.

17 정답 ②

정답해설

분산 서비스 거부 공격(DDoS; Distributed DoS, 디도스)은 다수의 시스템을 통해 공격을 시도하며 다양한 방법을 통해 동시에 공격한다. 디도스 공격은 악의적인 프로그램에서 정한 특정 시간대에 시작된다. 대표적 피해 사례로 2009년 7월 7일에 있었던 디도스 공격이 있다.

18 정답 ①

정답해설

임금의 유연성은 임금이 집단적으로 결정되지 않는 정도로써 근로자 간에 임금 차이가 클수록 유연성이 높다. 이는 노동시장의 수급 상황을 반영하고, 직무급, 성과보상임금제도, 개인성과임금제도 등을 통해 달성된다.

오답해설

③ 외부적 수량적 유연성은 기업의 사정에 따라 임시직 및 계약직 활용 채용 및 해고규정의 완화 등을 통해 용이하게 고용량을 조절할 수 있는 정도를 의미한다.

④ 내부적 수량적 유연성은 기업의 사정에 따라 기채용된 근로자의 근로시간을 조절할 수 있는 정도를 의미하며, 시간제근로, 유연근로시간, 교대제, 근로시간계좌제, 휴가제도, 연장근로 등을 포함한다.

19 정답 ③

정답해설

딥러닝은 사물이나 데이터를 군집화하거나 분류하는 데 사용하는 기술이다. 머신러닝에 인간의 뇌를 모방한 신경망 네트워크를 더해 수많은 데이터 속에서 패턴을 발견한 뒤 사물을 구분하는 정보처리 방식을 모방한다. 축적된 데이터를 분석만 하는 것이 아닌 데이터를 통해 학습까지 하는 기술을 말한다.

오답해설

① 인공지능이란 인간의 학습능력과 추론능력, 지각능력, 자연언어의 이해능력 등을 컴퓨터 프로그램으로 실현한 기술을 말한다.

② 인공신경망이란 머신러닝의 세부 방법론 중 하나로, 사람 두뇌의 신경망에서 착안하여 구현된 컴퓨팅시스템을 총칭한다. 신경 세포인 뉴런이 여러 개 연결된 망의 형태를 띠고 있다.

④ 머신러닝이란 컴퓨터 과학 중 인공지능의 한 분야로, 패턴인식과 컴퓨터 학습 이론의 연구로부터 진화한 분야이다. 경험적 데이터를 활용해 학습을 하고 예측을 수행하여 스스로 성능을 향상하는 시스템이다.

20 정답 ②

정답해설

크리슈머에 대한 설명이다. 플레이슈머는 유행에 관심이 많고 소비를 놀이처럼 즐기는 사람을 가리키는 말이다. 이들은 프로슈머에서 한 단계 진화하여 참여와 공유를 통해 개인의 만족과 집단의 가치를 향상시키는 능동적인 소비자이다.

21 정답 ③

정답해설

IoT 기기의 증가 등에 따라 IP가 추가로 요구되고 있어, IPv6 프로토콜 사용이 요구되고 있다.

오답해설

① HTTPS: 웹상에서 안전한 통신을 하기 위해서 사용하는 보안 프로토콜이다.

② IPv4: 컴퓨터 주소를 나타내는 프로토콜로 각 컴퓨터마다 유일하게 주어진다.

The 알아보기   사물인터넷(IoT)의 3대 주요 기술

• 유무선 통신 및 네트워크 인프라 기술: 기존의 WPAN, WiFi, 3G/4G/LTE/5G, Bluetooth, Ethernet, BcN, 위성통신, Microware, 시리얼 통신, PLC 등 인간과 사물, 서비스를 연결시킬 수 있는 모든 유·무선 네트워크를 의미한다.

• 센싱 기술: 기존의 독립적이고 개별적인 센서보다 한 차원 높은 다중(다분야) 센서기술을 사용하기 때문에 한층 더 지능적이고 고차원적인 정보를 추출할 수 있다.

• IoT 서비스 인터페이스 기술: IoT의 주요 3대 구성 요소(인간·사물·서비스)를 특정 기능을 수행하는 응용서비스와 연동하는 역할을 의미한다.

---

22 정답 ②

정답해설

피크노렙시는 20세기 후반에 등장한 미학 철학자 폴 비릴리오가 제시한 개념으로 다양한 매체의 빠른 속도로 인한 지각체계의 왜곡과 변화를 의미하는 말이다.

23 정답 ②

정답해설

• FDDI(Fiber Distributed Digital Interface)는 토큰 링 네트워크로 구성한다.

• 트리(Tree)형에서 호스트는 허브에 연결된다.

• 버스(Bus)형은 목적지 없는 데이터 시그널의 반사를 방지하기 위해 터미네이터를 사용한다.

24 정답 ④

오답해설

① 지적재산권은 특허권, 실용신안권, 상표권, 디자인권, 저작권 등을 총칭하는 개념이다.

② 지적소유권에 관한 문제를 담당하는 국제연합의 전문기구인 세계지적재산권기구(WIPO)는 이를 구체적으로 '문학·예술 및 과학작품, 연출, 예술가의 공연·음반 및 방송, 발명, 과학적 발견, 공업의장·등록상표·상호 등에 대한 보호권리와 공업·과학·문학 또는 예술분야의 지적활동에서 발생하는 기타 모든 권리를 포함한다.'라고 정의하고 있다.

③ 우리나라 헌법 제22조 제2항에 '저작자·발명가·과학기술자와 예술가의 권리는 법률로써 보호한다.'라고 규정함으로써 지적재산권의 보호 근거를 마련하고 있다.

25 정답 ①

정답해설

도스(DoS)에 대한 설명이다. 도스는 '서비스 거부 공격'이라고도 하며, 시스템을 마비시켜 정상적인 사용을 못하도록 하는 것이 특징이다.

오답해설

② 파밍이란 악성코드에 감염된 사이트를 이용해 사용자가 접속하면 정보를 탈취하는 사기 수법을 말한다.

③ 스누핑이란 네트워크상에서 남의 정보를 염탐하여 불법으로 가로채는 행위를 말한다.

④ 스니핑이란 네트워크의 중간에서 남의 정보를 도청하는 해킹 유형을 말한다.

제4회 모의고사 정답 및 해설

01 　　　　　　　　　　　　　　　　정답 ②

정답해설

집에서 손님을 보낼 때 하는 인사말은 '안녕히 가십시오.'인데, 특별한 경우 손윗사람에게는 '살펴 가십시오.'도 가능하다. 간혹 '안녕히 돌아가십시오.'라고 쓰는 경우가 있는데 '돌아가다'라는 말이 '죽는다'는 의미나 '빙 돌아서 간다'는 뜻을 나타내는 경우가 있어 되도록 쓰지 않는 것이 좋다.

오답해설

① '좋은 아침!'은 외국어를 직역한 말이므로 이에 대한 전통적인 인사말인 '안녕하십니까?'를 쓰는 것이 좋다.

③ 윗사람의 생일을 축하하는 말로는 '내내 건강하시기 바랍니다.'나 '더욱 강녕하시기 바랍니다.'가 적절하다. 이 밖에 '건강하십시오.'는 바람직하지 않다. '건강하다'는 형용사이므로 명령문을 만들 수 없을뿐더러 어른에게 하는 인사말로 명령형의 문장은 될 수 있으면 피해야 하기 때문이다.

④ 손님이 들어오면 우선 인사를 하고 나서 무엇을 도와 드릴지 여쭈어보는 것이 적절하다.

02 　　　　　　　　　　　　　　　　정답 ④

정답해설

'식이요법이 알코올 중독에 이르게 한다.'는 연쇄반응은 서로 인과관계가 없으므로 ④는 '잘못된 인과관계의 오류'를 범하고 있다.

오답해설

①·②·③ '미끄러운 경사면의 오류'를 범하고 있다. 미끄러운 경사면의 오류란 미끄럼틀을 한 번 타기 시작하면 끝까지 미끄러져 내려갈 수밖에 없듯이 연쇄반응이 이어지면서 잘못된 결론에 도달하게 되는 오류를 뜻한다. 그런데 그 연쇄반응 사이에는 서로 인과성이 있어서 처음의 시작과 결론만 보면 논리적으로 말이 되지 않지만 이어지는 연쇄반응끼리는 서로 관련된다.

> **The 알아보기　미끄러운 경사면의 오류**
>
> 일명 '도미노의 오류'로, 미끄럼틀을 한 번 타기 시작하면 끝까지 미끄러져 내려간다는 점에서 '연쇄반응 효과의 오류'라고 할 수 있다.
>
> 예 인터넷 실명제를 시행해서는 안 된다. 인터넷 실명제를 시행하게 되면 개인은 자신의 사적인 면을 인터넷에 노출하기를 꺼리게 될 것이고, 인터넷을 통해 자유롭게 개성을 표현하는 일이 극도로 줄어들게 될 것이다. 그렇게 되면 머지않아 우리나라 문화 예술계는 창의성과 상상력을 잃게 될 것이다.

03 　　　　　　　　　　　　　　　　정답 ②

정답해설

㉠ 의존 명사 '때'는 앞말(관형어) '알아볼'과 띄어 써야 하며, 조사 '까지'는 앞말과 붙여 써야 한다.

㉢ 단위성 의존 명사 '채'는 수 관형사 '한'과 띄어 써야 한다.

오답해설

㉡ 관형어 다음의 '만큼'은 의존 명사이므로 띄어 써야 하지만, 체언 다음의 '만큼'은 조사이므로 붙여 쓴다.

㉣ 체언 다음의 '입니다'는 서술격 조사이므로 반드시 붙여 써야 한다.

04 　　　　　　　　　　　　　　　　정답 ③

정답해설

'멀찌가니'는 사이가 꽤 떨어지게라는 의미로, '멀찌가니'의 복수 표준어는 '멀찌감찌'가 아닌 '멀찌감치'이다.

05

정답 ④

정답해설

④는 서술어가 '피었다' 하나만 나타나고 있다. 이와 같이 홑문장은 서술어가 한 번만 나타나야 한다.

오답해설

① 겹문장(명사절을 안은문장)
② 겹문장(명사절을 안은문장)
③ 겹문장(대등하게 이어진 문장)

06

정답 ①

정답해설

①은 다의 관계, ② · ③ · ④는 동음이의 관계이다.

① • 가다⁵: 금, 줄, 주름살, 흠집 따위가 생기다.
  • 가다¹: 지금 있는 곳에서 어떠한 목적을 가지고 다른 곳으로 옮기다.

오답해설

② • 철: 규칙적으로 되풀이되는 자연 현상에 따라서 일 년을 구분한 것
  • 철: 사리를 분별할 수 있는 힘
③ • 타다: 불씨나 높은 열로 불이 붙어 번지거나 불꽃이 일어나다.
  • 타다: 도로, 줄, 산, 나무, 바위 따위를 밟고 오르거나 그것을 따라 지나가다.
④ • 묻다: 물건을 흙이나 다른 물건 속에 넣어 보이지 않게 쌓아 덮다.
  • 묻다: 가루, 풀, 물 따위가 그보다 큰 다른 물체에 들러붙거나 흔적이 남게 되다.

07

정답 ①

정답해설

(가)는 시간의 흐름에 따라 어휘의 의미가 변화하는 양상을 보여 주므로 '언어의 역사성'과 관련이 있다. 언어의 규칙성이란 언어를 사용하기 위해서는 여러 가지 규칙(문법, 규범)이 필요함을 의미한다.

오답해설

② (나)는 사회적 약속을 어기고 대상을 마음대로 다른 기호로 표현하면 사회 구성원들 간에 의사소통이 되지 않는다는 것이므로 '언어의 사회성'의 예로 볼 수 있다.

③ (다)는 문장의 구조에 대한 이해를 바탕으로 한정된 어휘로 서로 다른 문장을 생성하는 예이므로 '언어의 창조성'과 관련이 있다.

④ (라)는 언어에 따라 같은 의미에 대한 기호가 자의적으로 결합되는 사례로 '언어의 자의성'에 해당된다.

08

정답 ②

정답해설

㉠ • 주체 높임 표현: 아버지께서(조사), '-시-'(높임 선어말 어미)
  • 객체 높임 표현: 모시고(객체를 높이는 특수 어휘)
㉡ • 상대 높임 표현: 하셨습니다('하십시오체'의 종결 어미)
  • 주체 높임 표현: 어머니께서(조사), '-시-'(높임 선어말 어미)
  • 객체 높임 표현: 아주머니께(조사), 드리다(객체를 높이는 특수 어휘)
㉢ • 상대 높임 표현: 바랍니다('하십시오체'의 종결 어미)
  • 주체 높임 표현: 주민 여러분께서는(조사), '-시-'(높임 선어말 어미)

09

정답 ③

정답해설

㉠ 비전(○): 'vision'은 '비젼'이 아닌, '비전'이 옳은 표기이다.
㉡ 카디건(○): 'cardigan'은 '가디건'이 아닌, '카디건'이 옳은 표기이다.
㉣ 옐로(○): 'yellow'는 '옐로우'가 아닌, '옐로'가 옳은 표기이다.

오답해설

㉢ 콘테이너(×) → 컨테이너(○): 'container'는 '컨테이너'로 표기한다.
㉤ 롭스터(×) → 랍스터/로브스터(○): 'lobster'는 '로브스터'로 표기하며, 2015년 12월 개정에 따라 '랍스터'도 복수 표기로 인정되었다.

10　　　　　　　　　　　　　　　　　　　　　정답 ④

정답해설

비나리: 남의 환심을 사려고 아첨하는 것을 의미하는 말이다.

11　　　　　　　　　　　　　　　　　　　　　정답 ②

정답해설

홑이불: [홑이불]('ㄴ' 첨가) → [혿니불](음절의 끝소리 규칙) → [혼니불](자음 동화 – 비음화)

12　　　　　　　　　　　　　　　　　　　　　정답 ④

정답해설

제시된 작품에서 '나'는 '그'의 연주에 대해 '규칙 없고 되지 않은 한낱 소음', 야성·힘·귀기를 느낄 수 없는 '감정의 재' 등으로 표현하였다. 반면 이와 대비되는 나의 연주는 '빈곤, 주림, 야성적 힘, 기괴한 감금당한 감정'으로 표현하였다. 따라서 '나의 연주'와 대비되어 '감정의 재'로 묘사된 그의 연주를 가장 잘 표현한 것은 ④ '기괴한 감정이 느껴지지 않는 연주'이다.

오답해설

① '기교'와 관련된 내용은 본문에 드러나 있지 않다.
② 그의 연주가 '규칙 없고 되지 않은 소음에 지나지 못하였습니다.'라고 하였으나, 이것은 악보와 일치하지 않은 연주이기 때문이 아니라 감정이 느껴지지 않기 때문이다.

③ 연주를 이해할 수 없다는 내용은 드러나 있지 않다.

13　　　　　　　　　　　　　　　　　　　　　정답 ④

정답해설

제시문은 동물들이 자연적으로 치유하는 방법에 대해 선천적으로 알고 있는 예를 열거하고 있다.

14　　　　　　　　　　　　　　　　　　　　　정답 ③

정답해설

ⓒ은 '올벼논과 텃밭이 여드레 동안 갈 만한 큰 땅(조선 팔도)이 되었도다.'로 해석할 수 있다. 이는 조선의 땅이 기름지고 넓어짐을 비유한 말이지 '외침으로 인해 피폐해진 현실'을 의미하는 것이 아니다.

오답해설

① ㉠은 '한 어버이(태조 이성계를 비유)가 살림을 시작하였을 때'로 해석할 수 있다. 이는 태조 이성계가 조선 왕조를 창업한 사실과 관련지을 수 있다.
② ㉡은 '풀을 베고 터를 닦아 큰 집(조선 건국)을 지어 내고'로 해석할 수 있다. 이는 나라의 기초를 닦은 조선 왕조의 모습과 관련지을 수 있다.
④ ㉣은 '마음을 다투는 듯 우두머리를 시기하는 듯'으로 해석할 수 있다. 이는 신하들이 서로 다투고 시기하는 상황과 관련지을 수 있다.

- 특징
  - 농부의 어려움을 국사(國事)에 비유하여, 농가의 한 어른이 바르지 못한 머슴들의 행동을 나무라는 표현 형식을 취함
  - 정사(政事)에 게을리하는 조정 백관의 탐욕과 무능함을 은유적으로 표현함
- 주제: 나태하고 이기적인 관리들의 행태 비판
- 현대어 풀이

제 집 옷과 밥을 두고 빌어먹는 저 머슴아.
우리 집 소식(내력)을 아느냐 모르느냐?
비 오는 날 일 없을 때 새끼 꼬면서 말하리라.
처음에 조부모님께서 살림살이를 시작할 때에,
어진 마음을 베푸시니 사람들이 저절로 모여,
풀을 베고 터를 닦아 큰 집을 지어 내고,
써레, 보습, 쟁기, 소로 논밭을 기경하니,
올벼논과 텃밭이 여드레 동안 갈 만한 큰 땅이 되었도다.
자손에게 물려주어 대대로 내려오니,
논밭도 좋거니와 머슴들도 근검하였다.
저희들이 각각 농사지어 부유하게 살던 것을,
요새 머슴들은 생각이 아주 없어서,
밥그릇이 크거나 작거나 입은 옷이 좋거나 나쁘거나,
마음을 다투는 듯 우두머리를 시기하는 듯,
무슨 일에 얽혀들어 힐끗거리며 반목을 일삼느냐?

이다. '절뚝이는 파장'은 실제로 술에 취해 비틀거리는 걸음걸이를 나타내면서, 삶의 무게와 어려움에 절뚝이는 모습을 동시에 담은 중의적 표현으로도 볼 수 있다.

The 알아보기 신경림, 「파장」
- 성격: 향토적, 비판적, 서정적, 서사적
- 제재: 장터의 서민들의 모습
- 특징
  - 시간의 경과에 따른 시상의 전개
  - 일상어와 비속어의 적절한 구사로 농민들의 삶을 진솔하게 나타냄
  - 4음보 중심의 경쾌하고 투박한 리듬의 운율감
  - 적절한 서사적 제재를 선택하여 소외된 농촌의 모습을 보여 줌
- 주제: 황폐화되어 가는 농촌의 현실을 살아가는 농민들의 애환과 비통함

16
정답 ③

정답해설

근거(3문단): "움직도르래를 이용하여 물체를 들어 올리면 줄의 길이는 물체가 움직여야 하는 높이의 두 배가 필요하게 된다."와 ③의 '움직도르래로 물체를 들어 올릴 수 있는 높이는 줄의 길이에 영향을 받는다.'는 내용이 일치함을 알 수 있다.

오답해설

① 근거(2문단): "고정도르래를 사용할 때는 줄의 한쪽에 물체를 걸고 다른 쪽 줄을 잡아 당겨 물체를 원하는 높이까지 움직인다."와 ①의 '고정도르래는 도르래 축에 물체를 직접 매달아 사용한다.'는 내용이 일치하지 않는다.

② 근거: 1문단에서 "그렇다면 두 도르래의 차이는 어떤 것이 있을까?"하고 물음을 제시한 다음 2문단과 3문단은 각각 고정도르래와 움직도르래의 '원리와 특징'의 차이점만을 제시하고 있을 뿐 ②의 '움직도르래와 고정도르래를 함께 사용해야 물체의 무게가 분산된다.'라는 내용은 제시문에 나와 있지 않다.

④ 근거(2문단): "고정도르래는 ~ 직접 들어 올리는 것과 비교해 힘의 이득은 없으며 단지 고정도르래 때문에 줄을 당기는 힘의 방향만 바뀐다."와 ④의 '고정도르래는 줄을 당기는 힘의 방향과 물체에 작용하는 힘의 방향이 일치한다.'는 내용이 일치하지 않는다.

15
정답 ③

정답해설

ⓒ 학교 마당에들 모여 소주에 오징어를 찢다: 막막한 농촌의 현실에 가슴 답답해하며 학교 마당에 모여 소주를 마시며 울분을 토하는 모습일 뿐, 어려움을 극복한 농민들의 흥겨움과는 아무 관련이 없다.

오답해설

① ⊙: '못난 놈들'은 서글픔이 깔린 친근감과 동료애를 느끼게 하는 표현이고, '서로 얼굴만 봐도 흥겹다'는 시적 화자의 농민에 대한 진한 애정과 비극적 인식으로 '농민들이 서로에게 느끼는 유대감'을 보여 주고 있다.

② ⓛ: 농민들의 여러 가지 어려움을 제유적으로 표현하고 있다.

④ ⓔ: 현실의 울적한 이야기를 들으면 그들은 자포자기하고 싶기도 하지만 파장 무렵의 장에서 이것저것 집안에 필요한 것들을 산 후 무거운 발걸음으로 다시 집으로 향할 수밖에 없는 농촌 현실의 불구성을 시적으로 형상화한 부분

17

정답해설

1문단의 "그렇다면 두 도르래의 차이는 어떤 것이 있을까?"
라는 물음에 대해 2문단과 3문단은 각각 고정도르래와 움직
도르래의 차이점을 중심으로 원리와 특징을 설명하고 있다.

오답해설

① 고정도르래와 움직도르래의 원리와 특징의 차이점을 설명
  하여 개념 이해를 돕고 있을 뿐 구체적 사례(예시)는 사용
  되지 않았다.

③ 고정도르래와 움직도르래의 인과 관계에 초점을 맞춘 설
  명은 찾아볼 수 없다.

④ 특정 기술이 발달한 과정의 순서는 찾아볼 수 없다.

18

정답 ③

정답해설

- (다)에서 '제임스 러브록'이라는 인물에 대해 처음 소개하
  고 있으므로 (다)가 가장 첫 번째 순서임을 알 수 있다.
- (다)의 마지막 문장에서 제임스 러브록이 말한 '사이보그'
  를 (가)가 이어 받아 제임스 러브록이 말하는 '사이보그'의
  의미를 설명하고 있다.
- (나)에서 제임스 러브록의 말을 인용하며 사이보그에 대한
  설명을 구체화하고 있다.
- 이를 바탕으로 마지막으로 (라)에서 지구 멸망 시 사이보그
  의 행동을 예측하며 글을 마무리하고 있다.

따라서 ③ '(다) – (가) – (나) – (라)'의 순서가 적절하다.

19

정답 ④

정답해설

④는 예의가 없는 후배들에 대하여 말하고 있으므로 '젊은 후
학들을 두려워할 만하다는 뜻으로, 후진들이 선배들보다 젊
고 기력이 좋아, 학문을 닦음에 따라 큰 인물이 될 수 있으므
로 가히 두렵다는 말'인 後生可畏(후생가외)보다는 '눈 아래
에 사람이 없다는 뜻으로, 방자하고 교만하여 다른 사람을
업신여김을 이르는 말'인 眼下無人(안하무인)을 쓰는 것이 문
맥상 적절하다.

- 後生可畏: 뒤 후, 날 생, 옳을 가, 두려워할 외
- 眼下無人: 눈 안, 아래 하, 없을 무, 사람 인

오답해설

① 口蜜腹劍(구밀복검): 입에는 꿀이 있고 배 속에는 칼이 있
  다는 뜻으로, 말로는 친한 듯하나 속으로는 해칠 생각이
  있음을 이르는 말
  - 口蜜腹劍: 입 구, 꿀 밀, 배 복, 칼 검

② 一敗塗地(일패도지): 싸움에 한 번 패하여 간과 뇌가 땅바
  닥에 으깨어진다는 뜻으로, 여지없이 패하여 다시 일어날
  수 없게 되는 지경에 이름을 이르는 말
  - 一敗塗地: 하나 일, 패할 패, 진흙 도, 땅 지

③ 首鼠兩端(수서양단): 구멍에서 머리를 내밀고 나갈까 말
  까 망설이는 쥐라는 뜻으로, 머뭇거리며 진퇴나 거취를
  정하지 못하는 상태를 이르는 말
  - 首鼠兩端: 머리 수, 쥐 서, 두 양, 바를 단

20

정답 ①

정답해설

「베틀 노래」는 베 짜기의 고달픔을 덜어 주면서도 가족들에
대한 애정을 드러내고 있는 강원도 통천 지방의 구전 민요이
자 노동요이다. 노동 현실에 대한 한과 비판은 나타나지 않
는다.

오답해설

② • 대구법: 기심 매러 갈 적에는 갈뽕을 따 가지고 / 기심
      매고 올 적에는 올뽕을 따 가지고
  • 직유법: 배꽃같이 바래워서 참외같이 올 짓고 / 외씨같
      은 보선 지어 오빠님께 드리고

③ 4 · 4조, 4음보의 민요적 운율과 '갈뽕', '올뽕'의 언어유희
  로 리듬감을 형성하고 있다.

④ '강릉 가서 날아다가 서울 가서 매어다가 / 하늘에다 베틀
  놓고 구름 속에 이매 걸어'의 과장된 표현으로 화자의 상
  상력을 드러내고 있다.

The 알아보기 「베틀 노래」
- 갈래: 민요, 노동요
- 제재: 베 짜기
- 특징
  - 4 · 4조, 4음보의 운율을 가짐
  - 대구법, 직유법, 반복법, 언어유희, 과장법 등 다양한 표
    현 기법을 사용
  - 뽕잎을 따서 옷을 짓기까지의 과정을 추보식으로 전개

21　　　　　　　　정답 ③

정답해설

대화의 맥락을 살펴보면 ⓒ과 ⓒ이 동일한 과자로 지희가 맛있다고 말한 과자이다. ⑦은 서은이가 샀던 과자로 서은이가 맛이 없다고 말한 과자이고, ②은 서은이가 아직 안 먹어본 과자이다.

22　　　　　　　　정답 ②

정답해설

불경기와 호경기가 반복적으로 순환되는 사업의 경우 안정적으로 경제성을 창출하기 위해 '비관련' 분야의 다각화를 해야 함을 추론할 수 있으므로 ⑦에는 '비관련'이 들어가야 한다. 또한 다각화 전략을 활용하면 경기가 불안정할 때에도 자금 순환의 안정성을 확보할 수 있으므로 ⓒ에는 '확보'가 들어가야 한다.

23　　　　　　　　정답 ④

정답해설

4문단의 '새로운 인력을 채용하여 교육시키는 데 많은 시간과 비용이 들어감을 고려하면, 다각화된 기업은 신규 기업에 비해 훨씬 우월한 위치에서 경쟁할 수 있다.'를 통해 신규 기업은 새로운 인력을 채용하고 교육하는 것에 부담이 있음을 확인할 수 있으므로 ④가 적절하다.

오답해설

① 4문단의 '또한 다각화된 기업은 기업 내부 시장을 활용함으로써 새로운 가치를 창출할 수 있다. 여러 사업부에서 나오는 자금을 통합하여 활용할 수 있는 내부 자본시장을 갖추었을 뿐 아니라'를 통해 다각화된 기업은 여러 사업부에서 나오는 자금을 통합하여 활용할 수 있음을 확인할 수 있으므로 이는 적절하지 않다.

② 3문단의 '범위의 경제성이란 하나의 기업이 동시에 복수의 사업 활동을 하는 것이, 복수의 기업이 단일의 사업 활동을 하는 것보다 총비용이 적고 효율적이라는 이론이다.'를 통해 한 기업이 제품A, 제품B를 모두 생산하는 것이 서로 다른 두 기업이 각각 제품A, 제품B를 생산하는 것보다 효과적임을 확인할 수 있으므로 이는 적절하지 않다.

③ 2문단의 '리처드 러멜트는 미국의 다각화 기업을 구분하며, 관련 사업에서 70% 이상의 매출을 올리는 기업을 관련 다각화 기업, 70% 미만의 매출을 올리는 기업을 비관련 다각화 기업으로 명명했다.'를 통해 리처드 러멜트에 의하면 관련 사업에서 70% 이상의 매출을 올리는 기업이 관련 다각화 기업임을 확인할 수 있으므로 이는 적절하지 않다.

24　　　　　　　　정답 ②

정답해설

⑦에 들어갈 단어를 유추하기 위해서는 ⑦이 포함된 단락의 핵심 내용인 '포드사의 자동차 결함 수리에 대한 비용편익분석' 내용을 파악해야 한다. 차의 결함으로 배상해야 할 금액과 차의 결함을 수리하는 데 드는 비용을 따져서 이 비용 중에서 '편익'이 있는 쪽을 선택하는 것이다. 따라서 ⑦에 들어갈 어구로 가장 적절한 것은 ② '수리의 편익'이다.

25　　　　　　　　정답 ①

정답해설

제시된 글은 '비용편익분석'에 대한 개념을 '필립 모리스 담배 문제'와 '포드사의 자동차 결함' 등 구체적 사례를 들어 설명하고, 문제점을 제기하는 방식으로 논지를 전개하고 있다.

오답해설

② 비교와 대조의 방식은 본문에서 파악할 수 없다.

③ 공리주의의 효용을 바탕으로 글이 전개되고 있지만, '공리주의'가 설득력을 높이는 근거로 이용되고 있지는 않다.

④ 문제점은 제시되었지만, 그에 대한 대안 및 대안의 타당성은 파악할 수 없다.

01	02	03	04	05	06	07	08	09	10
③	④	④	③	①	②	①	③	③	②

11	12	13	14	15	16	17	18	19	20
③	④	②	③	③	③	④	③	②	③

21	22	23	24	25
①	③	④	④	④

01

정답 ③

정답해설

항공사진은 영상정보로, 기술정보 중 다른 종류의 출처정보이다.

02

정답 ④

정답해설

분석관 개인의 정치의제를 추구해서는 안 된다. 개인적인 정책 선호도가 정보분석에 영향을 주지 않도록 해야 한다.

> **The 알아보기 셔먼 켄트의 정보분석 9계명**
>
> 1. Focus on policy-maker concerns. 정책결정자의 관심에 초점을 맞춰라.
> 2. Avoidance of a personal policy agenda. 개인적인 정치의제를 회피하라.
> 3. Intellectual rigor. 지적 엄격함을 견지하라.
> 4. Conscious effort to avoid analytic biases. 분석적 편견을 피하려는 의식적 노력을 기울여라.
> 5. Willingness to consider other judgments. 다른 판단들을 기꺼이 받아들일 수 있는 자세를 지녀라.
> 6. Systematic use of outside experts. 외부 전문가들을 시스템적으로 사용하라.
> 7. Collective responsibility for judgments. 판단에 대해 연대책임을 져라.
> 8. Effective communication of policy support-Information and judgments. 정책 지원정보와 판단을 효과적으로 활용하라.
> 9. Candid admission of mistakes. 잘못에 대해 솔직히 인정하라.

03

정답 ④

정답해설

제2차 세계대전 때 연합국의 일원으로 참전했던 영어 사용국인 5개국, 즉 미국 · 영국 · 캐나다 · 호주 · 뉴질랜드 5개국은 '파이브 아이즈(Five Eyes)'라는 이름의 정보협력 체제로 단결하고 있다. 파이브 아이즈의 핵심 정보수집 프로그램은 '에셜론'이라는 감청 네트워크이다.

04

정답 ③

정답해설

비밀공작이 노출된 경우 이를 은폐하기 위하여 위장부인을 하게 되는데, 여러 이유가 있으나 가장 큰 이유는 외교 갈등을 피하기 위함이다.

05

정답 ①

정답해설

1976년 북한이 작업 중이던 유엔군 소속 미군장교 2명을 도끼로 살해한 사건이다.

오답해설

② 청와대 기습 미수 사건: 1960년 1월 21일

③ 울진 · 삼척 무장공비 침투 사건: 1968년 10월 30일

④ 미 해군 푸에블로호 납북 사건: 1968년 1월 23일

06

정답 ②

정답해설

ⓒ · ⓒ · ⓔ은 현용정보 보고서이고 ㉠은 경보정보 보고서, ⓜ은 평가 및 분석정보 보고서이다.

> **The 알아보기 정보보고서 배포의 원칙**
>
> • 적시성: 정보소비자가 정보를 가장 필요로 하는 시기에 정확하게 맞춰서 제공해야 한다.
> • 필요성: 정보가 필요한 인원에게 반드시 배포될 수 있도록 배포선 확정이 필요하다.
> • 보안성: 정보는 해당 정보를 꼭 필요로 하는 소비자에게만 배포되어야 하므로 인가되지 않은 인원의 접근은 제한 · 통제되어야 한다.
> • 계속성: 정보를 배포한 소비자에게는 추가로 입수한 정보나 변동된 내용이 있을 경우, 계속적으로 해당 정보를 제공하여 정확한 판단을 할 수 있도록 한다.

07
정답 ①

정답해설

이란대사관 인질사건을 해결한 부대는 영국의 육군 소속 대테러부대인 SAS이다. 이스라엘 13전대는 이스라엘의 해군 소속 대테러부대로, 자국에 대한 테러공격 방지 임무를 수행한다.

08
정답 ③

정답해설

정보의 요구는 정책결정의 최고책임자나 관련 부처의 책임자, 횡적관계에 있는 정보기관, 해당 정보기관 내부의 수요 등 3가지 경로를 통해 제기된다. 요구한 정보는 국가정보목표 우선순위(PNIO)에 따라 분류하고, 적합한 방법의 첩보수집 수단을 선택한다.

09
정답 ③

오답해설

로웬탈이 주장한 정보분석의 결과로 생산되는 정보의 조건에는 적시성, 적합성(적절성), 간결성, 명료성이 있다.

> **The 알아보기   로웬탈의 정보의 실질적 개념**
> - 국가안보에 중요한 특정 유형의 첩보들이 요구·수집·분석되어 정책결정자에게 제공되는 과정
> - 정보활동은 단순한 정보의 산출에 그치는 것이 아니라, 생산된 정보를 방첩활동을 통해 보호하는 동시에 합법적 기관에 의해 요청된 공작활동의 수행까지를 포함

10
정답 ②

정답해설

기만공작은 적국이 직면한 정치·경제·군사상황에 관한 잘못된 정보분석을 유도하는 시도를 말하며, 적국이 잘못된 정보분석을 바탕으로 아국의 이익에 도움이 되는 방향으로 행동하도록 유도하는 데 있다.

오답해설

④ 정치공작 중 영향공작의 목적에 해당하는 내용이다.

> **The 알아보기   영향공작**
> - 영향공작은 대상 국가의 정치 세력 판도에 영향을 미치는 것이 목적이 아니다.
> - 영향공작의 대상은 정책결정과정에 영향을 미칠 수 있는 고위관료, 여론지도자, 정재계 요인 및 언론인이 해당된다.

11
정답 ③

정답해설

대외안보총국(DGSE)의 정보활동 목표는 국가안보 관련 정보와 경제적 대테러 정보의 확보에 있다. 1985년 레인보우 워리어호 폭파사건은 DGSE의 공작 실패 사건으로 기관의 신뢰가 크게 손상된 바 있다.

12
정답 ④

정답해설

BKA는 내무부 소속이다.

13
정답 ②

정답해설

수집활동에 의한 분류는 인간정보(HUMINT)와 기술정보(TECHINT)로 나눌 수 있다.

14
정답 ③

정답해설

사전의 수집계획서가 필요하지 않으며, 수시로 단편적 사항에 대하여 요구되는 것은 SRI이다. OIR(기타정보요구)는 급변하는 정세의 변화에 따라 불가피하게 정책상 수정이 요구되거나 이를 위한 자료가 소요될 때 PNIO에 우선하여 작성되어야 하는 정보목표이다.

15

정답 ③

정답해설

보안의 구분에서 업무분야는 군사보안, 공작보안, 산업보안으로 구성된다.

16

정답 ③

오답해설

① NGA는 지형 관련 영상정보만을 수집하며 정찰위성 관리는 NRO에서 한다.
② NSA는 대통령이 직접 임명하는 기관이며 수행하는 업무들도 국가수준의 정보활동이다.
④ FBI는 대간첩과 대테러의 임무 모두를 수행한다.

17

정답 ④

오답해설

①·②·③ 재밍, EMP폭탄, 치핑 등은 모두 하드웨어 공격수단이다.

18

정답 ③

정답해설

ⓒ 투입 조작, ⓒ 데이터 파괴 조작은 부정조작에 해당되지 않는다.

19

정답 ②

정답해설

영상정보는 특정 시간에 특정 장소와 대상을 촬영하므로 촬영 전후의 사정 파악이 어렵다.

오답해설

① 항공기나 인공위성을 활용하여 촬영하므로 직접 상대국에 들어가지 않고도 정보를 얻을 수 있다.
③ 영상 및 사진은 변조의 위험이 높으므로 정보의 왜곡이 발생할 가능성이 높다.
④ 상대국의 영토를 침범하지 않으므로 정치정·법적 논쟁으로부터 자유로운 편이다.

20

정답 ③

정답해설

대한민국의 군사상 이익을 해하거나 적국에 군사상 이익을 공여한 자를 처벌할 수 있으나 방첩에 관련된 내용은 아니다.

21 정답 ①

정답해설

문서보안에서는 이면지 사용을 줄여야 한다.

> **The 알아보기 산업보안 행동수칙**
> • 출퇴근 정보보안 시: 빈손으로 출근하고 외부 정보저장매체 등의 휴대 삼가
> • 사원증 관리: 정해진 위치에 패용
> • 외부 방문객 출입보안: 외부인 방문 시 사전 예약 필수
> • 문서보안: 문서는 가급적 이면지의 사용을 줄임
> • 영업비밀 준수: 회사 기밀의 유출 금지
> • 사내 생활보안: 금지된 구역은 이용하지 않음
> • 컴퓨터 사용 보안: 메신저나 파일공유 사이트 접속 금지
> • 통신 보안: 패스워드는 8자리 이상 사용

22 정답 ③

오답해설

① 포괄적인 안보로서도 중요하지만 전통적 군사안보에 대한 정보활동의 지속성이 매우 중요하다
② 정보의 환경이 다변화·다양화되면서 경제, 무역, 마약, 범죄, 테러 등 새로운 영역의 정보활동이 필요하게 되었다.
④ 국가정보기구는 정권의 기구가 아닌 국가와 국민의 정보기구여야 한다.

23 정답 ④

정답해설

부정한 방법으로 대상기관(방위산업체)의 방위산업기술을 취득, 사용 또는 공개하였으므로 방위산업기술 보호법 제21조에 의거, 20년 이하의 징역 또는 20억 원 이하의 벌금에 처할 수 있다.

24 정답 ④

정답해설

〈보기〉는 제한보호구역에 대한 설명이다.
민간인통제선 이북지역은 통제보호구역에 해당된다. 통제보호구역이란 군사기지 및 군사시설 보호구역 중 고도의 군사활동 보장이 요구되는 군사분계선의 인접지역과 중요한 군사기지 및 군사시설의 기능보전이 요구되는 지역을 말한다.

25 정답 ④

정답해설

국가 기밀에 속하는 문서·자재·시설·지역 및 국가안전보장에 한정된 국가 기밀을 취급하는 인원에 대한 보안 업무. 다만, 각급 기관에 대한 보안감사는 제외한다(국가정보원법 제4조 제1항 제2호).

오답해설

① 국가정보원법 제4조 제1항 제1호 나목
② 국가정보원법 제4조 제1항 제1호 다목
③ 국가정보원법 제4조 제1항 제4호 가목

01	02	03	04	05	06	07	08	09	10
①	③	④	④	③	②	②	④	②	④
11	12	13	14	15	16	17	18	19	20
①	②	②	①	④	④	④	②	④	①
21	22	23	24	25					
②	②	④	②	④					

01
정답 ①

정답해설

중국산 숏폼 동영상 플랫폼인 틱톡은 앱 자체로는 정치적 영향력이 가장 적으나, 불법적으로 개인정보를 수집하기에 개인 및 국가안보에 위협이 된다는 이유로 서방 여러 국가에서는 사용 금지를 고려하고 있기도 하다.

02
정답 ③

오답해설

하이퍼텍스트 또는 하이퍼미디어는 다양한 특성을 갖고 있는데, 일반적으로 하이퍼텍스트 시스템은 비선형성, 역동성, 상호작용성, 멀티미디어성 등의 특성을 갖고 있다.

① 상호텍스트성은 사용자가 페이지 내에 설정되어 있는 링크를 클릭함으로써 처음에는 볼 수 없었던 새로운 페이지를 확인할 수 있고, 이러한 상호작용적 과정을 통해 사용자는 시스템이 지원하는 다양한 응용프로그램을 작동하면서 하이퍼텍스트를 확장할 수 있다.

② 비선형성은 선형성을 근간으로 하는 전통적인 텍스트와 구별할 수 있는 대표적인 특성이다. 일정한 시작점이 없고, 읽는 순서가 정해져 있지 않아 다양한 해독이 가능하다는 점이 특징이다.

④ 기존의 텍스트는 인쇄가 된 순간부터 구성 요소들의 형태가 고정되어 있어 새롭게 편집하지 않는 이상 변경될 수 없다. 그러나 역동성을 띠는 하이퍼텍스트는 구성 요소들이 다양한 방식으로 결합되면서 스크린상에서 보여진다.

03
정답 ④

정답해설

SaaS는 이용자가 원하는 소프트웨어를 임대 및 제공하는 서비스이다. 예를 들면 이메일 서비스, iCloud, Dropbox, Google Docs, One note 등이 있다.

오답해설

① IaaS는 CPU, 메모리, HDD, 네트워크 등의 물리적 자원을 논리적으로 가상화하여 탄력적으로 제공한다. 예를 들면 Amazon EC2, S3 등이 있다.

③ PaaS는 개발자가 자신의 어플리케이션을 개발, 테스트, 실행할 수 있는 컴퓨팅 플랫폼을 제공한다. 예를 들면 Linux, Apache, PHP, MySQL, MS-Azur, Google-Apps 등이 있다.

04
정답 ④

오답해설

① 사회구조론은 기술 자체는 중립적일 수 있지만 기술의 이용 방식은 중립적일 수 없다는 관점으로, 어떤 방향으로 기술을 이용하는지가 중요하다.

② 낙관론에서는 정보를 포함적 정보로 보고, 정보의 생산이 다수에 의해 이루어지기 때문에 불평등이 감소된다고 주장한다.

③ 비관론에서는 배타적 정보에 초점을 맞추고, 정보 생산이 소수에 의해 집중되어 배타적 정보가 사회 불평등과 권력 집중 현상을 초래한다고 주장한다.

> **The 알아보기** **기술결정론**
> • 사회변동의 기본 동인을 정보통신기술로 간주하면서, 기술이 사회변동에 대해 자율적이고도 역동적인 힘을 행사한다는 데 초점을 두고 있다.
> • 분석 수준에 따라 기술적 기반 강조, 경제구조의 변화, 사회구조의 변화의 세 가지 관점으로 세분화한다.
> • 정보사회의 미래에 대한 낙관론과 연결된다.

05
정답 ③

오답해설

① 비공개 대통령기록물은 생산연도 종료 후 30년이 경과하면 공개함을 원칙으로 한다.

② 보호기간 중에 국회재적의원 3분의 2 이상의 찬성의결이 이루어진 경우에는 최소한의 범위 내에서 열람, 사본제작 및 자료제출을 허용한다.

④ 관할 고등법원장은 열람, 사본제작 및 자료제출이 국가안전보장에 중대한 위험을 초래하거나 외교관계 및 국민경제의 안정을 심대하게 저해할 우려가 있다고 판단하는 경우에는 영장을 발부하여서는 아니 된다.

06
정답 ②

정답해설

익스플로잇(Exploit) 공격은 소프트웨어, 하드웨어 등의 버그 혹은 제조, 프로그래밍 과정에서 발생한 취약한 부분을 이용하여 공격자가 의도한 동작이나 명령을 실행하도록 만든 명령어를 지칭하거나, 그러한 공격 행위를 말한다.

07
정답 ②

오답해설

ⓛ 관료제 이론의 역기능과 연관된다. 관료제 이론은 합리적 · 법적 권한을 기초로 한 관료제를 가장 효율적인 조직으로 간주한다. 따라서 인간의 개성보다 공적인 지위에 기반을 둔 위계적인 권위구조를 강조하며, 그로 인해 법칙과 규제에 과도하게 의존적인 양상을 보인다.

ⓔ 과학적 관리론은 조직의 폐쇄체계를 다룸으로써 외부환경으로부터의 영향력이나 지역사회 내 다른 조직 및 사람들 간의 관계를 무시한다. 다만, 조직구성원들이 금전 이외에 다른 동기에는 관심을 가지지 않는다고 가정함으로써 인간에 대한 기계론적인 견해를 제시한다.

08
정답 ④

정답해설

〈보기〉는 마크 포스터의 『제2미디어 시대』에 대해 설명하고 있다. 마크 포스터에 따르면 영화 · 라디오 · 텔레비전으로 대표되는 '제1미디어'가 소수의 제작자들이 다수의 소비자들에게 일방적으로 정보를 송출했다면, '제2미디어'는 생산자와 소비자의 구분이 모호해진다. 소비자들도 네트워크를 통해 생산자들에 영향을 미치고 언어 · 소리 · 영상 등을 재구성하는 능력을 갖추게 되기 때문에 이런 기술의 발전을 살펴보면서 탈중심적이고 주체적인 새로운 인간형을 탐색하게 된다.

09
정답 ②

정답해설

파놉티콘은 일망감시시설로 번역되며, 정보통신기술은 파놉티콘의 일망감시적 권력을 다망감시로 바꾸고, 나아가 사람들의 자의성을 배제한 채 매 순간 행위와 행위자에 대한 정보들을 기록하는 감시자가 되었다.

10
정답 ④

정답해설

왜곡된 정보에 기반을 두어 이데올로기가 개입하고 진영 논리에 빠지는 등 집단지성은 신뢰성에 문제가 있다는 비판을 받고 있다.

The 알아보기 사이버 반달리즘(Cyber Vandalism)

위키피디아나 아고라와 같이 어떤 이슈에 많은 사람이 의견을 개진하고 공유하는 사이트에서 흔히 발생하는 문제로, 사이버 세계에서 무차별적 다수가 어떤 제약도 받지 않고 집단지성을 삭제 혹은 파괴하는 행동을 가리키는 용어이다.

11
정답 ①

정답해설

블록체인은 참가자들이 공동으로 기록 및 관리한 자료를 분산처리와 암호화 기술을 동시에 적용하기 때문에 높은 보안성을 확보하고 있다.

12
정답 ②

정답해설

숙련화론에서는 자동화에 따라 기계조작, 이론지식과 경험지식을 겸비한 노동자를 '시스템 컨트롤러'라고 한다.

The 알아보기 숙련화 논쟁

- 숙련화론(케른, 슈만): 사무자동화로 노동자는 시스템 컨트롤러가 된다.
- 탈숙련화론(브레이버만): 사무자동화로 노동자는 단순 보조작업을 진행하며 관리자나 엔지니어로부터 종속적 위치에 놓인다.
- 노동소외(마르크스): 자동화로 노동자는 가치를 상실해 무력감, 좌절감을 느끼게 된다.

---

13 정답 ②

정답해설

방송통신위원회는 디지털 기술의 발달에 따른 방송통신 융합에 능동적으로 대응하고, 방송의 공적 책임 제고와 방송통신 분야 이용자 편익 증진, 방송·통신의 균형발전과 국제경쟁력 향상을 위해 설립된 대통령 직속 합의제 행정기구이다.

오답해설

① 행정자치부는 전자정부 성장기(2003~2007년)의 전담 부처이다.

③ 정보통신부는 전자정부 기반조성기(1990년대 중반~2000년)와 전자정부 착수기(2001~2002년)의 전담 부처이다.

④ 행정안전부는 전자정부 성숙기(2008년~)의 전담 부처이다.

14 정답 ①

정답해설

'The Internet Corporation for Assigned Names and Numbers'의 앞글자를 따서 ICANN(아이칸)이라고 부른다. 1998년 미국 상무부에서 탄생한 비영리기구로, 인터넷상에서의 도메인 이름과 IP주소, 프로토콜의 범주와 포트번호를 할당하는 업무를 담당하고 있다. 주요한 임무로는 루트서버의 안정적 운영을 보장하는 것으로 '.com', '.net', '.kr', '.jp' 등과 같은 최상위 도메인 서버의 관리, 오류 확인 등이 있다.

오답해설

② WIPO는 세계지적재산권 기구이다.

③ WMO는 세계기상기구이다.

④ ITU는 국제전기통신연합이다.

15 정답 ④

오답해설

㉠ 퍼셉트론의 종류에는 단층 퍼셉트론과 다층 퍼셉트론이 있고, 단층 퍼셉트론은 간단한 선형 문제를 해결할 수 있으나 복잡한 XOR 연산자를 학습할 수 없다는 문제가 있다.

16 정답 ④

정답해설

비매개는 투명성을 추구하는 논리 또는 방식으로, 보는 사람이 미디어 자체를 보지 못하거나 미디어가 있다는 사실을 느끼지 못하고 미디어가 표상한 대상에 빠져들도록 만드는 표상 양식이다. 반면 하이퍼 매개는 비매개와 달리 미디어가 매개하고 있음을 드러내거나 이질적인 화면이나 공간을 만들어 미디어를 환기시키는 표상 양식이다. 비매개와 하이퍼 매개는 서로 의존적으로 작동한다.

17 정답 ④

정답해설

정동 자본주의는 웹 2.0을 기반으로 한다. 웹 1.0은 인터넷상에서 정보를 모아 보여 주기만 하는 것에 반해, 웹 2.0은 사용자가 직접 데이터를 다룰 수 있으며 플랫폼을 통해 정보를 더 쉽게 공유하고 생산할 수 있다.

18 정답 ②

정답해설

아르파넷에 대한 설명이다. 아르파넷은 국사 목적의 밀넷과 민간인을 지원하는 아르파넷으로 분리되었다.

19 정답 ④

정답해설

오픈소스 소프트웨어는 카피레프트에 의해 자유로운 활용이 가능한 소프트웨어이다.

20 정답 ①

정답해설

클라우드 컴퓨팅은 소프트웨어나 데이터를 컴퓨터 저장장치에 담지 않고 웹 공간에 두어 마음대로 빌려 쓸 수 있는 인터넷 환경을 말한다. 구름(Cloud)처럼 무형인 인터넷상의 서버를 클라우드라고 하는데, 이를 통해 데이터의 저장·처리 및 콘텐츠 사용 등 각종 서비스를 제공한다.

② 스트리밍이란 인터넷에서 음성이나 영상, 애니메이션 등을 실시간으로 재생하는 기법을 말한다.
③ 캄테크란 사람이 인지하지 못하는 상태에서 센서, 컴퓨터, 네트워크 장비를 보이지 않게 내장하여 일상생활에서 각종 서비스를 제공하는 기술이다.
④ OTT란 인터넷으로 영화나 드라마 등 미디어 콘텐츠를 제공하는 서비스를 말한다.

21 정답 ②

① 디지털 사이니지: IT 기술을 활용하여 영상이나 문자 등 다양한 정보를 대형 디스플레이로 표시하고 네트워크를 통해 원격으로 관리하는 안내판
③ 디지털 핑거프린팅: 디지털 콘텐츠의 사용자 정보를 삽입함으로써 사후 발생할 수 있는 콘텐츠의 불법 복제자를 추적하는 기술
④ 콘텐츠 필터링: 적절하지 않은 콘텐츠를 걸러 내어 사용자에게 적합한 콘텐츠만 제공하는 기술

22 정답 ②

CCL(Creative Commons License): 저작자표시, 비영리, (2차)변경금지, 동일조건변경허락 등 네 가지 이용 허락 조건이 있다.
① IPO(Initial Public Offering): 비상장기업이 유가증권시장이나 코스닥시장에 상장하기 위해 그 주식을 법적인 절차와 방법에 따라 주식을 불특정 다수의 투자자들에게 팔고 재무 내용을 공시하는 것이다.
③ CIO(Chief Information Officer): 정보관리책임자로 조직의 경영과 전략적 관점에서 정보기술(IT) 및 정보시스템을 총괄 관리한다.
④ CRM(Customer Relationship Management): 고객 관계 관리로 기업이 현재 고객뿐만 아니라 잠재고객 관련 정보를 정확하게 파악하여 고객 관리를 효과적으로 지원하는 경영전략이다.

23 정답 ④

① SMTP(Simple Mail Transfer Protocol)는 인터넷상에서 전자 메일을 전송할 때 쓰이는 표준적인 프로토콜이다.
② HTTP(Hypertext Transfer Protocol)는 인터넷에서 웹 서버와 사용자의 인터넷 브라우저 사이에 문서를 전송하기 위해 사용되는 통신규약이다.
③ FTP(File Transfer Protocol)는 대량의 파일을 네트워크를 통해 주고받을 때 사용하는 파일 전송 전용 서비스이다.

24 정답 ②

4차 산업혁명은 정보통신기술(ICT)의 융합으로 이뤄지는 차세대 산업혁명을 말한다. 인공지능, 로봇기술, 사물인터넷 등 다양한 정보통신기술과 공학이 결합하여 지능적인 시스템을 갖추게 되는 산업상의 변화이다.
① 매스미디어란 불특정 다수인 대중에게 정보를 전달하는 매개적인 기술 수단을 말하며, 기술의 사용 목적이나 전달 내용이 공적인 성향을 띠는 경우를 말한다.
③ 유비쿼터스란 사용자가 컴퓨터나 네트워크를 의식하지 않고 장소에 상관없이 자유롭게 네트워크에 접속할 수 있는 환경을 말한다.
④ 스마트 그리드란 전기 공급자와 생산자들에게 전기 사용자의 정보를 제공함으로써 에너지 효율을 최적화하는 서비스를 말한다.

25 정답 ④

블록체인은 모든 사용자가 거래내역을 보유하고 있고, 거래내역을 확인할 때는 모든 사용자가 보유장부를 대조하고 확인해야 한다. 이를 '분산거래장부'라 지칭하고, 공동소유로 인하여 보안 관련 비용이 절약된다.

제5회 모의고사 정답 및 해설

제1과목: 국어

01	02	03	04	05	06	07	08	09	10
①	①	④	③	④	③	④	②	①	②
11	12	13	14	15	16	17	18	19	20
④	②	④	②	④	②	④	③	②	①
21	22	23	24	25					
①	①	③	④	②					

01
정답 ①

정답해설

'노기(怒氣)'의 '노(怒)'는 본음이 '성낼 노'이다. 두음 법칙은 첫 음에 한자음 '니, 녀, 뇨, 뉴' 등이 오지 못하는 것이므로 노기(怒氣)와는 상관없다. 참고로, '희로애락(喜怒哀樂)'의 '로'는 음을 부드럽게 발음하기 위해 변한 '활음조(滑音調)'일 뿐이다.

오답해설

② 論: 말할 론(논)

③ 泥: 진흙 니(이)

④ 略: 간략할 략(약)

02
정답 ①

정답해설

'동격 관형절'은 안긴문장 그 자체가 뒤에 오는 체언과 동일한 의미를 갖는 것으로 안긴문장 내 성분의 생략이 불가능하다. '관계 관형절'은 안긴문장 안에서 쓰인 주어, 목적어, 부사어와 같은 문장 성분 중 하나와 안긴문장 뒤에 와서 수식을 받는 체언이 일치할 때 그 성분을 생략한 관형절을 말한다.

① '급히 학교로 돌아오라는'은 성분의 생략이 없이 체언 '연락'과 같은 의미를 지니는 '동격 관형절'이다. 또한 '긴 관형절'은 항상 '동격 관형절'이라는 것에 주의한다.

오답해설

② '충무공이 (거북선을) 만든'은 목적어가 생략된 관계 관형절이다.

③ '사람이 (그 섬에) 살지 않는'은 부사어가 생략된 관계 관형절이다.

④ '수양버들이 (돌각담에) 서 있는'은 부사어가 생략된 관계 관형절이다.

03
정답 ④

정답해설

'ㆁ(옛이응)'은 아음의 이체자이다. 후음의 기본자는 'ㅇ', 가획자는 'ㆆ, ㅎ'이다.

오답해설

① 아음의 기본자는 'ㄱ', 가획자는 'ㅋ', 이체자는 'ㆁ(옛이응)'이다.

② 설음의 기본자는 'ㄴ', 가획자는 'ㄷ, ㅌ', 이체자는 'ㄹ'이다.

③ 치음의 기본자는 'ㅅ', 가획자는 'ㅈ, ㅊ', 이체자는 'ㅿ'이다.

04
정답 ③

정답해설

'모색(摸索)'은 일이나 사건 따위를 해결할 수 있는 방법이나 실마리를 찾는 것을 의미하므로 적절하게 사용되었다.

- 탐색(探索): 드러나지 않은 사물이나 현상 따위를 찾아내거나 밝히기 위하여 살피어 찾음

05
정답 ④

정답해설

ⓔ에 쓰인 '풀다'는 '사람을 동원하다.'라는 뜻이다. 따라서 '금지되거나 제한된 것을 할 수 있도록 터놓다.'라는 뜻을 가진 '풀다'의 예문으로 적절하지 않으며, ⓔ에 들어갈 수 있는 적절한 예문으로는 '구금을 풀다.'가 있다.

오답해설

① ㉠에 쓰인 '풀다'는 '모르거나 복잡한 문제 따위를 알아내거나 해결하다.'라는 뜻으로, ㉠에 들어가기에 적절한 예문이다.

② ㉡에 쓰인 '풀다'는 '어려운 것을 알기 쉽게 바꾸다.'라는 뜻으로, ㉡에 들어가기에 적절한 예문이다.

③ ㉢에 쓰인 '풀다'는 '긴장된 상태를 부드럽게 하다.'라는 뜻으로, ㉢에 들어가기에 적절한 예문이다.

The 알아보기 동사 '풀다'

- 묶이거나 감기거나 얽히거나 합쳐진 것 따위를 그렇지 아니한 상태로 되게 하다.
  예 보따리를 풀다.
- 생각이나 이야기 따위를 말하다.
  예 생각을 풀어 나가다.
- 일어난 감정 따위를 누그러뜨리다.
  예 노여움을 풀다.
- 마음에 맺혀 있는 것을 해결하여 없애거나 품고 있는 것을 이루다.
  예 회포를 풀다.
- 모르거나 복잡한 문제 따위를 알아내거나 해결하다.
  예 궁금증을 풀다.
- 금지되거나 제한된 것을 할 수 있도록 터놓다.
  예 통금을 풀다.
- 가축이나 사람 따위를 우리나 틀에 가두지 아니하다.
  예 미국에서는 원칙적으로 개는 풀어서 기르지 못하게 되어 있다.
- 피로나 독기 따위를 없어지게 하다.
  예 노독을 풀다.
- 사람을 동원하다.
  예 사람을 풀어 수소문을 하다.
- 콧물을 밖으로 나오게 하다.
  예 코를 풀다.

06

정답 ③

정답해설

물건이나 일의 내용을 가리지 아니하는 뜻을 나타내는 조사와 어미는 '(-)든지'로 적고, 지난 일을 나타내는 어미는 '-더라, -던'으로 적는다.

07

정답 ④

오답해설

① 남편의 형은 '아주버님'으로 불러야 한다.
② '말씀이 있겠습니다.' 또는 '말씀이 있으시겠습니다.'로 바꿔 써야 한다.
③ '품절'의 주체는 사물인 '상품'이므로 높여서 말할 수 없다. 따라서 '품절입니다'로 고치는 것이 적절하다.

08

정답 ②

정답해설

ⓒ 나는 젊어 있고 임은 오직 나를 사랑하시니

The 알아보기 정철, 「사미인곡」

- 갈래: 가사
- 주제: 연군의 정, 임금을 그리는 마음
- 특징
  - 정철의 「속미인곡」과 더불어 가사 문학의 절정을 이룬 작품
  - 우리말 구사의 극치를 보여 준 작품
  - 비유법, 변화법을 비롯하여 연정을 심화시키는 점층적 표현이 사용됨
- 현대어 풀이
  이 몸 만드실 때 임을 좇아서 만드시니, 한평생 인연임을 하늘이 모를 일이던가? 나는 젊어 있고 임은 오직 나를 사랑하시니 이 마음과 이 사랑 견줄 데가 전혀 없다. 평생에 원하건대 (임과) 함께 살아가고자 하였더니, 늙어서야 무슨 일로 외따로 두고 그리워하는가. 엊그제까지는 임을 모시고 광한전에 오르고는 했는데, 그 사이에 어찌하여 속세에 내려오게 되니 떠나올 적에 빗은 머리가 헝클어진 지 삼 년이구나. 연지분 있지만 누구를 위하여 곱게 단장할까? 마음에 맺힌 시름이 겹겹이 쌓여 있어 짓는 것은 한숨이고, 떨어지는 것은 눈물이구나. 인생은 유한한데 근심도 끝이 없다. 무정한 세월은 물 흐르듯 하는구나. 덥고 시원함이 때를 알아 가는 듯 다시 오니, 듣거니 보거니 느낄 일이 많기도 많구나.

09

정답 ①

정답해설

제시된 글에서 우리 대표팀은 더 강도 높은 훈련을 이어가며 경기력 향상에 매진하였다고 하였으므로 이러한 상황에 어울리는 한자성어는 '달리는 말에 채찍질한다는 뜻으로, 잘하는 사람을 더욱 장려함을 이르는 말'을 뜻하는 走馬加鞭(주마가편)이다.

- 走馬加鞭: 달릴 주, 말 마, 더할 가, 채찍 편

오답해설

② 走馬看山(주마간산): 말을 타고 달리며 산천을 구경한다는 뜻으로, 자세히 살피지 아니하고 대충대충 보고 지나감을 이르는 말
  - 走馬看山: 달릴 주, 말 마, 볼 간, 뫼 산

③ 切齒腐心(절치부심): 몹시 분하여 이를 갈며 속을 썩임
- 切齒腐心: 끊을 절, 이 치, 썩을 부, 마음 심
④ 見蚊拔劍(견문발검): 모기를 보고 칼을 뺀다는 뜻으로, 사소한 일에 크게 성내어 덤빔을 이르는 말
- 見蚊拔劍: 볼 견, 모기 문, 뺄 발, 칼 검

10
정답 ②

정답해설

파놉티콘이란 교도관이 다수의 죄수를 감시하는 시스템으로, 이는 권력자에 의한 정보 독점 아래 다수가 통제되는 구조이다. 따라서 ⓛ에는 그대로 '다수'가 들어가는 것이 적절하다.

오답해설

① ㉠의 앞부분에서는 교도관은 죄수들을 바라볼 수 있지만, 죄수들은 교도관을 바라볼 수 없는 구조인 파놉티콘에 대해 제시하였다. 따라서 죄수들은 교도관이 실제로 없어도 그 사실을 알 수 없으므로 ㉠을 '없을'로 고치는 것이 적절하다.

③ ㉢의 뒷부분에서는 인터넷에서 권력자에 대한 비판을 신변 노출 없이 자유롭게 표현할 수 있게 되었다고 제시하였다. 이는 인터넷에서는 어떤 행위를 한 사람이 누구인지 드러나지 않는다는 것이므로 ㉢을 '익명성'으로 고치는 것이 적절하다.

④ ㉣의 앞부분에서는 인터넷에서 권력자에 대한 비판을 신변 노출 없이 자유롭게 표현할 수 있게 되었다고 제시하였고, ㉣의 뒷부분에서는 네티즌의 활동으로 권력자들을 감시하는 전환이 일어났다고 제시하였다. 따라서 다수가 자유롭게 정보를 수용하고 생산할 수 있기 때문에 권력자를 감시하게 된 것이므로 ㉣을 '누구나가'로 고치는 것이 적절하다.

11
정답 ④

정답해설

제시문은 현재의 사건을 진행하면서 '언젠가는', '어저께'와 같이 과거의 사건을 끌어들이고 있다. 이와 같은 사건 구성을 역순행적 구성이라 한다(과거 → 현재로 시간의 흐름에 따라 사건을 구성하는 방식은 순행적 구성 또는 순차적 구성이라 함).

오답해설

②와 같은 방식을 삽화식 구성이라고 하고, ③과 같은 방식을 액자식 구성이라 한다. 제시문에서는 이러한 구성 방식을 찾아볼 수 없다.

> **The 알아보기** 김유정, 「봄봄」
> - 갈래: 단편 소설, 농촌 소설, 순수 소설
> - 시점: 1인칭 주인공 시점
> - 배경
>   - 시간: 1930년대 봄
>   - 공간: 강원도 산골의 농촌 마을
> - 주제: 교활한 장인과 우직한 데릴사위 간의 갈등
> - 해제: 「봄봄」은 혼인을 핑계로 일만 시키는 교활한 장인과 그런 장인에게 반발하면서도 끝내 이용당하는 순박하고 어수룩한 머슴 '나'의 갈등을 재미있게 그려 내고 있다. 일제 강점하의 궁핍한 농촌 생활을 배경으로 하면서도 토속적인 어휘를 사용하여 농촌의 모습을 해학적으로 묘사하고 있으며, 농촌의 문제성을 노출시키면서도 그것을 능동적으로 그리기보다는 웃음으로 치환시켰다.
> - 제목의 의미: '봄봄'은 '봄'을 두 번 강조한 제목으로, 봄날 만물이 생장하듯이 '나'와 점순이의 사랑도 성장함을 드러내려는 작가의 의도를 반영하고 있다.

12
정답 ②

정답해설

작품 내적 요소인 사건의 전달 방식에 초점을 맞추어 감상한 것으로 ②는 절대주의적 관점에 해당한다.

오답해설

① 반영론적 관점에 해당한다.
③ 효용론적 관점에 해당한다.
④ 표현론적 관점에 해당한다.

13
정답 ④

정답해설

제시된 작품은 임을 간절하게 기다리는 심정을 원망의 어조로 표현한 사설시조이다. 따라서 '간절히 기다리다'라는 뜻의 ④ '눈이 빠지다'가 화자의 심정으로 적절하다.

오답해설

① '눈이 가다'는 '눈길을 사로잡다'는 뜻의 관용어이다.
② '눈이 맞다'는 '서로 마음이 통하다'는 뜻의 관용어이다.
③ '눈이 뒤집히다'는 '이성을 잃다'는 뜻의 관용어이다.

> **The 알아보기 작자 미상, 「어이 못 오던다」**
>
> • 갈래: 사설시조
> • 성격: 과장적, 해학적
> • 표현: 열거법, 연쇄법, 과장법
> • 제재: 오지 않는 임
> • 주제: 임에 대한 원망과 그리움
> • 특징
>   – 연쇄법을 활용하여 시상을 전개함
>   – 기발한 상상력을 통해 해학적 효과를 얻고 있음
> • 해제: 자신을 찾아오지 않는 임에 대한 그리움과 원망의 심정을 과장과 해학을 통해 표현하고 있다.
> • 현대어 풀이
>   어이 못 오는가 무슨 일로 못 오는가.
>   너 오는 길 위에 무쇠로 성을 쌓고 성 안에 담을 쌓고 담 안에는 집을 짓고 집 안에 뒤주 놓고 뒤주 안에 궤를 놓고 궤 안에 너를 결박하여 놓고 쌍배목과 외걸새에 용거북 자물쇠로 깊숙이 잠갔더냐 네 어이 그리 안 오던가.
>   한 달이 서른 날이거늘 날 보러 올 하루가 없으랴.

14 정답 ②

정답해설

윤수의 이야기에 대한 민재의 반응인 '나도 그런 적이 있어.'를 보았을 때, 민재는 자신의 경험을 들어 윤수가 스스로 해결점을 찾도록 도와주고 있다. 이는 공감적 듣기의 적극적인 들어주기에 해당한다.

오답해설

① 민재는 윤수의 짝꿍과 연관이 없는 제삼자로, 이야기를 듣는 역할을 수행하고 있다. 따라서 민재가 상대의 입장을 고려해 용서함으로써 갈등을 해결한다는 설명은 적절하지 않다.
③ 민재는 이전에 겪은 자신의 경험을 이야기하여 윤수에게 도움을 주려고 할 뿐, 윤수를 비판하면서 스스로의 장점을 부각하고 있지는 않다.
④ 민재는 '왜? 무슨 일이 있었어?' 등의 말을 하며 윤수의 말을 경청하고 있지만, 윤수의 말에 대한 타당성을 평가하고 있지는 않다.

15 정답 ④

정답해설

(라)에서는 화성을 변화시키는 '테라포밍'의 계획을 구체적으로 설명하고 있을 뿐, 개별적인 사실로부터 일반적인 명제를 이끌어 내는 귀납의 방법을 사용하고 있지는 않다.

오답해설

① (가)에서는 화성의 특성을 설명하고 인간이 살 수 있도록 변화시키는 것을 말하는 '테라포밍'에 대해 제시하고 있다.
② (나)에서는 영화 「레드 플래닛」을 예로 들어 '테라포밍'에 대해 구체적으로 설명하고 있다.
③ (다)에서는 '영화가 아닌 현실에서 화성을 변화시키는 일이 가능할까?'라고 질문을 던지며 '테라포밍'을 현실화할 수 있는 방법을 제시하고 있다.

16 정답 ②

정답해설

(나)에서 '이끼가 번식해 화성 표면을 덮으면 그들이 배출하는 산소가 모여 궁극적으로는 인간이 호흡할 수 있는 대기층이 형성되기 때문이다.'라고 언급한 부분을 통해 '테라포밍' 계획의 핵심이 되는 마지막 작업은 인간이 화성에서 살 수 있도록 공기를 공급하는 대기층을 만들어 주는 일임을 확인할 수 있다.

오답해설

① (라)에서 '극관은 점점 녹게 될 것이다. 그러나 이런 방법을 택하더라도 인간이 직접 호흡하며 돌아다니게 될 때까지는 최소 몇백 년의 시간이 걸릴 것이다.'라고 언급한 부분을 통해 화성의 극관을 녹이는 일은 '테라포밍' 계획의 최종적인 작업이 아님을 확인할 수 있다.
③ (다)에서 '극관에 검은 물질을 덮어 햇빛을 잘 흡수하게 만든 후 온도가 상승하면 극관이 자연스럽게 녹을 수 있도록 하는 방법인 것이다.'라고 언급한 부분을 통해 화성의 온도를 상승시키는 일은 극관을 녹이기 위한 과정임을 확인할 수 있다. 따라서 이 작업은 '테라포밍' 계획이 되는 최종 작업이라 할 수는 없다.
④ (다)에서 '극관에 검은 물질을 덮어 햇빛을 잘 흡수하게 만든 후 온도가 상승하면 극관이 자연스럽게 녹을 수 있도록 하는 방법인 것이다.'라고 언급한 부분을 통해 극관을 검은 물질로 덮는 일은 햇빛을 잘 흡수하게 만들기 위한 과정임을 확인할 수 있다. 따라서 이 작업은 '테라포밍' 계획이 되는 최종 작업이라 할 수는 없다.

17 정답 ④

정답해설

제시된 글에는 상대방이 충분히 그 의미를 파악할 수 있다고 판단될 때 간접 발화를 전략적으로 사용함으로써 의사소통을 원활하게 하기도 한다는 내용만 언급되었을 뿐 간접 발화와 직접 발화 중 어느 것이 화자의 의도를 더 잘 전달하는지에 대한 내용은 나와 있지 않다.

18 정답 ③

정답해설

대구에 계신 할아버지와의 대화를 통해 지역 간 사용 어휘의 차이, 어머니와의 대화를 통해 세대 간 사용 어휘의 차이로 인해 생기는 불편함에 대해 서술하고 있긴 하지만, ③ '성별에 따라 사용하는 어휘가 달라지기도 한다.'라는 내용은 〈보기〉에 없다.

오답해설

① "어머니께서는 '문상'이 무엇이냐고 물으셨고 나는 '문화상품권'을 줄여서 사용하는 말이라고 말씀드렸다."라는 부분과 "학교에서 친구들과 이야기할 때 흔히 사용하는 '컴싸'나 '훈남', '생파' 같은 단어들을 부모님과 대화할 때는 설명을 해드려야 해서 불편할 때가 많다."는 내용을 통해 어휘는 세대에 따라 달라지기도 한다는 것을 알 수 있다.

② '할아버지께서 나에게 심부름을 시키셨는데 사투리가 섞여 있어서 잘 알아들을 수가 없었다.'라는 부분을 통해 어휘가 지역에 따라 달라지기도 한다는 것을 알 수 있다.

④ "학교에서 친구들과 이야기할 때 흔히 사용하는 '컴싸'나 '훈남', '생파' 같은 단어들을 부모님과 대화할 때는 설명을 해드려야 해서 불편할 때가 많다."라는 부분을 통해 청소년들이 은어나 유행어를 많이 쓴다는 것을 알 수 있다.

19 정답 ②

정답해설

앞뒤가 대등한 내용이면 문장 구조를 일치시켜 쓰도록 한다. '중국 음식의 모방이나 정통 중국 음식을 본뜨거나 하여'라는 문장을 풀어 보면, '중국 음식의 모방을 본뜨거나, 정통 중국 음식을 본뜨거나'로 되어서 서술어 호응이 이루어지지 않는다. 따라서 ② '중국 음식을 모방하거나, 정통 중국 음식을 본뜨거나 하여'로 바꿔야 한다.

20 정답 ①

정답해설

㉠에는 겉으로는 모순되어 보이나 진리를 내포하는 표현, 즉 역설의 수법이 사용되었다. ①에는 은유적 표현이 쓰였다.

오답해설

② · ③ · ④ 역설법이 나타난다.

> **The 알아보기** 정호승, 「슬픔이 기쁨에게」
> • 갈래: 자유시, 서정시
> • 성격: 의지적, 상징적
> • 제재: 소외된 이웃들의 슬픔
> • 주제: 이기적인 삶에 대한 반성 및 더불어 살아가는 삶의 가치 추구
> • 특징
>   – 상대방에게 말을 건네는 방식으로 시상을 전개함
>   – 어미 '–겠다'의 반복을 통해 운율감을 형성하고 화자의 의지적인 자세를 효과적으로 나타냄

21 정답 ①

정답해설

제시된 글에서는 1960년대 이후 중앙아메리카 숲의 25% 이상이 벌채되었다는 것, 1970년대 말에 전체 농토의 2/3가 축산 단지로 점유되었다는 것, 그리고 1987년 이후 멕시코에서 1,497만 3,900ha의 열대 우림이 파괴되었다는 것 등의 통계 수치를 제시하고 있다. 통계 수치를 제시하는 것은 문제 상황의 심각성을 구체적으로 보여 주고, 근거의 신뢰성을 높여서 타당성을 높이는 역할을 한다.

22 정답 ①

정답해설

15세기 국어에서 현대국어로 오는 과정에서 모음들이 연쇄적으로 조음 위치의 변화를 겪는 현상은 발견되지 않았다.

오답해설

② 국어 단모음의 개수가 15세기에는 7개, 19세기 초에는 8개, 현재는 10개이므로, 단모음의 개수가 점차 늘어났다는 설명은 적절하다.

③ 15세기 국어의 단모음이었던 'ㆍ'가 현대국어로 오면서 소멸되었으므로 모음 중에서 음소 자체가 소멸된 것이 있다는 설명은 적절하다.

④ 15세기 국어의 이중모음이었던 'ㅐ, ㅔ, ㅚ, ㅟ'가 현대국어로 오면서 단모음으로 변화했으므로 일부 이중모음의 단모음화가 발견된다는 설명은 적절하다.

23 정답 ③

정답해설

㉠ 부엌+일 → [부억닐]: 음절의 끝소리 규칙, 'ㄴ' 첨가 → [부엉닐]: 비음화

㉡ 콧+날 → [콛날]: 음절의 끝소리 규칙 → [콘날]: 비음화

㉢ 앉+고 → [안꼬]: 자음군 단순화, 된소리되기

㉣ 훑+는 → [훌른]: 자음군 단순화, 유음화

③ '앓+고 → [알코]'는 자음 축약(ㅎ+ㄱ → ㅋ)이 일어났지만 ㉢에서는 자음군 단순화와 된소리되기가 나타난다.

오답해설

① '맞+불 → [맏뿔]'에는 음절의 끝소리 규칙과 된소리되기가 나타나므로, 음절 끝에 오는 자음이 제한되는 음운 변동이 일어난다는 설명은 적절하다. ㉠~㉣ 중 음절의 끝소리 규칙이 나타나는 것은 ㉠, ㉡이다.

② '잎+니 → [인니]'에는 음절의 끝소리 규칙과 비음화 현상이 나타난다. 인접하는 자음과 조음 방법이 같아지는 음운 변동 현상은 자음 동화 현상으로, 비음화(㉠, ㉡)와 유음화(㉣)가 있다.

④ '몫+도 → [목또]'에는 자음군 단순화와 된소리되기 현상이 나타난다. 음절 끝에 둘 이상의 자음이 오지 못하기 때문에 나타나는 자음군 단순화 현상이 나타나는 것은 ㉢, ㉣이다.

24 정답 ③

정답해설

'넉넉하다'는 크기나 수량 따위가 기준에 차고도 남음이 있다는 뜻이고, '푼푼하다'는 모자람이 없이 넉넉하다는 의미로, 이 두 단어의 의미 관계는 '유의 관계'이다. ③의 '괭이잠'은 깊이 들지 못하고 자주 깨면서 자는 잠을 의미하고, '노루잠'은 깊이 들지 못하고 자꾸 놀라 깨는 잠을 의미하며, 이 두 단어의 의미 관계는 '유의 관계'이다.

오답해설

①·②·④는 '반의 관계'이다.

25 정답 ②

정답해설

②의 '대응'은 '유추의 근거 영역의 요소들과 대상 영역의 요소들을 연결하는 단계'로 '워싱턴'과 '링컨'을 연결하고, 숫자 '1'과 미지항 x를 연결하는 과정이 이에 해당한다고 했으므로 미국의 몇 번째 대통령인지 정보가 없는 사람이라면 정보를 연결하는 과정인 '대응'의 단계까지는 성공하겠지만, 자신이 찾아낸 규칙을 대상 영역에 적용하는 '적용'의 단계에서 미지항 x의 값에 16을 적용할 수가 없어 실패할 것이다.

오답해설

① '추리'는 '앞의 두 항이 어떠한 연관성을 갖는지 규칙을 찾는 과정'이므로 '워싱턴'이 미국의 대통령이 아니라 미국의 도시 이름이라는 정보만 갖고 있는 사람이라면 미국의 초대 대통령인 '워싱턴'과 숫자 '1'로부터 연관성을 찾아낼 수 없으므로 '추리'의 단계에서 실패할 것이라는 이해는 적절하다.

③ '적용'은 '자신이 찾아낸 규칙을 대상 영역에 적용하는 과정'이므로 미국 역대 대통령의 순서에 대한 정보가 있는 사람이라면, '적용' 단계에서 '16'을 선택하겠지만, 조지 워싱턴이 1달러 지폐의 인물이고 아브라함 링컨이 5달러 지폐의 인물이라는 미국의 화폐에 대한 정보만 갖고 있는 사람이라면 '적용'의 단계에서 '5'를 선택할 것이라는 이해는 적절하다.

④ '정당화'는 '비교의 결과 더 적합하다고 생각되는 답을 선택하는 과정'이므로 'x'에 들어갈 수 있는 답으로 '5'와 '16'을 찾아낸 사람이라면, 'x는 순서를 나타낸다'라는 새로운 기준을 제시했을 때 '정당화'의 단계에서 링컨이 미국의 열여섯 번째 대통령임을 생각하여 '16'을 선택할 것이다. 따라서 '정당화' 단계에서 '16'을 선택할 것이라는 이해는 적절하다.

01	02	03	04	05	06	07	08	09	10
③	④	②	④	④	①	②	③	③	②

11	12	13	14	15	16	17	18	19	20
④	③	③	③	①	③	④	③	②	④

21	22	23	24	25					
④	③	④	③	②					

01
정답 ③

정답해설

정보기관에 대한 자료는 기본적으로 비밀이 많기 때문에 아무리 비밀공작에 대한 기록이 있다고 하더라도 자료가 많을 수 없으며, 이와 같은 맥락에서 연구한 학자들이 많지 않다.

02
정답 ④

오답해설

① 국군방첩사령부는 국방부장관 소속으로 설치한다(국군방첩사령부령 제2조).

② 국방 사이버공간에서의 사이버작전 시행 및 그 지원에 관한 업무를 관장하기 위하여 국방부장관 소속으로 사이버작전사령부를 둔다(사이버작전사령부령 제1조).

③ 국가보안기술연구소(NRSI)에 대한 설명이다. 한국정보보호진흥원은 1996년 설립하여 2009년 폐지되었다.

> **The 알아보기 한국인터넷진흥원(KISA)**
>
> 한국인터넷진흥원(KISA)은 2009년 설립되었는데, 1996년 설립된 한국정보보호진흥원(KISA), 1999년 설립된 한국인터넷진흥원(NIDA), 2007년 설립된 정보통신국제협력진흥원(KIICA)이 통합된 인터넷 · 정보보호 전문기관이다.

03
정답 ②

정답해설

㉠ · ㉤ 비인간화의 욕구와 어린 시절의 심한 좌절 등으로 인한 자기도취증이나 편집증적인 성격을 소유한 자 등이 심리적 원인에 기인하여 테러를 일으킨다고 본다.

오답해설

㉡ 불평등 해소를 위한 폭력사상은 사상적 원인이다.

㉢ 정치적 부패와 정치참여의 박탈은 환경적 원인 중 정치적 환경에 의한 원인이다.

㉣ 종족 간의 갈등이나 민족주의는 사상적 원인이다.

> **The 알아보기 테러의 사상적 원인**
>
> • 민족사상
> - 종족 간의 갈등이나 민족주의가 우세한 경우에 발생한다.
> - 한 국가 내에서도 인종 · 종교에 의해 동질의식이 강화되고, 이에 다른 불균형을 해소하기 위한 방법으로 테러를 자행한다.
> • 식민사상: 제2차 세계대전을 겪으면서 식민주의에 반대하는 한 방법으로 테러가 사용되어 테러의 확산에 영향을 미쳤다.
> • 정치사상: 마르쿠제는 그의 저서에서 "고도의 선진산업 사회에서 인간성 회복을 위한 폭력의 사용은 신성한 수단이다."라고 하여 폭력의 정당화를 주장하였다.
> • 폭력사상: 폭력을 통해 불평등을 바로 잡을 수 있고, 피지배층의 열등감과 절망 등을 해소하는 수단으로 테러가 사용될 수 있다.

04
정답 ④

정답해설

첩보수집은 '첩보수집계획 → 출처의 개척 → 첩보의 수집 → 첩보의 획득 → 첩보의 전달' 순으로 이루어진다.

> **The 알아보기 정보요청 경로**
>
> • 정보소비자: 최고정책결정권자(대통령, 수상), 정책입안자
> • 횡적 관계에 있는 다른 정보기관, 국가 관계기관
> • 정보기관 자체적으로 판단, 수집된 첩보의 평가나 분석과정 또는 정보판단에 따라 정보수요 발생

05
정답 ④

정답해설

정보기관을 통합할 경우 조직 내부의 경쟁이 둔화되어 효율성이 저하된다.

- 긴박한 정보 현안과 초국가적 안보위협 요소에 신속하고 효과적인 대응이 곤란하다.
- 기관 간의 효과적 공조를 기대할 수 없고, 과잉 충성과 경쟁으로 정보왜곡 현상의 부작용이 예상된다.
- 국내보안과 해외정보 간의 유기적 협력이 부족하다.
- 조직, 예산증대 및 중복투자로 인한 예산낭비 등 비효율적인 요인이 증대된다.

06
정답 ①

오답해설

② 컴퓨터의 패스워드나 보안장치 기능을 상실시켜 자료를 복사해 가는 방법은 슈퍼재핑(Super Zapping)이다.

③ 특정 시스템에 과부하를 일으켜 사용자가 정보시스템을 사용하는 것을 방해하는 방법은 서비스거부(Denial Of Service)이다.

④ 기술자가 시스템 유지보수의 편의를 위해 만든 시스템 보안이 적용되지 않는 부분을 말하는 것으로, 이 부분을 악용하여 컴퓨터의 정비나 유지보수를 핑계 삼아 컴퓨터 내부의 자료를 빼내어 가는 방법은 트랩도어(Trap Door)이다.

07
정답 ②

정답해설

공공기관의 정보공개에 관한 법률을 기반으로 국가나 지방자치단체 등의 공공기관이 보유·관리하는 정보에 국민이 공개를 청구하여 국민의 알권리를 보장하고 국정에 대한 국민의 참여와 국정운영의 투명성을 확보할 수 있다.

08
정답 ③

오답해설

①·② 정보생산자들은 본인들의 분석능력에 자부심을 가지고 있기 때문에 변화를 그다지 좋아하지 않고 다른 부서와의 협력도 좋아하지 않는 것이 일반적이다.

④ 정보요구를 하는 사람들은 정책결정자, 타 부서, 부서 내부에 있기 때문에 당연히 정보생산자도 정보소비자가 될 수 있다.

09
정답 ③

정답해설

㉠에 들어갈 정보기구는 미국의 중앙정보부(CIA)이다.

오답해설

① 러시아의 연방보안부(FSB)에 대한 설명이다.

② 중국의 신화사(新華社)에 대한 설명이다.

④ 독일의 연방헌법수호청(BfV)에 대한 설명이다.

10
정답 ②

- 산업기술: 제품 또는 용역의 개발·생산·보급 및 사용에 필요한 제반 방법 내지 기술상의 정보 중에서 행정기관의 장(해당 업무가 위임 또는 위탁된 경우에는 그 위임 또는 위탁받은 기관이나 법인·단체의 장을 말한다)이 산업경쟁력 제고나 유출방지 등을 위하여 이 법 또는 다른 법률이나 이 법 또는 다른 법률에서 위임한 명령(대통령령·총리령·부령에 한정한다)에 따라 지정·고시·공고·인증하는 다음 중 어느 하나에 해당하는 기술을 말한다.
  - 제9조에 따라 고시된 국가핵심기술
  - 산업발전법 제5조에 따라 고시된 첨단기술의 범위에 속하는 기술
  - 산업기술혁신 촉진법 제15조의2에 따라 인증된 신기술
  - 전력기술관리법 제6조의2에 따라 지정·고시된 새로운 전력기술
  - 환경기술 및 환경산업 지원법 제7조에 따라 인증된 신기술
  - 건설기술 진흥법 제14조에 따라 지정·고시된 새로운 건설기술
  - 보건의료기술 진흥법 제8조에 따라 인증된 보건신기술
  - 뿌리산업 진흥과 첨단화에 관한 법률 제14조에 따라 지정된 핵심 뿌리기술
  - 그 밖의 법률 또는 해당 법률에서 위임한 명령에 따라 지정·고시·공고·인증하는 기술 중 산업통상자원부장관이 관보에 고시하는 기술
- 국가핵심기술: 국내외 시장에서 차지하는 기술적·경제적 가치가 높거나 관련 산업의 성장잠재력이 높아 해외로 유출될 경우에 국가의 안전보장 및 국민경제의 발전에 중대한 악영향을 줄 우려가 있는 기술
- 국가연구개발사업: 과학기술기본법에 따라 관계중앙행정기관의 장이 추진하는 연구개발사업

11

정답 ④

정답해설

다니엘 벨, 『이데올로기의 종언(the End of Ideology)』

1950년대 미국 사회의 변화를 통해 새로운 세계의 전개를 예언하고 있고, 마르크스주의가 현대 산업사회에서 의지할 곳을 잃고 종말을 맞이할 수밖에 없는 이유를 밝혀놓은 논평집이다. 벨이 말하는 이데올로기는 곧 정통 마르크스주의 및 수정 마르크스주의를 지칭하는 것으로, 미국과 유럽뿐 아니라 소련에서도 기술적 기능이 이데올로기에 우선하게 됨으로써 이데올로기는 급진적인 인텔리에게도 낡은 것이 되어 그 정당성이 상실되어 가고 있다고 설명한다.

12

정답 ③

오답해설

① 무자헤딘(Mujahidin)에 대한 설명이다.
② 알카에다(Al-Qaeda)에 대한 설명이다.
④ 하마스(HAMAS)에 대한 설명이다.

13

정답 ②

정답해설

㉠은 GHB이다. 보통 24시간이면 인체를 빠져나가기 때문에 성범죄를 당한다고 해도 이 약물에 당했는지 사후 추적이 어렵다.

오답해설

① 엑스터시에 대한 설명으로 암페타민류 화학물질인 MDMA로 만든 대표적인 환각성 신종마약이다. 1914년 독일의 제약회사에서 엑스터시 합성에 성공, 식욕억제제로 사용하였으나 효능을 인정 받지 못해 한동안 거래가 중단되었다. 다양한 색상의 정제 및 캡슐 형태이며 약한 기름 냄새가 나고, 타인에 대한 호감을 유발하는 효과가 있다.
③ 모르핀에 대한 설명으로 아편에 포함되어 있는 진통력이 강한 알칼로이드이다. 1806년 독일 약학자 제어튀르너가 최초로 분리에 성공하여 그리스 신화에 나오는 꿈의 신 '모르페우스'의 이름을 따서 모르핀이라 하였다. 예로부터 진통제나 아편중독 치료제로 사용하였으며 오늘날에도 효과가 탁월한 진통제로 사용되고 있다.
④ 아편에 대한 설명이다. 흑색, 갈색, 흑갈색을 띠고 왁스처럼 약간 딱딱하며 달콤하고 톡 쏘는 듯한 향기와 건초 냄새가 난다. 남용 시 구토, 두통, 피부병, 배뇨장애, 혼수 등 만성중독을 야기한다.

14

정답 ③

정답해설

KNTDS는 해군 작전사령부를 중심으로 전·평시 전장 상황을 가시화하고 함정·육상 지휘소 간 전술 정보를 공유하는 해상작전 지휘통제체계이다.

오답해설

① TRC-274: 육군이 운영하는 전자전 대비 전파방해 장비이다.
② SONATA: 해군의 중·소형 함정 전자전 장비이다.
④ ALQ-200K: 공군이 운용하는 전자전 정보수집·재밍장치이다.

15

정답 ①

정답해설

국가안보를 위한 통신제한조치(통신비밀보호법 제7조)

• 요건: 국가안전보장에 상당한 위험이 예상되는 경우 또는 대테러활동에 필요한 경우에 한하여 그 위해를 방지하기 위해 이에 관한 정보수집이 특히 필요한 때
• 절차
 − 정보수사기관의 장은 통신의 일방 또는 쌍방당사자가 내국인인 경우 고등법원 수석부장판사의 허가를 받아야 함(작전수행을 위한 군용전기통신 제외)
 − 대한민국에 적대하는 국가, 반국가활동의 혐의가 있는 외국의 기관·단체와 외국인, 대한민국의 통치권이 사실상 미치지 아니하는 한반도 내의 집단이나 외국에 소재하는 그 산하단체의 구성원의 통신인 때 및 작전수행을 위한 군용전기통신인 경우에는 서면으로 대통령의 승인을 얻어야 함
 − 통신제한조치의 기간은 4월을 초과하지 못하고, 그 기간 중 통신제한조치의 목적이 달성되었을 경우에는 즉시 종료하여야 하되, 요건이 존속하는 경우에는 소명자료를 첨부하여 고등법원 수석부장판사의 허가 또는 대통령의 승인을 얻어 4월의 범위 이내에서 통신제한조치의 기간 연장이 가능함

16 정답 ③

정답해설
정보의 생산과정

선택	첩보 중에서 불필요한 내용은 삭제하고 필요한 것을 취득하는 단계
기록	현재 필요한 것과 필요하지 않은 것을 따로 분류하여 관리하는 단계
평가	첩보의 출처와 관련하여 신뢰성과 타당성을 검토하는 단계
분석	재평가과정으로, 평가된 첩보를 요소별로 분류하는 단계
종합	같은 주제로 묶인 사실들을 하나의 것으로 결집하는 단계
해석	결론을 도출하는 단계

17 정답 ④

정답해설
정찰총국은 국방성 총참모부 예하 군 정보기관으로 2009년 당·정·군 핵심간부들을 국방위원회에 포진하면서 국방위원회에 소속되어 권력을 강화하였다.

18 정답 ③

오답해설
㉠·㉡·㉢은 성공한 준군사공작이다.

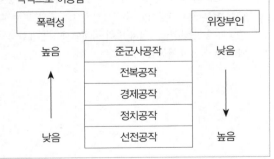

The 알아보기   준군사공작
- 국가정보기구가 정식 전쟁이 아닌 방법으로 수행하는 전쟁에 준하는 비밀공작활동
- 정부전복이라는 정치적 목적을 실현하기 위해 군사력을 공작적으로 이용함

폭력성		위장부인
높음	준군사공작	낮음
	전복공작	
	경제공작	
	정치공작	
낮음	선전공작	높음

19 정답 ②

정답해설
국가정보원장은 국가안전보장에 한정된 국가 기밀을 취급하는 인원에 해당하는 사람의 신뢰성·충성심 등을 확인하기 위하여 신원조사를 한다(보안업무규정 제36조).

20 정답 ④

정답해설
정부기관에서 검토 중인 보고서는 비밀정보에 해당한다. 공식적으로 공개되지 않은 정보는 공개출처정보에 해당하지 않는다.

21 정답 ④

정답해설
경제공작은 외국의 경제정책을 자국에 유리하게 변경시키는 공작으로 파업을 부추기거나 전기공급망, 유류창고 폭파, 위조지폐발행 등 경제 교란을 시도하는 것을 말한다.

The 알아보기   비밀공작의 특징
- 국가정보기구에 의한 국가정책을 직접 집행 → 비밀공작은 국가정책 집행업무나 민주국가 정보기구 본연의 임무는 아님(고유업무 ✕)
- 원칙적으로 정당성을 가짐(외형상 불법활동임에도, 내면에는 국가안보와 국가이익 도모라는 정당화 사유가 있음)
- 비밀공작은 보안에서 차이가 있음(행위주체가 누구인지 모르게 은폐)
- 외국을 대상으로 한 정책대집행
- 비밀공작 임무는 법에 근거규정이 있어야 함

---

22 정답 ③

정답해설
㉠은 첩보, ㉡은 정보, ㉢은 자료에 해당하는 내용이다.

The 알아보기   정보의 사용 목적
- 자료: 학술적·실무적 용도로 사용된다.
- 첩보: 개인·단체의 특정 목적으로 사용된다.
- 정보: 국가차원의 정책결정 및 평가로 사용된다.

23
정답 ④

정답해설

분석대상이 되는 국가나 집단이 분석자의 동기와 목표를 동일하게 가지고 있다고 생각하는 오류이다.

오답해설

① 사고경직의 오류: 처음 세운 가설에 너무 몰입한 나머지 분석 과정 동안 최초의 가설을 뒷받침하는 자료에 더 무게를 두고, 자신이 옳다고 생각하는 쪽으로 분석 결과를 가져가는 오류
② 성급한 일반화의 오류: 가설 설정 시 중간 단계를 거치지 않고 제한된 증거로 성급하게 결론을 도출하는 오류
③ 과신주의의 오류: 정보분석관이 유사한 주제의 정보를 계속 처리하면서 비판능력을 잃어버리고 순응하는 오류

24
정답 ③

오답해설

① 유선통신보다 무선통신이 보안에 더 취약하다.
② 무선텔렉스는 국가 간 통신위성 이용으로 도청이 가능하므로 암호장비를 사용해야 한다.
④ 데이터 통신은 전산요원을 거쳐서 전송하기 때문에 전산요원의 보안의식을 강화해야 한다.

25
정답 ②

오답해설

① 캐나다 해군 정보장교로 근무하던 '제프리 들라일(Jeffrey Delisle)'은 2007년 7월 캐나다 주재 러시아 대사관을 찾아가 자발적 스파이 활동 의사를 표명한 후 2012년 1월 체포될 때까지 금전적 보상을 받고 군사기밀을 러시아에 제공하였다. 이 사건은 9·11테러 직후 캐나다가 제정한 기밀정보보호법(SOIA)이 적용된 최초의 사례가 되었다.
③ 2010년 6월 '안나 채프만' 등 러시아 해외정보부(SVR) 요원 11명이 미국에서 신분 위장하에 스파이 활동을 해오다 FBI에 적발되었고, 이 중 미국에 의해 체포되었던 10명이 미·러 스파이 맞교환 합의에 따라 석방되어 러시아로 보내졌다. 이 사건으로 러시아 스파이들의 신분세탁·비밀연락 기법 등이 알려지게 되었고, 특히 미녀 스파이 안나 채프만은 세계 언론 및 영화·출판계의 엄청난 관심을 받게 되었다.

④ 1993년 6월 26일 일본 후지(富士) TV 서울지국장 '시노하라'가 대한민국 군사기밀들을 입수하여 일본 무관에게 전달한 사실이 적발되면서 서울고등법원에서 징역 2년, 집행유예 3년형을 선고받고, 대한민국 법무부로부터 영구 입국 금지 조건으로 강제 퇴거당했다.

제3과목: 정보사회론

01	02	03	04	05	06	07	08	09	10
④	③	④	②	①	②	②	③	③	①
11	12	13	14	15	16	17	18	19	20
③	④	③	③	③	①	③	②	③	①
21	22	23	24	25					
③	③	①	②	①					

01
정답 ④

정답해설

4차 산업혁명은 독일, 미국 등 일부 선진국 중심으로 진행되고 있다.

02
정답 ③

정답해설

개인정보 수집목적을 달성할 수 있는 경우 익명처리가 가능한 경우에는 익명에 의하여, 익명처리로 목적을 달성할 수 없는 경우에는 가명에 의하여 처리될 수 있도록 하여야 한다.

> **The 알아보기   개인정보 보호법**
>
> 제1조(목적) 이 법은 개인정보의 처리 및 보호에 관한 사항을 정함으로써 개인의 자유와 권리를 보호하고, 나아가 개인의 존엄과 가치를 구현함을 목적으로 한다.
>
> 제2조(정의) 이 법에서 사용하는 용어의 뜻은 다음과 같다.
>
> 1. "개인정보"란 살아 있는 개인에 관한 정보로서 다음 각 목의 어느 하나에 해당하는 정보를 말한다.
>   가. 성명, 주민등록번호 및 영상 등을 통하여 개인을 알아볼 수 있는 정보
>   나. 해당 정보만으로는 특정 개인을 알아볼 수 없더라도 다른 정보와 쉽게 결합하여 알아볼 수 있는 정보. 이 경우 쉽게 결합할 수 있는지 여부는 다른 정보의 입수 가능성 등 개인을 알아보는 데 소요되는 시간, 비용, 기술 등을 합리적으로 고려하여야 한다.
>   다. 가목 또는 나목을 제1호의2에 따라 가명처리함으로써 원래의 상태로 복원하기 위한 추가 정보의 사용 · 결합 없이는 특정 개인을 알아볼 수 없는 정보(이하 "가명정보"라 한다)

03
정답 ④

정답해설

리드의 법칙: 단순한 개인 간의 소통 차원을 넘어서 구체적이고 생산적인 비즈니스 성과를 언급하며 '그룹, 협력 가능성'을 주요 개념으로 두고 다양하고 복잡해진 소셜미디어 네트워크의 가치와 그 잠재적인 가능성을 설명하는 법칙이다.

오답해설

① 사르노프의 법칙: 전통매체에서는 네트워크의 가치가 시청자 수에 비례한다는 법칙으로, TV 프로그램 시청률처럼 100명이 보면 네트워크의 가치가 100이 되는 정치적 1세대 네트워크를 뜻한다.

② 무어의 법칙: 마이크로칩의 처리능력은 18~24개월마다 2배로 증가된다는 법칙이다.

③ 메트칼프의 법칙: 네트워크의 규모가 커짐에 따라 그 비용의 증가 규모는 점차 줄어들지만 네트워크의 가치는 기하급수적으로 증가한다는 법칙으로, 네트워크 규모가 n이면 접속 가능한 경우의 수는 n(n-1), 즉 '2n'인 데에서 기인하며, 네트워크가 무한대로 확장되고 비용은 기하급수적으로 줄어들어 결국 평균 비용이 거의 제로 수준에 접근한다.

04
정답 ②

오답해설

① 키로거: 사용자의 키보드 입력을 추적 · 기록하여 타깃 사용자의 패스워드, 금융정보, 개인정보 등을 탈취하는 도구이다.

③ XSS: 게시판이나 웹메일 등에 악의적인 스크립트를 삽입하여 비정상 페이지를 보이게 함으로써 사용방해나 쿠키 및 기타 정보를 특정 사이트로 전송하는 해킹기법이다.

④ 스파이웨어: 다른 사람의 컴퓨터에 잠입하여 개인정보를 빼내거나 광고용으로 사용하는 소프트웨어이다.

05
정답 ①

정답해설

마크 포랫(Marc Porat)이 주장한 내용이다. 마크 포랫은 1977년 투입 · 산출 분석을 이용해 미국의 산업에서 정보 분야가 차지하는 비율을 통계적으로 측정하였다. 프리츠 매클럽(Fritz Machlup)은 미국의 지식산업이 전체 국민총생산의 29%를 차지하고 있다고 분석했다.

06

정답해설

비콘 단말기는 저전력 블루투스(BLE; Bluetooth Low Energy)를 이용한다.

> **The 알아보기**　비콘 단말기의 장단점
>
> * 장점
>   - 긴 송수신 범위: 최대 70m 이내의 장치들과 교신
>   - 실내에서 정확한 위치파악 가능: 5~10cm 단위의 구별이 가능한 높은 정확성
>   - 적은 전력소모
>   - 단발기의 작은 크기와 저렴한 가격
>   - 간편한 설치
> * 단점
>   - 사용자의 스마트폰의 운영체제(OS)가 Android 4.3 이상 또는 iOS 7.0 이상이어야 함
>   - 스마트폰의 블루투스가 반드시 작동되고 있어야 함
>   - 비콘 SDK가 내장된 서비스 앱의 설치가 필요

07

정답 ②

정답해설

정보 정확성의 원칙에 해당하는 설명이다.

> **The 알아보기**　OECD 프라이버시 8원칙

수집제한의 원칙	• 목적에 필요한 최소 정보의 수집 • 사생활 침해를 최소화하는 방법으로 처리 • 익명처리의 원칙
정보 정확성의 원칙	처리목적 내에서 정확성, 완전성, 최신성 보장
목적 명확성의 원칙	처리목적의 명확화
이용제한의 원칙	목적 범위 내에서 적법하게 처리 및 목적 외 활용금지
안전성 확보의 원칙	권리침해 가능성 등을 고려하여 안전하게 관리
처리방침의 공개 원칙	개인정보 처리방침 등 공개
정보주체 참여의 원칙	열람청구권 등 정보주체의 권리보장
책임의 원칙	정보처리자의 책임준수 · 신뢰확보 노력

08

정답 ③

정답해설

포렌식은 증거를 수집매체에 따라 디스크 포렌식, 시스템 포렌식, 네트워크 포렌식, 모바일 포렌식으로 구분된다.

웹 포렌식은 웹 브라우저를 넘어 웹을 이용하는 다양한 애플리케이션을 분석하는 모든 행위를 의미한다. 인터넷 사용 흔적과 웹 브라우저가 남기는 로그 파일을 분석하는 것을 말한다.

> **The 알아보기**　매체에 따른 디지털 포렌식 분류
>
> * 디스크 포렌식: 하드디스크, USB, SSD 등의 저장매체를 대상으로 증거 획득 · 분석
> * 시스템 포렌식: 컴퓨터 운영체제, 응용프로그램, 파일시스템 등을 분석하여 증거 획득
> * 네트워크 포렌식: 네트워크를 통해 전송되는 데이터나 암호 등의 트래픽을 분석하거나, 네트워크 환경 등을 조사
> * 모바일 포렌식: 모바일 기기에 저장된 메시지, 통화내역, 사진 등의 정보를 입수하여 분석

09

정답 ③

정답해설

③은 군사형 사회에 대한 설명이다. 군사형 사회에서는 개인의 의지는 인정되지 않는다.

오답해설

산업형 사회는 개인의 자유에 의해 행동하고 자발적 협동과 계약적 관계, 개인의 창의성에 기초하는 사회를 말한다. 개인 스스로가 자제하는 분권화된 규제 장치가 마련되어 있는 사회이다.

10

정답 ①

정답해설

* LTE는 MIMO기술을 활용하여 성능을 개선하고, 음성과 데이터 통신을 ALL-IP 네트워크 구조에서 수행한다.
* IEEE 802.16은 Mobile WiMAX의 표준이다.
* LTE는 OFDM을 사용하여 직교 주파수 분할 방식을 사용한다.
* FDD와 TDD 방식으로 나뉘어 선택적으로 각 국가에서 적용하고 있다.

11 정답 ③

정답해설

개인정보 보호법에 따르면, 수집된 개인정보는 처리 방법·종류에 따라 안전하게 관리해야 한다. 해당 법률에는 정보주체가 개인정보 열람을 요구할 경우 정보주체의 권리를 보장하는 규정 등이 포함되어 있다.

오답해설

① 1993년 제정된 법률로 통신 및 대화의 비밀과 자유에 대한 제한은 그 대상을 한정하고 엄격한 법적 절차를 거치도록 함으로써 통신비밀을 보호하고 통신의 자유를 신장하기 위해 제정한 법이다.

② 국가정보화 기본법은 1995년 국가정보화의 기본 방향과 관련 정책의 수립·추진에 필요한 사항을 규정함으로써 지속 가능한 지식정보사회의 실현에 이바지하고 국민의 삶의 질을 높이는 것을 목적으로 하여 제정되었다. 그러나 이 법은 인공지능 시대를 맞아 지능정보화 관련 정책의 수립·추진에 필요한 사항을 규정함으로써 지능정보사회의 구현에 이바지하고 국가경쟁력을 확보하며 국민의 삶의 질을 높이는 것을 목적으로 2020.6.9.에 '지능정보화 기본법'으로 법령명 및 법령안을 전부개정하여, 2020.12.10.부터 시행하였다.

④ 2001년 전자적 침해행위로부터 주요 정보통신기반시설의 보호에 관한 대책을 수립·시행하기 위하여 재정한 법률이다.

12 정답 ④

정답해설

• 랜섬웨어: 사용자의 데이터를 암호화하여 익명성을 보장하는 가상화폐와 같은 금전적 대가를 요구하는 악성 프로그램

• 스미싱: SMS와 피싱의 합성어로서, 문자 메시지를 통한 미끼로 악성코드에 접근하게 하고 사용자의 정보를 탈취하거나 소액결제를 진행하는 악성 프로그램

오답해설

• 트로이목마: 시스템 외부의 해커에게 정보를 유출하는 내부에 설치된 악성코드

• 피싱: 개인정보를 불법으로 획득하려는 사람이 금융기관을 사칭하여, 다수의 이메일 사용자에게 신용카드나 은행계좌 정보에 문제가 발생해 수정이 필요하다는 등의 거짓 이메일을 발송, 금융기관의 카드정보나 계좌정보 등을 빼내 불법적으로 이용하는 범죄행위

• 파밍: 합법적으로 소유하고 있는 도메인을 탈취하거나, DNS 정보를 변조하여 사용자들이 진짜 사이트로 오인하도록 유도해 개인정보를 훔치는 기법

13 정답 ③

정답해설

전자정부(e-Government)는 전자은행(Electronic Banking)에서 최초로 대두된 개념을 확장한 것이다.

14 정답 ③

오답해설

① 정보 과잉: 원하지 않는 정보가 너무 많이 유출되는 현상을 말한다.

② 사생활 침해: 개인에 관련된 여러 가지 정보들이 다른 사람들에게 노출되거나 악용되는 현상을 말한다.

④ 비인간화: 인간의 존엄성을 침해당하거나 상실하게 되어 인간답지 못하게 되는 현상을 말한다.

15 정답 ③

오답해설

① ERP: 생산, 판매, 자재, 인사, 회계 등 기업의 전반적인 업무 프로세스를 하나의 체계로 통합 및 재구축하여 관련 정보를 서로 공유하고 이를 통해 신속한 의사결정 및 업무 수행이 가능하도록 도와주는 전사적 자원관리 시스템이다.

② EDI: 거래 당사자가 인편이나 우편에 의존하는 종이서류 대신 전자문서를 통해 업무에 활용할 수 있도록 하는 정보를 전달하는 새로운 방식이다.

④ KMS: 조직이나 기업에서 축적하고 있는 개별적인 지식을 체계화하여 공유함으로써 경쟁력을 향상시키기 위한 기업 정보 시스템이다.

16
정답 ①

정답해설

뉴미디어 재매개화의 특성은 차용, 재현, 확장, 흡수, 개조이다. 이 중 올드미디어와의 관계를 감추고 사용자에게 매개되지 않는 듯한 경험을 제공하는 것은 '흡수'이다. '차용'은 하나의 매체로부터 나온 한 속성을 다른 매체에서 사용하는 것이다.

17
정답 ③

정답해설

호모 나랜스는 '이야기하는 인간'을 뜻하는 라틴어로, 정보를 사실적으로 전달하는 것이 아니라 개인적이고 주관적으로 전달하면서 이야기를 나누는 사람을 말한다. 디지털 공간의 마케팅 분야에서 스토리텔러의 역할로 주로 사용되는 용어이다.

오답해설

① 호모 루덴스는 인간의 본질은 놀고 즐긴다는 점에서 '유희하는 인간'이라는 뜻을 가지고 있다.
② 호모 이코노미쿠스는 경제적 합리성에만 기초를 두어 '개인주의적으로 행동하는 인간'이라는 뜻을 가지고 있다.
④ 호모 모벤스는 고도로 발달한 정보화 사회에서 '적극적으로 가치와 정보를 찾는 인간'이라는 뜻을 가지고 있다.

18
정답 ②

정답해설

정보의 비분할성이란, 물질적 재화는 여러 사람들에게 분할되어 소비되지만 정보는 집합되어 있는 그대로 사용된다는 뜻이다.

19
정답 ③

오답해설

① 스풀(Spool): 데이터를 주고받는 과정에서 중앙처리장치와 주변장치의 처리 속도가 달라 발생하는 속도 차이를 극복해 지체 현상 없이 프로그램을 처리하는 기술이다.
② 디버깅(Debugging): 원시프로그램에서 목적프로그램으로 번역하는 과정에서 발생하는 오류를 찾아 수정하는 것을 말한다.
④ 멀티태스킹(Multitasking): 한 사람의 사용자가 1대의 컴퓨터로 2가지 이상의 작업을 동시에 처리하거나, 2가지 이상의 프로그램들을 동시에 실행시키는 것을 말한다.

20
정답 ①

정답해설

섀넌(Shannon)의 주장이다. 스토니어는 정보는 존재하는 것만으로 의미를 가질 필요는 없다고 정의하였다.

21
정답 ③

정답해설

IPv4의 단점을 개선하기 위해 개발된 새로운 IP주소 체계인 IPv6는 IP주소의 길이가 128비트로 늘어났다는 점과 헤더를 단순화시켰다는 점이 특징이다. 또한 옵션에 대한 지원이 개선되고 데이터 무결성을 가지며, 비밀이 보장된다.

22
정답 ③

정답해설

디지털 포렌식은 '사전 준비 → 증거 수집 → 포장 및 이송 → 조사 분석 → 정밀 검토 → 보고서 작성'의 순서로 진행된다.

23
정답 ①

정답해설

전자상거래는 신뢰성 높은 정보를 얻기에는 오프라인에 비하여 매우 부족한 실정이다.

24
정답 ②

정답해설

실리콘 회로의 발전은 정보의 양을 급격히 늘리지만 인간의 뇌는 기술의 속도를 따라가지 못한다. 따라서 많은 정보를 받아들일수록 신경체계에 과부하가 걸려 온전한 정보에 대한 기억력이 떨어진다(제2법칙).

> **The 알아보기** 데이터 스모그의 13법칙
>
> [제1법칙] 한때 연어처럼 귀하고 소중했던 정보가 이제는 감자처럼 흔하고 당연한 것이 되었다.
> [제2법칙] 실리콘 회로는 인간의 유전자보다 훨씬 빨리 진화한다.
> [제3법칙] 컴퓨터는 인간이 아니며, '인간적'이지도 않다.
> [제4법칙] 모든 교실에 컴퓨터를 설치하려는 것은 모든 가정에 발전소를 설치하는 것과 같다.

[제5법칙] 기업들이 판매하는 것은 정보 기술이 아니라 정보 갈망이다.
[제6법칙] 전문가들이 너무 많으면 명료성을 해치게 된다.
[제7법칙] 모든 자극적인 도로들은 타임스 스퀘어로 인도된다.
[제8법칙] 비슷한 깃털을 가진 새들은 가상 현실 속에서도 함께 어울린다.
[제9법칙] 전자 시청은 빠른 커뮤니케이션과 함께 해로운 의사 결정을 하게 만든다.
[제10법칙] 미국의 주요 신용조사기관이 다 보고 있다.
[제11법칙] 모든 복잡성을 해소시키는 이야기들을 경계하라.
[제12법칙] 정보 고속도로상에서 모든 길은 저널리스트들을 우회한다.
[제13법칙] 사이버 공간은 공화당적이다.

25 정답 ①

정답해설

정보 리터러시는 새로운 정보시스템과 각종 소프트웨어 도구들을 충분히 이해하고 능숙하게 사용하기 위해 필요한 능력을 말한다.

오답해설

② 디지털 리터러시는 디지털 플랫폼의 다양한 미디어를 접하면서 명확한 정보를 찾고, 평가 · 조합하는 개인의 능력을 뜻한다.

③ 미디어 리터러시는 다양한 매체를 이해할 수 있는 능력이며, 다양한 형태의 메시지에 접근하여 메시지를 분석 · 평가하고 의사소통할 수 있는 능력을 뜻한다.

④ 사이버 리터러시는 사이버 공간의 현실을 냉철하게 인식하고 이를 비판적으로 수용하면서 올바른 사이버 시대의 질서를 창출해 나갈 수 있는 정보 해독력을 뜻한다.

7급 심리학 모의고사 정답 및 해설

제1회 모의고사

01	02	03	04	05	06	07	08	09	10
③	③	④	②	④	③	③	①	②	②

11	12	13	14	15	16	17	18	19	20
③	④	④	③	①	③	④	②	③	①

21	22	23	24	25					
③	④	④	③	②					

01
정답 ③

정답해설

잠재적 행동의 학습은 강화물이 제공되지 않은 상황에서 일어나는 학습으로, 강화물이 제공되기 전까지 잠재된 상태를 유지한다는 특징을 갖는다. 조작적 조건형성은 특정 환경에서 발생하는 행동이 행동으로 인해 발생하는 결과와 결합하여 이후 행동이 증가하거나 감소하는 형태의 학습으로 잠재적 행동의 학습과는 관계가 없다.

02
정답 ③

정답해설

시냅스 수는 임신 5개월에 시작해서 1세까지 지속적으로 증가하는데, 36개월까지 필요한 시냅스의 150~200%가 만들어진다. 이렇게 해서 시냅스 수의 밀도가 가장 높아지는 것은 10세 전후이며, 시냅스 수는 사춘기부터 점차 감소하기 시작한다.

> **The 알아보기 시냅스의 전달과정**
> - 시냅스에서의 정보전달 방식은 화학적 전달에 의해 이루어진다.
> - 축색을 따라 종말단추에 이른 활동전위는 소낭 속에 담긴 신경전달물질이 시냅스에 분비되도록 자극한다.
> - 분비된 신경전달물질은 시냅스 후 뉴런의 수상(가지)돌기에 있는 수용기와 접촉하여 새로운 활동전위가 생성되며, 축색을 타고 다른 뉴런에 전달되는 과정을 반복한다.

03
정답 ④

정답해설

㉠·㉡·㉢ 연수를 통해 자극에 무의식적으로 반응하는 연수반사이다. 기침, 재채기, 침 분비, 구토, 눈물 분비 등이 있다.

㉤ 척수반사는 뇌를 거치지 않고 척수가 중추가 되어 일어나는 반응이다. 무릎 반사, 뜨거운 물체에 닿았을 때 움츠리기 등이 있다.

오답해설

㉢ 대뇌의 조절을 받아 자극에 대해 의식적으로 일어나는 반응이다.

> **The 알아보기 자극과 반응의 경로**
> - 의식적인 반응: 자극 → 감각기 → 감각 신경 → (척수) → 대뇌 → (척수) → 운동 신경 → 반응기 → 반응
> - 무의식적인 반응(반사): 자극 → 감각기 → 감각 신경 → 반사 중추(척수, 연수, 중간뇌) → 운동 신경 → 반응기 → 반응

04
정답 ②

정답해설

비네는 체계적인 지능검사를 최초로 개발했으며, 정신과 의사인 시몽(Simon)과 함께 학습지진아 선별을 목적으로 한 아동용 지능검사를 개발했다. 이 검사를 기초로 1916년 미국 스탠포드 대학의 터먼(Terman)과 고다드(Goddard)가 미국의 문화에 맞도록 스탠포드-비네 검사를 고안하면서 처음으로 지능지수(IQ; Intelligence Quotient) 개념이 사용되었다.

05
정답 ④

정답해설

세 번째 단계는 애정과 소속에 대한 욕구로, 가정을 이루거나 친구를 사귀는 등 어떤 조직이나 단체에 소속되어 애정을 주고받고자 하는 욕구 등이 나타난다.

오답해설

① 2단계(안전 욕구)

② 5단계(자아실현 욕구)

③ 4단계(자아존중 욕구)

The 알아보기 매슬로우의 욕구 5단계 모형

자아실현 욕구
(자기계발, 잠재력 실현)

자기존중 욕구
(성취, 인정)

소속감과 애정의 욕구
(우정, 타인과의 관계)

안전 욕구
(신체적·심리적·경제적 안정)

생리적 욕구
(배고픔, 갈증, 성욕)

---

06 정답 ③

정답해설

- 고정간격 강화계획: 일정한 시간이 지난 뒤에 일어나는 특정한 첫 번째의 행동을 강화하는 것이다.
- 변동간격 강화계획: 강화 시행의 간격이 다르지만 평균적으로 확인할 수 있는 시간 간격이 지난 후에 강화를 주는 것이다.

---

07 정답 ③

정답해설

스키너는 행동주의 학습을, 반두라는 사회인지학습(인지주의와 행동주의 절충)을 강조했는데, 이 둘은 강화와 처벌, 경험의 중요성, 피드백의 중요성 등의 행동주의적 요소이다. 그러나 "신념과 기대가 행동의 변화를 가져온다."라는 것은 인지주의적 관점으로 스키너와는 관계없다.

The 알아보기	강화와 처벌의 유형
정적 강화	유쾌자극을 부여하여 바람직한 반응의 확률과 빈도를 높인다.
부적 강화	불쾌자극을 제거하여 바람직한 반응의 확률과 빈도를 높인다.
정적 처벌	불쾌자극을 부여하여 바람직하지 못한 반응의 확률과 빈도를 감소시킨다.
부적 처벌	유쾌자극을 제거하여 바람직하지 못한 반응의 확률과 빈도를 감소시킨다.

---

08 정답 ①

정답해설

뇌량 절단(분리 뇌): 분리 뇌 환자의 시야를 좌우로 나누어 왼쪽 시야에 무언가를 보여 주었을 때 그것을 인지하면서도 언어로 설명하지 못하는데, 이는 왼쪽 시야를 담당하는 우뇌에만 정보가 전달되고 그 정보가 언어능력을 맡는 좌뇌로 전달되지 못하기 때문이다.

---

09 정답 ②

정답해설

- ㉠ 확증편향: 자신의 가치관, 기대, 신념, 판단에 부합하는 확증적인 정보만을 선택적으로 인지하고 일치하지 않는 정보는 무시하는 편향된 현실인식 방식이다.
- ㉡ 가용성 휴리스틱: 머릿속에 잘 떠오르는 정보나 사례에 근거해서 해당 사건이나 사례가 일어날 확률이 더 높다고 여기는 인지적 책략이다.

오답해설

- 후견편향: 일어난 일에 대해 원래 모두 알고 있는 것과 같이 말하거나 생각하는 것을 뜻한다.

---

10 정답 ②

정답해설

면전에서 문 닫기 기법: 먼저 누구나 거절할 만한 요청을 하여 거절당한 후 다음으로 본래의 목적을 요청하여 승낙시키는 방법으로, 송신자가 먼저 양보를 보임으로써 수신자도 양보하지 않을 수 없는 분위기를 만들기 때문에 승낙할 가능성을 높인다.

오답해설

- ③ 문 안에 발 넣기 기법: 처음에는 작은 요청부터 시작하여 그보다 큰 본래의 목적을 승낙시키는 방법으로 작은 행위에 동의한 사람들은 나중에 큰 요청에도 동의하게 된다.
- ④ 낮은 공 기법: 처음에 좋은 조건을 달아 승낙하게 한 다음, 이유를 들어 그 조건을 거두어도 수신자는 일단 승낙한 사안을 번복하기 어렵다.

11
정답 ③

정답해설

회피애착이 아니라 저항애착에 대한 내용이다.

> **The 알아보기   애착유형**
> - 안정애착: 어머니가 잠시 떠나는 것에 대해 크게 격리불안을 보이지 않으며, 어머니가 돌아오면 반갑게 맞고 신체접촉과 눈 맞춤으로 안도감을 느낀 후, 다시 놀이를 시작함
> - 회피애착: 유아는 어머니에게 별다른 반응을 보이지 않으며, 어머니가 밖으로 나가더라도 울지 않음. 정서적 신호나 요구에 무감각하여, 낯선 사람과 단둘이 있을 때나 어머니와 함께 있을 때에도 비슷한 반응을 보임
> - 저항애착: 어머니의 부재에 대해 불안을 느끼고, 돌아오면 접촉추구와 함께 분노나 저항을 보이면서도 곁에 머무르려고 하는 양가적 행동을 보이고, 잘 놀지 않고 달래지지 않음. 어머니가 있을 때조차 낯선 사람을 경계함
> - 혼란애착: 불안정하면서도 회피와 저항의 어느 쪽에도 분류되지 않음. 일관성이 없고 혼란스러운 양상을 보이며, 때때로 접촉욕구가 강하면서도 어머니의 무시나 구박에 대해 공포를 보이기도 함. 어머니의 일관성 없는 양육태도, 우울증 혹은 학대에서 비롯되기도 함

12
정답 ④

정답해설

구체적 조작기에 대한 설명이다.

- 전조작기(2~7세): 사고는 가능하나 직관적인 수준이며, 아직 논리적이지 못하다. 대상영속성을 확립하는 시기이며 상징놀이, 물활론, 자아중심성을 특징으로 한다.
- 구체적 조작기(7~12세): 구체적 사물을 중심으로 한 논리적 사고가 발달하며, 자아중심성 및 비가역성을 극복, 유목화, 서열화, 보존 개념을 획득한다.

13
정답 ④

정답해설

올포트의 성격 특성이론

- 올포트는 1920~1930년대 심리학계를 지배하던 정신분석과 행동주의에 대해 반발하면서, 인간의 행동을 어린 시절의 경험이나 억압된 본능 탓으로 돌리거나 자극에 대한 단편적인 반응으로 간주하는 방식을 거부하였다.
- 성격은 개인의 특징적인 행동 및 사고를 결정하는 신체적·심리적 체계로서 개인 내 역동적 조직이다.
- 성격은 조직화된 전체로서 현재에 뿌리를 두는 동시에 미래를 지향한다.
- 개인의 신체적·심리적 체계를 이루는 각 부분들, 즉 특성(Trait)은 서로 관계를 맺으며 독특한 조직을 형성한다.
- 유아기, 아동기, 청소년기, 성인기의 성격은 비연속적이므로 유아기의 생물학적 동기를 토대로 성인기의 행동을 설명하는 것은 부적합하다.
- 성격은 개인의 인생 전체에 미치는 영향력에 따라 '주특성(Cardinal Trait)', '중심특성(Central Trait)', '2차 특성(Secondary Trait)'으로 구분하여 살펴볼 수 있다.

14
정답 ③

정답해설

+1과 −1에 가까울수록 상관계수가 높고, 0에 가까울수록 상관계수가 낮다.

15
정답 ①

오답해설

② 근본적(기본적) 귀인 오류: 사회적 행동의 원인을 추측할 때 상황이나 환경과 같은 외적 요인은 충분히 고려하지 않고 귀속이 행위자의 특성이라는 내적 요인에만 치우치는 경향이다.
③ 이기적 편향(자기 고양 편파): 성공은 자신의 내부 귀인으로, 실패는 외부 귀인으로 돌려 환경이나 다른 사람을 탓하는 편향이다. 이기적 편향은 자존심을 지켜야 하는 상황에서 주로 나타난다.
④ 행위자−관찰자 편향: 동일한 행동에 대하여 타인의 행동은 내적인 원인이 있다고 파악하고, 행위자 자신의 행동은 외적인 원인에 있다고 파악한다.

16
정답 ③

오답해설

① 두 물체의 크기가 비슷하면 망막에 맺힌 상의 크기가 작을수록 멀리 있는 것으로 보여야 정상이다.
② 양안단서의 시선수렴이다.
④ 착각에 의한 자동운동현상에 대한 설명이다.

17 정답 ④

정답해설

동조는 타인이나 집단의 기준, 가치관, 기대에 순응하여 행동하는 것을 뜻한다. 동조현상은 사회심리학의 용어로, 다수의 의견이 어느 한 방향으로만 쏠리는 현상을 뜻한다. 친화동기가 높을수록 동조행동이 쉽게 일어난다.

> **The 알아보기** 동조행동이 일어나기 쉬운 사람
> • 자신보다 다른 사람의 능력이 뛰어나다고 느끼는 사람
> • 친화동기가 높은 사람
> • 자기에 대한 확신과 자신감이 부족한 사람
> • 집단에서의 지위가 낮은 사람
> • 자신과 같은 의견을 가진 사람이 없는 사람

18 정답 ②

오답해설

① 정체감 성취: 자아정체감의 위기를 성공적으로 극복하여 신념, 직업, 정치적 견해 등에 대해 스스로 의사결정을 할 수 있는 상태
③ 정체감 유예: 현재 정체감 위기의 상태에 있으면서 자아정체감 형성을 위해 다양한 역할, 신념, 행동 등을 실험하고 있으나 의사결정을 내리지 못한 상태
④ 정체감 혼미: 자아에 대해 안정되고 통합적인 견해를 갖는 데 실패한 상태로서, 이는 위기를 경험하지 않았고 직업이나 이념 선택에 대한 의사결정을 하지 않을 뿐만 아니라 이러한 문제에 관심도 없음

19 정답 ③

정답해설

밝은 곳에서의 움직임, 색각, 시력 등과 관계있는 추상체는 중심와에 밀집되어 있는 반면, 어두운 곳에서 주로 작동하며 명암을 식별하는 간상체는 망막 주변부에 분포되어 있기 때문이다.

20 정답 ①

정답해설

편집성 성격장애는 A군 성격장애에 속하는 유형이다. 편집성 성격장애는 타인에 대한 강한 불신, 의심과 적대적인 태도를 가지며 사회적 적응에 어려움을 보인다.

The 알아보기	DSM-5에 의한 성격장애의 분류	
A군	• 편집성 성격장애 • 분열성(조현성) 성격장애 • 분열형(조현형) 성격장애
B군	• 반사회성 성격장애 • 연극성(히스테리성) 성격장애 • 경계성 성격장애 • 자기애성 성격장애
C군	• 회피성 성격장애 • 의존성 성격장애 • 강박성 성격장애

21 정답 ③

정답해설

인간중심 상담의 기본적 전제이다.

오답해설

① · ④ 벡(Beck)은 내담자의 협동적 역할을 중시하였는데, 이러한 견해는 내담자가 자신의 치료에 적극적인 역할을 할 수 있음을 의미하며, 자가치료의 중요성을 강조하는 것이다.
② 정신분석과 행동치료로 잘 치료되지 않던 우울증에 대한 새로운 치료법으로 등장하였으며, 고정관념으로부터 벗어나서 적극적인 논리적 방법(Reasoning)을 이용하여 정신증상을 치료하고자 하였다.

22 정답 ④

정답해설

프리맥 원리는 두 반응 중에서 더욱 선호되는 반응이 덜 선호되는 반응을 강화하는 현상을 설명한 원리이다. 따라서 더 선호되는 '게임하는 것'이 '숙제하는 것'이라는 덜 선호되는 반응을 강화하는 것이다.

오답해설

① 퇴행: 미성숙했던 정신기능의 단계로 되돌아가는 것으로, 방어기제의 한 종류이다.
② 가르시아 효과: 어떤 음식의 맛을 독·변질·독성 물질에 의해 일어나는 증상과 연관시켜 특정 물질을 회피하는 현상이다.

③ 스티그마 원리: 어떤 대상이 부정적으로 낙인찍히면, 그 대상이 실제로 점점 더 나쁜 행태를 보이며 대상에 대한 부정적인 인식이 지속되는 현상을 말한다.

23
정답 ④

정답해설

법체계에 근거하여 도덕적 의사결정을 하는 사람은 '인습적 수준'에 도달한 것으로 본다.

The 알아보기	**콜버그의 도덕성 발달이론**
전인습적 수준	• 처벌과 복종 지향(타율적 도덕) • 도구적 상대주의 지향(개인주의)
인습적 수준	• 대인간 조화 지향(좋은 아이) • 법과 질서 지향(사회 시스템 도덕)
후인습적 수준	• 민주적 및 사회적 계약 지향 • 보편적인 윤리원칙 지향

24
정답 ③

정답해설

프로이트와 아들러 모두 성인의 삶이 생애 초기 5년 동안의 경험에 의해 결정된다고 보았다. 그러나 아들러는 과거의 탐색에만 국한하지 않고 그 과거에 대한 개인의 해석이 현재에 어떻게 영향을 미치는지에 초점을 두었다.

25
정답 ②

정답해설

초두효과: 먼저 제시된 정보가 나중에 알게 된 정보보다 더 강력한 영향을 미치는 현상을 말한다.

오답해설

① 평균원리: 어떤 사람이나 대상에 대한 인상을 형성할 때 여러 특성들의 평균으로 인상을 형성하게 된다는 원리를 말한다.
③ 중심특성: 평균원리의 예외 중 하나이다. 다른 조건이 동일하다고 할 때 '따뜻하다-차갑다'와 같은 극단적인 평가는 인상의 형성에 매우 크게 작용한다는 원리다.
④ 암묵적 성격이론: 몇 가지 단서를 통하여 그와 상관이 있는 것처럼 가정되는 성격특성을 추론해 내는 일반적인 경향성을 말한다.

제2회 모의고사

01	02	03	04	05	06	07	08	09	10
②	③	②	④	②	③	②	④	③	②
11	12	13	14	15	16	17	18	19	20
④	④	①	①	④	②	④	③	③	①
21	22	23	24	25					
②	④	③	③	①					

01
정답 ②

정답해설

인간의 마음, 즉 심리가 진화적으로 만들어졌다는 관점으로, 인간의 많은 심리 기제들이 어떠한 근원을 가지는지를 연구하는 학문이다.

오답해설

① 임상심리학: 사람들의 삶 속의 다양한 장애와 부적응, 심리장애를 연구 · 평가 · 치료하는 분야를 연구하는 학문이다.
③ 지각심리학: 인간이 세상을 보는 원리가 무엇이고 어떻게 세상에 대한 지각이 이루어지는지를 연구하는 심리학 분야이다.
④ 성격심리학: 같은 상황에서 사람들이 서로 다른 행동을 보이게 되는 원인인 사람의 특질에 대한 연구로, 시간에 따른 개인행동의 일관성과 변화도 연구대상이다.

02
정답 ③

정답해설

ⓒ 외현기억은 의식적이므로 회상검사나 재인검사를 통해 직접 측정할 수 있는 반면, 암묵기억은 무의식적이므로 간접적인 방법으로 측정할 수 있다.
ⓔ 장기기억은 주로 의미로 부호화되어 현재 사용하지 않더라도 필요한 때 저장된 정보를 사용할 수 있도록 한다.
ⓜ 장기기억에서의 망각은 인출실패에 의해 일어난다는 견해가 많다.

03 정답 ②

정답해설

후두엽은 시각정보를 분석하고 통합하는 역할을 수행한다. 정서와 관련된 기억에 관여하는 것은 편도체이다.

> **The 알아보기 뇌의 기능**
> - 두정엽: 외부로부터 들어오는 정보를 조합하고 사고와 인식을 담당한다.
> - 전두엽: 사고력을 주관하고 행동을 조절하며 감정 조절, 집중력 등을 담당한다.
> - 측두엽: 청각정보를 담당한다.
> - 후두엽: 시각정보를 담당한다.
> - 편도체: 동기, 학습, 감정과 관련된 정보를 처리한다.
> - 해마: 기억과 공간의 개념, 감정적 행동을 조절한다.

04 정답 ④

정답해설

내적 타당도가 연구결과의 정확성과 관련된 개념이라면, 외적 타당도는 연구결과의 일반화 가능성과 연관된다. 따라서 실험 연구에서 변인을 과하게 통제할 경우 내적 타당도는 올라가고, 외적 타당도는 내려간다.

05 정답 ②

정답해설

두 눈이 동시에 사용되는 단서, 즉 양안단서를 묻는 문제이다. 양안단서란 두 눈의 개입을 요하는 깊이단서로 양안부등, 수렴 등이 있다. 사람의 두 눈은 떨어져 있으므로 두 망막에 비친 망막 상에 약간 차이가 있다. 이로 인해 깊이지각(입체시)이 가능하여 3차원 세계의 깊이와 거리감을 가지는 것이다. 〈보기〉 중 양안단서는 ㉠ 수렴, ㉣ 망막/양안부등이다.

06 정답 ③

정답해설

조작적 조건형성 중 '조형의 원리'에 대한 설명이다. 조형의 원리는 실험자 또는 치료자가 원하는 범위 안에서의 반응만을 강화하고, 원하지 않는 방향의 행동에 대해서는 강화받지 못하도록 하여 결국 원하는 방향의 행동을 하도록 하는 것이다. 스키너(Skinner)의 이론에서 중요한 기법인 행동수정의 근거가 되는 개념으로서, 특히 강화에 의한 학습을 강조한다.

오답해설

고전적 조건형성의 원리

시간의 원리	• 조건형성의 과정에서 조건자극(CS)은 무조건자극(UCS)보다 시간적으로 동시에 또는 약간 앞서서 주어져야 한다. • 조건반응을 일으키는 데 가장 이상적인 시간간격은 0.5초 이내이다.
강도의 원리	• 자극의 강도는 처음에 제시되는 조건자극보다 나중에 제시되는 무조건자극이 더 커야 한다. • 무조건자극의 강도가 강할수록 조건형성이 용이하게 이루어진다.
일관성의 원리	• 동일한 조건자극을 일관성 있게 강화할수록 조건형성이 용이하게 이루어진다. • 질이 다른 여러 가지 자극을 주는 것보다 일관된 자극을 주는 것이 바람직하다.
계속성의 원리	자극과 반응 간의 관계를 반복하여 횟수를 거듭할수록 조건형성이 용이하게 이루어진다.

07 정답 ②

정답해설

㉠ 실험은 연구자들이 인위적으로 조작·통제된 조건에서 밝히고자 하는 변인을 체계적으로 변화시킬 때 그 효과가 어떻게 나타나는가를 측정하는 방법이다.

㉡ 상관계수는 두 변인들 사이의 관계, 즉 상관의 척도를 +1.0~-1.0으로 나타내는 것으로, 두 변인의 상관정도를 알기 위해 통계치로 계산하는 것이다.

㉣ 설문조사법은 사람들이 행동, 태도, 신념, 의견 및 의도를 기술하도록 설문지를 사용하는 것으로, 간접관찰법에 해당한다.

오답해설

㉢ 실험법은 실험실 안에서 뿐만 아니라 실험실 밖에서도 수행이 가능하지만, 실험실 밖에서의 실험은 그 결과를 현장에 적용하기는 용이하나 변인의 통제가 쉽지 않다.

> **The 알아보기 실험의 3요소**
> - 독립변인: 의도된 결과를 얻기 위해 실험자가 조작·통제하는 값
> - 종속변인: 설정된 독립변인의 결과로서 달라지는 의존변인
> - 통제변인: 연구를 수행할 때 탐구하기 원하지 않아 통제하는 변인

08

정답해설

간섭이론

- 어떤 정보를 회상하려 할 때 다른 정보의 유입으로 정보들 간의 경합이 발생하며, 그로 인해 회상이 방해를 받는다.
- 학습경험 이후 다른 정보들의 간섭에 영향을 받지 않은 경우에 학습한 내용은 망각되지 않은 채 그대로 유지될 수 있다.

역행간섭 (Retroactive Interference)	선행학습이 후행학습에 영향을 받아 낮은 회상률을 보이는 것
순행간섭 (Proactive Interference)	후행학습이 선행학습의 영향을 받아 낮은 회상률을 보이는 것

09
정답 ③

정답해설

피아제는 대상영속성이 감각운동기(0~2세)에 형성되기 시작하여 전조작기(2~7세)에 확립된다고 보았다.

> **The 알아보기 대상영속성**
> - 어떤 사물이 감추어져 보이지 않더라도 그것이 존재하고 있음을 아는 능력을 말한다. 0~2세 시기인 감각운동기에 대상영속성을 얻게 되고 전조작기에 확립된다.
> - 대상영속성의 발달은 애착 발달과도 관련이 있으며, 안정된 애착 관계를 형성하는 데 도움을 줄 수 있다. 예를 들어 대상영속성이 부족한 영아는 엄마가 눈앞에서 사라지면 엄마의 존재가 사라졌다고 생각하고 매우 불안해하지만 대상영속성을 획득한 영아는 엄마가 눈앞에서 사라지더라도 불안감 없이 엄마의 존재를 기다리거나 엄마를 찾는 등의 긍정적이고 적응적인 행동을 취할 수 있다.

10
정답 ②

정답해설

파블로프의 실험은 조건반사를 확인하는 실험이다. 조건반사는 과거의 경험이 조건이 되어 일어나는 무의식적인 반사로, 그 반응에 대뇌가 관여한다.

오답해설

무조건반사란 동물이 가지고 있는 자극에 대한 선천적인 반응 방식으로, 특정한 자극에 대해 무의식적으로 반응하는 것을 가리킨다.

11
정답 ④

정답해설

집단무의식(Collective Unconscious)은 모든 인류가 공통적으로 가지고 있는 하부구조로서, 개인의 특정 경험과는 관련이 없다.

> **The 알아보기 개인무의식과 집단무의식**
>
> | 개인무의식 | 집단무의식 |
> |---|---|
> | • 자아에서 억압되거나 잊힌 경험이 저장되어 형성된다.
• 새로운 경험이지만 자신과 무관하거나 중요하지 않다고 여겨져 의식에 도달하지 못한 경험이 저장된다.
• 개인의 콤플렉스 또는 과거 선조의 경험으로부터 얻은 것이다.
• 개인무의식에 직접적인 접근이 어려워 종종 꿈으로 나타난다. | • 우리를 지배하는 생각, 감정, 욕구가 모두 현재 자신에서 비롯된 것은 아니다.
• 과거 선조의 경험이 다음 세대에 전달되어 우리 내면에서 우리에게 영향을 줄 수도 있다(신화, 전설, 민담 등).
• 원형(Archetype): 선조에게서 전달되어 선천적으로 물려받은 생각이나 기억, 즉 근원적 심상(인간은 누구나 어머니에 대한 공통적인 원형을 소유함)이다. |

12
정답 ④

정답해설

안정성 차원은 어떠한 일의 원인이 변동할 수 있는 것인지, 항상성을 가진 것인지의 차원을 가리킨다.

- 안정적인 원인: 능력, 학습과제의 난이도
- 불안정적인 원인: 운, 노력

13 정답 ①

오답해설

② Y-G 성격검사에 대한 설명이다.

③ 투사법에 대한 설명이다.

④ 주제통각검사(TAT)에 대한 설명이다.

> **The 알아보기** 성격검사 개관
>
> 성격검사는 개인의 선천적 요소와 후천적 요소의 상호작용으로 나타나는 특징으로서의 성격을 측정 대상으로 하며, 대표적으로 마이어스-브릭스 성격유형검사(MBTI), 미네소타 다면적 인성검사(MMPI), 로르샤흐검사 등이 이에 해당된다.

14 정답 ①

정답해설

자기결정이론은 인간이 자율적이고자 하는 욕구가 있다고 보는 이론으로, 어떻게 반응할 것인가를 스스로 결정하는 과정을 말한다. 따라서 스스로 선택을 하고 결정을 하는 것은 '내재적' 동기를 증가시킨다.

오답해설

② 기대가치이론: 인간은 자신이 성공할 것이라는 기대에 그 성공에 대해 개인이 부여하는 가치를 곱한 값만큼 동기화된다고 보았다.

④ 귀인이론: 자신의 성공이나 실패에 대한 원인을 귀속시키는 경향성에 대한 이론이다.

15 정답 ④

정답해설

역조건 형성(Counter Conditioning): 문제행동을 유발하는 자극과 새로운 반응을 연합시켜서 문제행동을 새로운 반응으로 대치하는 것이다.

오답해설

① 정적강화(Positive Reinforcement): 무엇인가를 제공(예 음식, 물)해서 원하는 행동을 증가시키는 것이다.

② 부적강화(Negative Reinforcement): 무엇인가를 제거(예 전기충격)해서 행동을 증가시키는 것이다.

③ 노출법(Exposure Therapy): 불안의 근원이 되는 대상이나 환경에 어떤 위험도 유발하지 않고 환자를 노출시켜 환자의 불안이나 고통을 제거하는 것이다.

16 정답 ②

정답해설

사회재적응척도(SRRS)는 미국의 홈즈(Holmes)가 개발한 것으로, 한 개인에 대한 스트레스 영향의 정도는 스트레스 자극의 기간과 강도, 예측 가능성, 통제 가능성, 개인의 자신감 등 여러 요인들의 복합적인 작용에 의해 결정된다.

> **The 알아보기** 라자루스(R. Lazarus)의 인지적 평가이론
>
> • 1차 · 2차 인지적 평가: 어떤 환경적 요구나 압력에서 발생하는 스트레스에 대한 반응은 개인의 인지적 평가에 따라 그 반응의 정도나 유형에 뚜렷한 차이가 나타난다.
>
> • 문제 중심 대처, 정서 중심 대처: 환경과 한 개인의 자원을 능가하는 내적 요구와 갈등을 조절하기 위한 행위적, 정신 내적 노력이며, 대처 과정은 인지 과정에 달려 있다.

17 정답 ④

정답해설

분트(Wundt)의 심리학 실험실 설립(1879) → 왓슨(Watson)의 자극-반응실험(1920) → 스키너(Skinner)의 『Science and Human Behavior』 출간(1953) → 나이서(Neisser)의 『인지심리학』 출간 (1967) → 허블(Hubel)의 노벨상 수상(1981), 스페리(Sperry)의 노벨상 수상(분리 뇌 이론, 1981)

18 정답 ③

정답해설

기능주의(Functionalism)

• 19세기 말에서 20세기 초 미국을 중심으로 발전한 학파로, 대표적인 학자로는 제임스(W. James)와 듀이(J. Dewey)가 있다.

• 의식을 요소들의 집합이 아니라 하나의 흐름으로 파악한다는 점에서 구성주의와 대립한다.

• 다윈의 진화론의 영향을 받아 의식의 목적을 환경에 적응하는 기능의 관점에서 설명하려 하였다.

19 정답 ③

정답해설

인간의 잠재력과 가능성에 대한 신뢰를 바탕으로 로저스(C. Rogers)가 창시한 이론이다. 인간은 선천적으로 선하고 자

아실현의 욕구와 의지인 실현경향성(Actualizing Tendency)을 지니고 있다고 가정하며, 적절한 환경(무조건적이고 긍정적인 존경, 공감적 이해, 진실성)이 제공된다면 자기확충을 위한 적극적인 성장력을 지니고 있다고 본다.

오답해설

① 인지적 상담기법: 문제행동을 지속시키는 사고의 구조·틀을 새롭게 정립함으로써 좀 더 생산적이고 효과적인 감정과 행동 변화를 이끌어 낼 수 있도록 도움을 준다.

② 행동주의 상담기법: 인간의 부적응 행동은 그 행동에 선행하는 조건과 그 결과에 의해 발생·유지된다고 보고, 인간의 부적응 행동을 변화시키거나 바람직한 행동을 증가시키기 위해 동일한 원리를 적용한다.

The 알아보기   인간중심 상담이론의 기법

- 진실성(Genuineness): 상담자는 내담자와의 관계에서 경험하는 것을 충분하고 정확하게 인식하여 솔직하게 표현하는 것
- 무조건적인 긍정적 존경(Unconditional Positive Regard): 상담자가 내담자를 평가·판단하지 않고 그대로 수용하며 내담자를 소중히 여기고 존중하는 태도를 가지는 것
- 정확한 공감적 이해(Empathetic Understanding): 상담자가 내담자의 입장에서 내담자의 경험과 감정을 정확히 이해하는 것

20
정답 ①

정답해설

브룸(Vroom)은 동기부여의 요인으로 기대와 유의성을 설명하였다.

- 기대: 어떤 행위를 했을 때 그것이 자신에게 보상으로 이어질 것이라는 믿음이다.
- 유의성: 특정 결과에 대한 주관적인 가치 또는 매력의 정도이다.

오답해설

② 동기-위생이론: 직무 상황의 만족과 불만족에 따른 직무태도가 동기 요인과 위생 요인이라는 두 개의 이질적인 요인에 의해 결정된다는 이론이다.

③ 공정성이론: 노력과 직무만족은 업무상황에서 지각된 공정성에 의해 결정된다.

④ 생존-관계-성장이론: ERG이론(Existence Relatedness Growth Theory)이라고도 하며, 인간의 동인(Motive)에

관한 연구를 통해 높은 수준의 욕구나 낮은 수준의 욕구 모두가 어느 시점에서는 동기부여의 역할을 한다는 것을 주장한다.

21
정답 ②

정답해설

사회학습은 상징적 모델링보다는 모델을 직접 관찰함으로써 이루어지는 경우가 많으나, 최근에는 대중매체의 발전으로 언어나 사진, 그림과 같은 상징적 모델을 모방하는 경우도 많다.

22
정답 ④

정답해설

고무망치로 때린 다리가 저절로 움직이거나, 뜨거운 물체나 뾰족한 물체에 닿았을 때 몸을 움츠리는 반응의 중추는 척수이다(척수반사). 척수반사는 척수 자체가 중추가 되어 일어나는 가장 단순한 반사를 말하는데, 무릎 반사, 아킬레스건 반사, 발한 등이 이에 해당한다.

오답해설

①·②·③ 조건반사에 해당한다. 조건반사란 과거의 경험이 조건이 되어 나타나는 후천적인 반사로, 대뇌가 관여한다.

23
정답 ③

정답해설

에릭슨은 인간 발달을 8단계로 구분하였고, 각각 단절된 것이 아니라 연속·축적되고 위기를 겪으면서 진행된다고 파악하였다.

에릭슨(Erikson)의 심리사회적 발달단계

- 유아기: 신뢰감 대 불신감
- 초기아동기: 자율성 대 수치심
- 학령전기: 주도성 대 죄의식
- 학령기: 근면성 대 열등감
- 청소년기: 정체감 대 역할혼미
- 초기청년기: 친밀감 대 고립감
- 성년기: 생산성 대 침체
- 노년기: 자아통합 대 절망

24
정답 ③

오답해설

① 표준편차: 점수집합 내에서 점수들 간의 상이한 정도를 나타내는 것으로, 변수값이 평균값에서 어느 정도 떨어져 있는지를 알 수 있도록 해준다.

② 범위: 수분포에 있어서 최고점수와 최저점수까지의 거리를 말하며, 범위를 R라고 할 때, R=(최고점수)−(최저점수)+1의 공식으로 나타낸다.

④ 사분편차(사분위편차): 자료를 일렬로 늘어놓고 제일 작은 쪽에서 1/4 지점(제1사분위수), 3/4 지점(제3사분위수)에 있는 자료 두 개를 택하여 그 차이를 2로 나눈 값이다. 범위(Range)가 양극단의 점수에 의해 좌우되는 단점을 가지므로 점수분포상에서 양극단의 점수가 아닌 어떤 일정한 위치에 있는 점수 간의 거리를 비교하고자 하는 것이다.

25
정답 ①

정답해설

눈이나 귀 같은 감각수용기관을 통해 정보를 최초로 저장하는 곳은 감각등록기이다.

애킨슨과 쉬프런(Atkinson & Shiffrin) 모형

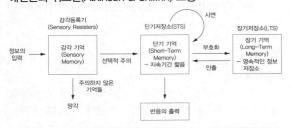

The 알아보기	정보처리의 일반모형
감각 기억	시각이나 청각 등의 감각기관으로 들어온 정보를 순간적으로 저장하는 기억
단기 기억	우리가 현재 의식 중에서 능동적으로 정보를 처리하는 활동 중인 기억으로서, 감각기억에 들어온 환경에 관한 정보 중 일부만이 이 단계로 전환
장기 기억	감각기억과 단기기억의 과정을 거쳐 장기적으로 저장되는 기억

제3회 모의고사

01	02	03	04	05	06	07	08	09	10
③	②	②	③	④	②	③	①	④	③
11	12	13	14	15	16	17	18	19	20
③	①	③	④	②	③	④	②	②	③
21	22	23	24	25					
①	②	③	①	②					

01
정답 ③

정답해설

• 베르트하이머(Wertheimer)는 형태주의에서 인식활동은 개별적 요소로 나눌 수 없는 전체성을 가진 하나의 고차원적인 형태로서 다루어야 한다고 주장한다(전체는 부분의 합이 아니다).

• 왓슨(Watson)은 심리학을 인간과 동물의 행동을 주제로 삼는 자연과학의 일부라고 설명한다(행동주의).

오답해설

• 분트(Wundt)는 심리학을 의식에 대한 개인의 주관적인 관찰과 분석으로 파악하면서 처음으로 실험적 방법을 도입하였다(구성주의).

02
정답 ②

정답해설

가소성(Plasticity): 뇌 신경회로가 외부의 자극, 경험, 학습에 의해 구조적으로 움직이면서 재조직화하는 능력이다.

오답해설

① 국면계열(Phase Sequence): 상호 연관되어 있는 일련의 세포집합체 활동으로, 이것을 자극하면 연관된 관념들이 흐르게 된다.

③ 시냅스(Synapse): 하나의 신경세포와 또 다른 신경세포 간의 연결부위를 말한다.

④ 뉴런생성(Neurogenesis): 뉴런은 신경계에서 시냅스를 통해 자극을 전달하는 신경세포로, 뉴런생성은 뉴런의 생성, 발달, 소멸의 순환을 말한다.

03

정답 ②

정답해설

부호화 특정성: 한 기억항목이 부호화될 때 그것과 함께 부호화됐던 여러 단서들이 회상 시에 복원되면 회상확률이 높아지는 원리를 말한다.

오답해설

① 유사성: 여러 요소들 중 유사한 것끼리 연결하여 지각하는 원리를 말한다.

③ 연속성: 자극 요소들이 분리되어 있을 때, 이를 분리된 상태가 아닌 연속적으로 지각하는 원리를 말한다.

④ 인접성(또는 근접성): 한 요소는 가장 가까운 다른 요소와 관련하여 지각하는 원리를 말한다.

04

정답 ③

정답해설

스키너는 언어획득 역시 조작적 조건형성의 원리에 따른다고 주장하였으나, 이는 다음과 같은 특성을 설명하지 못한다는 비판을 받는다.

> **The 알아보기   스키너 언어획득에 대한 비판점**
> - 부모는 아이들이 문법적으로 발화하도록 하는 데 많은 시간을 들이지 않는다.
> - 아이들은 듣는 것 이상으로 많은 문법적인 문장을 만들어 낸다.
> - 아이들이 범하는 문법적 실수는 먼저 익힌 문법적인 규칙을 과잉 일반화하면서 발생하는데, 시행착오와 강화만으로 언어를 익힌다면 과잉 일반화는 일어나기 어렵다.

05

정답 ④

정답해설

학습 시 어떤 것을 지각하고 처리하는 방법이 그것에 대한 정보가 얼마나 많이 장기기억에 저장될지를 결정한다는 이론으로, 한 자극에 대해 더 많은 의미를 가지고 부호화할수록 그 자극에 대한 처리가 깊어져서 기억될 가능성이 커진다.

> **The 알아보기   처리수준 모형에 관한 지향질문 예**
>
> | 처리 수준 | 질문 | 응답 | |
> |---|---|---|---|
> | | | 예 (Yes) | 아니오 (No) |
> | 구조적 (Structural) | 해당 단어가 대문자로 쓰였는가? (Is the word in capital letters?) | TABLE | table |
> | 음운적 (Phonemic) | 해당 단어가 WEIGHT와 운(韻)이 같은가? (Does the word rhyme with WEIGHT?) | Crate | Market |
> | 어의적 (Semantic) | 해당 단어가 다음 문장에 들어가기 적합한가? "He met a _____ in the street?" ("그는 거리에서 _____을(를) 만났는가?") | Friend | Cloud |

06

정답 ②

정답해설

콜버그(L. Kohlberg)의 도덕성 발달이론

전인습적 수준 (4~10세)	[제1단계] 타율적 도덕성	처벌과 복종을 지향한다.
	[제2단계] 욕구충족의 수단	상대적 쾌락주의에 의한 욕구충족을 지향한다.
인습적 수준 (10~13세)	[제3단계] 대인관계의 조화	개인 상호 간의 조화를 중시하며 착한 아이를 지향한다.
	[제4단계] 법과 질서의 준수	사회질서의 존중을 지향한다.
후인습적 수준 (13세 이상)	[제5단계] 사회 계약 정신	민주적 절차로 수용된 법을 존중하는 한편, 상호합의에 의한 변경 가능성을 인식한다.
	[제6단계] 보편적 도덕 원리	개인의 양심과 보편적인 윤리 원칙에 따라 옳고 그름을 인식한다.

07 정답 ③

정답해설

변연계는 시상하부, 편도, 해마가 주가 되며 그 외에 인접기관들로 구성되어 있다. 시상하부는 감정 변화와 운동기능 변화 등 내분비반응을 나타낸다. 티아민 결핍으로 결핍으로 시상에 장애가 생기면 기억장애가 온다.

08 정답 ①

오답해설

② 향본능 표류: 학습되어야 할 행동이 유기체의 선천적인 행동인 고정 행위패턴과 상충할 때 고정행위 패턴으로 되돌아가려는 경향을 말한다.

③ 각인: 세상에 처음 태어났을 때 시각적, 청각적, 촉각적 경험을 하게 되는 대상에게 모든 주의와 관심이 집중되어 그것을 쫓는 학습의 한 형태이다.

④ 결정적 시기: 동물이 특정한 종류의 행동을 학습할 가능성이 높은 일생의 한 시점을 의미한다.

09 정답 ④

정답해설

연속성과 불연속성의 쟁점은 양적·질적 변화의 문제와 관련된다.

> **The 알아보기　양적·질적 변화**
> • 양적 변화: 아동이 해가 갈수록 신체적으로 더 성장하고, 세상에 대한 지식을 더 많이 획득한다.
> • 질적 변화: 어렸을 때와 기본적으로 다르게 변화하는 것으로, 올챙이에서 개구리의 변형이 그 예이다.

10 정답 ③

정답해설

인지적 접근: 인간은 자극을 피동적으로 지각하는 것이 아니라 능동적으로 받아들인다고 보는 입장으로, 인간의 두뇌가 어떻게 정보를 입력받아 처리하고, 특정 행동유형을 만들어내는가를 연구하는 것이다.

오답해설

① 정신분석적 접근: 인간의 행동에 대한 이해를 위해 주로 과거 유년기 경험과 무의식에 관심을 가지는 입장으로 현대의 정신분석은 과거와 달리 많은 변화가 있었다.

② 행동주의적 접근: 인간 행동을 이해하기 위해 학습의 역사, 상황적 영향, 그 과정에 포함된 보상 등에 관심을 가지며, 개인의 의식 및 자발적 선택에 대해서는 무시한다.

④ 인본주의적 접근: 개인의 경험을 가장 중요한 연구대상으로 하며, 의식과 자기인식을 강조함으로써 현상학적 관점으로도 불린다. 인간이 어떻게 생각하고 행동할 것인지 선택하는 것은 개인의 능력에 달려 있다.

11 정답 ③

정답해설

지각 항상성: 거리와 방향, 조명의 강도 등 근접자극이 변화하더라도 대상의 크기, 모양, 밝기, 색 등이 변하지 않는 일정한 것으로 인식하는 것이다.

오답해설

① 연속의 원리: 완만한 연속성을 가진 요소들을 하나의 형태로 인식한다.

② 3차원 지각: 감각기관에서 주는 2차원적인 원초적 자료들을 조직·통합·인식하여 3차원의 대상으로 지각하는 것으로, 한 눈으로 이용 가능한 단안단서와 두 눈으로 이용 가능한 양안단서가 있다.

④ 착시: 대상의 모양·크기·방향·색 등이 어느 요인에 의해 실제와는 다르게 지각되는 현상이다.

12 정답 ①

정답해설

투사: 사회적으로 인정받을 수 없는 자신의 행동과 생각을 마치 다른 사람의 것인 양 생각하고 남을 탓하는 것을 말한다.

오답해설

② 동일시: 타인이 가진 뛰어난 능력이나 실적을 자신의 것으로 하여 그것과 동일한 경향을 보이는 기제를 말한다.

③ 억압: 죄의식이나 괴로운 경험, 수치스러운 생각을 의식에서 무의식으로 밀어내는 것으로서 선택적인 망각을 의미한다.

④ 반동 형성: 자신이 갖고 있는 무의식적 소망이나 충동을 본래의 의도와 달리 반대되는 방향으로 바꾸는 것이다.

13
정답 ③

정답해설
에릭슨의 인간발달단계와 프로이트의 발달단계

시기	심리사회적 위기	프로이트 발달단계
유아기 (출생~18개월)	신뢰감 대 불신감	구강기
초기아동기 (18개월~3세)	자율성 대 수치심	항문기
학령전기(3~5세)	주도성 대 죄의식	남근기
학령기(5~12세)	근면성 대 열등감	잠복기
청소년기 (12~20세)	자아정체감 대 정체감 혼란	생식기
성인초기 (20~24세)	친밀감 대 고립감	
성인기(24~65세)	생산성 대 침체	
노년기(65세 이후)	자아통합 대 절망	

14
정답 ④

정답해설
기본귀인오류: 다른 사람의 행동을 해석할 때 그 사람의 상황을 고려하지 않고 내적 · 기질적 요인이 끼치는 영향을 과대평가하는 것을 말한다.

오답해설
① 잘못된 일치 효과: 다른 사람들도 자신과 똑같이 생각할 것이라고 믿는 경향을 말한다.
② 자기중심편향: 함께한 일의 결과에 다른 사람들보다 자신이 더 많이 기여했다고 생각하는 것을 말한다.
③ 자기접대편향: 성공은 자신의 내적 특성 덕분이라고 생각하고 실패는 외적 상황 때문이라고 생각하는 것을 말한다.

15
정답 ②

정답해설
레빈슨(D. Levinson)의 인생 사계절 이론
• 인생주기를 네 개의 계절(혹은 시대)로 구분한다.
• 인생(삶) 구조의 진화 과정을 단계별로 제시한다.
• 인생의 어느 한 시기에 개인의 생활양식이나 설계로, 삶의 기본 뼈대를 말한다.

• 성인 초기나 중기는 직업 · 결혼관계가 삶의 핵심부, 노년기는 우정 · 여가 종료 등이 삶의 중심 구조이다.

오답해설
① 성인의 인생을 크게 네 개의 시기로 나누고, 각 시기 사이에 세 번의 시기 간 전환기를 설정하였다.
③ 꿈이나 도전과 같은 인생구조적 요인은 남녀 동일하지 않다. 남성의 '꿈'이 직업적 성취에 맞추어져 있다면, 여성의 '꿈'은 직업목표와 결혼목표로 분할되었다.
④ 5년 정도 지속되는 전환기에는 생애구조를 수정 · 변화시켜 다음 단계를 준비한다.

16
정답 ②

정답해설
경계선(경계성) 성격장애는 극단적인 심리적 불안정성, 즉 대인관계나 자아상(Self-Image), 정동에 있어서 불안정성을 보인다. 정신역동이론은 DSM-5 분류상 우울장애의 배경에 더 가깝다.

17
정답 ④

정답해설
효과(Effect) 단계에 대한 설명이다.
합리적–정서적행동상담의 ABCDE 절차

선행사건 (Activating Event)	개인에게 정서적 혼란을 야기하는 어떤 사건이나 행위를 의미한다.
신념체계 (Belief System)	어떤 사건이나 행위 등과 같은 환경적 자극에 대해서 개인이 갖게 되는 태도 또는 사고방식을 가리킨다. 신념체계에는 합리적 신념(RB; Rational Beliefs)과 비합리적 신념(IB; Irrational Beliefs)이 있다.
결과 (Consequence)	선행사건에 접했을 때 비합리적인 태도 내지 사고방식을 가지고 그 사건을 해석함으로써 느끼게 되는 정서적 결과를 말한다.
논박 (Dispute)	자신이 가지고 있는 비합리적인 신념이나 사고에 대해서 도전해 보고, 과연 그 사상이 맞는 것인지를 다시 한번 검토해 보도록 상담자가 촉구하는 것을 말한다.
효과 (Effect)	내담자가 가진 비합리적인 신념을 철저하게 논박함으로써, 합리적인 신념으로 대치한 다음에 느끼게 되는 자기 수용적인 태도와 긍정적인 감정의 결과를 지칭한다.

18 정답 ②

정답해설

㉠ 분석적 지능: 한 가지 답이 정해져 있는 구조화된 문제를 해결하는 데 활용되는 지능. 아이큐, 논리수학, 언어지능 등

㉤ 창의적 지능: 답이 정해져 있지 않은 비구조화된 문제를 해결하는 데 활용되는 지능. 다양한 시각, 풍부한 상상력, 직관력 등

㉥ 실용적 지능: 분석적·창의적 지능을 잘 사용해서 실용적으로 문제를 해결하기 위해 사용하는 지능

19 정답 ②

정답해설

혐오스러운 느낌이나 불안한 자극에 대한 위계목록을 작성하고 낮은 수준의 자극에서 높은 수준의 자극으로 상상을 유도함으로써 혐오나 불안에서 서서히 벗어나도록 하는 것은 '체계적 둔감화'이다.

오답해설

① 자동적 사고의 탐색: 자동적 사고란, 한 개인이 어떤 상황에 대해 내리는 즉각적이고 자발적인 평가이다. 이는 그 상황에서 각 개인이 보여 주는 정서적·행동적 반응을 자극하고 반응의 종류를 결정하는 데 중요한 역할을 한다.

20 정답 ③

정답해설

셀리에는 반응접근 방식 스트레스 연구의 대표 연구자로, 실험동물들이 추위나 더위 등의 물리적 자극 혹은 공포나 위협 등의 심리적 자극 등 어떠한 종류의 스트레스를 가해도 모두 동일한 반응을 보인다는 점에 착안하여, 그와 같은 반응양상을 '일반적응증후군(GAS; General Adaptation Syndrome)'이라 불렀다. 일반적응증후군에는 경고단계(경고반응단계), 저항단계(저항반응단계), 소진단계(탈진단계)가 있다.

21 정답 ①

정답해설

파괴적 기분조절 부전장애: 주로 아동기나 청소년기에 나타나며 반복적으로 심한 파괴적 분노를 폭발하는 경우를 말한다.

오답해설

② 품행장애: 공격성과 타인의 권리를 침해하는 것으로 규칙을 지키지 않는 것을 특징으로 한다.

③ 간헐적 폭발장애: 공격적 충동이 조절되지 않아 심각한 파괴적 행동으로 나타나게 되는 경우를 말한다.

④ 경계성 성격장애: 극단적인 심리적 불안정성, 즉 대인관계나 자아상(Self-Image), 정동에 있어서 불안정성을 보인다.

22 정답 ②

정답해설

두 쌍의 염색체 중 22개는 상염색체이고 23번째 쌍이 성염색체이다.

> **The 알아보기 유전의 기본 원리**
>
> • 유전정보: 신경계를 위시한 생물학적 구조의 발달, 유지 및 조절에 필요한 정보를 말함
>   - 위치: 각 세포 > 세포핵 > 염색체(Chromosome) > DNA(Deoxyribonucleic Acid)
>   - DNA의 짧은 토막들이 별개의 유전자 역할을 담당. 즉 염색체는 수백만 개의 유전자에 해당하는 DNA를 함유하고 있는 것
> • 인간의 염색체: 모두 23쌍의 각 쌍은 수정 시에 난자와 정자를 통해 하나씩 받는 것으로 염색체가 쌍을 이루는 것처럼 유전자도 쌍으로 존재
>   - 동형접합(Homozygous): 부모로부터 받은 유전자가 서로 같은 정보를 가진 것일 경우
>   - 이형접합(Heterozygous): 부모로부터 받은 유전자가 서로 다른 정보를 가진 것일 경우

23 정답 ③

정답해설

창조적 투사하기: 자신의 투사를 자각하여 투사물이 자기 자신이 만들어 낸 것임을 알아차리는 경우를 말한다.

① 거울기법: 주인공이 지켜보고 있는 가운데 보조자가 주인공의 역할을 대신함으로써, 주인공이 관중의 입장에서 자신의 행동을 이해하고 평가하도록 하는 기법이다.
② 직면시키기: 집단원의 말이나 행동이 일치하지 않거나 모순점이 있을 때, 그것을 지적해 주는 기술이다.
④ 수프에 침 뱉기: 집단원의 자기패배적 행동 뒤에 감춰진 의도나 목적을 드러내 밝힘으로써, 내담자가 그 행동을 하는 것을 주저하게 하는 기법이다.

24
정답 ①

정답해설

요인분석법은 변수들 다수 간의 관계(상관관계)를 분석하여 공통차원들을 통해 추출·축약하는 통계기법이다. 즉 서로 연관성이 높은 변수들을 모아서 하나의 변수로 새롭게 만들어내는 과정이다.

> **The 알아보기   카텔(Cattell)**
> • 특성 차원을 찾아내는 방법으로 요인분석의 통계학적 분석 방법을 사용하였다.
> • 겉으로 보이는 구체적인 행동 중 일관성·규칙성을 보이는 표면특성(Surface Trait)과 그러한 행동의 기저에 있는 더 안정적인 특성인 원천특성(Source Trait)으로 구분하였다.
> • 성격특성과 연관된 4,500개의 개념들에서 최소한의 공통요인을 추출하여 16개의 요인을 발견하였으며, 이를 토대로 성격이론을 입증하기 위해 16성격 요인검사(16PF; 16 Personality Factor Questionnaire)를 고안하였다.

25
정답 ②

정답해설

쾰러는 침팬지를 대상으로 학습이 자극-반응의 조건형성이나 시행착오의 반복에 의해서가 아닌, 전체적 구조에 대한 사태 파악, 즉 통찰(Insight)에 의해 이루어진다는 '통찰설(Insight Theory)'을 제시하였다. 학습은 상황(Field, 또는 장)을 구성하는 다양한 요소들(또는 수단과 목적)간의 관계 파악능력이고 갑작스럽게 일어나는 비약적 사고과정이며, 경험적 사실을 재구성하는 인지구조의 전환과정이다.

> **The 알아보기   쾰러(Köhler)의 통찰 실험**
> • 침팬지는 철망 너머에 있는 바나나를 얻기 위해 손을 뻗었으나 실패하였고, 다음으로 막대기를 이용하여 바나나가 있는 곳으로 내밀었으나 막대기가 짧아 성공하지 못했다. 그러자 두 개의 막대기를 서로 조립하여 바나나를 철망 쪽으로 끌어온 후 마침내 손에 넣을 수 있었다.
> • 침팬지는 앞선 두 번의 통찰이 성공에 이르지 못하자 또 다시 통찰력을 발휘하여 문제 해결 방법을 모색한 후 마침내 성공을 거두게 된 것이다. 즉, 바나나와 상자, 막대기가 서로 관련이 없는 것들이지만 침팬지는 목적과 수단의 전체적 구조 속에서 상황을 재구성 할 수 있었던 것이다.
> • 이와 같이 문제 해결에 대한 재구조화의 관점은 문제 상황에 관한 표상 구조가 어떤 요인 때문에 재구성되는지가 주요 분석 대상이다.

01	02	03	04	05	06	07	08	09	10
②	④	①	④	④	①	①	①	①	④
11	12	13	14	15	16	17	18	19	20
②	③	①	④	③	④	②	①	②	③
21	22	23	24	25					
②	④	③	③	①					

01
정답 ②

정답해설

환경적 요소의 절대적 영향력을 강조한 학자는 왓슨이다. 왓슨은 자극-반응 실험을 통해 환경에 의한 행동과 반응을 연구하였다. 반면, 스키너는 행동유발을 위해 보상을 통한 조작적 조건형성에 관심을 가졌으며, 손다이크의 영향을 받았다.

02
정답 ④

정답해설

결의 밀도는 결의 간격이 넓을수록 가까운 것으로, 간격이 조밀할수록 멀리 있는 것으로 인식한다.

> **The 알아보기 3차원 지각**
> • 단안단서: 한 눈으로 봤을 때 나타나는 깊이지각의 여러 측면 예 중첩, 선형조망, 결의 밀도
> • 양안시차(=양안단서): 물체를 볼 때 두 눈이 서로 떨어진 거리만큼 다른 시야를 갖는 현상 예 시선수렴, 폭주각

03
정답 ①

오답해설

② 행동주의: 자극(S)-반응(R)으로 관찰할 수 있는 행동이 연구 대상이며 연구 목적은 행동의 예측과 제어에 있다고 주장하였다.

③ 인본주의: 인간을 실존적 경험과 주관적 감정을 통해 세상을 지각하는 능동적인 존재로 규정하여 접근하였다.

④ 형태주의: 의식의 내용을 요소의 조합이 아닌 전체로서 인식한다는 것이 기본 개념이며, 인식활동은 개별적 요소로 나눌 수 없는 전체성을 가진 하나의 고차원적인 형태로서 다루어져야 한다고 주장하였다.

04
정답 ④

정답해설

작업기억: 의식 중에서 능동적으로 정보를 처리하는 활동 중인 기억으로, 감각기억에 들어온 환경에 관한 정보 중 일부만이 이 단계로 전환

오답해설

① 감각기억: 시각이나 청각 등의 감각기관으로 들어온 정보를 순간적으로 저장하는 기억

② 장기기억: 감각기억과 단기기억의 과정을 거쳐 장기적으로 저장되는 기억

③ 암묵기억: 의식하거나 지각하지는 못했지만 이후의 행동이나 학습 등에 영향을 주는 기억

05
정답 ④

정답해설

카텔(R. B. Cattell)은 지능을 생리학적으로 정해지는 유동적 지능과 환경적 경험에 의해 발달하는 결정적 지능으로 구분하였으며, 결정적 지능은 교육이나 훈련의 결과로 형성된다고 주장했다.

오답해설

① 길포드(J. P. Guilford): 지능이 '내용 · 산출 · 조작'의 3가지 차원으로 구성된다고 가정하였다.

② 스턴버그(R. J. Sternberg): 지능이 맥락적 · 분석적 · 경험적 요소로 구성된다는 삼위일체이론을 주장하였다.

③ 가드너(H. Gardner): 지능이 사회문화적 맥락의 영향을 받아 서로 독립적이며 다양한 능력으로 구성되어 있다고 보았다.

06

정답해설

조작적 조건형성은 '강화'로, 일반화와 변별이 가능하다.

- 자극 일반화: 조건자극과 유사한 다른 자극에 동일한 조건 반응이 나타나는 것
- 자극 변별: 자극을 구분하여 반응하는 것으로 자극 일반화는 자극 변별에 실패한 상태

고전적 조건형성과 조작적 조건형성 이론

고전적 조건형성	• 파블로프(Pavlov)에 의해 처음 연구된 것으로, 개에게 종소리를 들려 준 후 먹이를 주자 이후 종소리만 들려 주어도 개가 침을 흘리는 실험 과정에서 비롯되었다. • 어떠한 조건자극이 조건반응을 유도하는 힘을 가지게 된 후 다른 제2의 자극과 연결되는 경우, 제2의 자극에 대한 무조건자극으로써 새로운 조건반응을 야기할 수 있는데, 이를 2차적 조건형성이라고 한다. • 조건자극에 대한 조건반응으로써 유사한 다른 자극에도 반응을 일으키는 자극 일반화, 조건화가 완전해짐으로써 다른 유사한 자극에 대해 반응을 일으키지 않는 자극 변별도 가능하다. • 학습은 체계적·과학적 방법에 의해 외부로부터 유도될 수 있으며, 그 결과는 예측 가능하다.
조작적 조건형성	• 스키너(Skinner)가 고전적 조건형성을 확장한 것으로, 자신이 고안한 '스키너 상자(Skinner Box)'의 쥐 실험을 통해 구체화했다. • 인간이 환경의 자극에 능동적으로 반응하여 나타내는 행동인 조작적 행동을 설명한다. • 인간의 자극에 대한 수동적·반응적 행동에 몰두하는 파블로프의 고전적 조건형성과 달리 행동이 발생한 이후의 결과에 관심을 가진다. • 어떤 행동의 결과에 대해 보상이 이루어지는 경우 그 행동이 재현되기 쉬우며, 반대의 경우 행동의 재현이 어렵다는 점을 강조한다.

07

정답해설

신체 반응이 나타난 후 정서적 경험이 나중에 나타난다는 이론을 설명하는 근거이다.

오답해설

② 신체반응이 원인이 되어 정서체험이 일어난다.

④ 자율신경계의 변화가 대뇌에 정보로서 전달되어야만 경험할 수 있다.

The 알아보기 제임스-랑게(James-Lange)이론

- 환경에 대한 신체반응이 정서체험의 원인이 된다는 주장이다. 같은 주장을 한 제임스와 랑게의 이름을 합쳐 '제임스-랑게(James-Lange이론)'이라고 한다.
- 심장박동이나 혈압과 같은 자율신경계의 변화가 대뇌에 정보로서 전달되어 정서경험이 일어난다는 것이다. 신경생리학적 변화가 정서를 촉발한다는 의미에서 말초기원설이라고도 한다.
- 외부자극 → 생리적 변화 → 정서체험, 즉 '슬퍼서 우는 것이 아니라 우니까 슬픈 것이다.'로 대표된다.

08

오답해설

② 회피-회피 갈등: 양자의 선택이 모두 바람직하지 않지만 어느 한쪽을 피하기 위해 다른 한쪽을 선택하지 않을 수 없는 상황 예 어머니에게 야단맞고 싶지는 않으나, 방 정리는 하기 싫은 상황

③ 접근-회피 갈등: 동일한 대상이 긍정적인 요소와 부정적인 요소를 함께 가지는 경우 또는 긍정적인 대상에 도달하기 위해 부정적인 것을 거쳐야 하는 상황 예 주사를 맞지 않으면 감기가 낫지 않는 것

④ 다중접근-회피 갈등: 접근-회피 갈등이 확장된 것으로, 두 선택 대상에 각각 서로 다른 장점과 단점이 있는 경우 하나의 대상을 선택해야 하는 상황 예 비싼 새 집을 살지 값싼 중고 집을 살지 고민하는 경우

The 알아보기 갈등의 세 가지 유형

- 접근-접근형: 둘 다 매력적인 선택
- 회피-회피형: 둘 다 바람직하지 않은 선택
- 접근-회피형: 매력적이거나 바람직하지 않은 요소를 동시에 가짐

09

정답해설

학습된 무기력은 오랫동안 회피가 불가능한 혐오 자극에 반복적으로 노출되면 그러한 자극으로부터 벗어나려는 자발적인 노력을 하지 않게 된다는 이론으로, 1967년 미국의 심리학자 셀리그만(Seligman)이 제창한 심리학 이론이다.

10 정답 ④

정답해설

웩슬러형 지능검사는 평균 100, 표준편차 15를 적용하여 산출한다.

The 알아보기 웩슬러 지능검사의 종류

대상	구분	연령
성인	WAIS(Wecsler Adult Intelligence Scale)-Ⅲ	16~89세
아동	WISC(Wecsler Intelligence Scale for Children)-Ⅲ	6~16세
유아	WPPSI(Wechsler Preschool & Primary Scale of Intelligence)-R	3~7.5세

11 정답 ②

정답해설

동조는 타인이나 집단의 기준, 가치관, 기대에 순응하여 행동하는 것을 가리킨다. 동조 현상은 사회심리학의 용어로 다수의 의견이 어느 한 방향으로만 쏠리는 현상을 뜻한다. 자신 이외에 같은 의견을 가진 사람이 없는 사람이 동조행동을 하기 쉬운 사람에 해당된다.

12 정답 ③

정답해설

융(Jung)의 분석심리이론

- 전체적인 성격을 정신(Psyche)으로 보았으며, 성격의 발달을 자기실현의 과정으로 보았다.
- 정신을 크게 의식(Consciousness)과 무의식(Unconscious)의 두 측면으로 구분하며, 무의식을 다시 개인무의식(Personal Unconscious)과 집단무의식(Collective Unconscious)으로 구분한다.
- 인간은 의식과 무의식의 대립을 극복하여 하나의 통일된 전체적 존재가 된다.
- 개인은 독립된 존재가 아닌 역사를 통해 연결된 존재이며, 사회적 규범이나 문화적 요구에 적응하는 동시에 자기실현의 과정을 수행함으로써 사회의 발전에 기여한다.
- 인간은 본질적으로 양성을 가지고 태어난다는 양성론적 입장을 취한다.
- 인간은 인생의 전반기에 자기의 방향이 외부로 지향되어 분화된 자아를 통해 현실 속에서 자기를 찾으려고 노력하며, 중년기를 전환점으로 자아가 자기에 통합되면서 성격 발달이 이루어진다.

오답해설

① · ② 정신분석이론에 대한 설명이다.
④ 심리사회이론에 대한 설명이다.

13 정답 ①

오답해설

② 인지치료법: 내담자가 지닌 정서적 불편함 혹은 행동문제들과 관련한 역기능적 사고를 탐색하고 상담자가 내담자와 협력해서 역기능적인 사고를 수정하여, 정서적 불편감 또는 행동문제들을 해결해 나가는 치료법으로 합리적 정서 행동치료도 이에 해당한다.

③ 게슈탈트 치료법: 내담자 스스로의 알아차림(자각)을 최우선적으로 다루며 상담자와 내담자의 관계에서 일어나는 '지금-여기'의 경험을 중심으로 내담자의 변화를 이끌어내는 치료 접근이다.

④ 정신분석 치료법: 내담자의 무의식을 의식화하고, 원초아와 초자아, 그리고 바깥 현실의 요구를 효과적으로 중재하도록 자아의 기능을 강화하는 것이다. 상담자는 내담자가 인지적 통찰이 아닌 정서적 통찰을 하도록 도와 깊은 수준에서의 변화가 일어나도록 돕는다.

14

정답해설

미국의 유명한 아동발달 전문가인 다이애나 바움린드(Diana Baumrind)는 부모의 자녀 양육 방식을 '통제'와 '애정'을 기준으로 '허용적 양육 태도', '민주적 양육 태도', '독재적 양육 태도', '무관심한 양육 태도'로 나누었다.

권위 있는 부모는 아이에게 애정이 필요할 때는 충분히 사랑을 주지만, 잘못된 행동에 대해서는 엄격하게 바로잡는다. 또 아이에게 강요하지 않고, 요구사항을 전달할 때도, 실천 이유 등을 설명하여 아이가 납득하게 한다.

15

정답 ②

정답해설

전위는 자신의 무의식적 본능의 표출을 위협이 되는 대상이 아닌 위협이 덜 되는 대상으로 바꾸어서 표출하는 대처 방식이다. 자신의 감정을 대상에게 직접적으로 표현하지 못하고 전혀 다른 대상에게 자신의 감정을 발산한다. 밖에서 화난 일을 집에 와서 푸는 경우, 일이 안 되면 가까운 사람에게 신경질을 부리는 경우 등이 해당된다.

16

정답 ④

정답해설

집단사고는 집단의 합의과정에서 불합리하거나 위험한 의사결정이 이루어지는 것을 말한다.

> **The 알아보기 집단사고의 원인**
> - 집단구성원들의 강한 응집성
> - 집단의 외부로부터의 단절
> - 집단 내 대안들을 심사숙고하는 절차의 미비(성급한 만장일치의 촉구)
> - 리더의 지시적 성향, 판단에 대한 과도한 확신
> - 더 나은 방안을 발견할 가능성이 결여된 데 따른 과도한 스트레스 등

17

정답 ②

정답해설

마샤(Marcia)의 청소년기의 자아정체감 범주

구분	특징
정체감 성취 (Identity Achievement)	• 자아정체감의 위기를 성공적으로 극복하여 신념, 직업, 정치적 견해 등에 대해 스스로 의사결정을 할 수 있는 상태를 말한다. • 어떤 한 가지 직업이나 사상에 대해 비교적 강한 개인적인 과업을 달성함으로써 자신의 정체성 위기를 해결한다.
정체감 유예 (Identity Moratorium)	• 현재 정체감 위기의 상태에 있으면서 자아정체감 형성을 위해 다양한 역할, 신념, 행동 등을 실험하고 있으나 의사결정을 내리지 못한 상태를 말한다. • 어떤 확고한 과업을 달성한 상태는 아니지만, 안정된 정체성을 찾는 과정에서 여러 가지 가치, 흥미, 사상 및 경험을 적극적으로 탐구하는 경우를 말한다.
정체감 유실 (Identity Foreclosure)	• 자신의 신념, 직업선택 등의 중요한 의사결정에 앞서 수많은 대안에 대하여 생각해 보지 못하고, 부모나 다른 사람의 역할모델의 가치나 기대 등을 그대로 수용하여 그들과 비슷한 선택을 하는 경우를 말한다. • 어떻게 문제들을 가장 잘 조화시킬 것인가에 대해 결정하는 정체성 위기를 경험하지 않고, 부모들의 목표, 가치, 생활방식을 그대로 택하여 실행하는 것이다.
정체감 혼란 (Identity Diffusion)	• 자아에 대해 안정되고 통합적인 견해를 갖는 데 실패한 상태로, 위기를 경험하지 않았고, 직업이나 이념 선택에 대한 의사결정을 하지 않을 뿐만 아니라 이러한 문제에 관심도 없는 경우를 말한다. • 삶의 목표와 가치를 탐색하려는 시도를 보이지 않거나, 그것에 대해 생각해 보았으나 어떤 확고한 미래지향적인 행동을 하지 못하고 있는 경우를 말한다.

18

오답해설

② 단어우월성효과: 하나의 낱자가 단독으로 제시되었을 때 보다 단어 속에서 제시되었을 때 해당 낱자를 더 잘 재인하는 효과이다.

③ 대표성발견법: 어떤 사건이나 대상이 일어나거나 속할 확률을 추정할 때 실제 확률이 아닌 그 사건이나 대상이 얼마나 대표적인지를 기반으로 확률을 추정하는 것이다.

④ 가용성발견법: 어떤 사례들이 얼마나 쉽게 많이 머릿속에 떠오르는지에 의해 확률을 추정하는 것이다.

19
정답 ②

정답해설

매슬로우의 인간 욕구위계 5단계

- [제1단계] 생리적 욕구
  - 의 · 식 · 주, 종족 보존 등 최하위 단계의 욕구
  - 인간의 본능적 욕구이자 필수적 욕구
- [제2단계] 안전 또는 안정에 대한 욕구
  - 신체적 · 정신적 위험에 의한 불안과 공포에서 벗어나고자 하는 욕구
  - 추위 · 질병 · 위험 등으로부터 자신의 건강과 안전을 지키고자 하는 욕구
- [제3단계] 애정과 소속에 대한 욕구
  - 가정을 이루거나 친구를 사귀는 등 어떤 조직이나 단체에 소속되어 애정을 주고받고자 하는 욕구
  - 사회적 욕구로서 사회구성원으로서의 역할수행에 전제조건이 되는 욕구
- [제4단계] 자기존중 또는 존경의 욕구
  - 소속단체의 구성원으로서 명예나 권력을 누리려는 욕구
  - 타인으로부터 자신의 행동이나 인격이 승인을 얻음으로써 자신감, 명성, 힘, 주위에 대한 통제력 및 영향력을 느끼고자 하는 욕구
- [제5단계] 자아실현의 욕구
  - 자신의 재능과 잠재력을 충분히 발휘하여 자기가 이룰 수 있는 모든 것을 성취하려는 최고 수준의 욕구
  - 사회적 · 경제적 지위와 상관없이 자신이 소망한 분야에서 최대의 만족감과 행복감을 느끼고자 하는 욕구

20
정답 ③

정답해설

관찰학습은 직접 경험을 하는 대신에 다른 개체들의 반응을 보고 모방함으로써 학습하는 것이며; 이러한 모방을 비롯하여 주의집중과정, 파지과정, 운동재생과정, 동기화과정을 포함하는 것이다. 따라서 모방은 관찰학습의 충분조건이라 할 수 있다.

21
정답 ②

정답해설

문장완성검사(SCT)는 투사적 검사이다.

객관적 검사	다면적 인성검사(MMPI), 성격유형검사(MBTI), 성격 평가질문지(PAI), 기질 및 성격검사(TCI), 16성격 요인검사(16PF), NEO 인성검사(NEOPI–R), 일반 직업 적성검사(GATB), 웩슬러 지능검사
투사적 검사	로르샤흐검사, 주제통각검사(TAT), 집–나무–사람 그림검사(HTP), 문장완성검사(SCT), 벤더게슈탈트검사(BGT)

22
정답 ④

정답해설

사적 언어는 문제해결과 행동을 조절하는 것을 도와 아동의 인지발달에 중요한 역할을 하게 된다.

오답해설

① 비고츠키는 개인을 둘러싼 총체적인 사회 문화적 환경이 그 개인이 무엇을 아는가를 결정할 뿐만 아니라 어떻게 사고하는가에 많은 영향을 준다고 하였다.

② 비고츠키는 학습이란 아동들이 그들의 근접발달영역(ZPD; Zone of Proximal Development) 내에서 작용할 때 일어난다고 하였다.

③ 비고츠키는 근접발달 1단계에서는 독립적으로 과제를 수행할 수 없어 순종이나 모방 등이 나타난다고 하였다.

23
정답 ③

정답해설

강화계획 중 가장 높은 반응률을 보이면서 습득된 행동이 높은 비율로 오래 유지되는 것은 변동비율계획이다.

The 알아보기	강화계획(간헐적 강화)에 따른 조작적 조건형성의 종류
고정간격계획 (Fixed-Interval Schedule)	• 요구되는 행동의 발생빈도에 상관없이 일정한 시간 간격에 따라 강화를 부여한다. • 지속성이 거의 없으며 강화 시간이 다가오면서 반응률이 증가하는 반면 강화 직후 급격히 떨어진다. 예 주급, 월급, 일당, 정기적 시험 등
변동간격계획 (Variable- Interval Schedule)	• 일정한 시간 간격을 두지 않은 채 평균적으로 확인할 수 있는 시간 간격이 지난 후에 강화를 부여한다. • 느리고 완만한 반응률을 보이며 강화 후에도 거의 쉬지 않는다. 예 1시간에 3차례 강화를 부여할 경우, 25분/45분/60분으로 나누어 강화를 부여
고정비율계획 (Fixed-Ratio Schedule)	• 행동 중심적 강화방법으로, 일정한 횟수의 바람직한 반응이 나타난 다음에 강화를 부여한다. • 빠른 반응률을 보이지만 지속성이 약하다. 예 의류 제작 공장에서 옷 100벌을 만들 때마다 1인당 100만 원의 성과급을 지급
변동비율계획 (Variable-Ratio Schedule)	• 반응행동에 변동적인 비율을 적용하여 불규칙한 횟수의 바람직한 행동이 나타난 후 강화를 부여한다. • 반응률이 높게 유지되며 지속성 또한 높다. 예 카지노의 슬롯머신, 복권 등

24
정답 ③

정답해설

절대역은 감지 가능한 미세한 자극, 즉 어떤 자극을 알아차리는데 필요한 최소한의 자극 강도를 말한다.

> **The 알아보기** 정신물리학
> • 절대역: 외부로부터의 물리·화학적 자극을 느낄 수 있으려면 일정량 이상의 자극이 필요한데, 이는 감각을 일으키는 최소한의 자극강도를 말한다.
> • 차이역: 강도가 서로 다른 두 자극의 차이를 느낄 수 있는 최소한의 자극강도이다. 식별최소차(JND; Just Noticeable Difference)라고도 하며, 기준이 되는 감각자극으로부터 차이를 식별할 수 있는 최소한의 차이를 말한다.
> • 역하자극: 역(閾, Threshold)이란 경계라는 의미로써, 자극을 감지하는 것과 감지하지 못하는 것을 나눈다. 역하자극은 경계에 자극을 감지할 수 있는 최소치인 절대역에 미치지 못하는 자극을 의미한다. 이러한 역하자극이 무의식에 작용하여 사람들이 인지하지 못한 상태에서 특정 행동을 유발하게 할 수 있다는 연구결과도 존재한다.

25
정답 ①

정답해설

㉠은 운동피질, ㉡은 감각피질이다. 운동피질은 대뇌 반구에서 중심구 앞쪽에 있는 신피질 영역으로 수의적 근육 운동을 통제하고, 감각피질은 신체 이동이나 공간 내의 위치 등을 뜻하는 자기수용성감각(Proprioceptive Sensations)과 압력, 진동, 터치와 같은 피부감각(Cutaneous Sensations)을 담당한다.

> **The 알아보기** 대뇌피질
> 대뇌피질을 기능적으로 나누면 주로 감각을 인지하는 감각영역(Sensory Area)과 운동영역(Motor Area), 이 두 영역을 연결해 주는 연합영역(Association Area)의 세 부분으로 나눌 수 있으며 각각의 영역은 세부적으로 위치에 따라 다른 기능을 한다. 대뇌피질의 각 부분이 서로 다른 기능을 한다는 것은 브로카(Pierre Paul Broca)에 의해서 최초로 관찰되었으며, 현재는 1909년에 브로드만(Korbinian Brodmann)이 47개의 영역으로 분류한 방법이 가장 널리 쓰이고 있다.

01	02	03	04	05	06	07	08	09	10
②	①	③	①	③	②	③	③	④	④
11	12	13	14	15	16	17	18	19	20
②	③	②	②	④	②	③	①	③	③
21	22	23	24	25					
①	①	②	④	③					

01 정답 ②

정답해설

체계적 둔감법은 행동주의 상담기법으로 불안을 단계적으로 노출시켜 내담자의 불안을 제거·경감하는 수정기법이다.

> **The 알아보기 정신분석 상담기법**
> • 자유연상: 특정 대상에 대해 마음속에 떠오르는 생각, 감정, 기억을 수정 없이 이야기하도록 하는 것으로, 증상과 관련된 과거 경험이나 기억이 드러나. 내담자의 증상이 무의식적으로 어떤 의미를 지니는지 이해하는 과정
> • 꿈의 분석: 수면시간 동안에는 무의식에 대한 자아의 방어가 약해지므로 억압된 욕구와 본능적 충동이 의식의 표면으로 쉽게 떠오름
> • 전이의 분석: 내담자가 상담자와의 관계에서 무의식 속 생각이나 감정을 드러내는데, 이러한 태도나 행동을 주의 깊게 관찰하여 그것이 가진 의미를 이해하고 해석하는 과정
> • 저항의 해석: 내담자가 보이는 저항의 의미를 이해하고, 내담자에게 적절하게 해석하는 과정
> • 훈습: 전이에 대한 통찰을 토대로 내담자로 하여금 자신의 행동과 태도를 변경하도록 유도하는 과정

02 정답 ①

정답해설

동화(Assimilation)

• 새로운 지각물이나 자극이 되는 사건을 자신이 이미 가지고 있는 도식이나 행동양식에 맞춰 가는 인지적 과정이다.

• 기존 도식을 새로운 경험에 맞추어 보는 경향으로서, 인지 구조의 양적 변화를 가져온다. 예를 들어, 유아가 날아다니는 물체는 새라는 도식을 가지고 있는 경우, 다른 날아다니는 물체도 새라고 부른다.

03 정답 ③

정답해설

• 단안단서: 한 눈만으로 지각할 수 있는 깊이 지각 단서로, 중첩·상대적 크기·직선조망·대기조망·수평선에서의 높이등이 있다.

• 양안단서: 두 눈의 개입을 요하는 깊이 단서로, 양안부등·수렴 등이 있다. 사람의 두 눈은 떨어져 있으므로 두 망막에 비친 망막 상에는 약간의 차이가 있다. 이로 인해 깊이 지각(입체시)이 가능하여 3차원 세계의 깊이와 거리감을 가진다.

04 정답 ①

정답해설

합리정서행동 상담은 엘리스에 의해 고안된 기법으로 인간은 스스로 사고와 정서, 행동을 변화시킬 능력이 있는 성장지향적 존재로 보면서, 사고, 행동, 감정이 모두 밀접하게 상호작용하는 것으로 본다.

오답해설

② 정신분석 상담: 무의식적 자료에 접근하기 위해 환자들의 관념이나 느낌, 환상 등을 우선 거리낌 없이 자유롭게 표현하도록 하는 방법을 사용한다.

③ 행동주의 상담: 비정상적·부적응적인 행동이 학습에 의해 획득·유지된다고 보며, 이를 수정하기 위해 학습의 원리를 적용하는 상담방법이다.

④ 내담자중심 상담: 내담자의 현상학적 세계를 중심으로 내담자의 자아실현을 도와주는 상담방법이다.

> **The 알아보기 엘리스(A. Ellis)의 인간관**
> 인간은 합리적일 수도 있고 비합리적일 수도 있다. 따라서 성장과 자기실현을 할 수 있는 경향이 있음과 동시에 실수의 반복, 비논리적 학습 등의 생물학적 경향에서 완전히 벗어날 수 없는 것도 가정하고 있다. 그리하여 인간의 감정과 문제는 개인의 비합리적인 사고의 산물이라는 것이다.

05

정답해설

손다이크 – 학습의 법칙

효과의 법칙	• 학습과정에 의한 결과는 만족과 불만족으로 나타나는데 이때 만족스러운 결과에 이르러야 강화가 이루어진다. • 만족의 법칙: 어떤 일에 대한 만족스러운 결과는 지속적인 의욕을 불러일으키고, 자극과 반응의 결합 강화를 통해 학습의 진보가 이루어진다. • 불만족의 법칙: 어떤 일에 대한 불만족스러운 결과가 지속되게 되면 자극과 반응의 결합이 약화되어 의욕이 상실되고 포기하게 된다.
연습의 법칙	• 학습은 지속적인 연습을 통해 행동의 변화로 이어지며, 목표를 향한 행동의 반복적인 시행이 목표달성을 유리하게 한다. • 사용의 법칙: 자극과 반응의 결합이 빈번할수록 결합이 강화되며, 학습의 진보가 이루어진다. • 불사용의 법칙: 자극과 반응의 결합이 드물수록 이들의 결합이 약화되며, 학습의 퇴보가 이루어진다.
준비성의 법칙	학습자가 새로운 사실과 지식을 습득할 준비가 되어 있을수록 자극과 반응의 결합이 만족스럽게 이루어진다. 학습자의 지능, 성격, 성숙도, 의지, 사전학습에의 노력 등이 학습의 주요 요인이 된다.

오답해설

여스–도슨의 법칙(Yerkes–Dodson Law): 각성상태가 너무 높거나 너무 낮은 경우 수행수준이 떨어지고, 중간 수준의 각성상태에서 수행수준이 가장 높게 나타난다는 이론으로, 가장 높은 수행수준을 가져오는 지점을 '최적각성수준'이라고 한다. 어려운 과제는 각성수준이 상대적으로 낮을 때 수행의 효율성이 최대가 된다.

06

정답 ②

정답해설

기억의 측정

회상 (Recall)	학습이나 경험한 것을 어떠한 단서 없이 기억해 내는 것
재인 (Recognition)	이전에 학습한 것 또는 경험한 것이 그렇지 않은 것들과 함께 제시되었을 때 선별해 내는 것
재학습 (Relearning)	이미 학습한 것을 재학습할 때 소요되는 시간이나 노력의 절약수준을 측정하는 것

07

정답 ③

정답해설

순행간섭: 후행학습이 선행학습의 영향을 받아 낮은 회상률을 보이는 것을 말한다.

오답해설

① 흔적쇠퇴이론: 시간이 경과함에 따라 사용하지 않게 되어 기억 흔적이 쇠퇴되고 망각이 발생하는 것을 말한다.

② 단서-의존 망각이론: 장기기억에서의 인출 시 주어진 단서들이 이전의 부호화 과정에 의한 단서들과 일치하지 않음으로써 망각이 발생하는 것을 말한다.

④ 역행간섭: 선행학습이 후행학습에 영향을 받아 낮은 회상률을 보이는 것을 말한다.

08

정답 ③

정답해설

동일시: 타인이 가진 뛰어난 능력이나 실적을 자신의 것으로 하여 그것과 동일한 경향을 보이는 것이다.

오답해설

① 승화: 성적 추동이나 공격 추동 등 사회적으로 용납되지 않는 욕구를 사회적으로 허용되는 형태로 표출하는 것이다.

② 투사: 사회적으로 인정받을 수 없는 자신의 행동과 생각을 마치 다른 사람의 것인 양 생각하고 남을 탓하는 것이다.

④ 지성화: 불안을 일으키는 감정을 의식화하지 않고 이성적으로 접근함으로써 정서의 혼란을 방지하는 것이다.

09

정답 ④

정답해설

아세틸콜린(ACh)은 척수의 가장 일반적인 신경전달물질로, 근육 활성화와 학습, 수면 등을 통제하는 데 관여한다. 공급이 부족할 시 알츠하이머 치매를 유발할 수 있다.

오답해설

① 세로토닌은 기분, 수면 및 각성에 영향을 주는 신경전달물질이다.

② 에피네프린은 공포를 느낄 때 분비되는 신경전달물질이다.

③ 도파민은 성취감을 느낄 때 쾌감에 관여하는 신경전달물질로, 과다할 경우 조현병에 걸릴 수 있다.

10
정답 ④

정답해설

명료화하기: 어떤 중요한 문제의 밑바닥에 깔린 혼란스러운 갈등의 느낌을 가려내어 분명하게 해주는 기술이다. 질문의 방식으로는 "~라고 말한 것은 구체적으로 무엇을 뜻합니까?", "~에 대해 자세하게 말해 줄 수 있니?" 등이 있다.

오답해설

① 반영하기
② 직면하기
③ 자기 노출하기

11
정답 ②

정답해설

정신분석이론에서의 불안

• 근본적으로 위험이 가까이 있다는 신호를 자아가 느끼는 것을 불안이라고 정의한다.
• 신경증적 불안이나 도덕적 불안은 신경 내부의 구조에서 비롯되는 것으로 쉽게 사라지지 않는다.
• 자아는 불안을 다스리기 위한 목적으로 자신의 경험을 왜곡하거나 위장하는 여러 가지 방어기제를 사용한다.

현실적 불안	• 객관적 불안(Objective Anxiety)이라고도 부른다. • 외부세계에서의 실제적인 위협을 지각함으로써 발생하는 감정적 체험이다.
신경증적 불안	• 자아(Ego)가 본능적 충동인 원초아(Id)를 통제하지 못할 경우 발생할 수 있는 불상사에 대해 위협을 느낌으로써 나타난다. • 이 불안의 근본적인 원인은 원초아의 쾌락을 탐닉하는 경우 처벌을 받을 수 있다는 불안감에서 비롯된다.
도덕적 불안	• 원초아와 초자아(Superego) 간의 갈등에 의해 야기되는 불안으로 본질적 자기양심에 대한 두려움과 연관된다. • 원초아의 충동을 외부로 표출하는 것이 도덕적 원칙에 위배될 수 있다는 인식하에 이를 외부로 표출하는 것에 거부감을 느끼며, 경우에 따라 수치심과 죄의식에 사로잡힌다.

12
정답 ③

정답해설

실험의 3요소

• 통제변인: 연구를 수행할 때 탐구하기를 원하지 않아 통제하는 변인 → ㉠ 연령
• 독립변인(독립변수): 의도된 결과를 얻기 위해 실험자가 조작·통제하는 값 → ㉡ 심리치료 조건
• 종속변인(종속변수): 설정된 독립변인의 결과로서 달라지는 의존변인 → ㉢ 불안과 우울 점수

13
정답 ②

정답해설

방관자 효과: 어떠한 사건이나 위험에 빠진 대상의 주변에 목격하거나 관련된 사람이 많을수록 책임이 분산되어 오히려 사건이나 문제해결에 도움을 주는 사람이 드문 현상을 말한다.

오답해설

① 자기참조 효과: 다른 정보보다도 자기 자신과 관련된 정보는 비교적 잘 처리되고, 오랜 시간 기억에 남는 현상이다.
③ 틀(짜기) 효과: 어떤 하나의 사건이나 대상이 사람에 따라 그것을 해석하고 이해하는 것에 차이가 생기는 현상이다.
④ 단순노출 효과: 인간이 어떠한 대상을 보는 횟수가 잦으면 그 대상에게 호감을 가지게 되는 현상이다.

14
정답 ②

정답해설

② 부적강화(Negative Reinforcement)는 어떤 행동을 했을 때 상대가 싫어하는 것을 제거하여 행동의 빈도를 증가시키는 것이다.

오답해설

① 정적강화(Positive Reinforcement)는 어떤 행동이 일어난 직후 상대가 좋아하는 것을 제공하여 행동의 빈도를 증가시키는 것이다.
③ 정적처벌(Positive Punishment)은 상대가 싫어하는 것을 제공하여 행동의 빈도를 감소시키는 것이다.
④ 부적처벌(Negative Punishment)은 상대가 싫어하는 것을 제거하여 행동의 빈도를 감소시키는 것이다.

15
정답 ④

정답해설

로르샤흐 검사(Rorschach Test)는 주관적 검사로써 신뢰도 및 타당도가 검증되지 않아 객관적 심리 측정의 측면에서는 부적합하다.

16
정답 ②

정답해설

〈보기〉는 저항애착에 대해 설명하고 있다.

17
정답 ③

정답해설

③은 전두엽이 아니라 두정엽에 대한 설명이다. 전두엽은 현재의 상황을 판단하고 상황에 적절하게 행동을 계획하고 부적절한 행동을 억제하는 등 전반적으로 행동을 관리하는 역할을 한다.

The 알아보기   대뇌피질의 각 부위와 기능

- 전두엽: 사고, 판단, 계산 등을 담당
- 두정엽: 신체의 입체감각 담당
- 측두엽: 청각, 언어, 기억 등을 담당
- 후두엽: 시각정보의 처리 담당

18
정답 ①

정답해설

언어능력, 개념, 읽기 · 쓰기, 계산, 음성 · 소리의 인식 등 논리적인 사고를 담당하는 것은 좌뇌이다.

The 알아보기   대뇌

- 좌반구: 이성적인 사고를 담당하는 중추
- 우반구: 창조적 활동, 예술적 능력에 관여
- 신피질: 언어, 판단, 창조 등의 고도의 정신기능을 담당
- 구피질: 분노 · 기쁨 · 불안 등의 정동행동, 식욕, 성욕, 기억 등을 담당
- 대뇌 변연계: 본능행동, 정동, 자율 신경을 담당
- 편도체: 외부 자극에 대하여 유쾌, 불쾌, 불안 등의 본능적인 반응을 일으킴
- 해마: 기억의 정리와 관리를 담당
- 뇌량: 뇌의 좌반구와 우반구를 연결

19
정답 ③

정답해설

올포트는 성격을 인간의 본질적인 체계(성격의 구조) 안에서 자극에 대한 독특한 행동을 야기하는 경향성이며, 끊임없이 발달하고 변화하는 것으로 정의하였다.

The 알아보기   성격이론의 유형

특성이론		과정이론	
유형론	· 체액론: 히포크라테스 · 체격론: 크레취머, 셀돈	정신분석	· 정신분석: 프로이트 · 신정신분석: 아들러, 융
특질론	올포트, 카텔, 아이젠크	행동주의	· 조건형성이론 · 사회학습이론
		인본주의	현상학적 이론: 로저스, 매슬로우

20
정답 ③

정답해설

요구 측정은 마틴 오른(Martin Orne)에 의해 처음 사용된 용어로, 시험대상자가 실험자의 의도를 추측하고 임의로 해석하여 그에 부합하는 반응을 하고자 하는 현상을 말한다.

오답해설

① 위약 효과: 가짜 약이라도 환자의 심리적인 믿음을 통해 치료 효과가 나타나는 현상이다.

② 연구자 편향: 자료 분석이 잘못되거나 참가자를 어떤 계획된 처치를 넘어서서 차별되게 다루는 고의적 또는 비의도적인 편향이다.

④ 관찰자 편향: 관찰결과를 평가할 때 관찰자의 기대가 행동을 보거나 확인하는 과정에서 오류로 이끄는 관찰자의 편견을 말한다.

21 정답 ①

정답해설

프리맥의 원리

강화의 상대성을 이용한 것으로, 선호하는 반응은 덜 선호하는 반응을 강화하여 행동의 발생빈도를 증가시킨다. 예를 들면, 축구를 좋아하는 학생에게 숙제를 마치면 축구를 할 수 있게 해주겠다고 하는 것이 이에 해당한다. 프리맥의 원리가 효과적이기 위해서는 낮은 빈도의 행동(덜 선호하는 활동)이 먼저 일어나야 한다.

22 정답 ①

정답해설

특정 학습장애(Specific Learning Disorder)는 정상적인 지능과 정서적 문제가 없음에도 불구하고 지능수준에 비하여 현저한 학습부진을 보이는 경우를 말한다.

23 정답 ②

정답해설

변동간격계획을 추진한 B 도시의 음주운전 예방효과가 더 클 것이다.

• 연속강화계획: 피험자가 목표 반응을 할 때마다 강화되는 것 → 새로운 행동 습득에 유용
• 변동간격계획: 불규칙한 시간 간격에 따른 강화계획 → 행동발생률(음주운전 발생률)이 낮아짐

> **The 알아보기   강화계획**
>
> • 고정간격계획: 일정한 시간간격에 따른 강화계획
>   예 월급, 시급
> • 변동간격계획: 불규칙한 시간 간격에 따른 강화계획
>   예 낚시
> • 고정비율계획: 일정한 반응 수에 따른 강화 계획
>   예 성과급, 쿠폰
> • 변동비율 강화계획: 불규칙한 반응 수에 따른 강화계획
>   예 카지노의 슬롯머신

24 정답 ④

오답해설

① 미네소타 다면적 인성검사(MMPI-2)의 척도들은 피검자 자신에 대한 진술로 평가하는 방법이다.
② NEO성격검사는 아동의 정신건강, 학업성취, 학습방법, 심리적 장애 등을 예언하는 성격검사이다.
③ 주제통각검사(TAT)는 투사법 성격검사이다.

> **The 알아보기   성격의 평가방법**
>
> • 자기보고형식 성격검사: 자신의 행동이나 마음에 대하여 스스로 진술하여 평가하는 방법
>   − Minnesota 다면적 인성검사(MMPI): 심리장애의 진단을 목적으로 제작
>   − 16PF 성격요인 검사: 카텔(Cattell)의 특질이론을 기초로 제작
> • 투사법 성격검사(Projective Methods): 무의식적 욕구나 갈등을 알아내기 위한 수단으로, 피검사자가 자신의 상상력을 동원하여 반응할 수 있도록 애매모호한 자극을 검사자료로 사용
>   − 로르샤흐(Rorschach) 잉크반점검사: 복잡한 잉크얼룩으로 만들어진 카드 사용
>   − 주제통각검사(TAT): 다양한 생활 장면을 묘사한 그림 사용

25 정답 ③

정답해설

ⓒ 수초

오답해설

ⓐ 가지(수상)돌기
ⓑ 신경세포체
ⓓ 축삭말단

> **The 알아보기   뉴런−신경계의 구조적 · 기능적 기본 단위**
>
> • 신경세포체: 핵과 대부분의 세포질이 모여 있는 부분. 생장과 물질대사에 관여
> • 가지(수상)돌기: 다른 뉴런이나 감각기로부터 자극을 받아들임
> • 축삭돌기: 자극을 다른 뉴런이나 반응기에 전달함
> • 수초: 축삭을 싸고 있는 특유한 지방체로 된 피막으로, 축삭에 대한 전기적 절연체로써 신경충격의 전도를 촉진